역사와 이데올로기

역사와 이데올로기

서양 역사학의 유럽중심주의에 대한 비판적 검토

1

강철구 지음

용의 숲

머리말

　필자가 이 책을 쓴 목적은 서양 역사학을 우리의 입장에서 재검토하여 좀더 객관적이고 공정한, 새로운 서양사 내지 세계사 체계의 발판을 만드는 데 도움을 주기 위해서이다. 그것은 지난 200년 동안 서양 역사학이 유럽중심주의의 지배를 받아 크게 왜곡되었고 따라서 객관적 지식 체계로서가 아니라 서양의 우월성을 드러내는 방편으로 상당 부분 악용되어왔기 때문이다.

　그럼에도 우리는 그동안 서양 역사학을 그 이데올로기성에 대한 비판적 검토 없이 대체로 그대로 수용함으로써 서양인들이 만든 역사 인식의 포로가 되어왔다. 자기도 모르는 사이에 서양의 우월을 믿고 스스로를 비하하는 잘못된 역사 인식 속에서 모든 것을 생각하고 판단해온 것이다. 그러니 그 결과가 어떨 것인지는 말할 필요도 없다.

　사실 이것은 역사학만이 아니라 우리 인문 · 사회과학 전체에 걸쳐 있는 문제이다. 해방 이후 서양 학문이 본격적으로 들어오며 우리 학문이 서양 학문 체계의 종속 아래 들어가게 되었고 아직도 거기에서 벗어날 엄두를 내지 못하고 있는 것이다.

　그렇다고 우리나라 사람들에게 그런 것에 대한 문제의식이 전혀 없다고 할 수는 없다. 누구나가 우리 학문의 예속성에 대해 많건 적건 문제의식은 갖고 있다. 다만 그것의 극복을 위해 열심히, 적극적으로 노력을 하지 않을 뿐이다.

　그러나 우리가 정치적 자주성을 향해 나아가는 이 마당에 지적인 자주성을 확보하지 못한다면 그것은 사상누각에 불과하다. 따라서 서양 학문에 대한 예속에서 벗어날 수 있도록 모든 학문 분야에서 결연한 의지를 갖고 다 함께 노력해야 할 것이다.

이것은 대학에서 학생들을 가르치는 사람들 입장에서는 더 절박한 문제이다. 우리의 관점이 아닌 남의 관점에 서서 자신도 확신하지 못하는 지식을 학생들에게 전달하여 믿게 만드는 것은 보통 고통스러운 일이 아니니까.

필자도 이 문제를 갖고 오랫동안 고민해왔다. 20년 넘게 서양문화사나 서양사개설을 가르치면서도 항상 관점과 관련해 불만을 느껴왔다. 학생들에게 바른 지식을 알려주어야 한다고 생각하지만 서양사의 방대한 지식 체계 속에서 혼자 방향을 잡는다는 것은 쉬운 일이 아니었던 것이다. 서양사의 온갖 주제들을 다 연구할 수도 없으니 뾰족한 방법이 없었다.

그래서 7~8년 전부터는 강의에 아예 교과서를 채택하지도 않았다. 교과서들이 오히려 잘못된 지식 체계를 갖고 학생들을 세뇌시킨다고 믿었기 때문이다. 그렇다고 스스로 교재를 만든 것도 아니니 학생들의 불편이야 말할 것도 없다.

이 책을 쓰게 된 구체적인 시발점은 민족주의 연구이다. 1992년에 여러 사람과 민족주의연구회를 만들고 같이 공부하는 가운데 민족주의 이론 문제와 직접 부딪치게 된 것이다. 특히 1994년에 E. 홉스봄의 《1780년 이후의 민족과 민족주의》가 번역되어 나오고 많은 사람이 그 유럽중심주의적 이론을 따라가는 것을 보며 비판이 시급하다는 생각을 하게 되었다.

이것을 계기로 서양사 해석에 내재해 있는 유럽중심주의 이데올로기에 본격적으로 눈을 돌리게 되었다. 그럼에도 그 실마리를 찾는 것은 쉬운 일이 아니었다. 별 준비가 안 되어 있는 상황에서 무엇에 어떻게 접근해야 할지 어떻게 비판해야 할지 감을 잡기도 어려웠던 것이다.

그러나 이곳저곳을 헤매고 다니는 가운데 차츰 길이 보이기 시작했다. 특히 1997년인가 우연히 J. M. 블로트의 《식민주의자의 세계모델》이라는 책을 만난 것은 큰 행운이었다. 그 책을 통해 근대 세계사를 보는 새로운 인식에서 큰 도움을 받았다.

마침 1990년대에 들어와서는 서양에서도 유럽중심주의에 대한 비판이 점점 커지고 있는 상황이었고 1990년대 말에 와서는 상당한 연구 성과들을 이용할 수 있게 되었다. M. 호지슨의 《세계사의 재고》나 M. 버널의 《블랙 아테나》, A. G. 프랑크의 《리오리엔트》 같은 책들로부터도 상당한 자극을 받았다. 또 2001년 봄 인종주의를 주제로 한 서양사학 전국학술대회에서 발표한 〈서양 문명과 인종주의〉라는 글을 쓰는 과정에서도 서양 학문과 인종주의의 관계에 대한 더 깊이 있는 인식을 하게 되었다.

그런 가운데 어렴풋하게나마 서양사 체계에 대한 전반적인 재구축이 가능하다는 희망을 갖게 되었다. 그러나 필자가 처음 구상했던 책은 우선 서양사 각 주제의 유럽중심주의를 비판하는 간단한 해설서였다. 서양사의 각 주제들에 대해 간단간단히 접근하며 새로운 인식을 주려는 것이었다.

그러나 작업을 진행하다 보니 그런 식으로는 우리 학계에 별 도움이 안 되겠다는 생각을 하게 되었다. 그래서 이왕 하는 바에 더 본격적인 접근을 하기로 했고 그래서 개별 주제에 대해 논문 형태로 접근을 했다. 그러나 이것은 품이 많이 드는 일이다. 서양사의 많은 분야를 다루어야 하고 그것도 어느 정도 수준 이상의 읽을거리를 만들어내야 하니 생각처럼 간단하지 않다.

그럼에도 필자가 어떻게 보면 무모한 이런 일을 시도한 것은 누구라도 먼저 이 일을 시작하지 않으면 안 된다고 생각했기 때문이다. 언제까지나 서양 사람들의 잘못된 역사 인식의 무력한 수용자로 머물러서는 안 된다고 믿기 때문이다.

물론 이런 작업을 통해 필자가 의도하는 것은 우리 나름의 관점에서 서양사 내지 세계사의 체계를 재구축하는 것이다. 그러나 그것이 어떻게 될 것인지 지금으로서는 잘 알 수 없다. 더 많은 생각을 해야 하고 작업도 더 진행되어야 할 것이다. 그래야 어느 정도 윤곽이 잡힐 수 있을 것이다.

이 책은 우선은 두 권으로 계획하고 있다. 2권은 가능하면 내년 상반기에는 냈으면 하는 바람을 갖고 있으나 더 두고 보아야 할 것이다. 이 첫 권에는 모두 일곱 편의 논문을 실었다. 앞에 실린 다섯 편은 2003년 7월부터 2004년 3월 사이에 쓴 것이다. 1장에서는 서양 역사학의 유럽중심주의에 대한 이론적인 면을 다뤘고 나머지 장들에서는 여러 개별 주제들을 다뤘다.

1장은 주로 서양 역사학의 유럽중심주의적인 성격을 드러내고 그것을 어떻게 극복할 것인가에 대해 대강의 틀을 제시한 것이다. 근래에 서양에서 이루어지고 있는 비판적인 작업들에서 많은 시사나 도움을 받았고 한편으로는 필자 나름의 생각도 개진하려고 애썼다.

그러나 아직은 필자 자신이 확신을 갖고 말할 수 없는 문제들도 있으므로 어떤 의미에서는 시론적인 성격을 갖고 있다고 할 수 있다. 급한 대로는 서양 역사학의 유럽중심주의와 관련되는 문제점들을 이해시키는 데 어느 정도의 도움을 줄 수 있을 것이라고 생각한다.

이 글을 탈고할 무렵인 3월 말에 강정인 교수의 《서구중심주의를 넘어서》라는 책이 나왔다. 그 책은 주로 정치학과 관련된 내용이나 앞부분에는 유럽중심주의 이론에 대한 글이 여러 편 실려 있다. 관련

논문들을 꼼꼼히 찾은 좋은 책이다. 필자의 글에 불충분한 점을 느낀다면 그 책을 참고하는 것도 좋을 것이다.

2장에서는 고고학에 내재하는 유럽중심주의를 다뤘다. 원래 고고학 문제를 다루려고 한 것은 아니나 그리스를 다루려다 보니 자연히 그렇게 되었다. 그러나 이 문제를 공부하는 가운데 역사학자가 고고학을 공부해야 하는 이유를 다시금 깨닫게 되었다. 역사학만으로는 인간의 장구한 역사를 이해하는 데 너무 한계가 크기 때문이다. 특히 이집트나 메소포타미아 지역뿐 아니라, 아프리카에 대한 이해가 유럽사의 바른 이해에 매우 중요하다는 사실을 깨달은 것은 필자로서도 큰 수확이라고 할 수 있다.

3장에서는 고대 그리스를 어떻게 보아야 할 것인가 하는 문제에 초점을 맞추었다. 그리고 그것을 헬레니즘이라는 개념을 중심으로 풀어보려 했다. 헬레니즘이란 근대 유럽인이 고대 그리스와 관련해 만든 매우 작위적인 문화 의식으로 그것을 통해 유럽과 비유럽을 구분하고 비유럽 세계에 대한 유럽의 우월을 주장하고 있다고 믿기 때문이다. 따라서 필자는 그것을 허위의 역사의식으로 단정하고 그 극복을 제언했다. 그러나 그 논리가 설득력이 있는 것인지는 독자가 판단해야 할 것이다.

우리 학계에서는 헬레니즘이란 개념을 이런 의미로는 잘 사용하지 않으나 앞으로는 그렇게 해야 하지 않나 생각한다. '헬레닉'과 '헬레니스틱'이라는 개념도 구분하여 사용할 필요가 있다고 생각한다.

4장에서는 중세도시 문제를 다루었다. 국내에서도 일부 연구자들에 의해 중세도시의 자유라는 신화에 대해 의문이 제기되지 않은 것은 아니나 그것을 좀더 큰 틀에서 한번 살펴보고자 한 것이다. 그러나 이 정도 수준의 개략적인 연구로 이 문제를 제대로 이해하기는 어렵다. 구체적인 문제로 들어가면 연구해야 할 주제가 상당히 많이 쌓여 있기 때문이다. 길드와 관련된 문제라든가 법적 관할권 문제, 중세 사회에서의 자유의 의미, 근대 초 도시의 성격 등 모두 본격적인 연구가 필요한 주제들이다. 또 아시아 지역 도시들의 성격도 제대로 규명될 필요가 있다.

이 글에서 필자는 중국이나 일본 도시의 상업적 성격에 대해 긍정적으로 기술했으나 마침 11월에 이화사학연구소의 연례 정기학술대회에서 〈전근대 일본의 경제 발전과 세계 체제〉를 발표한 부산대 사학과의 김광옥 교수는 일본 도시의 상업적 성격에 대해 부정적인 의견을 표명했다. 그러나 그의 견해를 받아들여 글의 내용을 고치지는 않았다. 이 문제는 필자도 앞으로 더 검토해보려고 한다.

5장의 이탈리아 르네상스 문제는 국내에서도 상당 부분 연구가 이루어져 있고 각 부분에서는 어느 정도 유럽중심주의적 견해가 극복되고 있는 중이라고 생각한다. 그러나 전체를 종합적으로 보는 글은 없으므로 이 글이 이탈리아 르네상스에 대한 전체적인 인식을 바꾸는 데 약간의 도움은 줄 수 있을 것으로 생각한다. 이 문제와 관련해서는 계명대 진원숙 선생님이 많은 노력을 기울였고 그가 번역한 C. G. 나우어트의 《휴머니즘과 르네상스 유럽 문화》는 르네상스를 새롭게 이해하는 쉽고 좋은 안내서가 될 것으로 생각한다.

지난여름인가 미술사가인 E. 파노프스키의 유럽중심주의를 다룬 국내 저자의 단행본이 출간되었다는 기사를 어디선가 본 것 같다. 책을 직접 찾아보지는 못했으나 미술사에서도 이런 작업이 시작된 것을 기쁘게 생각한다. 이 글에서도 그런 접근을 약간 시도했으나 서양미술사 분야에서도 유럽중심주의에 대한 비판적인 검토가 이제 본격적으로 시작되어야 할 것으로 생각한다.

6장은 2001년 4월에 서양사학회에서 주최한 제6회 서양사학 학술대회를 위해 준비한 글이다. 이 글은 《서양사론》에 실렸고 그것이 다시《서양 문명과 인종주의》라는 책으로 엮어 나왔다. 거의 그대로를 전재했다. 이 글을 준비하며 인종주의와 서양 문명의 깊은 관계에 대해 생각할 수 있는 좋은 기회를 가졌었다. 인종주의에 관심이 있는 분들에게 부족하나마 길잡이 역할은 할 수 있으리라고 믿는다.

7장은 원래 〈서양의 제국주의와 그 역사적 유산〉이라는 제목으로 1999년에 《이대사원》에 실었던 글이다. 그러나 처음에 쓸 때 시간에 쫓겨 부족한 점이 많았기 때문에 이번에 상당 부분을 고쳤다. 봄에 내려던 책이 생각보다 많이 늦어진 것은 다른 일도 있었으나 이 이유 때문이다. 처음에는 이 글을 다음 권에 넣으려 했으나 요사이 일제 시기의 청산 문제와 관련해 갤러거와 로빈슨의, 문제가 많은 '협력 이론'이 엉뚱하게 이용되고 있으므로 시의를 생각하여 1권에 넣기로 한 것이다. 그러나 갤러거와 로빈슨을 비롯해 베로크나 오브라이언 등의 유럽중심주의적 이론들을 비판하는 것이 간단하지 않았으므로 몇 달을 더 소모할 수밖에 없었다. 그럼에도 이 문제가 깨끗하게 잘 정리되었다고 생각하지는 않는다. 다른 분들이 더 보충해주어야 할 것이다.

위에서 보듯이 이 첫 권에서는 1장과 7장을 빼고는 고·중세 부분과 관련되어 있다. 따라서 내년에 나올 2권에서는 주로 16세기에서 19세기까지의 근대와 관련되는 여러 주제를 다룰 계획이다. 2권이 나오면, 그래도 남은 문제가 많기는 하나, 서양사의 중요한 주제들의 유럽중심주의적 해석에 대한 비판이 나름대로는 체계를 가질 수 있으리라고 생각한다.

이렇게 몇 편의 논문으로 책을 한 권 만들기는 했으나 결과로 보면 그렇게 만족스럽다고 할 수는 없다. 더 연구해야 할 점, 보충해야 할 점들이 많이 눈에 띄기 때문이다. 또 필자로서 노력을 하기는 했으나 필자가 만든 논리가 많은 사람의 지지를 받을 수 있을 만큼 설득력이 있는지도 미지수이다. 여하튼 모든 평가는 독자들의 몫이다. 필자로서는 겸허하게 그 비판을 받아들일 수밖에 없다. 가능한 대로 가혹한 비판과 질정을 바란다. 개정판을 내게 되면 모든 것을 반영할 생각이다. 또 필자의 비판으로 인해 마음 상해하시는 분들이 없기를 바란다. 그것이 본의가 아닐뿐더러 논쟁적인 글에서 비판을 뺄 수도 없기 때문이다.

사실 이 작업은 혼자나 몇 사람의 힘으로 할 수 있는 일이 결코 아니다. 수많은 주제를 제한된 능력으로 다루는 것은 불가능에 가깝다. 또 많은 사람 사이의 폭 넓은 의견 교환과 활발한 토론이 있어야만 새로운 논리가 탄탄한 지반 위에 설 수도 있다. 따라서 많은 분들이 같이 협력해야 좋은 결과를 얻을 수 있을 것은 당연하다.

2004년 6월에 뜻을 같이하는 여러분들과 함께 '세계사연구회'라는 연구 모임을 시작한 것은 그런 이유 때문이다. 연구회는 현재 정기적으로 모임을 갖고 있으나 정식 발족한 상태는 아니다. 2005년 봄이나 여름에 정식 출범을 계획하고 있다.

세계사연구회의 취지는 서양사 내지 세계사를 우리의 눈으로 바로 볼 수 있게 하려는 것이다. 서양 역사가들에 의해 유럽중심주의적으로 구축된 기존 세계사의 비판적 극복을 통해 세계의 각 문명이나 민족, 그 문화가 세계사 속에서 재평가되고 나름의 위치를 되찾을 수 있게 하려는 것이다. 말하자면 현재 세계사에서 중심의 위치를 차지하고 있는 유럽의 역사를 주변으로 옮겨놓는 작업이다. 유럽의 역사가 세계사에서 중심을 차지한 것은 19세기 이후의 일이니 그것은 당연한 일이다. 그렇게 되면 사람들이 더 균형 잡힌 역사를 공부함으로써 세계에 대해 왜곡되지 않은 건강한 역사의식을 가질 수 있을 것으로 기대한다.

또 세계사연구회에서는 연구뿐 아니라 교육에도 관심을 가지려 한다. 지금같이 낙후한 역사교육 체계나 교재로는 학생들에게 바로 가르치는 데 큰 한계가 있다고 믿기 때문이다. 따라서 대학이나 중등학교의 서양사 내지 세계사 교과서나 교육과정에 대한 재검토를 비롯하여 여러 가지 개선 방안을 모색해보려 한다. 많은 분들의 지혜를 모으는 것이 중요한 이유이다. 여러분의 적극적인 참여와 관심을 바란다.

지금까지의 작업을 통해 얻은 판단으로는 현재 서양사 내지 세계사 연구는 이미 커다란 변화의 소용돌이 속에 들어가 있는 것 같다. 지금까지 지배적이었던 유럽중심주의적 역사 해석은 이제 더 이상 유지되기 힘들어 보인다. 필자의 단견일지도 모르지만 기존의 해석은 아마 10~20년 사이에 거의 완전히 뒤집힐 가능성도 있다. 따라서 기존의 잘못된 역사학에 대해 언제까지나 붙들려 있는 것은 바람직하지 않다고 생각한다. 떨치고 앞으로 나아가야 할 것이다.

끝으로 이 책을 내기까지 많은 도움을 주신 여러분들에게 감사를 표하는 것이 순서일 것이다. 먼저 서울대 서양사학과의 양병우, 민석홍, 나종일, 이민호, 네 분 은사님에게 깊은 감사를 드린다. 선생님들은 모두 학문에 대한 열정과 학문적 엄격성이라는 점에서 귀감이 되신 분들로 필자가 학문을 할 수 있는 바탕을 만들어주셨다. 또 필자를 격려해주고 채찍질도 마다하지 않으셨다. 앞의 두 분은 안타깝게도 연전에 작고하셨다. 나 선생님과 이 선생님은 더 건강에 유의하시고 행복한 노년을 보내시기를 기원해 마지않는다.

특히 민석홍 선생님은 이 책에서 필자의 주된 비판의 표적이 되어 있다. 부당하게 보일지도 모르지만 그것은 선생님의《서양사개론》이 가장 정평 있는 서양사 개설 책이기 때문이다. 그러나 평소에 많이 사랑해주신 제자로서, 선생님의 역사학을 극복하려는 필자의 의도에 대해 만약 생존해 계시다 해도 결코 꾸지람을 하지는 않으셨을 것이라고 생각한다. 그만큼 합리적이고 마음이 열린 분이셨다.

이화여대 사학과에서 정년을 맞으신 함홍근, 이춘란 두 분 선생님에게서도 많은 가르침과 은혜를 입었다. 감사를 드린다. 함 선생님도 이미 작고하셨으니 명복을 빌 수밖에 없다.

고려대 서양사학과의 김경현 교수, 이화여대 사회생활학과의 이종경 교수, 연세대 철학과의 윤병태 교수가 원고의 일부를 읽어주거나 필자의 여러 가지 자문이나 질문에 친절하게 응해주셨다. 또 이화여대 철학과의 이규성 교수, 국문과의 성기옥 교수는 필자에게 항상 따뜻한 격려의 말을 아끼지 않으셨다. 감사의 말씀을 드린다.

이윤재 박사, 신희백 선생, 서경대의 임홍순 교수, 동덕여대의 박찬수 교수, 정지웅 박사, 김완구 선생, 박영준 선생, 이경천 선생, 외우인 전북대 영문과의 최준석 교수, 그 외에 일일이 말할 수는 없으나 민족주의연구회에 참여하셨던 많은 분들에게도 고마움을 표한다. 그들과의 토론과 대화에서 많은 생각이 정리될 수 있었다.

민족주의연구회를 도와주셨던 서울대의 신용하 · 조동일 교수님, 외대 국어교육과의 김종균 교수님, 시립대 산업미술학과의 박한진 교수님, 경기대의 노태구 교수님과 서울대 현 총장인 정운찬 교수님 등 여러 분에게도 고마움을 표한다. 정년을 맞으신 분들도 인생을 바쁘게 즐겁게 보내시기 바란다.

또 세계사연구회에 참여해주신 서원대 역사교육과의 송규범 교수, 서강대 사학과의 백인호 교수, 서울대 서양사학과의 안병직 교수, 영남대 사학과의 원철 교수님, 세종대 사학과의 이상현 교수님, 서강대 사학과의 오흥식 교수, 중동중학교의 송영심 선생님, 백영고등학교의 김칠성 선생님, 성신여대의 정상수 박사, 숭실대 사학과의 이희만

박사, 서울대 서양사학과의 양희영 박사 등 여러 분에게도 깊은 감사의 말씀을 드린다. 또 제자로 항상 궂은일을 도맡아 주는 김선아 박사, 고유경 박사에게도 고마움을 전하고 싶다.

필자의 강의를 열심히 들어준 이화여대 사학과의 대학원생들이나 학부 학생들, 또 교양 과목을 들어준 많은 다른 학생들에게도 깊은 고마움을 표한다. 그들이 강의 시간에 보여준 새로운 지식에 대한 깊은 관심이나 또 인터넷에 올려준 격려의 말들이 큰 힘이 되었다. 그들의 이런 성원이 없었다면 이 책을 쓰는 작업이 더 힘들고 지루했을 것이다. 그동안 설익은 이론마저도 참고 들어준 학생들에게 미안하다는 말과 함께 다시금 고마움을 표한다.

2004년 12월, 파주 집에서
강철구 삼가 씀

차례

1장

서양 역사학과 유럽중심주의 이데올로기

1...

역사학의 객관성과
이데올로기성

랑케와 근대 역사학의 객관성

역사학은 근대적이고 과학적인 학문으로 간주되고 있다. 역사 서술의 객관성 여부가 다른 학문에서와 같이 근대 학문으로서의 역사학의 성격 규정에 매우 중요하며, 근대 역사학이 그것을 위해 충분한 객관성을 확보하고 있다고 믿어지기 때문이다.

그러나 역사 서술에서 객관성에 관심을 가졌던 것은 근대인만은 아니다. 고대인들도 그런 문제에 관심이 있었다. 그리스의 역사가인 투키디데스 같은 인물이 특히 그렇다. 그는 헤로도토스 같은 앞 세대의 인물이 사실과 전설을 구분하지 못한다고 비판하며, 자신은 사실만을 이야기한다고 주장했다. 그래서 그를 과학적 역사학의 아버지라고 부르기도 한다.

그럼에도 서양 역사학은 19세기 초에 이르기까지 2,000년 이상 학문으로서의 객관성을 제대로 갖추지는 못했다. 그것은 학문이 아니라 후세를 위한 교훈이라는 실용적인 목적이나, 신의 영광을 기리거나 또는 다른 이념적인 목적을 위해 이용되었다.

따라서 역사 서술에서 주관적인 요소나 형이상학적 · 이념적 요소들이 과도하게 작용했다. 계몽사상 시대의 역사도 주로 정치를 위한 교훈으로서 서술되었고 19세기 초의 헤겔도 역사를 과도하게 형이상학적 요소와 결합시킴으로써 매우 주관적인 역사를 서술했다.

이런 상황이 바뀌는 것은 독일 역사가인 랑케(L. Ranke)에 의해서이다. 랑케는 첫 저서인 1824년의 《1494년에서 1514년 사이의 라틴 민족과 게르만 민족의 역사》[1]에서 역사를 객관적인 학문으로 만드는 작업을 시작했다. 역사학이 학문으로서의 기초를 가지려면 주관적 요소를 배제하고 가능한 한 객관적으로 써야 한다고 믿었기 때문이다.

그는 자신의 책에서 르네상스 시대 이탈리아 역사가인 귀차르디니의 역사학이 갖고 있는 수사적인 성격을 비판하고 있다. 귀차르디니의 역사 서술에서는 역사적 사건의 행위자들이 자신들의 의도를 말로 설명하기 때문이다. 랑케는 그 말들의 허구적인 성격에 주목했다. 그것은 사료에는 기록되어 있지 않은 역사가가 지어낸 이야기이기 때문이다.

랑케는 역사에서 이런 수사적인 성격을 배제하고 사료에 의해 엄정하게 객관적인 역사를 쓸 것을 주장했다. 그가 역사 연구란 '그것이 원래 어떠했던가'를 밝히는 것이라거나, 역사를 쓰는 가운데 '자기 자신을 없애버리고 싶다'고 이야기한 것은 그런 의도 때문이다. 주관적인 존재로서의 자신을 없애고 객관적으로 서술하겠다는 뜻이다.

19세기의 서양 역사학은 랑케의 모범을 받아들였다. 그리하여 엄

---

1) L. Ranke, *Geschichten der romanischen und germanischen Völker von 1494 bis 1514*, Sämtliche Werke 33/34, Leipzig, 1884.

정한 사료 비판과 역사가의 객관적인 자세에 의한 과학적 역사학의 수립을 기도했다. 이는 역사학에 한한 일만은 아니다. 자연과학의 발달에 따라 과학이야말로 모든 학문의 모델로 생각되었기 때문이다.

그리하여 1880년대에 역사학은 근대적 학문으로 유럽이나 미국에서 본격적으로 자리잡을 수 있었다. 물론 당시만 해도 아직 아마추어 역사가가 많이 남아 있었다. 그러나 전문적인 훈련을 받은 역사학자의 수가 늘어나고 방법론도 어느 정도 정립되었고 각 나라에서는 역사를 연구하는 학회와 전문 잡지도 생기기 시작했다.[2]

따라서 20세기 초의 새로운 직업적 역사학자들은 그들의 전문적인 일을 위해, 철학이나 이론과는 분리된 과학적인 역사학의 모델을 만들었다. 그들은 자신들의 작업에 과거와 같이 철학이나 고답적인 이론을 집어넣기를 바라지 않았다. 뉴턴의 중력 법칙이 모든 국가나 문화에 적용될 수 있는 것같이 훌륭한 역사는 국가적 차이를 넘어서야 한다고 생각했다.[3] 역사가 보편적인 과학적 원리에 따라야 한다는 것이다.

이는 부르주아 역사학이나 마르크스주의 역사학 어디에나 해당되나 마르크스주의 역사학에서 특히 더 그렇다. 마르크스주의자들은 역사가 과학적인 법칙성을 따른다고 생각하는 점에서 지나치게 낙관적인 태도를 갖고 있었던 것이다. 이렇게 19세기 말 이후 대부분의 역사가들은 역사학이 과학적이고 객관적인 학문이라는 사실에 거의 의문을 품지 않았다.[4]

이런 태도에 본격적인 의문이 제기된 것은 최근에 포스트모더니즘 역사학이 등장하면서부터이다.

---

2) J. Appleby, L. Hunt & M. Jacob, *Telling the Truth about History*, New York and London, 1995, p. 75.
3) 같은 책, p. 76.

객관적 역사와 이데올로기

그러면 랑케 이후 주장된 객관적이고 과학적인 역사는 과연 가능한가. 사실은 쉽지 않은 일이다. 엄밀하게 말하면 절대적으로 객관적인 역사는 불가능하다. 그것은 역사의 서술 과정을 살펴보면 잘 알 수 있다.

역사는 과거 인간들의 행적을 기록하는 것이나 과거 인간들이 남긴 행적의 대부분은 시간의 흐름에 따라 망각되어 사라진다. 단지 그 일부만이 사료로 살아남을 뿐이다. 그리고 역사가는 이 사료를 이용하여 역사를 재구성한다.

이 과정에서 중요한 역할을 하는 것이 역사가의 사관이다. 사관은 개인의 기호나 욕망, 편견, 이념 등 많은 요소에 의해 형성된다. 또 개인이 속한 집단의 영향도 받는다. 현재적인 시점이 미치는 영향도 크다. 역사가는 어차피 현재의 시점에서 과거를 바라볼 수밖에 없기 때문이다.

사관은 처음 사료를 선별하는 일에서부터 작용하고 그것을 해석하여 역사를 재구성하는 전체 작업에 영향을 미친다. 극단적인 경우에는 사관의 차이에 따라 같은 사료가 정반대로 해석되는 것도 가능하다. 따라서 역사가가 이런 제약들을 극복하고 완전히 객관적인 역사를 쓴다는 것은 불가능하다. 그가 갖고 있는 편견이나 세계관, 이데

---

4) 그러나 모든 사람들이 그런 생각을 한 것은 아니다. 19세기 말에 독일의 리케르트(H. Rickert)는 역사학을 자연과학과는 성격이 다른 문화과학으로 생각했다. 역사학은 법칙성보다 일회적이고 개별적인 사실에 관심을 갖는다는 것이다. 딜타이(W. Dilthey)도 역사학을 정신과학으로 규정하고 역사적 세계의 의미가 갖는 고정불변성을 부인했다. 또 역사 서술의 주관성과 상대성을 특히 강조한 사람들이 있다. 1930년대 초 미국 역사가인 베커(C. Becker)는 '모든 사람은 그 자신의 역사가(everyman his own historian)'라는 유명한 말로 그 주관성을 강조했다. 이렇게 일부 사람들이 역사학의 객관성에 의문을 품기는 했으나 대부분의 역사가들은 역사의 객관성을 전제로 자신들의 작업을 수행했다.

올로기의 영향을 받지 않을 수 없는 것이다.

이것은 랑케의 예를 보아도 확실히 알 수 있다. 랑케와 그의 전통을 잇는 독일 근대 역사학은 역사학을 객관적인 학문으로 발전시키는 데 크게 기여했다. 그럼에도 그것은 다른 한편에서 매우 이데올로기적 성격이 강한 역사학으로 근대 독일의 발전에 부정적인 영향을 미쳤다. 국가와 민족을 신화화함으로써 19~20세기 독일 국가와 사회의 권위주의적이고 억압적인 측면을 정당화했기 때문이다.[5]

물론 속류 마르크스주의 역사학이나 나치 독일의 인종주의 역사학처럼 역사 서술에서 이데올로기가 전면에 뚜렷하게 나서는 경우도 있다. 그런 경우에는 사람들이 금방 알아볼 수 있고 그에 대해 거부감을 느끼기도 한다. 그러나 그것이 뚜렷하지 않은 경우에는 일반인들이 잘 알 수 없는 경우도 많다. 그래서 무심코 지나가게 된다. 그럼에도 모든 역사책 속에는 다소간에 이데올로기들이 용해되어 있다. 그것이 어느 정도인가가 문제일 뿐이다.

사실 서양의 근대 역사학은 19세기 이래 크건 작건 수많은 이데올로기의 영향을 받아왔다. 자유주의, 민족주의, 사회주의, 인종주의, 식민주의, 유럽중심주의, 냉전 이데올로기 등 무수히 많다. 오늘날의 지구화 담론 같은 것도 그 예에 포함될 수 있다.

그 가운데에서도 유럽중심주의[6]는 서양사 서술에서 가장 중요하고 포괄적인 역할을 해온 이데올로기이다. 다른 이데올로기들을 그것에 종속시키든가 아니면 함께 결합하며 서양사 각 부분의 해석에서 결정적인 영향력을 행사해왔다. 근대 유럽인들이 유럽의 우월적

---

5) 랑케의 제자들인 드로이젠(J. G. Droysen), 지벨(H. Sybel), 트라이츠케(H. Treitschke) 등은 국가와 군주를 중심으로 생각하는 19세기 독일 역사학의 기초를 마련했고 그것이 1960년대까지 정치사, 외교사 중심의 독일 주류 역사학을 지배했다. 1970년대에 벨러(H-U. Wehler), 코카(J. Cocka) 등 새로운 전후 세대에 의해 사회사가 등장하면서 겨우 상황이 바뀌기 시작했다.

관점에서 외부 세계를 보려 했고 또 그랬기 때문이다. 그러므로 근대 유럽의 역사 해석에서 작동하고 있는 모든 이데올로기의 밑바탕에는 유럽중심주의가 깔려 있다고 해도 과언이 아니다.

인종주의나 사회적 진화론 같은 것은 유럽중심주의를 표현하는 좋은 도구이다. 그러나 보편적인 인간 해방을 추구하므로 그런 것과 무관할 것 같은 사회주의에도 그런 요소는 강하게 나타난다. 따라서 우리가 서양사 속에 내재해 있는 유럽중심주의 이데올로기를 제대로 파악하지 못하는 한 서양사에 바로 접근하는 것은 쉽지 않다.

유럽중심주의 비판의 요인

20세기 후반에 들어와 유럽중심주의 역사학에 대한 비판이 점점 고조되고 있는 중요한 요인의 하나는 세계사적인 변화이다. 1950년대 이후 식민지 해방운동으로 인해 제3세계 대부분의 국가들이 식민주의에서 벗어날 수 있게 되었다. 따라서 유럽중심주의적으로 쓰인 19세기 이래의 편파적인 서양사나 세계사가 계속 받아들여지기는 점차 어려운 상황이 되었다.

---

6) 유럽중심주의(Eurocentrism)는 유럽을 세계의 중심으로 보는 태도이다. 그러나 유럽 외에 미국과 캐나다, 오스트레일리아 등의 비유럽 서양인 국가들을 포함하는 더 넓은 개념으로 서양중심주의(Westocentrism)라는 단어를 쓰는 사람들도 있다. 특히 20세기에 들어오면 세계사에서 미국의 비중이 커지므로 그렇게 부르는 것이 합당해 보이기도 한다. 그러나 미국이나 그 외의 비유럽 서양인들도 자신들 문화의 뿌리가 유럽이라는 것을 잘 자각하고 있고, 자신들의 역사를 유럽과의 연결 속에서 설명한다. 특히 미국인들은 20세기에 들어와 이런 유럽중심주의적 역사학 체계를 발전시키고 그 정당성을 내세우는 데 심혈을 기울였다. 미국이 서양 세계의 종주국이라고 믿었기 때문이다. 따라서 현대에 와서도 서양중심주의 대신 유럽중심주의라는 말을 써도 별 문제가 없다고 생각한다. 서구중심주의라는 말은 서유럽중심주의라는 말이니 유럽중심주의와 거의 같은 의미이다. 우리가 유럽중심주의라는 말을 사용할 때에 그 중심이 영국, 프랑스 등을 포함하는 서유럽에 있다고 생각하므로 따로 서유럽중심주의로 구분해 말할 필요는 없다고 생각한다.

동아시아 국가들의 급격한 경제 성장도 한 요인이다. 일본뿐 아니라 1970년대 이후 한국, 대만, 싱가포르 등에 이어 최근에는 중국이나 동남아까지 본격적으로 산업화 대열에 참여하며, 아시아를 정체된 사회로 규정하던 전통적인 오리엔탈리즘적 관념이 유지되는 것은 불가능하게 되었다. 그리하여 아시아에 대한 재평가 작업이 시작되었고 이것이 최근에는 아프리카로까지 확대되고 있다.

소련과 동유럽 사회주의 체제의 붕괴도 하나의 요인이다. 체제의 붕괴와 함께 그것을 지탱해온 사회주의 이데올로기, 또 역사 발전의 필연적 원리로 생각되던 마르크스주의 역사 이론 체계도 무너질 수밖에 없었다. 이는 마르크시즘뿐 아니라 민족주의 등 역사 과정을 설명하는 거대 이론 전체에 대한 불신을 가져오기에 이르렀다.

또 한 요인은 포스트모더니즘의 발전이다. 포스트모더니즘은 1960년대에 푸코(M. Foucault), 데리다(J. Derrida) 등에 의해 프랑스에서 시작된 철학 사조이다. 그것은 18세기 이후 서양 사람들이 합리성과 진보 위에 구축한, 근대 세계를 규정하는 모든 기본적인 관념에 대해 의문을 제기했다. 20세기에 들어와 인류가 경험한 경제공황, 홀로코스트, 세계대전, 환경오염, 제3세계의 기근 등이 이성, 계몽, 진보의 필연성 같은 유럽적인 개념에 회의를 불러왔기 때문이다.

포스트모더니스트들은 서양에서 만들어진 모든 근대 지식 체계의 절대성을 부인하며 그것들을 하나의 담론으로 격하했다. 따라서 서양인들이 자랑해온 역사의 진보나 개인적 자아라는 개념, 근대라는 시대 개념까지도 부정의 대상이 되지 않을 수 없었다. 또 그것은 근대적인 학문으로서의 객관적이고 과학적인 역사학의 부정으로까지 나아갔다. 역사적 진실의 성격이나 객관성, 근대 역사학의 담론 형태마저도 공격의 목표가 된 것이다.

그러나 포스트모더니즘 역사학이 특히 미국에서 발전한 것은 미국 역사학계의 특수한 상황과 관련이 있다.[7] 1970~1980년대 미국 대학의 민주화와 함께 새로 대학에 들어온 많은 젊은 역사 교수들이 포스트모더니즘의 회의적 태도에 공감하며, 전통적인 백인 남성 위주의 단일한 미국사 서술 방식에 의문을 제기한 것이다. 그것이 노동자, 이민자, 여성, 흑인 노예 등의 하위 집단들을 미국사에서 배제시키고 있기 때문이다. 그리하여 이들은 하나로 통합된 영광된 미국의 역사상(歷史像) 대신 서로 싸우며 경쟁하는 여러 종족 집단이라는 관점에 초점을 맞추었다.

이렇게 포스트모더니즘 역사학은 중심을 거부하고 역사 담론의 절대성을 부인한다는 점에서 세계사 해석에서 객관적 지식 체계로서 절대성을 구축한 기존의 유럽중심주의 역사학을 해체하기 위한 중

---

7) 같은 영미 문화권이지만 영국 역사학계의 경우에는 그 관심이 크지 않다. 무관심하다는 표현이 적절할 것이다. 보수적인 《English Historical Review》는 말할 것도 없지만 그것과 함께 영국의 대표적인 역사학 잡지인 《Past and Present》에 포스트모더니즘 역사학에 대한 본격적인 논문이 처음 실린 것이 1998년일 정도이다. P. Joyce, The Return of History : Postmodernism and the Politics of Academic History in Britain, Past and Present, No.158, Feb., 1998. 참조. 이것은 프랑스의 경우도 마찬가지이다. 포스트모더니즘의 중요한 개념들이 프랑스에서 만들어졌지만 이에 대한 프랑스 역사학계의 관심도 크지 않다. 한국에서는 특히 젊은 연구자들을 중심으로 포스트모더니즘 역사학에 대한 관심이 상당히 큰 편인데 이는 이들이 미국의 영향을 많이 받고 있기 때문으로 보인다. 김기봉, 《'역사란 무엇인가'를 넘어서》, 푸른역사, 2000. 김기봉 외, 《포스트모더니즘과 역사학》, 푸른역사, 2002. 참조.
8) 포스트모더니즘을 주장하는 역사학자 가운데에는 모든 역사적 진술을 담론으로 격하해 객관적인 역사학의 존재를 부정하는 사람들도 있다. 그러나 근대 역사학이 역사 담론의 절대적인 객관성을 믿고 그 상대성을 인식하지 못했다고 가정하는 것은 지나친 과장이다. 랑케 자신도 역사 서술에서 상대적인 요소를 잘 인식하고 있었다. 그는 후대의 사람들이 보통 오해하듯이 역사학에서 수사학을 완전히 배제하려 하지는 않았다. 사료를 통해 엄격하게 객관적 서술을 한다고 해도 역사가의 행위 영역이 상당 부분 남아 있다는 사실을 잘 알고 있었기 때문이다. J. Rüsen, Rhetoric and Aesthetics of History : Leopold von Ranke, History and Theory, Vol. 29, No. 2, May, 1990, pp. 190-204 참조. 따라서 '언어로의 전환'을 주장하며 역사학의 객관성을 완전히 부정하는 지나친 상대주의적·회의주의적 논리는 건강하다고 할 수 없다. 사실 사료를 이용하여 역사를 서술하는 사람들은 자신의 서술이 엄격하게 객관적이 될 수 없다는 사실을 인식하지 않을 수 없다. 그 한계 내에서의 객관성을 이야기하는 것이다. 따라서 '언어로, 즉 담론으로 돌아가자'는 것은 역사가 그것에서 전적으로 분리된 적이 한 번도 없다는 사실의 핵심을 놓치는 것'이다. Appleby 외, 앞의 책, p. 231 참조.

요한 유인을 제공하고 있다.

　물론 포스트모더니즘 역사학이 그 자체 여러 문제점을 갖고 있는 것도 사실이다.[8] 그러나 역사가들의 사고와 상상력의 범위를 크게 확장시킨 것도 사실이고 그 점에서는 역사학의 발전에 어느 정도 기여했다고 할 수 있다. 20세기 말에 제기되고 있는 유럽중심주의 역사학에 대한 회의와 비판은 이런 여러 요소가 결합된 결과이다.

유럽중심주의 역사학의 성립과 그 설명 방식

'유럽' 이념의 근대성

유럽이라는 말은 그리스 신화에 나오는 페니키아 공주 에우로페의 이름에서 비롯된 것이다. 신화에 따르면 에우로페는 흰 황소로 변신한 제우스 신에게 유괴되어 크레타 섬으로 끌려가서 제우스의 아이를 두세 명 낳았고 나중에 크레타 왕과 결혼했다.

유럽이 인명이 아닌 지명으로 처음 나타나는 것은 기원전 7세기 전반의 헤시오도스나 호메로스의 서사시에서이다. 그러나 당시에 그것이 가리키는 지역은 모호하며 오늘날의 유럽 지역과는 일치하지 않는다. 호메로스는 그의 《아폴론 찬가》에서 펠로폰네소스, 섬들, 유럽을 구분해 말했다. 그러니까 그가 유럽이라고 부르는 지역은 펠로폰네소스 반도 북부의 그리스 본토이다. [9]

아이스킬로스, 에우리피데스, 헤로도토스 등 기원전 5세기 사람들

---

9) J. de Romilly, Isocrates and Europe, *Greece & Rome*, xxxix, No. 1, April, 1992, p. 2.

은 유럽과 아시아를 구분해서 사용했는데 이는 일반적으로는 그리스와 페르시아를 각각 가리키는 말이다. 그러나 그런 뜻으로 사용하지 않을 경우에 유럽이 가리키는 지역은 불분명하다. 그래서 유럽 안에 그리스를 집어넣는 사람도 있고 빼는 사람도 있다. 당시 그리스를 넘어선 서쪽 지역에는 강력한 국가나 정치 세력이 없었으므로 별로 고려의 대상이 되지 않았다.

기원전 4세기에 들어오면 크세노폰이나 이소크라테스, 플라톤, 아리스토텔레스의 글을 통해 유럽이라는 말이 빈번하게 사용된 것을 확인할 수 있다. 그 가운데 유럽에 명확한 의미를 부여한 것은 페르시아의 위협에 대항해 그리스 도시들이 함께 뭉칠 것을 주장한 아테네의 웅변가 이소크라테스이다. 그는 그리스를 유럽으로, 페르시아를 아시아로 명확히 구분해 사용하기 시작했다.[10]

기원전 2세기의 프톨레마이오스 왕조 시기에는 유럽(그리스)과 아시아(페르시아)를 나누던 이분법이 유럽, 아시아, 아프리카(리비아)의 삼분법으로 바뀌었다. 이때 유럽과 아시아의 경계는 아조프 해였고 아시아와 아프리카의 경계는 나일 강이었다.[11]

그러니까 그리스 시대의 유럽은 오늘날과 같이 대륙 전체가 아니라 그 동쪽에 치우친 작은 일부만을 가리켰다. 따라서 유럽의 정체성이라는 것은 생각할 수도 없었다.

로마의 경우도 마찬가지이다. 전통적으로 유럽은 로마의 전통을 이어온 것으로 생각되어왔으나 로마는 북아프리카 지역과 이집트, 또 헬레니즘적 국가들에 속하던 아시아 영토도 포함했다. 따라서 현

---

10) 그는 두 지역을 분명히 구분해서 사용한 15개의 예에서 모두 같은 의미로 사용하고 있다. 이소크라테스가 만든 유럽의 이념에 대해서는 김봉철, 《이소크라테스-전환기 그리스 지식인》, 신서원, 2004, pp. 306-326 참조.
11) G. Delanty, *Inventing Europe : Idea, Identity, Reality*, Hampshire and London, 1995, p. 18.

재의 유럽과 일치하는 것이 아니다. 제국 시대 후기로 갈수록 그 중심은 동부 지중해 지역으로 옮겨간다. 또 서로마제국이 무너지며 유럽 지역에서는 로마적 전통마저 크게 약화했다.

그러나 지중해 동부 지역에서 그리스적 전통은 비잔틴제국에 의해, 7세기 이후에는 비잔틴제국과 이슬람 문명권에 의해 함께 계승되었다. 사실 중세 초부터 15세기까지 유럽은 그리스적 전통과는 거의 단절되다시피 했다. 이렇게 보면 유럽이 아니라 비잔틴제국과 이슬람 문명권이 고대 그리스 문명의 적자인 셈이다.

따라서 유럽 근대 문명이 그리스 — 로마 — 근대 유럽으로 이어지는 유럽사의 일원론적 과정을 통해 발전했다는 서양인들의 주장은 별로 설득력이 없다. 그것은 근대 유럽에게 고대 그리스 문명을 독점시키기 위해 18세기 말에 독일 낭만주의자들이 만든 이데올로기적 구성물[12]에 불과하다. 그 이상은 아니다.

중세 시대에 기독교가 지배하며 유럽은 기독교 공동체를 의미했다. 이런 의식은 7세기에 이슬람교가 흥기하며 그 반작용으로, 또 십자군전쟁 때에는 이슬람 세력과 적대하며 더욱 강화되었다. 따라서 지리적으로도 그것은 기독교가 지배하는 지역으로 한정되었고 그 중심도 지중해 지역에서 북서쪽으로 이동했다. 그럼에도 15세기까지 유럽이라는 말은 잘 사용되지 않았다.

유럽의 이념이 만들어진 것은 15~16세기 이후이다. 그것은 보편적 세계로서의 로마 가톨릭이 종교개혁과 종교전쟁들을 통해 무너지며 그 세속적 대치물로 등장했다. 또 18세기의 계몽사상이나 프랑스혁명, 산업혁명 등이 그 정체성(正體性)의 기초를 마련했다.

---

12) E. Dussel, Europe, Modernity and Eurocentrism, *Nepantia* 1. 3, Duke Univ. Press, 2000, p. 465.

그리하여 유럽은 지리적 단위로서만이 아니라 합리성, 근대성, 진보를 상징하는 문화적 단위가 되었고 이는 비유럽의 비합리성, 야만성, 정체성(停滯性)과 대립하는 것으로 인식되었다. 그 후 우월한 문화 공동체로서의 유럽은 지리적으로 더욱 확대됨으로써 러시아를 포함하는 동유럽까지, 더 나아가 북아메리카, 오스트레일리아, 뉴질랜드 등 백인들이 사는 비유럽 지역까지도 포괄하게 되었다. 이런 의미에서 유럽은 절대적으로 근대의 산물이다.

유럽중심주의는 무엇인가?

그러면 유럽중심주의란 무엇인가? 그것은 이러한 유럽을 세계의 중심으로 생각하는 태도이다. 다른 말로 하면 비유럽 문명에 대한 유럽 문명의 독특성과 우월성을 주장하는 가치, 태도, 생각, 나아가 이데올로기적 지향을 의미한다고 할 수 있다.[13]

따라서 유럽중심주의도 당연히 근대의 산물이다. 계몽사상에서 발전한 유럽 문명의 우월이라는 생각이 산업화와 자본주의, 근대국가의 발전, 그 결과로서의 비유럽 세계에 대한 정치 · 군사적 우위에 힘입어 현실적으로도 실증된 것처럼 보였기 때문이다.[14]

이리하여 유럽 문명을 인류의 진보를 이끌어가는 원동력으로 생각

---

13) S. F. Alatas, Eurocentrism and the Role of the Human Sciences in the Dialogue among Civilizations, *The European Legacy*, 2002, V. 7, No 6, p. 761.
14) 블로트는 유럽중심주의가 콜럼버스가 아메리카를 '발견한' 1492년에 진정으로 시작되었다고 주장한다. 원주민들에 대해 문화적 우월감을 느꼈기 때문이다. 또 아민은 그것을 르네상스 시기로부터 잡는다. 이런 주장들이 의미가 없는 것은 아니나 진정한 의미의 유럽중심주의는 18세기의 계몽사상 시기부터로 잡는 것이 옳을 것이다. 18세기 후반부터 유럽인들이 인도의 식민지화와 함께 아시아에 대한 유럽 문명의 우월성을 분명히 자각하기 때문이다. J. M. Blaut, *Eight Eurocentric Historians*, New York and London, 2000, p. 4 ; S. Amin, *Eurocentrism*, New York, 1989, p. vii. 참조.

하고 인류사 전체가 근대 유럽 문명이라는 정점을 향해 나아가는 발전 과정으로 해석하는 유럽중심주의적 태도가 자연히 형성되었다. 그 결과 다른 모든 문명들은 유럽 근대 문명으로 나아가는 단일적이고 통일적인 과정에서 일정한 역할과 위치만을 갖는 제한된 성격의 문명으로 그 안에 편입되었다.

유럽중심주의는 두 가지 요소로 구성되어 있다고 할 수 있다. 하나는 유럽예외주의이고 다른 하나는 오리엔탈리즘이다. 유럽예외주의가 유럽 자신에 대한 규정이라면 오리엔탈리즘은 그 상대방인 비유럽에 대한 규정이다.

유럽예외주의는 근대 유럽 문명의 특수성, 예외성을 강조하는 주장이다. 유럽을 제외하고는 어디에서도 이런 합리적이고 진보적이며 근대적 문명이 발전하지 못했다고 믿기 때문이다. 그 점에서 유럽은 비유럽과는 다른 길을 선택한, 세계사에서 예외적인 존재라는 것이다. 미국예외주의도 크게 보면 이에 포함시킬 수 있다.[15]

유럽은 사유재산권을 발전시킴으로서 경제 발전이라는 개념을 유럽의 발명으로 만들었고 자율적인 도시를 만들어 기업 활동과 시민적 자유를 확보했으며, 지역적·종교적 분열로 중앙집권적이고 권위주의적인 단일 지배 체제가 불가능하게 됨으로써 정치적 자유를

---

15) 미국예외주의(American Exceptionalism)는 구세계와 대비되는 신세계인 미국이 세계사에서 예외적으로 독특한 지위를 갖는다고 생각하는 미국인들의 믿음이다. 신세계는 앵글로-색슨적 제도의 유산, 공화주의적 정부 형태, 개발되지 않은 광대한 대륙, 자유로운 시장과 소생산자들이 제공하는 기회에 의해 구세계와는 다른 역사적 조건으로 만들어졌다는 것이다. 이 특별함은 청교도들이 뉴잉글랜드로 이주하여 신의 가호를 받음으로써 시작되었고 미국혁명과 헌법에 의해 완성되었다고 생각한다. 결과적으로 미국은 유럽의 악으로부터 벗어나 그 이상적인 미래를 보장 받으며 세계의 모범이 된다는 것이다. D. Ross, Grand Narrative in American Historical Writing : From Romance to Uncertainty, *The American Historical Review*, Vol.100, No. 3, Jun., 1995, p. 652. 미국 역사학에서 미국예외주의도 서양의 진보라는 관념과 긴밀하게 결합하고 있다. 서양 문명 진보의 최종점으로 미국을 생각하는 것이다. 말하자면 미국예외주의는 유럽예외주의의 미국적 변종이라고 할 수 있다.

만들어냈다는 것이다. 또 중세의 비약적인 농업 발전(1000~1500)은 신석기 시대 이래 세계가 경험해보지 못한 것이라고도 주장된다.[16] 결과적으로 유럽 근대 문명은 유럽이 이룩한 '기적'[17]으로까지 칭송된다.

반면 비유럽 지역은 유럽과 비교되어 그 비합리성, 전통성이 강조된다. 이때 비유럽 문명과 비유럽 사회의 성격을 규정하는 것은 당연히 유럽인들이다. 따라서 유럽인들의 판단에 따라 제멋대로 재단되며 당연히 인정받아야 할 나름의 독자성과 창조성을 부인당하고, 유럽에 비해 열등한 문명으로 전락할 수밖에 없었다. 이렇게 만들어진 비유럽 세계에 대한 잘못된 상투적 고정관념이 바로 18세기 말 이후 발전한 오리엔탈리즘이다.[18]

오리엔탈리즘은 "동양과 서양이라고 하는 것 사이에 만들어지는 존재론적이나 인식론적인 구분에 근거한 하나의 사고방식"[19]으로, 1800~1900년 사이에만 약 6만 권의 책이 선교사, 학자, 관리, 상인, 여행자, 예술가 등 다양한 서양인들에 의해 그들이 생각하는 특유한 동양 사회를 묘사하기 위해 씌었다.[20] 또 그것은 인상기나 이론에만

---

16) 이것은 랜디스의 주장이다. 그는 그의 책에 '유럽예외주의'라는 장을 두고 있을 정도이다. 그러나 다른 유럽중심주의 역사가들의 이야기도 별로 다를 것이 없다. 서로가 서로의 근거 없는 주장들을 인용하며 논거를 확보하는 식이다. 랜디스는 E. L. 존스에게 많이 의존하고 있다. D. S. Landes, *The Wealth and Poverty of Nations*, New York and London, 1999, p. 29-44.

17) '유럽의 기적'이라는 말도 E. L. 존스 등 유럽중심주의자들이 많이 사용하는 표현이다. 존스가 지은 책의 이름 자체가 《유럽의 기적》이다. E. L. Jones, *The European Miracle : Environments, Economics and Geopolitics in the History of Europe and Asia*, Second edition, Cambridge, 1987.

18) 오리엔탈리즘은 처음에는 이슬람 지역에 한정되었으나 나중에 전체 아시아로 확대되었고 지금은 아프리카까지 포함하는 유라시아 대륙 비유럽 지역 전체에 대한 유럽인들의 편향된 인식을 의미한다. 이에 대한 비판은 1960년대 초 이집트 출신 학자인 A. 압델-말렉에 의해 시작되었고 E. 사이드의 《오리엔탈리즘》(1978)에 의해 본격적인 수준에 올라갔다. 사이드 이전에도 '오리엔탈리즘'은 전문가들 사이에서는 일반적으로 사용되던 단어이다. A. Abdel-Malek, 'Orientalism in Crisis', *Diogenes*, No. 44, Winter, 1963, pp. 104-112.

19) E. Said, *Orientalism*, New York, 1979, p. 2.

머무는 것이 아니라 식민지의 통제와 관리를 위한 실용적인 목적도 갖고 있었다.

그 과정에서 유럽인들은 대상(對象)으로서의 비유럽 세계에 대해 사실과 허구를 혼합시키고, 유럽적인 모델과 범주, 개념으로 비유럽 세계를 보고, 비유럽 세계의 여러 이질적인 요소들을 동질적인 것으로 파악하고, 문헌적(텍스트적)으로 접근하고, 전체 사회를 몇 개의 핵심적인 요소로 엮어 그것을 상투적인 형태로 만들며, 현지의 주장을 무시하고, 다른 문명의 진정성을 거부하고, 지식으로서의 비유럽적 범주와 개념들을 경시[21]하는 태도를 보였다.

그리하여 유럽은 진보와 문명을 보여주는 반면 아시아는 덜 성숙하고 어린아이 같아서 내재적으로 진보가 불가능한 곳으로 간주되었다. 그러니 세계사는 당연히 인류의 진보를 대표하는 유럽 중심의 것이 되지 않을 수 없었던 것이다.

이런 주장에는 역사학만이 아니라 고고학, 인류학, 언어학, 지리학, 생물학, 종교학, 사회학 등[22] 유럽의 거의 모든 근대 학문이 가세

---

20) 같은 책, p. 204.
사이드의 오리엔탈리즘에 대한 견해가 비판을 받지 않는 것은 아니다. 오리엔탈리즘이 항상 아시아를 부정적으로 보는 것만은 아니기 때문이다. 또 아시아 사람들이 자신을 보는 태도가 반드시 옳은 것은 아니라는 주장에도 일리가 있다. 특히 포스트모더니즘의 입장에 서 있는 사람들이 이런 주장을 펴는데 이들은 모든 주장을 '담론'으로 보기 때문이다. 그렇다고 오리엔탈리즘이 보여주는 지나친 왜곡이나 편견을 부정할 수도 없다. 문제는 우리가 어떻게, 어느 정도나 객관적인 입장에 설 수 있는가 하는 것이다. 터너는 이 점에서 분명한 대안을 제시하기는 어렵다는 것을 인정하나 서양 문화도 인류학적인 시각에서 볼 것을 제안한다. 서양 문화의 특권적인 지위를 해체할 필요가 있다고 보기 때문이다. B. S. Turner, From Orientalism to Global Sociology, in : Orientalism : A Reader, New York, 2000, pp. 369-374.
21) S. F. Alatas, 앞의 논문, p. 762.
특히 유럽인들의 태도 가운데 '추상화의 폭력'은 심각하다. 유럽의 특수한 사회적 문맥에서 만들어진 개념이나 이론들을 매우 다른 사회와 문화에 비역사적(ahistorical)으로 적용하는 것이다. 따라서 유럽과 다른 점이 발견되면 그것은 정상화할 필요가 있는 일탈된, 비정상적인 현상으로 간주된다. Z. Baber, Orientalism, Occidentalism, Nativism : The Cultural Quest for Indigenous Science and Knowledge, The European Legacy, 2002, V. 7, No. 6, p. 747 참조.

했다. 사실 18세기 이후의 모든 서양 학문은 이런 성격에서 벗어나기 어렵다.

유럽중심주의 역사학의 형성

그 중에서도 유럽중심주의가 가장 강력한 형태로, 또 체계화한 형태로 나타난 분야가 역사학이다. 유럽인들이 유럽 문명의 창조성과 독특성을 역사학을 통해 정당화해왔기 때문이다. 그리하여 유럽의 역사는 온갖 신화와 이데올로기로 분장된 승리의 역사, 영광의 역사, 지배의 역사가 될 수밖에 없었다.

이런 역사를 만드는 데 결정적인 구실을 한 것이 계몽사상 시기부터 유럽에서 발전한 진보와 문명의 개념이다.[23] 특히 특유하게 유럽적인 것으로 생각된 진보라는 개념은 근대 유럽 문명을 지배하는 이념이 되었다. 여기에서 발전한 역사관이 바로 진보사관이다. 인간의 지적·물적인 능력의 확대에 따라 인간의 역사는 무한히 발전하며 인간 사회를 사람이 살기 좋은 곳으로 만들 수 있다는 것이다.

그리하여 18세기 후반에 비코, 볼테르, 기번, 헤르더 같은 사람들은 전통적인 기독교적 역사의 틀을 세속적인 틀로 바꾸는 일을 시작했다. 이들은 비코나 헤르더같이 순환적인 진보를 믿거나 기번, 볼테르같이 누적적이거나 최소한 간헐적인 진보를 믿었고,[24] 신이 아니라 인간의 의지와 행위가 역사의 진보를 만든다고 생각했다. 그러므로 이런 생각은 자연히 진보를 가져오는 주체인 인간의 자유를 강조

---

22) 고고학, 인류학, 생물학은 모두 인종주의의 발전과 깊은 관련을 맺으며 발전했다. 특히 인류학 초기에는 인종주의를 합리화하는 구실을 했다. 또 지리학, 종교학도 식민주의와 깊은 관련을 맺고 있다.

23) G. Delanty, 앞의 책, p. 90.

하게 했다.

19세기에 들어오면 인류사는 자유의 필연적인 진보로까지 생각되었다. 헤겔이나 마르크스 등 많은 철학자나 역사가가 이런 진보 사관의 확립에 기여했고 이는 특히 진화론에 의해 과학적인 원리로 자리 잡게 되었다. 이는 기독교적 역사관을 단순하게 세속화한 것으로 자유가 신을 대치하고 자유인이 기독교인을 대치한 것이다.[25]

그리하여 진보를 대표하는 유럽의 역사는 유럽 지역의 역사로 머무는 것이 아니라 보편사로 올라서지 않을 수 없었다. 그리고 비유럽 세계는 유럽인에 의해 발견되거나 정착되거나 정복됨으로써만 역사의 주류에 참여할 수 있었다.

유럽에서 이런 역사관이 자리잡는데 결정적인 역할을 한 것은 세계사적인 역학 관계의 변화이다. 18세기만 해도 인도나 중국은 강력한 힘을 갖고 있는 아시아의 대제국으로서 서양에는 이에 대적할 만한 나라가 없었다. 그래서 유럽 상인들은 아시아 각국 군주들의 허락을 얻고서야 아시아 무역에 종사할 수 있었다.

그러나 18세기 후반 이후 아시아 국가들이 쇠락한 반면 유럽에서는 산업혁명으로 자본주의가 급성장하며 사정이 달라졌다. 18세기 초가 되면 오토만제국은 더 이상 유럽에게 군사적 위협이 될 수 없었고 인도는 무갈제국의 해체기를 틈탄 영국 동인도회사의 침투로 1757년의 플라시전투 이후 영국의 식민지로 전락하기 시작했다.

게다가 중국마저 1840년의 아편전쟁으로 무장해제를 당하고 이후 유럽 국가들의 반식민지가 됨으로써 유럽인들이 아시아의 대제국들에 대해 갖고 있던 어느 정도의 존경심이나 동경도 모두 사라졌다.[26]

---

24) W. MacNeill, The Changing Shape of World History, *History and Theory*, 1995, Vol. 34, Issue 2, p. 11.
25) 같은 논문, p. 12

동·서간 세력 관계의 변화가 아시아에 대한 유럽인들의 생각을 급격히 바꾸었고 이에 따라 아시아에 대한 경멸적인 고정관념이 정착하게 된 것이다.[27]

유럽중심주의 역사학의 설명 방식

따라서 19세기 이후의 서양 역사학에서는, 유럽이 이룩한 성과를 설명하고 비유럽에서는 왜 그것이 불가능했는가를 밝히는 것이 중요해졌다. 그리고 이런 유럽의 승리는 여러 가지 방식으로 설명되었다. 종교, 인종, 환경, 문화적 설명 방식이 그것이다.

먼저 유럽인들은 그들만이 진정한 신인 기독교의 신을 믿고 있고 그 신이 유럽인들의 역사가 진보하도록 이끈다고 생각했다.[28] 기독교적 원리가 좀 더 윤리적인 사회를 만드는 데 기여했다고 믿는 것이다. 이것은 19세기 초에 특히 널리 믿어진 주장이고 지금도 일부 학자들이 신봉하는 내용이다.

인종주의적 설명은 인종주의가 18세기 후반에 본격적으로 이론화하며 나타났다. 인종에 따라 정신적인 능력에 차이가 있고 따라서 백인종이 황인종이나 흑인종에 비해 유전적으로 우월하다는 것이다. 2

---

26) 중국에 대한 유럽인의 존경심은 18세기 중반부터 약화되기 시작한다. 그러나 근본적인 변화가 나타나는 것은 18세기 말부터이며 19세기에 들어와 본격화한다. R. Dawson, *The Chinese Chameleon : An Analysis of European Conceptions of Chinese Civilization*, London, 1967, p. 59 참조.

27) 유럽인들은 18세기 중반만 해도 아시아 경제의 우월성을 믿고 있었으나 18세기 말쯤에 가면 그런 생각은 사라진다. 1776년에 《국부론》을 쓴 애덤 스미스는 중국은 정지 상태이고 유럽의 대부분은 진보하는 상태에 있으나 "중국은 유럽의 어느 나라보다도 훨씬 부유한 나라"라고 말하고 있다. 그는 아시아의 경제 상황을 어느 정도 우호적으로 본 마지막 인물이라고 할 수 있다. A. Smith(김수행 역), 《국부론》, 상권, 비봉출판사, 2003, p. 222 참조.

28) J. M. Blaut, *Eight European Historians*, p. 1.

차대전 이후 인종주의적 차별이 많은 나라에서 금지되었으므로 공식적으로 이런 주장을 하는 것은 매우 어렵게 되었으나 아직도 대부분의 서양 학자들이 암묵적으로는 이런 생각을 하고 있다.

이 외에 자연 환경과 관련지어 설명하는 사람들도 많다. 이런 식의 설명은 그리스의 자연에 대한 헤로도토스나 아리스토텔레스의 찬양으로까지 거슬러 올라가는 오래된 주장이다. 그것을 근대 유럽인들이 차용해 확대한 것이다. 유럽의 토질이 특히 비옥하다든가, 기후가 온난해 작물을 경작하기에 좋다든가, 비가 계속 적당히 내린다든가, 유럽에는 자연재해가 적고 질병도 적다는 등의 주장이 그것이다. 유럽인들이 옛날부터 육류를 더 많이 먹어 건강하다는 주장도 마찬가지이다.[29]

특히 농업을 위한 관개와 관련되는 주장은 유럽의 민주주의와 동양적 전제를 대비해 설명하는 중요한 근거가 된다. 아시아에서는 대규모 관개를 위해 중앙집권과 강력한 군주권이 필요했으므로 자연히 권위주의적인 정치·사회 체제가 만들어졌다는 것이다.[30]

---

29) D. S. Landes, 앞의 책, pp. 17-28. 유럽인이 육류를 많이 먹었다는 것과 관련해서는 브로델도 비슷한 주장을 장황하게 하고 있다. F. Braudel, *Civilization & Capitalism* Vol. 1, 1981, pp. 190-202 참조.
최근의 연구에 따르면 18세기 중국의 1인당 소비 수준은 당시나 그보다 늦은 시기의 유럽과 비교할 만하다. 차나 견직은 놀랄 일이 아니지만 설탕이나 직물 전체에서도 그렇다. 1750년의 양쯔강 하류 지역의 1인당 직물 생산량은 1800년의 잉글랜드와 비슷하다. 따라서 육류를 많이 먹었다는 주장도 재검토할 필요가 있어 보인다. K. Pomeranz, Political Economy and Ecology on the Eve of Industrialization : Europe, China, and the Global Conjuncture, *American Historical Review*, April, 2002, p. 429 참조.
30) 이런 주장은 헤로도토스 등을 비롯해 고대에 기원을 갖고 있으나 18세기 중반에 본격적으로 형성되었다. 당시 유럽인들은 동양이라면 이집트나 메소포타미아 지역이나 연상했으므로 이 지역의 건조 기후와 관개 농업을 동양적 전제와 연결시켰다. 이런 생각은 논리적인 비약을 통해 그 후 동아시아, 동남아시아의 비건조 지역을 포함하는 전 아시아로 확대되었다. J. M. Blaut, *Colonizer's Model of the World : Geographical Diffusionism and Eurocentric History*, New York and London, 1993, pp. 81-82 참조. 같은 주장이 20세기에 와서도 되풀이되고 있다. 20세기의 그 대표자가 미국의 냉전주의자인 비트포겔이다. K. Wittfogel, *Oriental Despotism*, New Haven, 1957.

또 문화적 능력을 강조하는 사람들도 있다. 유럽인들은 오랜 옛날부터 독특하게 진보적이고 혁신적인 문화를 발전시켜왔다[31]고 믿는 것이다. 사유재산제와 자본주의의 발전, 자유로운 도시의 발전, 과학적인 사고방식, 개인주의나 민주주의가 발전할 수 있는 가족 제도나 사회 제도, 계급투쟁의 완전한 발전 등이 그것이다.

이러한 원리들은 독자적으로, 또는 여러 형태로 합쳐지며 유럽사를, 또 비유럽에 대한 유럽의 우월성을 설명하는 원리로 사용되어왔다. 이것을 다시 요약하면 다음과 같다.

첫째, 유럽의 진보적인 문화적 발전은 자생적, 자연적이고 다소간 지속적이다.

둘째, 그것은 주로 지적·정신적 요소에서 온다. 그것이 유럽의 합리성으로 기술, 사회, 경제, 정치 제도, 과학, 예술, 종교적 발전의 주된 근원이다. 이 우월한 합리성은 인종적 우월성이나 고대나 중세에 기원한 문화적 우월성, 또는 유럽 자연 환경의 우월성에 기초를 둔 것이다.

셋째, 비유럽 지역과 사회는 그 자신이 내적 원인에 의해 변화하지는 못한다. 그것은 유럽에서 오는 직간접적 혁신이 확산된 결과이다.[32]

그러나 이런 설명 방식들은 많은 경우 사실과 배치되기도 하지만 역사의 변화를 설명하는 방식으로도 별로 설득력이 없다. 유럽의 자연 환경이 다른 대륙의 환경보다 특별히 더 좋은 것은 아니다. 기후가 더 좋은 것도, 토지가 더 비옥한 것도, 지하자원이 더 풍부한 것도 아니다. 지형이 교통이나 교역에 더 알맞지도 않다.

또 유럽의 문화가 다른 대륙의 사회보다 빠른 진보를 가져올 더 우

31) J. M. Blaut, *Eight European Historians*, p. 1.

월한 특질들을 갖고 있다는 주장도 별 근거가 없다. 그것은 개인의 창조성뿐 아니라 종교, 가족 제도, 시장, 도시 같은 집단적 특질에서도 마찬가지이다.[33] 유럽 문명이 다른 지역으로 확산되었다는 것도 유럽의 우위가 확연해진 19세기 이전에는 간단히 말할 수 없다. 따라서 이런 주장들은 유럽인들이 만들어낸 매우 잘못된 편견의 산물이라 할 것이다.

32) J. M. Blaut, 같은 책, p. 7.
유럽중심주의 역사학이 주장하는 유럽의 우월성에 대해 블로트가 만든 리스트를 보면 비슷한 내용을 합쳐도 거의 30개나 된다.
1. 백인종은 우월한 인종이다. 2. 유럽(또는 북서 유럽)의 기후는 농업이나 생산성 면에서 다른 곳보다 유리하다.(중국의 기후도 좋다고 하는 사람도 있다.) 3. 유럽의 토양은 특이하게 비옥하다. 4. 유럽의 지리적 형태는 교통과 사상의 전파에 유리하다. 5. 지리적으로 여러 생태학적 중심으로 나뉘므로 제국 대신 중간 크기 국가가 생겼다. 7. 들쑥날쑥한 해안선이 유럽의 언어적 · 종족적 · 정치적 다양성을 부분적으로 설명해준다. 8. 유럽의 삼림 식생이 역사적으로 개인주의적 인간과 소가족의 발전에 기여했다. 따라서 사유재산과 자본주의가 발전했다. 9. 유럽에는 자연재해가 적다. 10. 유럽에는 역사적으로 다른 곳보다 질병이 적다. 11. 유럽인들은 역사적으로 다른 지역에서보다 영양을 더 많이 섭취했다. 12. 유럽인들은 특히 창조적이다. 13. 유럽인들은 성적 욕망을 절제하는 데 합리적이며 따라서 과잉 인구를 막을 수 있었다. 14. 유럽인은 유일하게 혁신적이고 진보적이다. 15. 유럽인들은 과학적 사고를 한다. 16. 유럽인은 유일하게 민주적이고 윤리적인 가치를 지녔다. 17. 유럽에서는 계급이나 계급투쟁이 완전히 발전했다. 18. 기독교 원리나, 제도로서의 기독교가 유럽의 독특한 발전을 가져왔다. 19. 유럽의 가족 제도는 발전에 알맞다. 20. 유럽인은 특유하게 고대나 중세에 사유재산제, 시장 제도를 발전시켰다. 21. 유럽의 도시는 더 진보적이고 자유로웠다. 22. 유럽의 국가는 다른 곳보다 빨리 근대적 정치로 나아갔다. 23. 정치 형태로서의 제국은 비유럽 지역이 발전하는 것을 막았다. 24. 동방적 전제가 사회 · 기술적 발전을 막았다. 25. 동양에서는 관개에 의존하는 수력 사회가 발전을 막았다. 26. 유럽의 봉건제는 민주주의나 사유재산제가 발달하는 데 유리했다. 27. 유럽인은 독특하게 모험적이어서 탐험, 해외 팽창에 잘 맞는다. J. M. Blaut, *Eight Eurocentric Historians*, pp. 200-202.
33) 유럽중심주의적 역사 해석 방식들에 대한 설득력 있는 비판은 J. M. Blaut, *The Colonizer's Model of the World*, 1993, pp. 50-151. 참조.

3...

유럽중심주의 역사학의 모습

헤겔 – 역사는 자유 이념의 발현

헤겔은 독일의 유명한 관념론 철학자이지만 19세기의 대표적인 역사 이론가 가운데 한 사람이다. 그의《역사철학》은 역사의 진보가 어떻게 근대 유럽에서 절정에 이르렀는가를 보여주는 하나의 서사시이기 때문이다.

그의 사상에서 가장 중요한 개념은 '자유'이다. 그에게 자유란, 사람이 '이성'의 작용을 통해 자연이 주는 한계를 벗어나는 것을 의미한다. 이렇게 '이성'과 '자유'를 강조했다는 점에서 그는 계몽사상의 전통 속에 있다.

그는 계몽사상가들과 같이 인류의 영원한 진보를 믿었고 세계사를 '자유의 이념'이 스스로를 발전시켜 나아가는 과정이라고 보았다. 자유가 고대 세계부터 근대 유럽에 이르기까지 계속 확대되어왔다고 생각한 것이다. 그 과정에서 그가 동양에게 부여한 지위는 매우 낮다.

그는 역사의 발전 단계를 셋으로 구분했는데, 오리엔트 세계, 그리스 · 로마 세계, 게르만적 세계가 그것이다. 오리엔트 세계가 제일 처음의 낮은 단계에 있고, 그리스 · 로마 세계가 그것을 극복했고 근대의 게르만적 세계가 가장 높은 단계에 도달했다는 것이다. 그의 생각에 따르면 동양은 고대나 현대나 별로 다를 바 없는 상태에 있다. 즉 '정체'되어 있다. 동양은 자유에 대한 갈망이 존재하지 않는 '죽은' 사회이기 때문이다.

그의 이러한 철학적 규정은 동양 사회에 대한 매우 잘못된 견해로 이어진다. 다시 말해 동양인들은 자연적인 것 그 자체를 궁극적인 것으로 숭배하므로 이는 종교 행위에서도 가장 낮은 단계인 자연 종교 단계에 있을 수밖에 없다. 물론 유럽인은 가장 높은 계시 종교 단계에 있다. 또 동양인은 추상적인 능력이 없으므로 수학이나 물리학 같은 학문에서 서양에 비해 크게 뒤떨어질 수밖에 없다. 동양의 윤리 관계도 지적인 관계가 배제된 것이므로 더 이상 윤리적 관계는 아니다.

이것은 동방적 전제주의 개념에서도 마찬가지이다. 여기에는 자유는 없고 군주에 대한 무조건적인 복종만 있다는 것이다. 따라서 동양 사회는 법이 없는 무법의 상태가 된다. 한마디로, 헤겔에게 동양은 부정성으로만 나타날 뿐이다.

따라서 이성과 자유를 스스로 실현하는 보편사인 세계사는 당연히 서양을 중심으로 전개될 수밖에 없었다. 보편사의 운동은 아시아에서 시작되었으나 서쪽으로 움직여 유럽이 그 절대적인 종점이 되었다는 것이다.[34] 물론 아메리카나 아프리카는 아예 처음부터 고려에서 빠져 있다.

그는 그리스 · 로마적 시대를 지나 게르만족의 이동에서 시작되는 게르만적 세계도 그 정점에 도달하는 것은 근대에 들어와서라고 생각한다. 루터의 종교개혁과 계몽사상, 프랑스혁명을 통해 근대성이 완전히 발현되기 때문이다. 따라서 그에게 보편사의 중심은 그가 살고 있는 시대의 서북유럽이었다.

그러나 그것만이 아니다. 그는 이런 유럽 중심적인 생각을 넘어서서 제국주의적 주장도 불사하고 있다. "자연적 원리인 그런 요소들을 갖고 있는 사람들은 — 세계사의 이 시점에서 지배 민족이다. 세계정신의 발전을 이끌어가는 그런 민족이 갖고 있는 절대적인 권리에 대해 다른 민족의 정신은 아무 권리도 갖지 못한다"[35] 는 것이다. 이성의 이름으로 제국주의적 침탈마저도 정당화하는 것이다. 그의 이런 생각은 19세기 이후의 서양 지식인들에게 광범한 영향을 미쳤고 지금도 미치고 있다.

마르크스의 물질주의적 역사 이론과 유럽중심주의

헤겔의 생각은 그의 철학적 제자라고 할 수 있는 마르크스의 사상에도 본질적으로는 그대로 이어진다. 마르크스는 인간의 보편성을 믿고, 억압받는 노동 계급의 해방을 위해 평생 그의 모든 학문적 노력을 쏟은 사람이다. 그러나 그의 철학 체계에서 비유럽이 차지하는 위치는 그런 것과는 거의 상관이 없다.

그의 사고에서 가장 중심적인 것은 자본주의였다. 자본주의에 필연적으로 내재할 수밖에 없는 노동의 착취라는 비인간적인 측면을 설명하고 그것을 극복하는 것이 그의 가장 큰 관심사였기 때문이다.

---

34) G. W. F. Hegel, *Vorlesungen über die Philosophie der Geschichte*, in : Werke in zwanzig Bänden, Suhrkamp Verlag, Frankfurt am Main, 1970, p. 134.
35) G. W. F. Hegel(ed. by F. Nicolin, O. Pöggler), *Encyklopädie der Philosophischen Wissenschaften : im Grundrisse*, Hamburg, 1969, p. 430.

문제는 자본주의가 역사 속에서 어떻게 규정되느냐 하는 것이다.

그는 인류가 원시 공동체, 고대 노예제, 중세 봉건적 생산 양식을 넘어 자본주의적 생산 양식에까지 이르렀다고 생각했다. 그리고 자본주의 생산 양식 내부의 모순 때문에 부르주아 계급과 프롤레타리아 계급의 투쟁은 필연적으로 자본주의 사회의 붕괴를 가져올 수밖에 없으며 그 결과로 등장하는 것이 사회주의 사회라고 믿었다.

그가 이렇게 계급투쟁이라고 하는 구도를 사용하기는 하나 역사의 필연적인 진보를 믿는다는 점에서 그는 헤겔의 유산을 그대로 물려받았다. 헤겔이 자유의 확대가 필연적인 역사 과정이라고 생각했다면 마르크스는 평등의 확대가 필연적이라고 믿은 것이 차이이다.

그런데 여기에서 문제는 그의 세계사 분석이 주로 유럽의 경험에 의존하고 있다는 것이다. 유럽사를 일반화하여 그것을 인류의 보편적인 경험으로 확대 해석하고 있는 것이다. 따라서 유럽의 역사적 경험과 다르면 그것은 보편적인 역사 법칙에서 벗어난 것, 비정상적인 것으로 평가 절하될 수밖에 없었다.

마르크스가 그의 주된 저서인 《자본론》에서 한 일은 봉건적 생산 양식에서 자본주의적 생산 양식으로 넘어가는 과정을 분석하고 자본주의적 생산 양식의 특징을 드러낸 것이다. 그런데 아시아는 봉건적 생산 양식을 경험하지 못했으므로 자본주의로 넘어갈 수 있는 가능성이 애초부터 존재하지 않았다. 따라서 아시아가 이런 세계사적 과정에서 배제될 수밖에 없는 것은 당연했다.

이것이 그가 아시아의 경우를 따로 떼어내 '아시아적 생산 양식'이라는 이름을 붙인 이유이다. 그는 아시아적 생산 양식을 고대 노예제의 한 변종으로 생각했다. 그리고 아시아는 근대에 이르기까지 이 고대적 생산 양식에서 결코 벗어나지 못한 채 정체 상태에 있었다고 믿었다.

그것은 아시아가 거의 자급자족적인 촌락 공동체를 계속 유지함으로써 사회 내의 노동 분업을 발전시키지 못했고 결과적으로 생산력을 발전시키지 못했기 때문이다. 따라서 아시아에서 생산 양식은 정체, 화석화할 수밖에 없었고 생산력과 생산 관계의 발전은 마비될 수밖에 없었다는 것이다.[36]

그는 이런 관념을 인도, 러시아뿐 아니라, 오토만제국, 중국에 이르기까지 전 아시아에 무차별적으로 적용했다. 결과적으로 아시아에서는 무서운 전제정 아래 자본주의가 자생적으로 발전할 가능성은 아예 존재하지 않았다고 생각하는 것이다.[37]

이런 아시아를 영원한 잠에서 깨운 것이 바로 서양의 자본주의이다. 서양이 식민화라는 과정을 통해 자본주의적 생산 양식을 이전시켰기 때문이다. 또 그는 아시아인들은 식민주의적 과정을 통해서라도 자본주의를 받아들여야 한다고 믿었다. 정체에서 벗어나기 위해서는 서양의 진보적인 혜택이 필요하기 때문이고, 식민주의라 할지라도 그것이 자본주의를 가져오는 한 역사의 진보적인 힘이 될 수 있다는 것이었다.

19세기 유럽의 가장 대표적인 지식인 가운데 한 사람으로서, 또 인류의 양심을 대변하는 듯한 사회주의자가 이런 소리를 했을 때 아시아인들은 그것을 어떻게 받아들여야 했을까? 아시아의 지식인들마저 순진하게 그 주장을 곧이곧대로 받아들이지 않을 수 없었던 것이

---

36) S. H. Rigby, *Marxism and History*, Manchester, 1987, p. 123.
37) 아시아에 대한 마르크스의 지식은 당시의 제한적인 자료에 의존했으므로 한계가 크다. 마르크스 이전 사람들은 튀르크나 이란에 대해 더 잘 알고 있었으나 마르크스는 인도에 대해 더 잘 알았던 것 같다. 그럼에도 아시아의 국가 권력에 대한 그의 개념은 오토만제국의 권력과 법적 권리에 대해 다른 사람을 통해 간접적으로 얻은 이미지에 의존한 것 같다. C. Wickham, The Uniqueness of the East, in : J. Baechler 외, *Europe and the Rise of Capitalism*, Cambridge 1989, p. 88 참조.

다. 그러니 그 해악이야 말할 필요도 없이 크다.

막스 베버와 합리성

베버는 19세기 말에서 20세기 초에 세계적인 명성을 얻은 독일의 사회학자이자 역사학자이다. 그의 명성은 물론 그의 탁월한 학문 능력과 그 학문 체계의 깊이와 넓이에 따른 것이다. 그러나 그것은 그의 이론이 갖고 있는 이데올로기성과도 밀접한 관련이 있다. 그가 대표적인 유럽중심주의적 이론가의 한 사람으로 서양인들에게 큰 우월감과 자부심을 안겨주었기 때문이다.

사실 그의 학문적 노력은 왜 유럽에서는 진보와 근대화가 이루어졌고 비유럽에서는 그것이 불가능했는가를 해명하는 데 초점이 맞추어져 있다. 이것을 그는 종교, 봉건제, 도시, 관료제, 법 제도, 국가형태, 자본주의 등 온갖 주제를 통해 실증하려 했다. 그리고 이런 연구를 꿰뚫고 있는 가장 중요한 코드가 합리성이다. 유럽의 합리성과 비유럽의 비합리성, 전통성을 대비시켜 비유럽 세계의 후진성을 정당화하려는 것이었다.

그는 근대 유럽이 역사상의 모든 사회 가운데 가장 합리적인 사회이며 유럽은 이런 합리적 경향을 고대 그리스로부터 발전시켜왔다고 생각했다. 애초부터 유럽은 그런 싹을 가지고 있었다는 것이다. 그리고 그런 합리성에 대한 선택은 유럽인들의 자유 의지의 결과로, 유럽인들이 그렇게 되기를 원했기 때문이라는 것이다. 자본주의의 발전만 하더라도 그것은 경제의 자연적인 발전의 결과가 아니라 자본을 축적하려는 프로테스탄트들의 합리적이고 윤리적인 선택의 결과인 것이다.

반면 동양에서는 그런 합리성의 추구가 애초부터 불가능했다. 동양인들은 고대부터 초월적 종교, 미신 등에 매몰되어 자의식을 갖기가 힘들었기 때문이다. 그리하여 동양에서는 서양과는 다른 비합리적인 사회와 정치 체제가 만들어질 수밖에 없었다.

그도 이런 차이의 원인을 관개를 하는 수리 문명과 관련되는 동방적 전제론에 근거를 두었다. 대규모의 관개를 위한 시설을 만들고 그물을 분배하는 과정에서 강력한 강제력인 관료제가 필요해지고 그것을 지배하는 전제 군주가 등장한다는 것이다. 따라서 관개 농업이 결국 동양의 억압적이고 전제적인 사회 · 정치 구조를 만들어낸 근본적인 동인인 셈이다.

반면 유럽에서는 전혀 관개가 필요 없었다. 누구의 밭에나 다 공평하게 비가 내리기 때문이었다. 따라서 유럽인들은 자유롭고 민주적인 사회 · 정치 체제를 만들 수 있었고 더 창의성을 발휘할 수 있었으며 따라서 서양 문명은 더 진보할 수밖에 없었다는 것이다. 그가 이런 미신 같은 이야기들을 증명하기 위해 바친 진지한 노력은 정말로 눈물겨울 정도이다.

그리하여 그는 유럽에서만 보편적인 의미와 가치를 갖는 문화가 발전할 수 있었고 서양에서만 과학이 발전했으며 체계적인 신학은 오직 기독교에서만 발전할 수 있었다고 믿었다. 그뿐 아니라 역사학, 정치학, 음악, 건축, 자본주의 등 온갖 것도 다 마찬가지였다.[38]

그의 주장이 온통 유럽 문명에 대한 찬양으로 뒤덮여 있으나 이런 주장들이 정당한 근거를 갖고 있는 것도 아니다. 그것들이 잘못된 분석 방법과 잘못된 정보, 무지, 편견으로 가득 차 있기 때문이다. 사실 그가 아시아에 대해 매우 많이 아는 척해도 제대로 아는 것은 별로 없다.

---

38) M. Weber, *Protestant Ethic and Spirit of Capitalism*, London, 1930, pp. 1-31.

방법론적으로, 그는 유럽의 근대와 아시아의 모든 시대를 함께 비교하는 잘못된 분석 방법을 사용하고 있다. 그래서 중국의 어떤 특징을 설명하기 위해 공자가 살았던 춘추전국시대에서 청나라까지를 통해 온갖 사례를 끌어낸다. 기본적으로 동양은 고대부터 변화하지 않았다고 믿은 탓이다.

그는 유럽의 과학이나 수학, 기술이 전통적으로 동양에 비해 우월했던 것으로 주장하나 그것은 17세기 이전에는 사실이 아니다. 또 유럽 중세도시와 동양의 도시들 사이에 뚜렷한 차이가 있었다고 주장하나 그것도 사실이 아니다. 그것은 편견의 산물이다.

또 유럽의 봉건제에서는 영주가 영지를 사유화하여 개인주의, 사적 소유권, 자본주의가 발전하는 데 결정적인 요소가 되었고 다른 곳에서는 그것이 불가능했다고[39] 주장하나, 이런 주장은 동양에서도 관리가 왕으로부터 받는 토지를 사유화했다는 사실을 모르는 데서 나온 무지한 주장이다.

이런 예는 얼마든지 있다. 따라서 우리는 베버의 글을 읽을 때 그의 주장들의 밑바탕에 깔려 있는 전제나, 내용의 오류에 주의하지 않으면 안 된다. 그렇지 않을 경우 그가 촘촘하게 쳐놓은 유럽중심주의의 그물에서 빠져나오기가 쉽지 않다. 그가 유럽 중심적인 편견을 갖고는 있어도 자기의 주장을 논리화하는 데에는 뛰어난 능력을 가진 학자이기 때문이다.

20세기의 유럽중심주의적 역사가들

19세기 역사가들만이 그런 것은 아니다. 20세기에도 그런 역사가

---

39) M. Weber, *Religion of China*, New York, 1951, pp. 95~100.

들은 많다. 우선 대표적인 사람을 몇 명 들어보자. 브로델(F. Braudel)은 프랑스 아날 학파의 대표적인 역사가이다. 그는 1979년에 《물질문명과 자본주의》[40]라는 유명한 세 권짜리 책을 출판했는데 그것은 1500~1800년 사이를 다룬 방대한 세계사이다. 따라서 비유럽 세계도 함께 다루고 있다.[41] 그러나 여기에서 그가 보여주는 시각은 19세기 사람들의 것과 크게 다른 것이 아니다.

1984년에 나온 《문명의 역사》[42]라는 책에서는 편파적인 태도가 훨씬 심하다. 아시아에 대한 무관심과 무지는 도를 넘어서고 있다. 그는 아시아 문화가 너무나 고대적이고 어디에서나 똑같다고 말함으로써 헤겔적인 주장을 그대로 받아들인다. 또 비트포겔의 수력사회론이나 중세 유럽 도시의 자유에 대한 베버의 주장, 르네상스의 근대성에 대한 부르크하르트의 주장, 프랑스혁명에 대한 르페브르 식의 찬양 등을 되풀이하고 있다.

그 자신도 언어나 자료의 한계 때문에 비유럽 세계를 제대로 이해하기 어렵다는 고백을 하고 있기는 하나 정도가 매우 심한 편이다. 말하자면 두 세기 전에 헤겔이 한 이야기를 한 세기 전에 베버가 되풀이하고, 그것을 근 100년 후에 브로델이 되풀이하고 있는 셈이다. 이런 사람이 서양에서 20세기의 대표적인 역사가의 한 사람으로 손

---

40) F. Braudel(tr. by Sian Reynolds), *Civilization & Capitalism*, 3 Vols. Berkerly and Los Angeles, 1981-1984.

41) 브로델은 그의 《펠리페 2세 시대의 지중해와 지중해 세계》에서 국가의 영역을 넘어 지중해 연안의 아시아, 아프리카, 유럽을 함께 다루는 광역적 분석을 선구적으로 시도했다. 그것은 역사학에 대한 그의 중요한 공헌이다. 《물질문명과 자본주의》가 지중해 지역을 넘어서서 세계사적 분석이 된 것은 그 논리적 귀결이다. 그럼에도 그는 유럽 중심의 단일 중심적 역사에서 벗어나지는 못했다. 따라서 《물질문명과 자본주의》에서는 역사적 현상의 이해를 위한 바른 공간적 틀을 발견하려는 시도와, 유럽 패권의 흥기라는 근대 세계사에 대한 그의 정의 사이에서 긴장이 나타난다. S. Feierman, Africa in History, in : G. Prakash(ed.), *After Colonialism*, Princeton, 1995, p. 43 참조.

42) F. Braudel, *A History of Civilizations*, New York, 1993.

꼽히고 있다는 것은 서양인들로서도 부끄러워해야 할 일이다.

브레너(R. Brenner)는 1980년대의 《브레너 논쟁》[43]으로 널리 알려진 저명한 마르크스주의 중세사가이다. 그는 유럽 자본주의의 흥기를 중세 후기의 상업화나 인구 추세의 변화 가운데에서 찾는 이전까지의 주장들을 거부하고 그 원인을 영국 농촌 사회 내부의 계급투쟁 속에서 찾았다.

이는 그가 식민지의 착취가 자본주의 흥기의 주된 요인이 아니라는 것을 증명하려 했기 때문이다. 자본주의 흥기의 원인을 유럽 내부만의 일로 한정시키려 한 것이다.[44] 따라서 16세기 이래 비유럽 세계가 유럽의 자본주의 발전에 미친 영향은 부인될 수밖에 없었다. 그도 편협한 유럽중심주의적 사관을 보여준다는 점에서 브로델과 별 다를 바가 없다.

이것은 프랑스혁명사 연구에서도 마찬가지이다. 20세기 중반의 그 대표자인 르페브르(b. Lefebvre)나 소불(A. Soboul) 등 마르크스주의자들은 프랑스혁명을 계급투쟁적인 관점에서 부르주아 혁명으로 보았다. 그리고 그것을 봉건적 생산 양식에서 자본주의 생산 양식으로 넘어가는 세계사적 과정의 결정적인 사건으로 해석했다. 그뿐 아니라 프랑스혁명을 민주주의, 평등한 사회, 합리적인 문화를 가져옴으로써 근대의 문을 연 사건으로 확대 해석했다. 근대의 제일 첫 자리에 프랑스혁명이 자리잡게 한 것이다. 대표적인 유럽중심주의 역사학의 하나이다.

월러스틴(I. Wallerstein)의 세계체제론도 마찬가지이다. 그는 종속

---

43) 이 논쟁과 관련된 논문을 모은 책이 1985년에 나온 《브레너 논쟁》이다. Ashton and Philpin(ed.), *The Brenner Debate : Agrarian Class Structure and Economic Developement in Pre-industrial Europe*, Cambridge, 1985.
44) J. M. Blaut, *Eight Eurocentric Historians*, p. 47.

이론에서 출발하여 세계체제론을 발전시켰는데, 16세기 이래 유럽 경제가 세계 경제의 중심이었다는 주장을 펴고 있다. 서유럽을 중심으로 중심부가 형성되고 그 주위를 남동부 유럽의 반주변부가 둘러싸고 있고, 또 그 밖에서 아시아, 아프리카, 라틴아메리카가 주변부를 형성한다는 것이다. 그리고 중심부와 주변부 사이에는 지배, 예속 관계가 나타난다는 것이다. 그러나 이런 인식은 16세기에서 18세기 사이에 유럽 경제의 우위를 가정하고 있다는 점에서 심각한 문제를 갖고 있다.

갤러거(J. A. Gallagher)와 로빈슨(R. Robinson)[45]은 비공식적 제국 이론, 주변부 이론, 협력 이론을 내세워 20세기 후반에 제국주의와 식민주의 연구에 가장 큰 영향을 준 사람들이다. 그들은 새로운 개념을 통해 이들 연구를 심화시키는 데 기여했다.

그러나 다른 한편에서는 식민지화 과정에서 식민 지역의 정치·사회적 상황이 미친 영향과 함께, 식민지인의 협력을 강조함으로써 교묘하게 제국주의자들의 책임을 경감시키고 있다. 노골적인 유럽중심주의보다 더 위험한 이론으로 경계 대상이다.

민족주의와 관련한 겔너(E. Gellner)나 홉스봄(E. Hobsbawm)의 주장도 문젯거리이다. 그들은 민족이 근대의 산물이며 민족주의에 의해 인위적으로 만들어진 것으로 주장함으로써 민족과 민족주의가 내포하고 있는 역사성을 배제하고 있다. 또 이런 논리에 따르면 산업화나 근대화를 이루지 못한 지역의 사람들은 민족이나 민족주의를

---

45) J. A. Gallagher and R. E. Robinson, The Imperialism of Free Trade, *Economic History Review*, 2nd ser. VI, 1953 ; J. A. Gallagher & R. E. Robinson, *Africa and the Victorians*, London, 1961 ; R. Robinson, Non-european Foundations of European Imperialism : Sketch for a Theory of Collaboration in : L. Owen & B. Sutcliffe(ed.), *Studies in the Theory of Imperialism*, London, 1972, pp. 117-142.

만드는 것조차 불가능하게 된다. 제3세계의 민족주의를 부정하는 유럽중심적인 논리이다. 이는 선진국과 제3세계의 이해관계가 더 첨예해지고 있는 상황에서 받아들이기 힘들다.[46]

노골적인 유럽중심주의적 역사가들

앞의 사람들은 20세기 서양의 대표적인 역사가들로 인정받는 사람들이다. 이들뿐 아니라 그 외의 서양 역사가들 대부분이 알게 모르게 유럽 중심적인 역사 해석을 하고 있다. 그러나 그 가운데에는 지나치게 편파적이고 독선적인 사람들도 있다. 그들은 유럽 중심적 세계관을 맹목적으로 신봉하는 사람들이다. 《유럽의 기적》[47]을 쓴 존스(E. L. Jones) 같은 사람이 그런 부류이다.

그의 책은 유럽 문명과 비유럽 문명을 비교하며 유럽의 우위를 매우 상투적인 방법으로 선전한다. 그래서 유럽이 성취한 것을 '기적'이라고까지 치켜세운다. 유럽중심주의를 선전하는 매우 '비학문적인' 학술 서적이다.

랜디스(D. S. Landes)의 《부유한 국가와 가난한 국가》[48]도 마찬가

---

46) E. Gellner, *Nation and Nationalism*, New York, 1983 ; E. J. Hobsbawm, *Nation and Nationalism after 1780*, Cambridge, 1990. 겔너는 근대주의적 해석을 처음 시도한 인물이며 홉스봄은 그것을 대중화하는 데 크게 기여했다. 이 사람들은 민족주의의 형성을 자본주의 발전, 산업화와 연결시키고 있다. 따라서 이들에게 종족성, 언어, 역사, 종교, 문화 같은 요소들은 부차적인 요소이다. 또 민족이 민족주의를 만든 것이 아니라 민족주의에 의해 민족이 형성되었다고 주장한다. 민족은 실체가 없는 '상상의 공동체'로서 억압적인 성격을 갖는다는 것이다. 이런 주장은 국내의 일부 학자들에 의해서 그대로 받아들여지고 있다. 그러나 겔너가 얼마나 편파적인 유럽중심주의자인가를 고려한다면 달리 생각할 필요가 있을 것이다. 홉스봄은 마르크시스트이므로 당연히 코스모폴리타니즘적이며 민족주의에 반감을 갖고 있다. 그에게도 유럽중심주의적인 태도는 강하게 나타난다.
47) E. L. Jones, 앞의 책.
48) D. S. Landes, 앞의 책. 저자 랜디스는 하버드 대학 명예교수로 이 책은 《뉴욕 타임스》의 베스트셀러 목록에 올랐었다.

지이다. 이것도 매우 편파적인 방법으로 유럽의 승리를 기록하고 있는 책이다. 그는 전에도 《족쇄에서 풀린 프로메테우스》[49]라는 책을 써서 서양 과학·기술의 발전이 유럽을 앞서게 만든 원동력이며 그것은 유럽에서만 가능했다는 주장을 폈는데 이 책에서도 거의 마찬가지 논리를 펼쳤다.

그 밖에 베로크(P. Bairoch), 필드하우스(D. Fieldhouse)[50]와 같은 사람들은 노골적으로 식민주의의 정당성을 주장한다. 식민주의가 비유럽 세계가 발전하는 데 해를 끼치기는커녕 도움을 주었다는 것이다.

화이트(L. White)도 《중세의 기술과 사회 변화》[51]에서 중세 시대의 서양 과학의 우수성을 맹목적으로 주장하고 있다. 그는 물레방아, 안경, 화약, 시계, 인쇄술을 크게 부각시켰고 랜디스 등 다른 역사가들도 그런 주장을 그대로 받아들인다.

홀(J. A. Hall)[52]이나 베츨러(J. Baechler) 같은 사람도 노골적인 유럽중심주의 역사가이다. 이들이 편집한 《유럽과 자본주의의 흥기》[53]는 유럽의 자본주의 흥기를 '기적'으로 설명하는, 전형적으로 유럽중심주의적 입장에 서 있다.

이들의 논리가 19세기 학자들의 것보다 약간 더 정교해진 것은 사실이나 큰 틀에서 달라진 것은 없다. 그럼에도 이런 책들은 나오기만 하면 많은 경우 서양에서 베스트셀러가 된다. 서양인들의 비뚤어진

---

49) D. S. Landes, *Unbounded Prometheus : Technological Change and Industrial Revolution in Western Europe from 1750 to the Present*, Cambridge, 1972.

50) P. Bairoch, *Economics & World History*, Chicago, 1993. D. K. Fieldhouse, *The West and the Third World*, Oxford, 1999 ; *Black Africa 1945–1980*, London, 1986.

51) L. White Jr., *Medieval Technology & Social Change*, Oxford, 1962.

52) J. A. Hall, *Powers and Liberties : The Causes and Consequences of the Rise of the West*, Berkerly, 1985.

53) J. Baechler, J. A. Hall, M. Mann(ed.), *Europe and the Rise of Capitalism*, Cambridge, 1989.

자만심을 아주 잘 만족시켜주기 때문이다.

그런데 서양에서 잘 팔린다고 하니까 덩달아 우리말로 번역되는 경우도 있고 또 그들의 주장이 그대로 인용되는 경우도 많다. 서양 사람들이 어떤 맥락에서 그런 이야기를 하는지 잘 살피지 않기 때문이다. 그러니 아무리 허우적거려도 서양 사람들이 쳐놓은 덫에서 벗어날 수가 없는 것이다. 그러면 다음에는 유럽중심주의적 역사학이 어떤 구조를 가지고 있는가를 살펴보자.

4...

유럽중심주의 역사학의 구조

고대에서 중세까지

앞에서 본 것처럼 서양의 역사 서술은 근대에서 유럽의 우위라는 명제를 확인하기 위한 일련의 작업으로 구성되어 있다. 그러나 그것은 근대에만 한정된 것이 아니라 고대까지 소급된다. 서양인들이 근대에 성취한 자신들의 우월성을 고대까지 확장하고 싶어하기 때문이다.

그래서 유럽은 고대부터 다른 지역과는 무엇인가 달랐고 우월한 문화를 갖고 있었으며 그것이 중세, 근대를 지나 현대까지 이어진다고 주장한다. 따라서 이런 주장은 선사시대부터 적용된다. 선사시대부터 유럽은 무언가 다른 면이 있었다고 생각하는 것이다.

고고학은 식민주의와 결합해 발전했고, 다른 문화 사이의 시간적 순서와 그 문화적 질의 차이를 밝히는 것이 중요한 기능이었으므로 자연히 유럽 중심적인 성격을 갖지 않을 수 없었다. 따라서 선사시대 뿐 아니라, 역사시대에 들어와서도 그리스 문명을 치켜세우고 이집트나 메소포타미아 문명을 깎아내리는 데 중요한 역할을 했다. 이것은 아메리카나 아프리카 문명에 대해서도 마찬가지이다.

서양 고대사에서도 중요한 것은 역시 그리스·로마 문명이다. 그리스는 인간 중심적이고 합리적인 문명으로 인류사를 새로운 단계로 올려놓았다고 생각했다. 철학이나 과학, 문학, 예술, 정치 등 모든 면에서 탁월한 성취를 이뤘고, 그리하여 근대 서양 문명의 기초를 형성했다고 생각한다.[54] 많은 서양 역사가가 이런 식으로 그리스 문명과 근대 유럽 문명을 직접 연결시킨다. 이는 자연스럽게 그리스 문화의 미화와 이상화를 가져왔다.

로마는 대제국을 형성하고 번영하는 경제와 높은 수준의 문화를 이루었으므로 유럽인들의 자부심을 만족시키기에 충분한 조건을 갖추었다. 콜로세움이라든가 거대한 목욕탕, 수도교, 폼페이 유적 등 많은 유적이 그 영화를 상기시키기 때문이다.

그리하여 로마는 사유재산권을 확립함으로써 서양에서 근대 자본주의가 발전하는 데 중요한 기여를 했고 로마법을 통해 서양에 법의 지배를 가져오는 데도 큰 기여를 한 것으로 받아들여진다. 로마의 공화정도 근대 유럽의 정치 제도와 관련하여 높은 평가를 받는다. 기독교의 수용도 그 후 유럽 문화의 발전과 관련해 중요한 요소이다.

중세에서는 중세도시가 도시 공동체인 코뮌의 성립을 통해 유럽에 자유를 가져왔다는 점에서 매우 중요한 지점으로 받아들여진다. 그것이 근대에 와서 유럽에 정치적 자유를 가져오는 데 크게 기여했다는 것이다. 또 도시에서는 부르주아 계급과 함께 자본주의의 싹이 나

---

54) "······ 그곳으로부터 언어, 정치 제도, 철학, 건축 양식, 그리고 다른 문화적 산물의 직접적 궤적이 이어진다. 우리의 역사는 이 궤적의 지식을 보존해왔다. ······ 우리에게는 세 개의 제도가 매우 중요하다. 도시국가, 즉 폴리스, 인간 이성에 대한 숭배, 정치적인 계급투쟁이 그것이다." M. Mann, *The Sources of Human Power*, Vol. 1, Cambridge, 1986, p. 195.

타남으로써 나중에 봉건적인 중세 사회를 해체시키는 데 결정적인 기여를 한 것으로 이해된다.

마르크스주의 역사가들은 유럽의 자본주의 발전에서 도시보다는 중세 농촌 사회에 주목한다.[55] 그 안에서 영주들에 대한 농민들의 계급투쟁이 봉건적 질서를 무너뜨리고 자본주의를 발전시키는 데 결정적인 기여를 했다는 것이다. 부르주아 역사가이건, 마르크스주의 역사가이건 근대 자본주의 흥기의 원인을 유럽 내부의 요인에서 찾는다는 점에서는 동일하다.

르네상스에서 현대까지

중세까지는 유럽 중심적 해석에서 헬레니즘과 기독교가 중요한 역할을 하나 근대에 들어와서는 세속적 합리성이 더 중요시된다. 그리하여 르네상스, 프로테스탄트 윤리, 과학혁명, 계몽사상, 프랑스혁명, 산업혁명 같은 역사적 사실이 특히 중요하게 취급된다. 이것들이 유럽을 근대 사회로 이끄는 데 결정적인 역할을 했을 뿐 아니라[56] 유럽의 우월성을 구현시키는 데 가장 중요한 역할을 한 사건들로 인식되기 때문이다.

먼저 르네상스는 고대 문명이 재발견되고 수용됨으로써 근대 유럽 문명의 모태를 만든 것으로 높이 평가된다. 여기에서는 르네상스를

---

55) R. 브레너가 그 대표적인 인물이다. R. Brenner, Agrarian Class Structure and Economic Developement in Pre-industrial Europe, *Past and Present*, 70, Feb., 1976 ; *idem*, The Agrarian Roots of European Capitalism, *Past and Present*, 92, 1982. 참조.

56) 독일의 현대 철학자인 하버마스는 근대성에 대한 그의 한 글에서 다음과 같이 말하고 있다. "(근대적) 주체성의 원리를 만드는 핵심적 역사적 사건은 종교개혁, 계몽사상, 프랑스혁명이다. 여기에 르네상스, 영국의 의회가 덧붙여질 수 있다." J. Harbermas, *Der philosophische Diskurs der Moderne*, Frankfurt, Suhrkamp, 1988, p. 27.

근대의 시작으로 보는 부르크하르트의 테제가 100년 이상 군림해왔다. 최근에 와서 부르크하르트의 주장은 상당 부분 비판되고 있지만 그 전체적인 틀은 아직도 완강한 힘을 갖고 있다.

베버가 주장하는 프로테스탄트 윤리와 자본주의와의 관계도 중요하다. 그것이 유럽인들이 자본주의를 발전시키는 데 정신적 기초를 만들어주었다고 생각하는 것이다. 그래서 자본주의의 발전을 유럽인들의 창의성, 합리적인 태도, 근검 절약에 의한 자본 축적과 관련시킨다.

17세기의 '과학혁명'은 유럽이 근대적인 과학을 발전시키는 데 크게 기여한 혁명적 사건으로 높이 평가된다. 과학의 발전과 그에 따른 합리적 사고가 근대에 와서 유럽이 다른 세계보다 우월해지는 데 결정적인 요소로 작용한다는 것이다.[57]

계몽사상도 마찬가지이다. 유럽 사회를 더 인간적이고 합리적인 형태로 조직할 수 있게 만들었기 때문이다. 그리하여 유럽인들은 무지와 몽매, 종교의 광신에서 벗어나 세속적이고 합리적이며 자유로운 세계관을 발전시킬 수 있게 되었다는 것이다.[58]

프랑스혁명은 계몽사상에 근거하여 유럽의 정치와 사회, 경제, 문화를 근대적인 형태로 재조직하는 데 결정적인 역할을 한 사건이다.

---

57) 과학혁명이라는 개념을 본격화한 것은 1950년대의 버터필드(H. Butterfield)이나 그것을 대중적으로 확산시키는 데 결정적인 역할을 한 인물이 '패러다임'이라는 말을 일반화시킨 쿤(T. S. Kuhn)이다. H. Butterfield, *The Origins of Modern Science*, New York, 1957 ; T. S. Kuhn, *The Structure of Scientific Revolutions*, Chicago, 1962.
58) 계몽사상에 대한 관념을 이런 식으로 정형화한 사람들이 카시러(E. Cassirer)와 게이(P. Gay)이다. 이들은 나치의 박해를 피해 각각 영국과 미국으로 이주한 독일계 유대인들로, 계몽사상의 합리성과 관용성에서 나치 정권의 비인간성과 폭압성에 대한 해독제를 찾으려 했으나 정도가 좀 지나치다. E. Cassirer, *Die Philosophie der Aufklärung*, Tübingen, 1932 ; P. Gay, *The Enlightenment*, Vol. I. *The Rise of Modern Paganism*, New York, 1967, Vol. II, *The Science of Freedom*, New York, 1969.

부르주아 혁명으로 왕의 전제가 무너지고 민주적인 질서가 수립될 수 있게 되었고 봉건적인 신분 제도가 파괴되며 모든 사람들이 법 앞에서 평등을 누리게 되었다. 또 중상주의적 제약에서 벗어나 자본주의를 자유롭게 발전시킬 수 있었고 합리적인 근대 문화를 발전시킬 수 있었다는 것이다.

또 프랑스혁명의 이념인 자유, 평등, 우애는 전 세계로 퍼져 나감으로써 근대사의 시작을 알리게 된다. 따라서 프랑스혁명은 근대사로 넘어가는 분수령으로 매우 중요한 역사적 사건이 된다.[59]

산업혁명은 기계와 동력을 결합시킴으로써 인간의 물질적 생산력을 크게 확대했고 그리하여 오늘날과 같은 현대 물질문명을 이루는데 기본적인 바탕을 만들어주었다. 그리고 그것은 전적으로 유럽인들의 창의성의 산물이며 이런 여러 역사적 사건들의 계기적 발전이 오늘날 우리가 보는 서양 문명의 틀을 만들었다는 것이다. 그러니까 이런 지점들은 서양 역사가들이 유럽중심주의적 서양사 내지 세계사를 서술하기 위해 반드시 고려해야 하는 전략적인 거점이라고 할 수 있다. 따라서 절대적으로 방어될 필요가 있다. 그러나 이런 전략적인 거점만이 문제가 아니다. 사실 서양사의 서술 전체는 그런 목적을 향해 조율되어 있다고 해도 과언이 아니다.

---

59) 1880년대부터 시작되어 1세기 가량 프랑스혁명의 정통적 해석의 자리를 차지했던 마르크스주의적 해석의 주장이 바로 이것이다. 20세기의 그 대표자들은 마티에즈(A. Mathiez), 르페브르(G. Lefevre), 소불(A. Soboul) 같은 사람들이다. 그 대표 저서들은 A. Mathiez, *La vie chère et le movement social sous la terreur*, Paris, 1927 ; G. Lefevre, *La Révolution francaise et les paysans*, Paris, 1932 ; A. Soboul, *Les sans-culottes parisiennes de l'an II*, Paris, 1958이다.

은폐, 과장, 자기 합리화

따라서 서양 역사학자들은 이렇게 유럽의 우월을 설명하는 데 중요한 사실들을 과장하거나 미화하는 일을 서슴지 않는다. 또 도덕적으로 비판받을 수밖에 없는 일에 대해서도 정당화하거나 합리화하기 위해 온갖 노력을 기울인다. 반면 유럽의 이미지를 흐리게 만들고 치부가 될만한 일은 거론하지 않거나 가능한 한 축소시키려 애쓴다.

따라서 인종주의같이 유럽인들에게 치명적인 이야기는 일반적인 역사 책에서는 거의 다루지 않는다. 다룬다 해도 매우 축소된 형태로 나타난다. 그러나 18세기 이후 유럽인들의 생각에서 인종주의가 차지하는 비중을 생각한다면 그것은 매우 부당한 태도이다.

또 계몽사상의 합리적인 성격이나 그것이 표방하는 코스모폴리타니즘은 널리 선전하고 있으나 그것이 갖고 있는 비합리성이나 한계들은 도외시된다. 많은 경우 계몽사상가들이 인종주의자였고, 그들이 주장하는 세계시민주의라는 것은 사실상 유럽인에게만 적용될 수 있는 매우 제한되고 차별적인 원리였다는 사실은 은폐되고 있다.

자본의 본원적 축적과 관련해서도 아메리카인의 학살이나 억압, 착취, 노예 무역, 강제 노동, 해적 행위 같은 요소에 대해서는 잘 이야기를 하지 않으려 한다. 유럽 자본주의의 발전을 이런 비윤리적인 행위 위에 세우고 싶어하지 않기 때문이다. 그래서 유럽인들의 창의성과 도전 정신, 또 근검 절약 같은 도덕적 행위를 강조한다.

앞에서 보았듯이 프랑스혁명은 과장의 대표적인 경우이다. 프랑스혁명의 의미를 크게 부풀려 근대 세계사의 정점에 놓기 때문이다. 그리고 그곳에서부터 모든 진보적이고 근대적인 요소와 함께, 자유와 평등의 이념이 전 세계로 퍼져 나갔다고 주장한다. 전 세계 사람들의 자유와 평등을 프랑스혁명에 독점적으로 귀속시키려는 듯한

태도이다. 이는 프랑스혁명이 갖고 있다고 믿는 보편적인 성격의 강조로 나아간다.[60]

그러나 혁명이 봉건적인 지배 체제를 일소한 것은 아니다. 나폴레옹 시대인 1806년 이후 프랑스의 토지 귀족 계급은 다시 힘을 되찾았고 19세기 내내 지배 계급으로서 강력한 힘을 행사했다. 혁명이 가져왔다고 주장하는 근대적인 요소들도 장기적인 과정의 일부일 뿐이었다. 또 프랑스는 1960년대까지도 저질의 식민주의를 통해 식민지인들의 자유를 빼앗고 그들을 노예화했다. 그럼에도 프랑스혁명의 주된 연구자들은 이런 문제에 대해 거의 언급하지 않는다.

유럽 국가들의 식민주의와 관련된 문제도 마찬가지이다. 유럽중심주의적 역사가들은 식민지의 억압적인 지배나 가혹한 착취 같은 명백한 부정의까지도 가능한 한 정당화하고 합리화하려 애쓴다. 유럽 국가들의 식민 지배가 식민지에 피해를 가져다준 것이 아니라 오히려 근대화에 도움을 주었다는 식이다.

최근 주장되고 있는 지구화 논리도 다를 것이 없다. 그것은 20세기 말에 와서 성장의 한계에 부딪힌 선진국의 자본주의가 그 돌파구를 전 세계적인 시장의 확대에서 찾기 위해 급조해낸 논리이다. 따라서 그것이 제3세계를 무차별적으로 약탈하려는 제국주의적 이데올로기인데도 불구하고 세계사의 필연적인 과정으로 왜곡하고 있다. 미국을 비롯한 선진국 금융 자본의 이익을 대변하고 있는 이 논리에 따르

---

60) 프랑스인들은 프랑스 문화의 보편성을 역사 속에서 계속 주장해왔다. 그 보편성을 이루는 근거의 하나는 프랑스가 교회의 장녀로서 보편적인 신앙을 퍼뜨릴 사명을 갖고 있다는 의미에서 중세부터 내려온 종교적 보편성이다. 다른 하나는 17세기 이래의 것으로 이성과 투명성을 가진 언어가 붙어이다. 프랑스혁명의 '시민과 인간의 권리 선언'은 그 세 번째 것이다. 프랑스혁명이 프랑스의 보편성에 윤리적인 차원을 제공함으로써 그것을 인류의 보편성으로 격상시켰다는 것이다. 그리하여 근대 프랑스인의 민족적 정체성은 프랑스혁명, 그리고 거기에서 비롯되었다고 믿는 보편적 인권과 긴밀히 결합해 있다. N. Schor, The Crisis of French Universalism, *Yale French Studies*, No.100, 2001, pp. 43-64 참조.

면 경쟁력이 없는 대부분의 비서양 세계는 서양 선진국들의 희생물이 될 수밖에 없다.

불균형한 세계사

이렇게 서양의 역사학은 객관적인 역사 서술을 목표로 한다고 말하지만 실제로는 이런 유럽중심주의를 정당화하고 합리화하는 목적에 봉사하고 있다. 따라서 결코 객관적인 역사 서술이라고 하기 어렵다.

그리하여 그리스 문명은 오리엔트 문명과 과도하게 대비되어 한쪽은 자유롭고 개방적인 문명으로 설정되고 다른 쪽은 전제적·노예적 문명으로 묘사된다. 그리고 그것은 그 후의 전체 역사에 걸쳐 유럽과 비유럽을 구분짓는 경계선이 된다.

그리스 문명을 치켜세움에 따라 그것을 잇는 헬레니즘적 문명의 의미와 비중은 축소된다. 그것이 오리엔트적인 요소와 결합함으로써 고전 그리스 문명의 퇴화 단계로 이해되기 때문이다. 따라서 헬레니즘적 문명은 고전기에 못지않은 문화 수준에도 불구하고 그리스인에 의해 계몽된 2류 문명으로 부당하게 격하된다.

또 중세 시대에 들어오면 유럽만이 부각되고 비잔틴제국이나 이슬람 문명권의 비중은 축소된다. 이들 지역의 문화 수준이 유럽보다 훨씬 높았다는 것은 잘 알려진 사실인데도 그렇다. 특히 이슬람 문명은 유럽 문명과 지속적인 적대 관계를 유지한 탓으로 혹독한 대가를 치른다.

결과적으로 이슬람 문명권은 유목 종족들이 전쟁을 통해 끊임없이 권력을 빼앗고 빼앗긴 불안한 지역으로 묘사된다. 정착 농민들이 군사력을 가진 유목 종족에게 지배되었기 때문이라는 것이다.[61] 따라서 국가는 매우 취약했고 도시나 경제의 발전도 제약될 수밖에 없었다. 그러니 그 문명 수준이야 뻔한 것일 수밖에 없다.

그리하여 고대 그리스 문명의 유산을 물려받은 비잔틴, 이슬람, 유럽 문명 가운데에서 고대적 전통과의 연결고리가 가장 약한 유럽이 그 권리를 독점적으로 주장하게 된다. 오늘날 근대 유럽 문명을 그리스 문명과 직접 연결시키는 일반적인 태도는 이런 역사 왜곡의 직접적인 결과이다.

15세기 말 이후 유럽인들이 정복한 아메리카는 인간이 살지 않았던 곳처럼 취급된다. 따라서 유럽인의 발견에 의해서만 세계사 속에 편입될 수밖에 없었다. 아프리카도 마찬가지이다. 아프리카는 문명이 없는 야만적인 지역으로 인식되어 '검은 대륙'으로 남게 된다.[62]

아시아라고 크게 다를 것이 없다. 아시아는 오리엔탈리즘에서 규정하고 있는 대로 '야만적이고, 무지몽매하고 법과 윤리, 창조성도 없는 정체된 지역'이기 때문이다. 그러니 이런 식으로 쓰는 서양사 내지 세계사라는 것은 얼마나 뒤틀리고 불균형한 형태의 것이 될 것인지는 말할 필요도 없다.

이런 서양사 지식은 서양사만의 것으로 그치는 것이 아니다. 비서양 세계 전체에 대한 역사 인식에까지 중대한 영향을 미친다. 따라서 서양사의 문제는 바로 우리나라, 우리나라가 속해 있는 비서양 세계에 대한 역사 인식의 문제이기도 하다.

---

61) J. A. Hall, States and Societies : The Miracle in Comparative Perspective. in : J. Baechler, J. A. Hall, M. Mann(ed.), 앞의 책, pp. 29–31.

62) 아프리카 역사는 몇십 년 전까지도 전문 역사가에게 무시되어왔다. 1958~1959년의 조사에 따르면 당시 미국의 역사학 대학원생 가운데 아프리카 역사 전공자는 1명에 불과했다. 1960년대 이후 연구가 본격화하여 1970년대 말에는 박사급 전공자가 600명에 달했다. 따라서 새로운 많은 연구를 통해 아프리카 역사가 재조명을 받게 되었다. S. Feierman, African Histories and the dissolution of World History, in : R. H. Bates, V. Y. Mudimbe, J. O'Barr(ed.), Africa and the Disciplines : The Contributions of Research in Africa to the Social Sciences and Humanities, Chicago and London, 1993, p. 168 참조.

잘못된 서양사를 가르치고 배움으로써 한편에서는 부지불식간에 서양에 대한 동경과 흠모가, 다른 한편에서는 우리 역사와 문화에 대한 폄하와 열등감이 자연스럽게 자리잡게 되기 때문이다. 결과적으로 잘못된 서양사 인식은 우리나라 사람들의 역사 의식에도 심각한 문제를 야기시키는 것이다.

5...

유럽중심주의적 역사에서
진정한 세계사로

서양사의 새로운 작업들

현재 서양사를 바른 시각에서 다시 보려는 시도가 일각에서 일어나고 있는 것은 고무적인 일이다. 몇 가지 중요한 예만 들어보자. 1978년에 나온 사이드의 《오리엔탈리즘》은 동양에 대한 서양인들의 편견과 오류에 가득 찬 시각을 파헤침으로써 유럽중심주의에 대한 관심을 확대하는 데 크게 기여했다.

아민의 《유럽중심주의》[63]는 이슬람 문명과 관련하여 유럽중심주의를 비판한 책이다. 블로트의 《식민주의자의 세계 모델》과 《8인의 유럽 중심적인 역사가들》도 중요하다. 앞의 책도 유럽중심주의 역사학의 비판에 상당 부분을 할애하고 있지만 뒤의 책은 20세기의 대표적인 유럽중심주의 역사가 여덟 명을 선정해 그 사관을 비판하고 있다. 충분하지는 않지만 그래도 유럽중심주의를 극복하기 위한 이론

---

63) S. Amin, *Eurocentrism*, New York, 1989.

적 근거로서 중요한 의미가 있다.

이런 문제 의식과 관련해 고대사에서 이루어지고 있는 가장 중요한 작업이 버널(M. Bernal)의 《블랙 아테나》[64]이다. 그것은 고대사에서 그리스 문명의 절대적 지위를 부정하고 그것을 상대화하려는 시도이다. 근대 유럽인들에 의해 유럽성의 근원이자 그 핵심 요소로 받아들여지고 있는 헬레니즘의 순수성을 부정하고 재평가하려는 것이다. 그 결과 헬레니즘의 문제점들에 대한 비판이 점차 강화되고 있으며 유럽 문명의 독창성과 창조성이라는 잘못된 주장이 근저부터 위협받기 시작하고 있다.

호지슨(M. G. S. Hodgson)의 《이슬람의 모험》[65]은 이슬람 세계를 새롭게 이해하는 데 매우 중요하다. 오리엔트학을 구원하려는 가장 야심적이고 성공적인 노력으로 평가받고 있는 이 책에서 그는 사람들이 이슬람교에 대한 감정이입과 존경심을 가지고 이슬람 정신 속으로 직접 들어갈 것을 권고한다. 따라서 이슬람 사회에 대한 오리엔탈리즘적 편견이나 유럽중심주의에 대해서 비판적일 수밖에 없다. 그는 이미 1970년대에 이슬람사 연구를 통해 바른 세계사의 이론적 기반을 마련하려 애쓴 선구적 인물이다.[66]

블로트의 《식민주의자의 세계 모델》, 《1492》[67]는 콜럼버스 이후

64) M. Bernal, *Black Athena : The Afroasiatic Roots of Classical Civilization*, Vol. 1 : *The Fabrication of Ancient Greece 1785~1985*, New Brunswick, 1987 ; Vol. 2 : *The Archaeological and Documentary Evidence*, New Brunswick, 1991.

65) M. G. S. Hodgson, *The Venture of Islam : Conscience and History in a World Civilization*, 3 vols, Chicago, 1974. 이 책의 소개에 대해서는 Edmund Burke III, Islamic History as World History : Marshall Hodgson, 'The Venture of Islam', *Int. J. Middle East Studies*, 10, 1979 참조.

66) M. G. S. Hodgson(ed. by E. Burke III), *Rethinking world History : Essays on Europe, Islam, and World History*, Cambridge, 1993은 그의 유고를 모은 책으로 그런 노력을 잘 보여준다.

67) J. M. Blaut, *1492 : The Debate on Colonialism, Eurocentrism and History*, Trenton, 1992.

유럽이 아메리카와 아시아로 팽창하는 과정에서 저지른 착취와 악행에 대한 고발이다. 이는 16세기 이후 유럽 자본주의의 본원적 축적 과정에 대한 새로운 접근을 요구하고 있고 카리브, 서아프리카 지역을 포함하는 대서양 무역에 대한 관심을 증폭시키고 있다.

16~18세기의 세계 경제에 대한 연구에서도 새로운 비판적인 작업이 나타나고 있다. 윙(R. B. Wong)의 《변화된 중국》,[68] 포머런츠(K. Pomeranz)의 《거대한 분기점》,[69] 프랭크(A. G. Frank)의 《리오리엔트》[70] 등으로 대표되는 이런 흐름은 이 시기의 아시아 경제, 특히 중국 경제에 대해 재평가하고 있다. 18세기까지는 중국이 경제 면에서 유럽과 비슷했거나 오히려 능가했다는 것이다.[71]

이는 근대 세계 경제에 대한 브로델이나 월러스틴의 관점을 뒤집는 작업으로 전통적인 근대 유럽 경제사 인식 체계의 전반적인 전복을 의미한다. 이런 주장이 실증적인 뒷받침을 더 확고하게 받게 된다면 근대 세계 경제에 대해 지금과는 전적으로 다른 인식을 가져다줄 것으로 전망되며 그 점에서 매우 고무적이다.

이와 관련하여 월러스틴의 유럽 중심적인 근대 세계체제론을 대치하는 새로운 세계체제론도 등장하고 있다. 아부-루고드(J. Abu-Lughod)는 1250~1350년 사이에 이미 세계체제가 형성되었고 그것은 유럽, 중동, 아시아라는 세 개의 중심을 갖고 있었다고 주장한다.[72]

또 청동기 시대인 기원전 2500년경부터 메소포타미아와 동부 지

---

68) R. B. Wong, *China Transformed : Historical Change and the Limits of European Experience*, New York, 1997.

69) K. Pomeranz, *The Great Divergence*, Princeton, 2000.

70) A. G. Frank, *ReORIENT : Global Economy in the Asian Age*, Berkeley and Los Angeles, 1998.

중해, 이집트, 인더스 강 유역, 중앙아시아의 여러 지역이 하나의 교역로로 묶어 상호 의존해왔다는 주장도 있고, 5,000년 사이에 여러 차례의 세계 체제가 발전했었다고 주장하는 사람들도 있다. 인류가 오랜 옛날부터 상호 의존하며 살아왔다는 것이다. 아직 논리 체계가 미흡하기는 하나 발전 가능성은 있어 보이는 주장들이다.[73]

퓌레(F. Furet)로 대표되는 프랑스혁명의 수정주의적 해석[74]은 유럽 중심적 해석에 대한 비판으로 시작된 것은 아니나 그런 쪽으로 상

71) 이들을 포함하여 미국 캘리포니아 지역에서 비슷한 주제를 연구하는 일군의 미국 학자들을 캘리포니아 학파라고 부른다. 여기에 속하는 인물들로는 Jack. A. Goldstone, Richard von Glahn, Wang Feng, Cameron Campbell, Dennis Flynn, Arturo Giraldez, James Lee, Robert Marks, Jack Goody, James Blaut, Janet Abu-Lughod 등이 있다. 이들의 생각이 모두 같은 것은 아니나 18세기까지 아시아 경제, 특히 중국 경제가 유럽과 비슷했거나 유럽보다 우월했다고 보는 점에서는 공통적이다. 프랭크는 《리오리엔트》로 널리 알려졌으나 사실 그것은 자신의 독자적인 연구 결과는 아니고 왕이나 포머런츠 등 많은 사람의 견해를 종합한 것이다. 이들의 노력에 의해 18~19세기에 나타난 동·서양의 힘의 역전과 관련된 서양 역사학자들의 전통적인 해석들이 큰 도전을 받고 있다.
이들의 주장을 요약하면 다음과 같다.
1. 중국의 가족 구조는 유럽과 다르기는 하나, 중국이 18세기에 무한한 인구 증식을 한 것도 과잉 인구 상태였던 것도 아니다.
2. 직조, 가공 식품 분야에서 중국과 인도의 국내 경제는 매우 정교하게 발전했고 대규모의 생산 활동, 무역과 결합하고 있었다.
3. 중국과 인도 상인들은 상당한 자율성을 갖고 있었고, 18세기 말까지 유럽 상인보다 훨씬 큰 상업 자본을 갖고 있었다.
4. 중국의 국제적 경제 활동은 명·청기 전체를 걸쳐 활발했다.
5. 중국의 농업 생산성, 생활 수준은 18세기까지는 유럽의 선진 지역과 비교할 만했다.
6. 중국의 18~19세기는 상당한 지리적 팽창과 새 지역의 통합을 보여준다.
7. 16세기에서 19세기 초까지의 지구적 무역 체계의 동력은 무역을 향한 유럽의 열망이 아니라, 무역을 통해 은을 얻으려는 중국의 열망이었다.
8. 중국과 오토만제국의 정치는 그 성격에서 유럽 군주 국가들과 완전히 다르지는 않다. 17세기의 중국과 중동 지역의 주된 정치적 위기는 그 시기의 유럽과 비교해 비슷한 재정적·사회적·물질적 원인이 있고, 자주 더 큰 제도적 결과를 가져왔다. J. A. Goldstone, The Rise of the West-or Not? A Revision to Socio-economic History, *Sociological Theory*, 18:2, July, 2000. pp. 176-180 참조.
따라서 이들은 18세기 말까지 중국과 유럽 경제 사이에 크고 체계적인 차이는 없었다고 생각한다. 19세기 후반과 20세기에 유럽과 아시아 경제 사이에 발생한 격차는 유럽의 일부인 잉글랜드와, 아시아에서 일어난 비교적 최근의 변화 탓이며, 유럽이 오래전부터 누려온 비교적 이점에 근거한 것이 아니라는 것이다.

당한 기여를 하고 있다. 따라서 사실상 혁명과 관련된 모든 중요한 주제와 접근 방법에 대한 날카로운 비판[75]과 함께 '마르크스주의적 해석'이 거의 전면적으로 붕괴되고 있고 유럽중심주의도 상당 부분 약화되고 있다.

수정주의적 해석은 부르주아 혁명의 개념조차 문제삼고 있을 뿐 아니라 프랑스혁명과 자본주의는 별 상관이 없는 것으로 생각한다. 또 혁명에 대한 계몽사상의 역할도 부분적으로만 인정한다. 그리하여 프랑스혁명은 주로 왕정을 타파한 공화주의적 정치 혁명으로만 규정되고 있고 그 자유주의적 성격 대신 테러리즘과 독재적 요소가 부각된다.

민족주의 문제에서는 스미스(A. D. Smith)의 작업이 주목할 만하다.[76] 그도 '근대주의적 해석'의 틀에서 완전히 벗어나 있는 것은 아니나 민족주의의 본질적인 측면의 하나라고 할 수 있는 종족성이나 문화의 중요성에 주목하고 있다는 점에서 근대주의에 대한 비판을 여는 실마리를 제공하고 있다.

밀러(D. Miller)는 민족적 정체성을 강조하고 민족을 윤리적 공동체로 보는 점에서 민족을 억압적인 도구로만 보는 근대주의자들보다

---

72) J. Abu-Lughod, *Before European Hegemony : The World System A. D. 1250-1350*, New York, 1989.

73) A. G. Frank, B. K. Gills(ed.) *The World System*, London and New York, 1993 ; R. A. Denemark, J. Friedman, B. K. Gills, G. Modelski(ed.), *World System History*, Routledge, London, 2000.

74) F. Furet, *Penser la Révolution française*, 1978. 〔영역은 E. Forster, *Interpreting the French Revolution*, Cambridge, 1981. 국역은 정경희(역), 《프랑스혁명의 해부》, 법문사, 1987.〕 수정주의적 해석은 1950년대에 A. Cobban에 의해 시작되었으나 그것이 본격화된 것은 이 책에 의해서이다.

75) G. Kates, Introduction, in : G. Kates(ed.), *The French Revolution*, London & New York, 1998, p. 4.

76) A. D. Smith, *Nation and Nationalism in Global Age*, Cambridge, 1995 ; *idem*, *Nationalism and Modernism*, London, 1998.

현실적이다. 그는 온건하기는 하나 민족주의를 옹호하고 민족주의를 청소하는 데 반대한다.[77] 또 인도인인 채터지(P. Chatterjee)의 주장은 근대주의에 대항하여 아시아, 아프리카의 과거 식민 지역에서의 민족주의를 설명하는 논리로 음미할 만하다.[78]

냉전 시기에 미국을 중심으로 발전한 근대화론과, 남미에서 발전한 종속이론의 유럽중심주의도 함께 비판받고 있고, 최근의 지구화 논의도 마찬가지이다. 그리고 이런 작업은 서양사의 다른 주제들로도 점차 확산되고 있다.

이런 시도들은 아직은 서양의 주류 역사학자들로부터 외면을 받거나 공공연하게 무시되기도 한다. 그러나 이런 작업이 세계사를 바르게 이해하도록 하는 바른 길이라는 점에서 매우 중요하고 앞으로는 대세를 이룰 것으로 생각한다. 따라서 이런 방향으로 지속적인 연구와 재해석 작업이 계속되어야 할 것이다.

그 결과로 최근에는 노골적인 유럽중심주의자들 가운데에서도 자기반성을 하는 사람이 일부 나타나고 있다.[79] 그러나 그 반성이라는 것이 아직은 자기 변명에 급급한 정도이다. 더 치열한 비판과 함께 대안이 제시되어야 할 것이다.

유럽중심주의에 대한 이런 비판의 결과로 최근에 와서는 더 객관적이고 공정한 세계사에 대한 관심이 상당히 커지며 연구들이 쏟아져 나오고 있다. 또 그런 과정에서 세계사의 방법론이나 틀에 대한

---

77) D. Miller, *On Nationality*, Oxford, 1995. 밀러의 책과 관련된 심포지엄은 B. O'Leary, Symposium on David Miller's *On Nationality*, in : J. Hutchinson, A. D. Smith(ed.), *Nationalism*, Vol. V, London and New York, 2000, pp. 1,695~1,724 참조.

78) P. Chatterjee, *Nationalist Thought and the Colonial World, Minneapolis*, 1986 ; *idem, Nation and Its Fragments*, Cambridge, 1993.

79) J. A. Hall, Confessions of a Eurocentric, *International Sociology*, Sep., 2001, V. 16(3), pp. 488~497.

논의도 점점 구체적으로 모색되고 있다.[80]

이런 작업은 세계사학회(World History Association)나 문명비교연구국제학회(International Society for Comparative Study of Civilizations) 같은 학회들이 생기고 관련 학술 잡지가 발간되며 새로운 동력을 얻고 있다. 따라서 머지않은 장래에 세계사 해석의 틀은 지금과는 상당히 달라질 가능성이 크다고 하겠다.

유럽중심주의적 역사의 해체와 그 대안의 모색

이렇게, 특히 1990년대 이후에는 유럽중심주의적 서양사 또는 세계사를 해체하고 세계사의 바른 모습을 회복하려는 노력이 점차 본격화되고 다양한 연구 성과가 나타나고 있다. 그러는 가운데 그동안 잘못 알려지거나 의도적으로 왜곡된 아시아의 모습을 교정하기 위한 작업도 이루어지고 있다.

---

80) 세계사의 명칭뿐 아니라 그 틀이나 방법론도 아직은 모색 단계이다. 명칭을 'World History'로 할 것인지 'Global History'로 할 것인지도 생각해야 할 문제이다. 또 그 틀과 관련해서도 현재 여러 형태의 시험적인 작업들이 진행 중이다. A. Crosby, *Columbian Exchange*, Westport, 1972 ; idem, *Ecological Imperialism*, Cambridge, 1986은 1492년 이후 대서양 양안의 질병, 동물, 식물 이동과 그 결과를 추적하고 있다. 이는 생태학적인 세계사를 지향하는 것으로 국가나 문명의 범위를 넘어서고 있다. W. Atwell, Volcanism and Short-Term Climate Change in East Asian and World History, c. 1200~1699, *Journal of World History*, 12, PP. 29~98은 13세기에서 17세기까지의 화산 활동과 단기적인 기후 변화, 그리고 그것이 농업에 미친 부정적인 영향을 다루고 있다. 또 B. Fagan, *Floods, Famine, and Emperors : El nino and the Fate of Civilizations*, New York, 2000은 엘니뇨 현상이 가져온 급격한 기후 변화와 인구, 생태 환경 사이의 연관 관계를 다루고 있다. J. R. McNeill, *Environmental History in the Pacific*, Aldershot, 2001은 태평양 지역의 토지 이용, 농업 생산, 어업 자원, 광물 자원에 대한 포괄적인 연구이다. 이런 연구는 그야말로 세계사 또는 지구사적인 틀에 맞는 작업들이다.

그 외에 사회사라든가 정치사 등 많은 분야에서도 국가사나 지역사를 넘어서는, 비교사적인 세계사에 대한 접근이 시도되고 있다. 그러나 앞으로도 장기간에 걸쳐 많은 연구와 시행착오를 거쳐야 제대로 된 틀을 만들 것으로 보인다. 최근의 연구 성과나 방법론에 대해서는 정리가 잘 되지는 않았으나 P. Manning, *Navigating World History : Historians Create a Global Past*, New York, 2003. 참조.

그것은 동아시아뿐 아니라 중동의 이슬람 문명권, 인도 등의 남아시아로 확대되고 있다.[81] 또 아프리카, 라틴 아메리카도 새로운 연구 대상으로 편입되고 있다. 그리하여 이들 지역의 새로운 연구 성과가 역으로 기존 세계사의 재해석을 강요하고 있다.[82]

이 작업은 결국 세계사에서 유럽단일중심주의를 다중심주의로 대치하는 작업이고 다른 문명권의 역사적 가치를 존중해주는 작업이다.[83] 이것은 다른 말로 하면 유럽을 세계사의 중심 지위에서 밀어내어 다른 지역과 동등한 가치를 갖는 한 지역으로 만드는 작업이고 유럽사를 '보편사'에서 '지역사'로 격하시키는 작업이다.

이런 작업은 매우 중요하기는 하나 결코 쉬운 일은 아니다. 유럽중심적인 서양사는 단순한 이론 이상의 것이기 때문이다. 그것은 수많은 사실에 대한 진술과 그것을 설명하는 이론들로 짜맞춘 하나의 거대한 신념 체계이다.[84] 즉 200년의 서양 근대 역사학이 쌓아 올린 거대한 인식 체계인 것이다.

따라서 그것을 극복하기 위해서는 현재의 세계사를 지배하는 기본적인 개념들에 대한 비판과 대안의 제시, 또 이와 관련된 크고 작은

---

81) 특히 근대 중국경제사에 대한 재해석은 유럽중심주의를 중국중심주의로 대치하는 것이 아니냐는 주장이 나올 정도로 전통적인 해석과는 달라지고 있다. 따라서 기존의 틀과 너무 달라지는 것을 두려워하는 사람들도 있다. 그러나 그런 걱정을 할 필요는 없다. 객관적인 연구 결과가 그렇게 나온다면 중국중심주의라도 받아들여야 하는 것은 당연한 일이다.

82) 이는 아프리카사에서도 마찬가지이다. 새로운 연구 성과들로 인해 비유럽의 역사를, 모든 것을 포괄하는 지배적인 유럽 중심에서 영향받은 결과로 보는 것은 이제 더 이상 불가능하다. S. Feierman, African Histories and the dissolution of World History, in : R. H. Bates, V. Y. Mudimbe, J. O'Barr(ed.), 앞의 책, p. 182 참조.

83) 이 문제와 관련해 다문화주의(multiculturalism)라는 말도 거의 같은 의미로 많이 사용되나 다문화주의는 미국적인 맥락을 갖는 말이다. 다종족 사회인 미국에서 주류 백인 문화 외에 아프리카나 히스패닉, 아시아계 등 다른 종족의 문화도 존중받아야 한다고 주장한 데서 나온 것이다. 따라서 세계사와 관련해서 말한다면 다문화주의보다는 다중심주의라는 표현을 사용하는 것이 더 적절하다고 생각한다.

84) J. M. Blaut, *Eight Eurocentric Historians*, p. 3.

온갖 역사적 사실에 대해서도 기존의 해석에 대해 나름의 대안을 마련해야 한다. 그리고 그것을 전체적으로 체계화해야 한다. 이것을 위해 먼저 해야 할 일은 세계를 유럽과 비유럽, 근대성과 전근대성으로 나누는 이분법적 태도를 극복하는 일이다. 따라서 유럽인이 그동안 유럽과 비유럽을 나누어온 핵심적인 개념인 근대성의 개념 자체를 재검토할 필요가 있다.

이를 위해서는 서양의 근대성을 대변하는 것으로 보이는 시민권, 국가, 시민사회, 공공 영역, 인권, 법 앞의 평등, 개인, 주체성, 민주주의, 인민주권, 사회 정의, 과학적 합리성[85] 같은 수많은 개념에 대한 철저하고 비판적인 검토가 필요하다.

이는 그동안 근대성의 신화가 만들어온 폭력적, 강제적, 인간 살육적 비합리성과 비이성[86]에 대한 비판도 포함하는 것이다. 비유럽 세계에서 유럽인들이 저지른 학살, 노예화, 착취, 억압, 차별이 모두 근대성의 미명 아래 행해진 것이기 때문이다.

유럽이 만들어온 근대성에 대한 이런 비판적 재검토와 상대화가 제대로 이루어진다면 이는 자연스럽게 유럽과 비유럽의 이분법을 극복하게 만들 가능성이 있다.[87] 이는 또 유럽을 세계의 중심에서 밀어냄으로써 다른 지역이나 문명이 자신에게 걸맞은 지위를 되찾을 수 있게 할 것이다.

그러나 이런 작업에서 현재 가장 큰 문제는 제3세계의 지적 창조성의 결핍[88]이다. 그것은 비유럽 지역이 과거에 발전시킨 사상적·학문적 전통은 이미 사멸한 것이나 마찬가지이기 때문이다. 사상과 학문이 서양에 종속되며 옛날의 학문적 전통이 현실과의 관계를 잃

---

85) D. Chakrabarty, *Provincializing Europe*, Princeton, 2000, p. 4.
86) E. Dussel, Eurocentrism and Modernity, *Boundary* 2, 20 : 3, 1993, p. 75.

어버린 것이다. 그러니 유럽의 근대성을 비판하고 그 대안을 비유럽 적 개념을 통해 만들어낸다고 하는 것도 말만큼 쉽지 않은 일이다.

따라서 현재로서는 유럽의 근대성에 대한 비판도 유럽적인 언어, 사고, 학문 체계 속에서 하지 않으면 안 된다는 큰 한계가 있다. 사실 현재 서양사 분야에서 이루어지고 있는 유럽중심주의 비판도 주로 서양 학자들의 주장에 의존하고 있다.[89] 아직은 비유럽 지역이 학문

---

87) 이런 문제와 관련해 A. Ouroussoff는 개인주의 개념에 대해 비판적으로 접근하고 있다. 이미 푸코도 개인의 개념을 최근의 발명으로 폄하하고 있지만 그도 서양 자유주의 철학의 중요한 기초인 '자신의 운명의 주인이고 인간성의 상징인' 개인이라는 개념을 허구적인 신화로 본다. 부르크하르트가 웅변적으로 표현했으나 그런 것이 실제로 존재하는지는 한 번도 제대로 된 학문적 검증을 받아본 적이 없다는 것이다. 서양인들이 비유럽 사회를 보는 눈은 미묘하고 복잡한 대신 서양 사회를 보는 눈은 객관적이지 않으며 몇몇 중요한 사상가가 한 이야기를 세대를 이어가며 되풀이할 뿐이라는 것이다. 이런 관점은 다른 주제들에도 어느 정도 적용할 수 있을 것으로 보인다. A. Ouroussoff, Illusions of Rationality : False Premises of the Liberal tradition, *Man*(N. s.) 28, 1993, 281-298 참조.
V. Liberman은 근대화는 유럽만의 경험이 아니라 유라시아 대륙 전체의 것이라고 주장한다. 그는 1450~1830년 사이의 버마, 시암, 베트남 같은 동남아 국가와 프랑스, 러시아, 일본의 6개 지역을 비교 검토한 결과 영토적인 확대, 행정의 집권화, 문자 해득율의 증가, 종교개혁, 경제 발전이라는 면에서 비슷한 현상을 볼 수 있다고 주장한다. 한번 검토해볼 만한 의견이다. V. Lieberman, Transcending East-West Dichotomies : State and Culture Formation in Six Ostensibly Disparate Areas, *Modern Asian Studies*, 31, 0, 1997, pp. 463-546.
J. Dunn은 민주주의도 비교사적인 관점에서 볼 수 있다고 생각한다. 민주주의는 대의제와 국민 다수의 참여를 의미하는데, 과거에 규모가 큰 나라들에서 피치자의 동의는 별로 중요시하지 않았다. 그러나 지방 수준에서는 지배 계급이 권력을 유지하기 위해 반드시 피치자의 동의를 필요로 했다는 것이다. 이렇게 보면 그것을 유럽에만 존재했던 특수적인 제도로 볼 수 없으며 민주주의 문제는 인류사에서 옛날부터 중요한 것이었다는 것이다. 따라서 지방적이거나 국가적 수준에서 피치자의 참여와 동의의 정도를 세계적인 차원에서 비교사적으로 검토해볼 필요가 있다는 것이다. J. Dunn, *Democracy : The Unfinished Journey, B. C. 508 to A. D. 1993*, Oxford, 1993 참조.
이 외에 서양적인 인권 개념에 대한 비판적 검토로는 H. Bielefeldt, "Western" versus "Islamic" Human Rights Conceptions? A Critique of Cultural Essentialism in the Discussion on Human Rights. *Political Theory*, Vol. 28, No. 1, Feb., 2000, pp. 90-121.
하버마스가 주장하는 '공공 영역'에 대한 비판적 검토는 A. S. Ku, Revisiting the Notion of "Public" in Habermas's Theory-Toward a Theory of Politics of Public Credibility, *Sociological Theory*, Vol. 18, No. 2, Jul., 2000, pp. 216-240 참조.
88) Z. Barber, 앞의 논문, p. 755.
89) 서양학자들이라 해도 중동이나 아시아, 남미 등 비유럽 지역 출신자들이 유럽중심주의 비판에서 더 본질적인 역할을 하는 것은 사실이다.

적 독립성을 갖고 있지 못하다. 따라서 이런 지적 예속 상태에서 벗어나는 일은 장기간에 걸쳐 큰 노력이 필요한 어려운 작업이 될 수밖에 없다. [90]

우리의 관점을 세우고 사관을 만들어야 한다

그렇다고 그런 작업이 아주 불가능한 것은 아니다. 서양 사람들과 비서양 사람들 사이에는 본질적으로 이해관계가 다른 부분이 많으므로 필연적으로 관점의 차이가 나게 마련이다. 우선은 그에 의존할 수 있다. 논리의 정밀성이 문제가 되기는 하겠으나 먼저 필요한 것은 우리 나름의 관점을 세우는 일이기 때문이다. [91]

그러므로 먼저 할 일은 확연하게 관점이 달라질 수 있는 이런 부분에서라도 서양 학자들의 기존 해석을 비판적으로 검토하고 우리의 관점을 세우는 일이다. 그 위에서 다른 작업들이 차츰 이루어질 수 있을 것이다.

또 당장은 서양 사람들이 해놓은 자기반성의 수준이라도 따라가는 것이 중요하다. 아직은 그것마저도 매우 부족한 상황이기 때문이다. 전문적인 논문의 경우는 많이 나은 편이지만 서양사 개설서나 좀 더 일반적인 서양사 책 가운데에는 서양에서도 이미 폐기 처분된 수십

---

90) 아민의 말을 들어 보자. "유럽중심주의 패러다임은 다른 패러다임과 같이 그 취약점에 대한 단순한 내적 비판에 의해 전복될 수는 없다. 그것은 잘못된 형태이기는 하나 진정한 질문에 답하고 있다. 따라서 우리가 사용할 수 있는 개념적 틀이 취약한 것은 알지만, 그것들을 정확하고 적극적인 답변으로 대치해야 한다. 따라서 길고 어렵고 복잡한 재구축 작업이다." S. Amin, 앞의 책, p. x 참조.

91) 이 점에서 한국의 서양사학은 철저한 자기 반성을 시작해야 한다. 해방 후 제1세대 서양사학자들은 서양사학의 발전을 위해 많은 노력을 기울였고 그 기초를 마련했지만 제자들에게 비판적인 사고를 하는 훈련을 별로 시키지 않았다. 그분들은 많은 경우 아마 서양을 모범으로 생각하고 서양에 호감을 가졌던 것 같다. 사실 이는 서양사학만이 아니고 한국 인문·사회과학 전체에 해당되는 현상이겠으나 그런 태도는 지금까지도 크게 변하지 않고 있다.

년 전의 낡은 이론들이 아직도 정설인 양 그대로 실려 있는 경우도 꽤 있다. 이는 우리 학계가 그동안 사회주의와 관련되는 것 외에는, 그것도 제대로 소화한 것 같지는 않지만, 이론이나 이데올로기 문제에 큰 관심이 없었기 때문이다.

또 한편 최근 우리 서양사학계의 동향에 걱정스러운 점도 있다. 젊은 연구자들 사이에 포스트모더니즘 역사학에 대한 관심이 지나치게 크다고 생각되기 때문이다. 일상사나 문화사가 지나치게 중시되며 음식, 패션 등 일상생활과 관련된 부분, 영화 같은 문화와 관련된 분야에 대한 관심이 매우 높다. 이는 우리 사회에서 문화에 대한 수요가 과거보다 훨씬 많아졌다는 사실과도 관련이 있으나 포스트모더니즘 역사학의 영향을 크게 받고 있기 때문이다.

포스트모더니즘 역사학이 기존의 거대 담론을 거부하고 역사 인식에서 중심을 해체한다는 점에서는 해방적이고 진보적인 요소가 있고 일부 받아들일 여지가 있는 것은 사실이다. 또 그런 면에서는 앞에서 말했듯이 유럽중심주의에 대한 비판과도 맥이 닿는다.

그러나 중심의 해체를 넘어 지나친 상대주의나 회의주의로 나아가는 것은 곤란하다. 그것이 기존의 세력 관계를 묵인하고 옹호하는 반동적인 이론 체계로서 작동할 위험성이 큰 탓이다. 거대 담론으로서의 모든 이데올로기의 해체는 제3세계의 저항 이데올로기까지도 해체시킴으로써 선진국들의 정치·경제·문화적 지배에 대한 지적 저항을 차단시킬 수 있는 것이다.

이렇게 포스트모더니즘 역사학은 무이데올로기의 이데올로기를 내세움으로써 오히려 매우 이데올로기성이 강한 유럽중심주의적 역사학의 성격도 갖고 있다.[92] 따라서 잘못 받아들이는 경우 비서양 세계에게는 극도로 자기부정적인, 퇴영적 학문이 될 수도 있다. 이런 사실을 바로 인식해야 할 것이다.

냉전이 끝나고 21세기에 들어와서 세계는 좀 더 어려운 상황으로 빠져들고 있다. 미국의 제국주의가 다른 나라들을 힘으로 억압하고 있고 선진국과 후진국 사이의 경제적 격차는 더 커지고 있다. 또 신자유주의로 인해 모든 나라에서 계층별 불평등이 심화되며 삶의 질도 더 나빠지고 있다.

정치나 경제가 우리의 삶에서 중요하다는 사실은 21세기에 들어와서도 달라진 것은 아니다. 생태학적 제약으로 말미암아 그것은 앞으로 더 중요하게 될 가능성이 크다. 우리가 문화만 연구해도 좋을 만큼 세상이 한가하지는 않다. 그럼에도 우리의 서양사학이 이런 현실 문제를 나 몰라라 하고 문화나, 또 미시사 연구에서와 같이 작고 지엽적인 문제들에만 매달려 방향 감각을 잃는다면 그 결과가 어떻게 될 것인지는 뻔하다.

거대 이론은 우리가 역사를 이해하는 데 반드시 필요하고 또 우리가 세계를 제대로 보기 위해서도 반드시 만들어질 수밖에 없다. 마르크시즘의 실패는 거대 이론으로서의 마르크시즘이 실패한 것일 뿐 모든 거대 이론이 불필요하다는 근거를 제공하는 것은 아니다. 거대

---

92) 포스트모더니즘 역사학은 거대 담론을 해체한다고 하며 마르크시즘과 함께 민족주의에 대해서도 매우 공격적인 태도를 보인다. 그리고 민족주의에 대한 비판에서 민족주의의 '근대주의적 해석'이 만든 논의 틀을 받아들이고 있다. 그러나 민족주의의 '근대주의적 해석'은 민족주의의 발전을 근대와 결부시킴으로 포스트모더니즘 역사학이 극복하려 하는 근대성을 대변하는 학문이며 매우 유럽중심주의적인 이론이다.

그러니까 포스트모더니즘 역사학은 민족주의의 '근대주의적 해석'을 받아들임으로써 오히려 그것이 비판한다고 하는 유럽중심주의를 그대로 받아들이는 모순적인 행위를 하고 있는 것이다. 현재 한국에서도 일부 연구자들이 받아들이고 있는 '근대주의적 해석'은 이런 문맥과 관련되어 있다. 물론 지금까지 한국에서 통용되어온 민족주의 이론은 체계가 제대로 잡혀 있지도 않고 너무 낡아서 문제가 있다. 더 세련되어야 할 것이다. 그러나 '근대주의적 해석'을 그대로 받아들여 그것의 해체를 주장하는 것은 더 큰 문제이다. 낡은 형태의 민족주의를 비판함으로써 진보적인 체하지만 결과적으로는 유럽중심주의를 무비판적으로 받아들이는 극보수적인 행위가 되기 때문이다. 또 포스트모더니즘 역사학을 표방하는 사람들이 거대 이론인 민족주의를 비판한다면 그에 못지않은 열정으로 마르크시즘과 지구화론도 함께 비판해야 할 것이다. 민족주의만 선별적으로 비판하는 것은 비논리적일 뿐 아니라 명청한 것이다.

이론도 세계와 역사를 보는 하나의 가설 이상의 것이 아니기 때문이다. 그것을 절대시하는 태도가 문제일 뿐이지 거대 이론 자체를 불온시하는 것은 옳은 태도가 아니다.

현재 한국 서양사학의 가장 큰 문제점은 과거에 항상 그래왔던 것과 같이 이데올로기의 결핍이다. 결핍이라기보다는 이데올로기에 무관심한 태도이다. 그것은 우리 서양사학이 수입 학문으로서 우리의 현실과 진정한 관련을 맺어본 적이 별로 없기 때문이다. 우리의 눈으로 세계를 보려고 하지 않기 때문이다.

이렇게 의존적인 생각을 버리지 않는다면, 그리하여 주체적인 사고를 할 생각을 하지 않는다면, 언제까지나 이런 상황에서 벗어날 수 없다. 결코 우리의 문제를 해결할 수 있는 진정한 우리 학문은 될 수 없을 것이다.

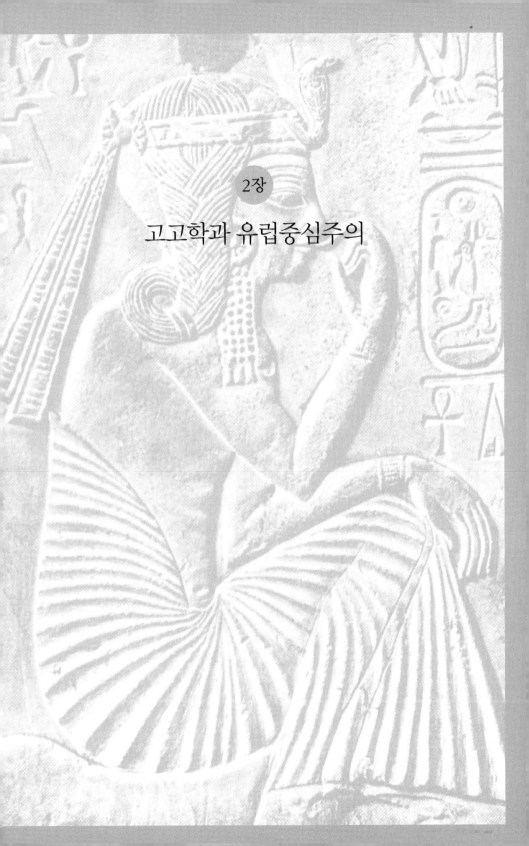

2장

고고학과 유럽중심주의

1...

고고학의 발전과 그 성격

고고학은 어떤 학문인가?

사람들은 대부분 고고학이라는 학문에 대해 큰 관심이 없다. 고고
학자라는 사람들을 수천 년, 수만 년 된 옛날 무덤이나 집터를 파내
고 석기나 그릇 조각 같은 별 볼일 없는 물건들이나 발굴하는 사람들
로 생각하기 때문이다.

물론 고고학자들 가운데에는 중요한 유적을 발굴해 여론의 화려한
조명을 받는 사람들도 있다. 영화에 나오는 인디애나 존스 같은 인물
들 말이다. 19세기에는 그런 인물들이 상당수 있었다. 고대 문명의
많은 유적이 새롭게 발굴되었기 때문이다.

그러나 오늘날에 와서 그런 일은 아주 예외적인 현상이다. 새롭게
발견하여 반향을 일으킬 만한 것이 별로 남아 있지 않다. 따라서 대
부분의 고고학자들은 그런 일과는 별 관계가 없이 이름 없는 유적들
을 묵묵히 발굴하고 조사하며 한평생을 보낸다. 그러니 고고학이란
학문이 별로 매력적으로 보이지 않는 것은 물론, 일부 사람들에게는

한가한 사람들의 사치, 또는 지적인 유희로 비쳐지기도 한다.

고고학자들의 작업에 그렇게 보이는 면이 있는 것은 사실이다. 또 언뜻 보기에 그것은 오늘날 우리의 삶과 별 관계가 없어 보이기도 한다. 우리와 시간적으로 너무 동떨어진 세계를 다루기 때문이다.

그러나 그것은 고고학이라는 학문의 본질을 잘 이해하지 못한 탓이다. 고고학은 겉으로 보기보다는 훨씬 크고 중요한 의미를 갖는 학문이다. 고고학은 문자 기록이 없어서 잘 알 수 없는 선사시대 인류의 발자취를 연구하는 데 없어서는 안 될 학문이다. 선사시대는 대체로 땅속에 묻혀 있는 여러 가지 유물이나 유적들을 통해서만 복원할 수 있기 때문이다. 그래서 신석기, 구석기시대는 물론 수백만 년 전의 인류의 기원까지도 중요한 연구 대상이 된다.

고고학은 역사시대를 연구하는 데에도 매우 유용하다. 문헌 사료가 부족한 시기의 역사를 재구성하는 데 큰 도움을 주기 때문이다. 옛사람들의 무덤에서 나오는 여러 부장품들, 집터나 그곳에서 나오는 생활용품 등 많은 유적, 유물들이 문헌 사료로는 알 수 없는 그 시대의 생생한 삶을 이해할 수 있게 해준다.

더욱이 요사이 포타슘-아르곤 연대측정법, 방사성탄소 연대측정법 등 최신 과학기술을 이용하는 여러 연구 방법의 발전은 고고학 연구의 신뢰성을 과거와는 비교할 수 없을 정도로 높여주고 있다. 따라서 고고학의 중요성은 더 커지고 있다.

이렇게 고고학은 선사고고학이라는 분야에서 역사시대와 분리되는 고유한 영역이 있기도 하지만 역사시대에 들어와서는 역사학을 도와주는 보조 학문으로서 중요한 역할을 한다. 따라서 고고학은 역사학과 상부상조하며 인간의 과거의 삶에 대한 우리의 인식을 결정하는 데 매우 중요한 구실을 하고 있는 셈이다.

그러면 고고학은 유럽중심주의와 어떤 관계가 있을까? 고고학의 발전 경로를 따라가보면 그 관계를 알 수 있다.

식민주의와 고고학

고고학이 유럽에서 먼저 시작되기는 했으나 얼핏 생각하기에 유럽의 고고학과 식민주의는 별 관계가 없을 것 같다. 유럽 고고학이 유럽 지역이나 연구하면 될 것 같으니 말이다. 그러나 실제로는 그렇지 않다. 둘 사이에는 매우 밀접한 관계가 있다. 고고학이 식민지와의 비교 문화적 접촉을 통한 상상에 의해 발전한 학문이기 때문이다.[1] 고고학의 틀과 기본적인 관념들은 그 가운데에서 만들어졌다.

이 점에서 고고학은 유럽인과 비유럽인의 구분에 치중한 초기 인류학과 마찬가지로 식민주의가 낳은 쌍둥이 자식이라고 할 수 있다. 두 학문 모두 식민주의와 관련해 발전했기 때문이다. 사실 19세기에 고고학과 인류학은 잘 분간하기도 어렵게 뒤얽혀 있었다.[2]

15세기까지만 해도 유럽인들은 인간이 이 땅에서 생존한 기간을 매우 짧게 생각했다. 그들은 문헌 기록으로 남아 있는 그리스·로마 시대밖에 알지 못했다. 그보다 더 오랜 시기를 알려주는 것은 기독교의 성서였으나 성서에서 나오는 창세기라고 해봐야 고작 6,000년 전의 일로 생각되었다. 그러니까 수만 년, 또는 수십만 년 전부터 인간이 지구상에 살아왔다는 사실은 도저히 상상할 수도 없었던 것이다.

16세기 이후 유럽인들이 외부로 진출하며 상황이 달라졌다. 식민지의 원주민들에 대한 정보가 축적되기 시작했고 그 가운데에는 아

---

1) 크리스 고스든(성춘택 역), 《인류학과 고고학》, 사군자, 2000, p. 58.
2) 두 학문은 발생 초기부터 깊은 관련을 맺어왔지만 지금도 그렇다. 오늘날도 고고학자는 현대가 아닌 과거 사회에 관심을 갖는 특수한 부류의 인류학자로 생각되고 있다. 브라이언 페이건(이희준 역), 《고고학 세계로의 초대》, 사회평론, 2002, p. 59 참조

메리카나 태평양 지역에서 발견할 수 있는, 아직도 석기를 사용하는 원주민에 대한 기록도 포함되어 있었던 것이다. 이렇게 유럽인과는 아주 다른 삶을 사는 미개한 사람들이 현대에도 존재한다는 사실이 유럽의 과거에도 아주 다른 삶이 있었을 가능성을 열어준 것이다.

그렇다고 유럽인들이 유럽 내의 선사시대 유물이나 유적에 아주 관심이 없었던 것은 아니다. 16세기부터 여러 고물 애호가들이 석기 같은 옛날 유물을 수집하고 있었다. 17세기에 들어와 영국의 오브리 (J. Aubrey) 같은 사람은 잉글랜드 남부의 스톤헨지나 에이브버리 (Avebury)의 유적을 측량하고 연구했다. 그렇다고 이들이 석기나 선사 유적이 갖고 있는 의미를 제대로 이해할 수는 없었다. 오브리도 이 두 유적을 로마 시대 이전 잉글랜드의 고대 종교인 드루이드교의 유적이라고 생각했다.

그러나 이제 아메리카나 다른 지역에서 사는, 문화적으로 아주 뒤떨어져 있는 원주민들의 삶을 보며 그들은 신대륙의 현재를 통해 구대륙의 과거를 상상할 수 있게 되었다. 신대륙의 원주민이 혹시 그리스, 로마 이전의 유럽인과 비슷한 삶을 사는 것이 아닌가 생각하게 된 것이다. 아메리카가 선사시대의 가능성을 열어준 셈이다.

따라서 고고학은 기본적으로 아메리카 원주민과 유럽인의 구분 위에 서지 않을 수 없었고 식민지의 관찰에서 오는 많은 편견을 포함하지 않을 수 없었다. 고고학이 다양한 인간 집단 사이의 우열을 강조하는 식민주의적 학문이 되지 않을 수 없었던 이유이다.

이리하여 아메리카 원주민의 현대는 스톤헨지가 만들어진 유럽의 선사시대와 같은 시기로 생각되었다. 또 서양 문명과 다른 지역 문명이나 문화의 차이는 지리적인 거리의 문제만이 아니라 퇴보나 발전 같은 역사적인 의미를 포함하는 것으로 생각되었다. 이리하여 여러 문화 사이에는 자연스럽게 서열이 매겨졌다.

언어학을 대치한 고고학

18세기에 들어와 사람들은 인류사의 발전은 언어학 자료를 통해 연구할 수 있다고 믿었다. 그것은 유라시아의 많은 언어가 인도-유럽어로 알려진 단일 어족과 계통적으로 관련되어 있다는 인식 때문이었다. 그것은 인도의 동인도회사에서 근무하던 영국인 판사 존스(W. Jones)가 그리스어, 라틴어, 산스크리트어 사이의 연관성을 밝혀냄으로써 각 언어와 문화 사이에 비슷한 연관성이 있을 것으로 추정한 결과이다.

이 여러 언어들이 지금은 사라진 하나의 공통 언어에서 기원했다면 문화 역시 공통의 기원을 갖고 있을 가능성이 있기 때문이었다.[3] 그리하여 각 언어의 단어와 문법을 연구하여 체계적으로 비교하는 비교역사언어학을 통해 하나의 어족에서 여러 언어들이 갈라져 나오는 과정들이 재구성되었다.

이리하여 역사언어학의 발전은 종족학의 기반이 되었다. 여러 언어의 서로 다른 점과 같은 점을 통하여 다양한 종족과 그 문화를 역사적으로 연구할 수 있다고 믿게 된 것이다. 그러나 이제 고고학이 발전하게 됨으로써 언어학의 연구 범위는 크게 축소되지 않을 수 없었다. 고고학이 과거에 대한 물질적 증거를 통해 훨씬 더 정확한 지식을 제공하는 것으로 생각된 것이다.

18세기 후반에 영국의 스터클리(W. Stukeley, 1687~1765)가 잉글랜드의 에이브버리 등 고대 유적을 석기시대인들이 만든 것으로 추정하여 역사시대와 선사시대를 처음으로 구분했다. 1816년에 덴마크의 톰센(C. J. Thomsen)은 덴마크에서 발굴되는 선사시대의 연모들을

---

3) C. Gosden(성춘택 역), 앞의 책, p. 69.

재질에 따라 구분하여 석기·청동기·철기시대로 나누자고 제안했다. 그런 과정에서 사람들은 그리스, 로마 이전에 긴 선사시대가 있다는 생각을 더 진지하게 받아들였다. 이리하여 19세기 초에 근대 고고학이 시작되었다.

그러나 고고학이 학문적으로 결정적인 뒷받침을 얻게 된 것은 진화론에 의해서이다. 자연 세계와 마찬가지로 인간의 사회, 문화 현상에도 진화론적 법칙이 작용한다고 믿게 된 것이다. 이 법칙은 현재뿐 아니라 과거에도 똑같이 적용되며 현재는 급속한 단절 없이 과거부터 연속적으로 발전한 것으로 생각되었다.

모든 인간은 같은 심성을 갖고 있으나 이런 동일한 인간성이 외부의 환경과 상호 작용함으로써 사회, 문화의 발전이 이루어지고 그것은 단순성에서 복잡성으로 나아간다는 것이다.[4] 이런 측면에서 본다면 인간 집단은 객관적인 기준 위에서 위계적으로 서열을 매길 수 있게 된다. 따라서 근대에도 세계의 여러 오지에서 발견되는 석기인들의 사회는 인간 발달의 초기 단계로 추정될 수 있었다.

진화론과 확산론

고고학에서 진화의 개념을 받아들이는 데 특히 공헌한 사람은 피트-리버스(A. H. L-N. Pitt-Rivers)이다. 그는 1858년에 영국의 디본에 있는 브릭스햄 동굴에서 선사시대인의 흔적을 발굴한 인물이다. 그는 이 동굴 안에서 인간이 만든 것이 확실한 많은 석기와 함께 이미 멸종한 동물의 뼈도 많이 발굴했다.

이는 인간이 6,000년 전에 창조되었다는, 성서에 기초한 주장을 의

---

4) 같은 책, p. 65.

심하게 했을 뿐 아니라 진화론을 긍정적으로 받아들이게 하는 데 상당히 큰 기여를 했다. 종의 진화가 점진적이라는 다윈의 주장을 고려할 때 인간이 수십만 년 전부터 진화했을 것이라는 주장이 설득력 있게 들렸던 것이다. 실제로 당시 영국의 수많은 지식인은 브릭스햄 동굴을 방문해 그 점을 눈으로 직접 확인했다.

피트-리버스는 그 후 많은 고고 유물을 수집하여 그것을 유형학(Typology)이라는 말로, 출토된 지역에 따라 분류하는 것이 아니라 그 형식에 따라 분류했다. 그는 1859년 이후에는 주로 기술과 관련되는 유물을 단순한 것에서 복잡한 것으로 진화하는 연쇄로 발전시키려 애썼다.

이렇게 진화론이 본격적으로 받아들여지며 인류사는 단일한 진화의 개념으로 설명할 수 있게 되었고 각 민족들 사이에도 진화의 단계를 각각 설정하고 그 문화들 사이의 우열 관계를 결정하는 것도 가능하게 되었다.

이런 단일적 진화의 개념은 원시적인 세계가 계속 탐험되고 있던 19세기 말에는 받아들이기가 매우 쉬웠다. 그리고 이는 19세기 말 이후 가열된 비유럽 세계에 대한 제국주의적 침탈과 식민주의적 착취를 정당화하는 논리로서도 잘 이용될 수 있었다.

그러나 전 세계에 걸쳐 발굴이 이루어지고 고고학 자료가 축적됨에 따라 단일적 진화라는 도식이 너무 단순하다는 것이 분명해졌다. 그래서 새로이 확산주의적 시각이 등장했다. 이것은 어느 지역에서 이루어진 문화의 발전이 교역이나 이주, 문화적 접촉을 통해 세계의 다른 곳으로 전파된다는 가정이다. 이는 20세기 초에 매우 유행했던 이론이다.

그러나 지나친 확산주의에도 역시 많은 결함이 있다. 그것도 문화의 중심을 가정해야 하기 때문이다. 그리하여 1920년대 이후에는 확산주의의 신뢰성도 줄어들었다.

이렇게 고고학은 발전 과정을 통해 식민주의적 사고와 긴밀하게 연결되었고 문화를 서열화하는 계서적 사고를 그 안에 발전시키지 않을 수 없었다. 고고학이 애초부터 건강한 학문으로 자라기 어려운 조건을 갖고 있었던 셈이다. 이런 상황은 20세기에 와서도 크게 달라지지 않았다. 그러면 이제 먼저 고고학이 갖고 있는 이데올로기적 성격과 관련되는 문제들을 살펴보자.

2...

이데올로기로서의 고고학

고고학과 인종주의

고고학은 식민주의뿐 아니라 인종주의나 민족주의, 유럽중심주의와도 밀접한 관련을 맺고 있다. 사실 이런 문제는 고고학에만 한정되는 문제는 아니다. 역사학 등 19세기 이래 유럽의 모든 학문이 그런 경향을 보이기 때문이다.

인종주의가 식민화 과정에서 발전했으므로 같은 과정에서 발전한 고고학도 역시 인종주의와의 관련을 피할 수 없었다. 그리하여 고고학도 초기부터 인종주의적 색채를 갖고 있었고 진화론은 이런 경향을 더욱 부추겼다. 유럽 밖의 많은 지역이 유럽 국가들의 식민지가 되며 진화론이 인종주의적 편견을 정당화하기 위해 채용된 것이다.

고고학의 인종주의적 측면을 가장 잘 보여주는 인물이 영국의 고고학자인 러복(J. Lubbock)이다. 그가 쓴 《선사시대》는 19세기에 나온 고고학 책 가운데에서 가장 영향력이 있는 것이었다.[5] 그는 다윈의 진화론을 그대로 받아들여 각 인간 집단은 자연적 선택의 결과로 문화뿐 아니라 문화를 응용하는 생물적 능력도 달라졌다고 생각했다. 기술적으로 덜 발전한 민족은 개화된 민족에 비해 문화적으로는 물론 지성·감성적으로도 더 원시적이라는 것이다.

그는 현대 유럽인을 집중적인 문화·생물 진화의 산물로 봄으로써, 유럽인들은 수천 년간의 진화 과정을 통해 문화적 진보를 가져오고 그 혜택을 누릴 능력이 있으나 아메리카, 아프리카, 오스트레일리아, 태평양 지역의 원주민들은 그럴 능력이 없다고 생각했다. 당연히 그는 유럽인들이 식민지로 이주해 착취한 것을 전체 인류를 위한 생물학적·문화적 발전을 가져오는 행위로 정당화했다.

고고학에서 인종주의가 가장 절정에 달한 것은 19세기 말 이후 독일에서이다. 이에는 빌저(L. Wilser) 같은 독일의 대중적인 아마추어 인류학자, 고고학자들이 앞장을 섰다. 빌저는 《독일인의 기원》이라는 책에서 스칸디나비아가 독일인뿐 아니라 인도-게르만족이 기원한 곳이라고 주장했다. 수백만 년 동안 더 수준 높은 생활 형태가 이 극지에서 발전했으며 따라서 이들이 세계를 지배할 운명을 타고 났다는 것이다. 그는 현대 독일인이 오랫동안 순수하게 유지되었고 다른 피가 섞이지 않은 이 사람들의 후손이라고 주장했다.[6]

코시나(G. Cossina)는 19세기 말에서 20세기 초의 독일 고고학을 대표하는 인물이다. 베를린 대학 교수로서 1909년에는 독일선사학회를 창설하여 대중적으로도 큰 영향을 미쳤다. 그는 취락고고학이라는 새로운 고고학 방법론을 발전시켰는데 이는 선사시대 사람들

5) B. 트리거, 성춘택 역, 《고고학사 : 사상과 이론》, 학연문화사, 1997. p. 154. 이 책은 B. Trigger, *History of Archaeological Thought*, Cambridge, 1989의 번역판이다. 이 책은 고고학의 이데올로기적 성격을 매우 잘 설명해주고 있다.
6) I. Wiwjora, German Archaeology and its Relation to Nationalism and Racism. in : M. Diaz-Andreu, T. Champion(ed.), *Nationalism and Archaeology in Europe*, Boulder, 1996. p. 172.

의 주거 지역을 추적해 그들의 발전 경로를 알아내기 위한 것이었다.

이 방법을 이용하여 그는 게르만 족의 주거 지역을 추정해냈고 그들이 남쪽으로 거듭 진출함으로써 역사의 진전에 결정적인 영향을 미쳤다고 주장했다. 또 그들의 우월성은 정신적으로뿐 아니라 신체적으로도 나타난다고 믿었다. 그들은 크고 날씬하고 얼굴색이 희고 금발이며 성격이 침착하고 강인하며 항상 노력하고 지적으로 뛰어나며 세계와 인생에 대해 이상적인 태도를 갖고 있다는 것이다.[7]

그의 이런 주장은 19세기 말의 전형적인 인종주의자의 생각을 그대로 보여주는 것이다. 따라서 그가 나치 시대 인종주의 고고학의 기반을 마련한 것은 필연적이다.

인종주의는 독일 고고학에서 특히 강하게 나타나나 다른 유럽 국가 고고학의 경우에도 약간의 차이만 있을 뿐 거의 마찬가지이다. 인종주의는 이집트나 메소포타미아, 아프리카 고고학의 경우에도 분명히 나타난다.

이집트 문명을 백인 문명으로 보려 한다든가 메소포타미아 문명을 헬레니즘의 인종적 편견에 맞추어 해석한다든가 하는 것들이 그것이다. 트로이를 발굴한 슐리만(H. Schliemann)이 "트로이인이 아리아족이라서 만족스럽다"[8]고 안도하는 데서도 그런 태도를 엿볼 수 있다.

미국 고고학자들은 북미 지역에서 발견되는 거대한 무덤과 그 안에서 출토되는 여러 유물을 원주민에게 귀속시키려고 하지 않았다.

7) U. Veit, Gustav Cossina and his Concept of a National Archaeology, in : H. Härke(ed.), *Archaeology, Ideology, and Society : The German Experience*, Frankfurt am Main 외, 2000, p. 46.

8) I. Morris, Periodization and Heros, in : M. Golden & P. Toohey(ed.), *Inventing Ancient Culture*, New York, 1997, p. 112.

인종적으로 열등한 이들은 그런 문화를 만들어낼 수 없다고 믿었기 때문이다.

따라서 그것은 과거에 이곳에 살았던 것으로 상상된 다른 종족들에게 귀속되었다. 오스트레일리아, 뉴질랜드의 경우에도 크게 다를 바 없다. 이곳의 원주민은 가장 원시적인 부족으로 언제까지나 변화 없는 야만 상태에 머물러 있다고 생각했던 것이다. 이에 따라 정상적인 고고학의 발전은 방해받았다.

고고학과 민족주의

19세기 후반부터 민족주의가 정치적으로 중요해짐에 따라 고고학 연구에서도 민족주의가 점차 중요한 역할을 하기 시작했다. 그리하여 고고학은 이전에 그 초점을 인류의 발전에 두었던 것을 포기하고 특정 민족의 역사를 밝히는 데 주력하기 시작했다. 그 결과 나타난 것이 문화-역사적 고고학이다.

그것은 민족이 인간 집단의 자연적인 단위로 생각되며 각 민족의 기원과 발전을 이해할 필요가 있었기 때문이다. 그리하여 고고학은 역사학과 마찬가지로 민족적 정체성을 형성하는 수단으로서 중요한 기능을 부여받게 되었다.

고고학자들은 이를 위해 자신이 속한 민족적·종족적 집단의 계보를 시간적인 면에서 가능한 한 과거로 연장하고, 이 집단을 다른 집단과 비교하여 찬미하는 작업을 시작했다. 민족이나 종족적 자부심과 영광을 드러내기 위해서였다.

사실 민족주의 고고학은 한편에서 긍정적인 면도 갖고 있다. 단선적인 발전론자들이 무시했던, 공간에 따른 인간적 삶의 다양성을 인식하도록 했기 때문이다. 또 고고학이 학문으로 자리잡는 데에도 민족주의는 상당히 중요한 기여를 했다. 국가의 풍부한 재정 지원과 전폭적인 관심을 얻을 수 있었기 때문이다.

따라서 민족주의적 열정이 없었더라면 고고학 지식과 조직이 지금과 같이 발전할 수는 없었을 것이다.[9] 사실 19세기 후반에 많은 나라가 대규모의 박물관을 세우고 막대한 예산을 투입해 전시품을 사 모으거나 고고학적 유적을 발굴한 것은 민족주의와 관련되어 있다. 그것은 과학적 고고학을 처음 발전시킨 덴마크를 비롯해 지난 200년 동안 어느 나라에나 영향을 미친 일반적인 현상이다.

그러나 민족주의 고고학에는 부정적인 측면이 상당히 많다. 그것이 정치적으로 악용될 수 있는 소지가 많기 때문이다. 어느 민족 또는 종족의 독특성과 우월성을 지나치게 강조하는 경우 그렇다. 정치적 패권주의에 이용될 수 있는 것이다. 또 국경 분쟁이나 이웃 영토를 병합하려는 경우에도 마찬가지이다. 토지의 영유권을 고고학을 통해 정당화하려 하기 때문이다.

구소련에서는 1930~1950년대에 고고학에 대해 국가의 엄격한 통제가 이루어졌다. 그것은 다종족적 결합체로서의 소련이 아니라 러시아 중심적인 이미지를 만들어내기 위한 목적에서였다. 또 독일이나 일본 같은 군국주의 국가에서도 정도는 덜하나 마찬가지 현상이 나타났다.

그러나 고고학의 민족주의화는 이런 강대국이나 독재 국가에서만 나타난 것은 아니다. 이스라엘, 멕시코, 터키, 프랑스, 미국 등 어디에서나 나타난 현상이다.[10] 모든 나라가 자기 민족의 근원을 찾아서 그 영광을 기리고 영토적인 요구를 위하여 고고학을 이용했던 것이

---

9) M. Diaz-Andreu, T. Champion, Nationalism and Archaeology in Europe : An Introduction, in : M. Diaz-Andreur & T. Champion(ed.), *Nationalism and Archaeology in Europe*, Boulder, 1996, p. 3.

다.[11]

따라서 자기 나라나 민족의 역사를 과장하고 왜곡하는 일은 흔하게 나타나는 현상이다. 그래도 주변의 강대국들에게 눌려 있는 약소국이나 외세에 의해 지배되고 있는 민족의 경우에는 어느 정도 동정의 여지가 있는 것이 사실이다. 그러나 강대국의 경우는 심각한 문제를 야기한다. 이웃 나라에 피해를 주기 때문이다.

사실 이것은 아직도 해결되지 않고 있는 문제이다. 많은 나라의 고고학이 지금도 민족주의적 이데올로기의 영향에서 크게 벗어나고 있지 못하고 있기 때문이다. 얼마 전 일본에서 일어난 구석기 유적 조작 사건 같은 것이 그 대표적인 예이다. 선진국이라고 하는 일본에서조차 이런 일이 벌어지는 것이다. 그러나 그런 행위들은 결코 정당화될 수 없다. 학문이 정치에 예속되면 학문으로서의 객관성을 잃어버리기 때문이다.

고고학과 유럽중심주의

그러면 유럽중심주의와 고고학은 어떤 관계가 있을까? 언뜻 보기에는 별 관계가 없어 보인다. 옛 무덤이나 집터 같은 유적을 발굴하는 것이 유럽중심주의와 무슨 관계가 있을까? 그러나 차일드(V. G. Childe)라는 20세기 전반의 한 고고학자의 이야기를 들으면 생각이 달라질 것이다.

그는 자신의 주제가 '인간 정신의 특유하고 개인적인 표명으로서

---

10) M. Diaz-Andreu, T. Champion, Nationalism and Archaeology in Europe : An Introduction, in : M. Diaz-Andreur & T. Champion(ed.), 앞의 책. p. 2.

11) B. Trigger, Romanticism, Nationalism and Archaeology, in : P. Kohl, C. Faweett(ed.), *Nationalism, Politics, and the Practice of Archaeology*, Cambridge, 1995, pp. 269-270.

의 유럽 문명을 기초 짓는 것'이라고 주장하고 있다. 그리고 그는 유럽 세계와 이집트, 인도, 중국을 구분하는 이 특별한 에너지, 독립성, 창의성이 이미 유럽의 청동기시대부터 나타난다고 주장한다. 유럽의 청동기시대 금속 노동자는 자유로워서 어느 후원자나 부족 사회에 묶여 있지 않았다. 그들은 국제 시장은 아니라 해도 여러 부족을 위해 생산했기 때문이다. 반면 오리엔트의 금속 노동자는 특정한 종족에 묶여 있었고 따라서 자유로운 표현이나 창의성을 발전시킬 수 없었다는 것이다. 그는 이 점을 강조하기 위해 크레타 문명을 이집트 문명, 나아가 전체 메소포타미아 문명과 비교했다.

"근대적인 자연주의, 미노아 화병의 그림과 프레스코 벽화를 특징 짓는 생활과 자연에 대한 이 진정으로 서양적인 느낌, 이 놀이와 행렬, 짐승과 물고기, 꽃과 나무들의 매력적인 광경을 바라보며 우리는 이미 유럽적인 공기를 숨쉰다.

마찬가지로 (유럽에서는) 산업에서도 전제 군주가 지배하는 무제한의 노동력이라는 것이 존재하지 않으므로 유럽 문명의 가장 뚜렷한 특징을 예기시키는 연모와 무기의 발명과 정교화에 집중시킬 수 있었다. ······ 중동 지역은 그곳에서 농업과 문명이 퍼진 요람이다. 그러나 주된 발전은 청동기시대에 유럽에서 일어났다. 중동은 (문명이) 탄생한 요람이나 오리엔트는 성장하지 못했다." [12]

별 근거도 없이 이미 청동기시대부터 유럽과 오리엔트 문화 사이에 차이가 있다고 주장하는 것이다. 사실 차일드는 저명한 마르크스주의 고고학자로 고고학에서 진화론이나 인종주의를 가급적 배제하려고 애쓴 인물이다.[13] 그런데도 이런 소리를 하고 있다.

---

12) I. Hodder, The Past as Passion and Play : Çatalhöyük as a Site of Conflict in the Construction of Multiple Pasts, in : L. Meskell(ed.), *Archaeology under Fire*, London, 1998, pp. 125-126에서 재인용.

고고학의 유럽중심주의는 아메리카와도 관련되나 특히 강하게 나타나는 것은 이집트나 메소포타미아 지역, 또 아프리카와 관련해서이다. 이 지역은 유럽과 인접해 있고 유럽과 많은 문화적 관계를 맺고 있기 때문이다.

특히 이 지역의 문화는 헬레니즘 이데올로기의 영향으로 그리스 문명과 논리적으로 단절되어야 하므로 그 해석에서 유럽중심주의가 강하게 나타나지 않을 수 없다. 이 글의 핵심 주제가 바로 그것이다. 따라서 이 글에서는 그리스, 이집트, 메소포타미아, 아프리카 고고학에서 나타나는 유럽중심주의를 주로 살펴보려 한다.

---

13) 차일드는 20세기의 가장 뛰어난 마르크스주의 고고학자로 평가받는 인물이다. 차일드에 관해서는 트리거(성춘택 역), 《고고학사》, pp. 315-331 참조.

$3...$

그리스 고고학

그리스 고고학의 이데올로기

그리스 고고학은 다른 나라의 고고학과는 성격이 질적으로 다르다. 그것을 주도하는 사람이 그리스 사람이 아니라 유럽의 다른 나라 사람이거나 미국인들이고, 그것이 추구하는 목표가 그리스의 역사적 정체성과 관련되는 것이 아니라 유럽의 정체성과 관련되어 있기 때문이다.

이렇게 된 이유는 18세기 후반 이후 유럽에서 그리스 열풍이 불며 그리스 문명을 근대 유럽 문명의 원류로 받아들이기 시작했기 때문이다. 따라서 그리스 고고학도 역사학과 마찬가지로 '유럽성'을 이해하기 위한 유럽 인들의 거대한 작업과 긴밀한 관계를 맺을 수밖에 없었다.

그것은 한편에서는 유럽성의 근원으로서의 그리스성(Hellenikon)을 드러내는 작업이고 다른 편에서는 그리스 외의 다른 문명을 고립시키고 소외시키는 작업이다. 그리스 문명만을 서양 문명의 직접적인 조상으로 만들려고 했기 때문이다.

이 작업은 고전 텍스트들에 의해 이미 그 방향이 결정되어 있었다. 서양 문명의 두 문자적 근원이라 할 그리스 문헌과 성서에서 오리엔트 지역의 아시리아와 바빌로니아, 그 후계자인 페르시아는 적대자로 나타나기 때문이다. 따라서 그리스 문명과 유대 문명을 오리엔트 문명 전체에서 분리시켜 독자적인 문명으로 만드는 작업이 중요하게 되었다. 그래야 근대 유럽 문명으로 이어지는 단일적인 틀을 만들 수 있기 때문이다.

미국의 저명한 중동학자인 루이스(B. Lewis)가 "고대 중동에서 활동하던 두 민족만이 지속적인 정체성과 기억을 갖고 세계에 큰 영향을 주며 살아남았다. 그리스인과 유대인은 아직도 그리스인과 유대인이며 아직도 그리스어와 헤브루어를 안다. 이 고대의, 그러나 아직도 살아 있는 언어 속에서 그들은 종교와 문학의 불멸의 업적을 보존했고 그것은 인류의 공동 유산으로 전해진다"[14]고 말하는 것은 이런 문맥의 이야기이다.

아직도 받아들여지고 있는 이런 견해에 따르면, 문명의 횃불은 오리엔트에서 시작되었으나 그리스 민족과 유대 민족이라는 두 고대 민족에 의해 발전하여 유럽으로 전달되었다. 근대 유럽 문명은 바로 그 기초 위에서 발전한 것이라는 것이다. 따라서 그리스 고고학이 이런 이데올로기의 지배를 받는 것은 당연했고 그것은 문헌학(텍스트)에 의한 고고학의 지배를 의미했다. 문헌학이 고고학의 기능과 한계

---

14) Z. Bahrani, Conjuring Mesopotamia, in : L. Meskell(ed.), *Archaeology under Fire*, London, 1998, pp. 165-166에서 재인용. 버나드 루이스는 《이슬람과 서양》 등 최근에 그의 책이 우리말로도 여러 권 번역되어 이슬람 문화권에 대한 이해를 넓혀준 사람이다. 그러나 그는 이렇게 그리스나 유대 종족에 대한 편향성을 보이는 유럽중심주의자이다. 그리스어나 헤브루어가 살아남은 것은 19세기 이후의, 헤브루어는 특히 1948년 이스라엘 독립 이후의 인위적인 노력에 따른 결과이고 그것을 가능하게 해준 것은 서양 강대국들이다.

를 설정한 것이다. 따라서 고고학이 독자적으로 객관적인 학문으로 발전하는 것은 불가능했다.

이런 흐름은 18세기 후반에 유럽에 그리스 열풍을 일으킨 빙켈만 (J. Winckelmann)에게서 이미 시작된다. 이탈리아에 머물러 있던 그는 당시 진행되고 있던 폼페이 유적 발굴에 자극을 받기는 했으나 결코 현장 발굴을 좋아하지는 않았다. 그는 심지어 그리스에 갈 기회가 여러 번 있었으나 한 번도 가지 않았다. 문헌을 통해서도 충분히 연구가 가능하다고 믿었기 때문이다.

결과적으로 그리스 고고학자는 역사책을 읽어야 했다. 문헌에 의존한 역사학이 고고학의 방향을 정해주었기 때문이다. 기원전 700년 이전 시기는 아직 그리스의 역사시대가 아니므로 다른 이론과 방법론이 허용되었으나 역사시대에 들어오면 그것은 불가능했다.

그리하여 그리스 고고학은 역사학에 의해 형성된 그리스의 이상화된 상을 물적인 증거를 통해 확인만 해주면 되는 기능에 제한되었다. 그러니 객관적인 고고학이 불가능한 것은 당연했다. 고고학이 역사학의 시녀가 된 것이다. 다시 말하자면 역사학을 통해 드러내려 한 헬레니즘의 시녀가 되었다.

그런 점에서 그리스 고고학은 과거가 정치적 목적을 위해 가장 극단적인 형태로 편취된 고고학이다.[15] 유럽인들은 고대 그리스 문화의 유산을 집단적, 독점적으로 편취함으로써 세계를 지배할 문화적 우월성의 근거를 마련하려 한 것이다.

---

15) I. Morris, Introduction, in : I. Morris(ed.), *Classical Greece : Ancient Histories and Modern Archaeologies*, Cambridge, 1994, p. 11.

문헌학에 예속된 그리스 고고학

이렇게 그리스 고고학은 그리스성을 나타내고, 이상화한 그리스를 증명해주는 수단 구실을 하면 충분했다. 영웅적이고 자유롭고 평화스럽고 개방적인 그리스의 모습을 밝혀야 했던 것이다. 따라서 고고학의 독자적인 기능은 별 필요가 없었다.

이런 상황은 그리스에서 고고학적 발굴이 시작된 1790년대부터 시작되었다. 고고학적 발굴이 호메로스가 전하는 트로이전쟁의 진위를 밝히기 위한 목적을 갖고 있었던 것이다. 그래서 슈발리에(J. B. Chevalier)는 튀르크 주재 프랑스 대사의 후원 아래 트로이전쟁의 영웅의 한 사람인 아킬레스의 무덤이라고 추정되는 곳을 튀르크 정부 몰래 발굴하였다.[16]

그는 그곳에서 마차에 앉아 있는 작은 미네르바 상과, 뼛조각과 재가 담겨 있는 금속 항아리를 발견했다. 따라서 그곳이 아킬레스의 무덤이 확실하다고 생각했다. 그리스에서 한 첫 고고학적 발굴은 이렇게 결코 과학적이라고 할 수도 없는 수준이기는 했지만 문헌 사료의 실증이라는 그리스 고고학 특유의 방법을 제시했다.

그리스 고고학을 본격적으로 시작한 슐리만도 마찬가지이다. 그의 고고학적 탐구의 동기도 호메로스 서사시에서 비롯되고 있기 때문이다. 그는 1870년에 아나톨리아 반도의 흑해 입구에서 트로이 유적을 발굴했고 그 뒤에 그리스 본토의 미케네 등 여러 곳을 발굴하여 큰 성과를 거두었다. 그리고 그 뒤를 이은 사람들이 크레타 섬의 미노아 문명을 발견함으로써 그리스 초기 역사에 빛을 던져주었다.

---

16) J. Wallace, Digging for Homer : Literary Authenticity and Romantic Archaeology, *Romanticism*, 2001, V. 7, Issue 1, p. 73 이하.

슐리만과 그 후계자들의 이러한 고고학적 발굴은 그리스성을 밝히는 새로운 전기를 마련해주었다. 이를 통해 고대 그리스 사회와 오리엔트 사회의 다른 모습을 새롭게 규정할 수 있게 되었기 때문이다. 특히 1900년에 에번스(A. Evans)가 주도하여 크레타 섬에서 발굴한 크노소스 궁전은 그런 인식을 만드는 데 결정적인 영향을 미쳤다.

궁전 주위에서 성벽이 발견되지 않았다거나 궁전 벽의 프레스코 벽화가 자유롭고 생동하는 삶의 모습을 보여준다고 생각되었기 때문이다. 그래서 미노아 문명에서 시작되는 그리스 문명은 밝고 자유로운 것으로, 오리엔트 문명은 어둡고 억압적인 것으로 그려지기 시작했다.

그뿐 아니라 슐리만은 '영웅적'인 그리스의 발견에 집착했다. 그가 《일리아드》나 《오디세이아》에 나오는 영웅들에게 매료되었기 때문이다. 따라서 보통 사람들의 삶에 대해서는 전혀 관심을 기울이지 않았다. 이런 전통은 결국 그리스의 역사상을 왜곡시키는 데 일조했다.

이는 그리스 역사의 시대 구분까지 영향을 미치고 있다.[17] 그리스사에서 기원전 1200년경에서 기원전 700년경까지를 암흑시대라고 부른다. 기원전 1200년경에 미케네 문명이 파괴되고 철기를 사용하는 도리아인이 그리스 반도 북쪽에서 밀고 내려오며 그 후 500년간 문화가 단절된다는 것이다. 그래서 이 공백기를 암흑시대라고 부르는 것이다.

그러나 이런 규정은 슐리만이 1870년에 그리스의 청동기 문명을 발견한 이후에 시작된 것이다. 그 전에는 기원전 700년 이전 시기를

---

17) 이에 대해서는 I. Morris, Periodization and the Heros : Inventing adark Age, in : M. Golden & P. Toohey(ed.), *Inventing Ancient Culture*, Routledge, 1997, pp. 96-131, 참조.

호메로스의 서사시에 나오는 영웅들을 빗대 영웅시대라고 불렀다. 아마추어 고고학자인 슐리만은 자신이 발견한 유적들이 바로 호메로스가 묘사한 이 영웅시대의 것이라고 주장했다. 그의 주장은 과학적 기초가 없었고 비판의 여지가 많았으나 유럽 대중의 열렬한 지지를 받으며 그대로 받아들여졌다.

그런데 1890년에 저명한 이집트 학자인 페트리(F. Petrie)가 미케네 유적의 파괴 시기를 이집트 19왕조 시기인 기원전 1200년경으로 비정하였다. 따라서 청동기시대인 영웅시대는 500년 위로 소급해 올라가지 않을 수 없었다. 그 결과 기원전 1200년과 기원전 700년 사이에는 공백이 생겼고 이 시기의 기록이 전무하므로 이 시기를 암흑시대라고 부르는 것이다.

그러니까 기원전 1200년 이전의 청동기시대는 바로 호메로스의 무대이고 그리스 초기의 아름다움과 영광을 보여주는 것 같은 시대였다. 또 기원전 700년경에 서사시를 쓴 호메로스는 영웅시대 이후의 시대에 대해서는 언급하지 않았다.

따라서 초기의 전문 고고학자들에게 영웅시대는 흥미 있고 중요하고 진지한 연구자의 관심을 끌 가치가 있는 시대였으나 그 후의 시대는 그렇지 못했다. 암흑시대가 제대로 연구되지 못한 이유이다.[18]

사실 영웅시대는 서사시나 신화, 전설 등의 문헌학 연구를 통해 어느 정도 짐작은 할 수 있는 시대이다. 그러나 암흑시대는 그런 것이 전혀 없으므로 더 고고학에 의존해야 하는 시대이다. 그런데도 암흑시대에 대한 고고학 연구가 별로 되지 않았다는 것은 그리스 고고학이 문헌학에 예속되었기 때문이다.

헬레니즘에 대한 고고학의 예속은 도기 연구에서도 그 예를 볼 수

---

18) I. Morris, 같은 책, p. 97.

있다. 그리스에서 어른 남자와 청년, 또는 아주 어린 소년 사이의 동성애는 일반적으로 널리 알려진 일이다. 그러한 예는 문학 작품이나 도기 그림에서도 많이 나타난다. 그리고 이에 대한 전통적인 해석은 그리스인 저자들의 설명을 따르고 있다. 플라톤은 이를 남자들 사이의 정상적으로 인정받는 관계로 주장하고 있다. 어른 남자와 소년이 그런 관계에 들어갈 때 거기에는 소년을 고귀하게 만드는 요소가 있다는 것이다. 용기와 같은 남자다운 덕성을 가르치는 교육적인 요소가 강하게 작용한다는 것이다.[19] 그리스 사회를 미화하는 그럴듯한 이야기이다.

이런 식의 설명은 크세노폰 등 그리스의 많은 저자가 되풀이하고 있는 이야기이고 도기를 연구하는 현대의 고고학자들도 그 의견을 그대로 받아들여왔다. 그렇게 되면 그리스에서는 동성애조차 품위 있고 덕성과 관련이 있는 행위가 되는 셈이다.

그러나 도기 그림을 통한 최근의 한 연구는 이런 식의 설명에 대한 재검토를 요구하고 있다. 동성애는 항상 나이 먹은 상대와 젊은 상대 사이에 이루어졌고, 당시에는 성행위의 파트너가 남자, 여자, 동성애자 등으로 구분되는 것이 아니라 능동적 파트너와 수동적 파트너로 구분되었다는 것이다. 그리고 후자는 항상 전자에 대해 사회적으로 열등한 것으로 여겨졌다. 더군다나 남자 사이의 항문 성교는 수동적인 파트너에게는 그림으로도 표현될 수 없을 정도로 수치스러운 행위로 여겨졌다. 따라서 그것을 교육 과정으로 보기는 어렵다는 것이다.[20]

미노아 문명의 성격에 대한 전통적인 규정도 재조명이 필요해지고

---

19) M. Kilmer, Painters and Pederasts : Ancient Art, Sexuality and Social History, in : M. Golden and P. Toohey, 앞의 책, p. 36.
20) 같은 논문, p. 48.

있다. 크레타 섬을 처음 발굴한 에번스나, 1970년대의 그레이엄(J. W. Graham) 같은 고고학자들은 크레타 인들이 평화를 애호한 사람들이었다고 지나치게 찬양하고 낭만적으로 채색했다. 이것도 주로 문헌학이 만든 선입견에 의존한 결과이다.

그러나 최근 이들이 제사에 사람을 희생으로 바쳤고 인육을 먹었다는 증거가 드러나고 있다.[21] 미노아 문명의 전통적인 해석을 무너뜨리는 발견이다. 또 고전기 그리스인들은 이집트인들이 동물 숭배를 한다고 낮추어 보았지만 미케네 문명은 물론이고 고전기에도 동물 숭배의 흔적은 많이 남아 있다. 따라서 이런 문제에 대해서도 전반적으로 재평가가 이루어져야 할 것이다.

인간이 배제된 그리스 고고학

그리스 고고학의 이런 이데올로기성 때문에 그리스 고전기는 실제로는 별로 연구되지 않았다. 연구자들이 온통 영웅적인 것, 위대해 보이는 것, 미적인 것에만 집착함으로써 연구 대상이 크게 제한되었기 때문이다. 그리스의 영광을 찬미할 수 있는 것에만 관심을 보인 것이다. 그래서 위대한 건축물이나 신전, 성스러운 장소 등의 발굴에만 초점을 맞추었고 대중들의 일상생활 유적은 경시되었다. 또 폴리스가 발전한 도시들에만 중점을 두었지 농촌에는 거의 관심을 두지 않았다.

대중적인 고고학 책 가운데 하나인 비어스(W. R. Biers)의 《그리스 고고학》[22]은 그런 점을 잘 보여준다. 이 책은 신전 건축, 조각, 도기

---

21) A. M. Snodgrass, The Age of the Heroes : Crete and Mycanae in the Bronze Ages, in : R. Browning(ed.), The Greek World, London, 2000, p. 51.
22) W. R. Biers, The Archaeology of Greece, Revised Edn. Ithaca, 1987.

등에만 관심을 둘 뿐, 그리스인들의 일상생활에 대해서는 거의 다루지 않고 있다. 고고학 책이라기보다 오히려 미술사 책이라고 하는 것이 더 적절할 정도이다. 이것은 다른 고고학 책도 별로 다르지 않다.

또 연구 방법에도 문제가 많다. 이상화된 그리스 상에 꿰어 맞추어야 하기 때문이다. 비즐리(J. Beazley)[23]는 그리스 도기 연구로 가장 이름 높은 사람이다. 그는 수만 점의 그리스 도기를 양식별로 구분하고 다시 작가와 시기별로 구분하는 방대한 작업을 했고 그리하여 도기 연구의 튼튼한 기초를 마련했다. 그러나 그는 도기를, 그것을 생산한 사회와는 아무 관계없이 주로 미적인 관점에서만 연구했다. 그러니 이는 제한된 영역의 미술사 연구일 뿐이지 제대로 된 고고학 연구라고는 할 수 없다.

건축이나 조각도 마찬가지이다. 이것들은 모두 대체로 종교적인 예술 행위를 위한 것이었다. 근대 서양인들의 미감을 만족시켜주기 위해 만든 것이 아니다. 그런데도 이런 종교 행위들을 종교적·사회적 기능과는 별 관계없이 예술 작품으로만 분석하고 평가를 내린다.

특히 지금은 신상 조각의 색깔이 거의 지워졌지만 당시에는 모두 현란한 색깔로 칠해졌었다. 따라서 기독교적인 전통 속에 있는 서양인들이 이교적인 냄새가 나는 그것을 그 상태로 받아들이기는 어려웠을 것이다. 그렇다고 해서 그것들을 역사적 문맥에서 단절시켜 근대적인 의미의 예술 작품으로 보는 태도는 매우 잘못된 것이다. 조각상의 본래 성격을 왜곡시키는 것이기 때문이다.

그리스 고고학의 이러한 한계를 극복하기 위한 노력이 시작되는 것은 20세기 후반에 들어와서이다. 미국의 미네소타 대학 발굴단이

---

23) 비즐리의 대표 저작은 J. Beazley, *Attic Black-figure Vase Painters*, Oxford, 1956 ; *idem*, *Attic Red-Figure Vase Painters*, Oxford, 1963.

1950년대부터 1970년대 사이에 펠로폰네소스 반도의 메세니아 지역을 발굴한 것이 그 시초이다.

이 발굴은 농촌 지역인 이곳의 상당히 넓은 면적을 대상으로 기원전 3000년경 이후의 통시적인 지역 연구를 목표로 했다. 일상의 주거지와 그곳에서 출토되는 유물들에만 관심을 가진 것이 아니라 그것과 주위 환경, 또 주위 환경의 경제적인 잠재력에 대해서도 면밀한 주의를 기울였다.

이것은 유적을 주위 환경과 분리시켜 연구하고 고고학적인 문맥과는 별개로 유물의 문화적 정체성만을 강조할 뿐 아니라, 역사적 연속성과 비연속성에만 관심을 기울이던 그리스 고고학의 전통과는 대조되는 것이다. 그 점에서 이 발굴은 그리스 고고학의 방향 전환을 가져왔을 뿐 아니라 목표나 방법에서도 선구적이었다. 이로 인해 그리스 고고학은 오래 지연되었던 현대적인 국면에 들어왔다[24]고 할 수 있다.

또 메세니아 발굴의 결과는 고고학을 문헌학에서 벗어나게 하는데에도 도움을 주고 있다. 이 지역에서 약 3세기 반에서 4세기 동안 스파르타인에게 노예(Heilōtai)로 예속되어 있던 메세니아인들의 새로운 모습을 알 수 있게 되었기 때문이다. 그 이전에는 스파르타 노예 생활이 티르타이오스나 플루타르코스, 또 파우사니아스 등 고대 저술가들의 단편적인 기록에만 의존해 해석되었다.[25]

이런 방향 전환이 시작되었지만 그것은 아직도 걸음마 단계에 불과하다. 그리스 고고학은 아직도, 현재 진행되고 있는 탈과정고고학

24) M. Fotiadis, Modernity and the Past-Still-Present : Politics of Time in the Birth of Regional Archaeological Projects in Greece, American Journal of Archaeology 99, 1995, p. 59.
25) S. E. Alcock, The Pseudo-history of Messenia Unplugged, Transactions of the American Philological Association 129, 1999, pp. 333-341.

과 관련된 고고학 방법론 논쟁에도 무관심한 태도를 보이고 있는데 그것은 그동안 그리스 고고학이 누려온 풍부한 자금이나 관심 등 여러 면의 특혜적 위치 때문이다. 그 때문에 지금은 그 연구 목적과 관련해 위기를 맞고 있기도 하다.[26] 이런 사실은 그리스 고고학이 아직도 헬레니즘 이데올로기에 크게 억압받고 있다는 것을 보여주는 예이다.

---

26) S. L. Dyson, From New to New Age Archaeology: Archaeological Theory and Classical Archaeology—A 1990s Perspective, *American Journal of Archaeology*, 97, 1993, p. 204.

4...

이집트와
메소포타미아 고고학

이집트학의 성립과 그 성격

18세기까지 유럽인들이 이집트를 보는 관점은 주로 그리스, 로마 시대의 고전을 통한 것이었다. 그것은 이집트가 641년에 이슬람 세력에게 정복된 후 유럽 지역과는 단절되었기 때문이다. 유럽인들의 접근이 거의 불가능했을 뿐 아니라 유럽 자체에서도 고전적 전통이 끊어졌으므로 고전을 통해 이집트를 이해하는 것도 쉽지 않았다.

르네상스 시대에 그리스 고전이 되살아남으로써 헤로도토스, 디오도로스, 스트라본, 플라톤 등의 많은 글을 통해 이집트를 다시 인식하게 되기는 했으나 그것은 이들 저자들에 의해 어느 정도 굴절된 형태로서였다.

17세기에 고대 이집트 문화를 평가하려는 새로운 시도가 이루어졌고 이집트 고문물에 대한 수집도 시작되었다. 또 중동 지역 여행도 더 늘어났다. 그러나 그 결과는 유럽인들이 고전 문헌에서 받은 인상을 확인시켜주는 것에 불과했다. 이집트 문명이 유럽과는 매우 이질적인 성격을 가졌다는 것이다. 그리하여 이집트 문명은 자연스레 오리엔트 문명에 편입되었다.

18세기에 오리엔탈리즘의 성장과 함께 이집트의 점진적 동방화도 절정에 달했다. 이는 유럽과 비유럽의 구분이 계몽사상 시기에 확연해졌기 때문이다. 그래서 동아시아 문명을 포함하여, 고대 이집트 문명과 후대의 이슬람 문명 사이의 모든 구분이 사라졌다. 모두가 유럽과는 구별되는 오리엔트 문명에 속하는 것으로 생각되었다.

이는 괴테의 말에서 분명히 알 수 있다. "중국, 인도, 이집트의 고대는 항상 단지 호기심의 대상일 뿐이다. 그것이 속하는 세계를 잘 아는 것은 좋은 일이다. 그러나 도덕적 · 미적 문화와 관련해 그것은 우리에게 별 소용이 없다."[27]

1798년에 나폴레옹은 이집트를 침공했다. 이는 인도 식민지와 영국의 연결 고리를 차단함으로써 영국을 약화시키기 위한 목적에서였다. 이때 그는 고대의 알렉산드로스 대왕을 흉내 내어 167명의 각 분야 학자들을 동반하여 고대 이집트 문명을 비롯해 이집트의 모든 면을 샅샅이 연구하게 했다. 그가 전설적인 고대국가인 이집트를 정복한 알렉산드로스와 같은 위대한 인물이라는 사실을 프랑스 국민들에게 부각시키고 싶었던 것이다.

이것이 근대에 들어와 이집트학(Egyptology) 연구가 본격화한 시발점이다. 그 과정에서 고대 이집트 문물에 대한 많은 자료가 수집되었다. 이집트 상형문자의 해독에 결정적인 도움을 준 로제타 비석이 발견된 것도 이 원정대에 의해서였다. 그뿐 아니라 동 · 식물, 지질학 등 각 분야에서 상세한 현지 조사가 이루어졌고 그 결과는 나중에

---

27) H. Whitehouse, Egypt in European Thought, in : J. A. Sasson(ed.), *Civilizations of the Ancient Near East*, V. 1, New York, 1995, p. 16.

《이집트의 묘사》[28]라는 방대한 책으로 출간되었다. 이 안에는 이집트의 많은 유적이 상세하게 대형 도판으로 그려져 있어 이를 통해 19세기 유럽인들은 고대 이집트 문명을 직접 눈으로 확인할 수 있게 되었다.

나폴레옹의 이집트 원정은 이집트에 대한 유럽인들의 생각을 결정적으로 전환하게 만들었다. 그것은 이집트에 대한 군사적인 정복만이 아니라 지적인 정복까지도 의미하기 때문이다. 그리하여 유럽인들은 이제 자신들이 이집트인들보다도 고대 이집트에 대해 더 잘 알며 유럽의 도서관에 앉아서도 충분히 이집트를 연구할 수 있다는 자만심을 갖게 되었다.

이렇게 나폴레옹의 이집트 원정은 오리엔트 지역에 대한 유럽 국가들의 지배가 그 지식에 의해 정당화될 수 있다는 생각을 강화시켰다. 이집트학이 필연적으로 식민주의적 사고방식과 결합할 수밖에 없었던 이유이다.

난도질당한 이집트 고고학

고대 이집트 문명은 유럽인들에게는 결코 마음 편한 대상이 아니었다. 그것의 '오리엔트적' 성격을 아무리 강조한다 해도[29] 그 높은 문명 수준을 인정하지 않을 수는 없었던 것이다. 그래서 이집트 문명을 설명하는 좀 더 교묘한 논리 구조가 필요했다. 그것이 19세기 이후 이집트 고고학을 지배한 왕조인종이론(dynastic race theory)이라

---

28) *Description de l'Egypte*, 1809~1823. 스물세 권짜리의 방대한 책으로 그 후 이집트 연구의 기초를 놓았다. 이는 그 상세함이나 범위에서 이전의 모든 업적을 능가하는 것이었다. 그러나 그것에 접근하는 태도는 그리스에 대한 것과는 사뭇 달랐다. 이집트 문명을, 그리스에서 기원한다고 믿는 유럽 문명과 대척 관계에 놓은 것이다.

는 것이다.

이것은 당시 서양에서 유행하던 인종주의적 언어학에 기초하여 이집트인의 자생적인 문화 발전을 부정하는 이론이다. 당시의 언어학자들은 햄족인 이집트인이 고도의 이집트 고대 문명을 일으키는 것은 불가능하다고 생각했다. 그래서 그 대안을 아리아족에게서 찾았다. 말이 끄는 마차와 우월한 무기를 가지고 북쪽에서 내려온 아리아족이 셈족과 지중해 연안의 종족들을 지배했고 이들이 다시 이집트로 이동하여 토착민들을 복속시키고 왕위를 차지하여 문명을 건설했다는 것이다.[30]

그들은 그 논리적 근거를 이집트 주민들의 인종적 구성에서 찾으려 했다. 이집트 사람들에게는 여러 종족의 특성이 뒤섞여 있는 것같이 생각되었기 때문이다. 그래서 그들은 파라오의 지배 계급이 다스린 이집트 왕국은 비아프리카적이며 아리아적 성격을 갖고 있었다고 주장했다.

이를 위해 페트리는 왕국 건설 이전과 이후에 이집트는 여러 번의 외침을 겪었다고 가정했다. 왕국 이전 시기 사람들의 골격 표본도 그것을 확증해주는 것 같았다. 또 제1왕조의 유적에서 상형문자가 갑자기 발전한 것 같은 증거도 이집트의 문자가 외부에서 들어온 것같이 생각하게 했다.

---

29) 빙켈만에 의해 이집트 미술은 '원시적'으로 규정되었고 이런 부정적 인식은 그 후 그대로 유지되었다. 그것은 인간의 몸을 묘사하고, 건축에서 기둥이나 아치를 만드는 데에서도 첫걸음을 떼는 데 불과했다. 그것을 완전하게 하고 체계화한 것은 그리스와 로마라는 것이다. 독일 이집트학의 아버지인 렙시우스(C. R. Lepsius)에서도 그것은 마찬가지이다. 그는 프러시아 이집트 탐험대(1842~1845)의 이집트에 대한 보고서에서 '이집트 미술을 특징짓는 어린아이 같은 제약에 대해 말하고 있다. H. Whitehouse, Egypt in European Thought, in : J. M. Sasson(ed.), *Civilizations of the Ancient Near East*, Vol. 1, New York, 1995, pp. 23~24.
30) F. J. Yurco, Black Athena : An Egyptological Review, in : M. R. Lefkowitz & Other(ed.), *Black Athena Revisited*, Chapel Hill, 1996, p. 62~63.

그래서 이들은 이집트 문명을 아프리카적 기원에서 떼어냈고 이들 왕조 인종은 북쪽의, 메소포타미아 또는 인도에서 온 것으로 추정하였다. 이것이 20세기 초까지 이집트학을 지배한 이론이었다. 그리고 이집트의 고고학 연구는 기본적으로 이 논리에 맞춰 이루어졌다.

그뿐이 아니다. 이집트 고고학에서 가장 많이 연구된 부분은 신왕국의 아케나텐(Akhenaten, 기원전 1353~1336) 왕 시기이다. 이것은 그가 실패하기는 했으나 이집트의 종교를 태양신만을 숭배하는 일신교로 만들려고 시도했고, 미술에서도 이 시기에 사실주의적인 표현이 나타난다는 이유에서였다. 그래서 당시의 수도였던 아케타텐(Akhetaten)은 19세기 중반부터 지속적으로 발굴되었다. 그 결과 아케나텐의 이런 개혁이 정치, 종교뿐 아니라 문화에까지 미쳤다고 하여 이를 '문화혁명'이라고까지 주장하는 사람들도 있다.[31] 그러나 '일신교'나 '사실주의'가 주목받는 것은 다 근대 유럽적인 세계관 때문이다. 그것을 고대 이집트까지 연장시키는 것은 엉뚱한 논리의 비약이다.[32]

또 서양 고고학자들은 이집트에서 순장의 증거를 찾으려고도 많은 노력을 기울였다. 이집트 문명의 비인간적인 모습을 드러내기 위한 이유에서였다. 그러나 그 증거를 찾지는 못했다.[33]

이런 시도는 최근에도 전문가들의 경우는 덜 하지만 아마추어 고

---

31) R. Krauss, Akhetaten : A Portrait in Art of an Ancient Egyptian Capital, in : J. M. Sasson(ed.), 앞의 책, Vol. 2, p. 750.

32) 1975년에 나온 두 권으로 되어 있는 케이건(D. Kagan)의 《서양 고대사》 책을 보면 그리스 부분까지 다룬 제1권의 총 13장 가운데 단 세 장만이 오리엔트에 할애되고 있다. 그것도 제1장이 '메소포타미아의 정부', 제2장이 '아케나톤의 종교개혁', 제3장이 '히브리 사람들과 일신교의 기원'이다. 이것을 보면 서양인들의 관심이 얼마나 편파적인가를 잘 알 수 있을 것이다. D. Kagan, *Problems in Ancient History*, V. 1 : *The Ancient Near East and Greece*, New York, 1975 참조.

33) A. M. Roth, Ancient Egypt in America, in : L. Meskel(ed.), 앞의 책, p. 226.

고학자들 사이에서는 계속되고 있다. 이집트 문명을 외계인이 건설했다는 등의 주장이 그것이다. 이는 공상과학 소설이나 영화의 단골 주제인데 모두 이집트인의 문화 능력을 과소평가하는 인종주의적 편견의 산물이라 하겠다.

왕조인종이론에 대한 비판은 20세기 중반 무렵부터 시작되었다. 이집트는 물론, 북아프리카 연안과 사하라 지역, 나일 강 상류 지역의 선사 문화에 대한 광범한 연구가 이루어지며 그 이론이 더 이상 받아들여질 수 없게 된 것이다.

고왕국 이전 시기의 바다리아 문화를 발전시킨 나일 강 유역 주민에게는 열대 아프리카적 특성이 있다. 그리고 다양한 피부색과 머리칼, 두개골 모양을 가진 이집트 주민의 이런 특징은 고대에서 현대까지 연속되어온다. 나중에 외부 사람들이 일부 섞이기는 했으나 기본적으로 동질적인 아프리카인이 고대에서 현대까지 나일 강 연안에 거주해온 것이다.

이렇게 된 것은 선사시대에 초원과 늪지로 구성되었던 사하라 지역에서 높은 수준의 신석기 문화를 발전시켰던 사하라 아프리카인들의 이주 때문으로 보인다. 사하라의 사막화로 더 이상 그곳에서 살 수 없게 된 사하라인들이 목축, 농경, 도기, 석기 만드는 기술과 함께 기원전 5000~4500년경 나일 계곡으로 옮겨 갔고 그곳에서 사냥, 어로, 채집 생활을 하는 토착민과 합쳤다는 것이다. 그리하여 그 후의 이집트인을 정형화하는, 북아프리카와 사하라 이남 열대 아프리카인의 특징이 섞인 신체적 특징이 형성되었다. 이것이 이집트인의 기원이며 이렇게 형성된 바다리아인이 고왕국 창건 이전의 바다리아 문화를 만들었다는 것이다.[34]

---

34) F. J. Yurco, 앞의 글, pp. 65~68.

이집트어도 상부 누비아 지역에서 발전한 아프로-아시아어에서 비롯한 것으로 생각되고 이집트 문자 체계도 전적으로 아프리카가 기원이라는 것이 최근 밝혀지고 있다. 그러니까 이집트 문명은 분명히 나일 계곡과 사하라에 기원을 둔 북아프리카 문화라는 것이다.

땅과 분리된 메소포타미아 문명

이집트는 과소평가되기는 했어도 유럽인들에게 역사적으로 그 존재가 완전히 잊혀진 적은 없다. 유럽으로 옮겨진 오벨리스크 같은 여러 유물이나 문자, 또 비의(秘儀) 종교를 통해 지속적으로 그 영향을 미치고 있었다. 그러나 메소포타미아 문명은 다르다.

오늘날의 이라크에서 발전한 고대 수메르-바빌로니아 문명의 거대한 도시 유적들은 모두 파괴되어 모래로 뒤덮여 있었다. 또 이 지역은 이슬람 국가들이 오랫동안 지배했다. 따라서 중세 때부터 성경에 관심이 있는 몇몇 사람들의 여행에도 불구하고 이 문명은 근대에 와서 유럽의 예술이나 건축, 문학 같은 것에 별 영향을 미치지 못했다. 메소포타미아 문명은 발굴과 진흙 판에 쓰인 설형문자의 해독을 통해서만 그 존재를 드러낼 수 있었던 것이다.

이 지역에 대한 최초의 본격적인 탐사가 이루어진 것은 18세기에 들어와서이다. 덴마크의 니부르(C. Niebuhr)가 왕의 도움을 받아 1761~1768년 사이에 중동 지역 전체를 여행했다. 그는 바빌로니아의 수도인 페르세폴리스에서 옛 설형문자들을 탁본해 가져왔고 그리하여 설형문자 해독에 큰 기여를 했다.

그러나 아시리아에 대해서는 한참 뒤에야 알려졌다. 1840년에 프랑스인 보타(P. E. Botta)가 코르사바드에서 아시리아 왕 사르곤의 궁전을 발굴했고 1845년 이후에는 영국인 레이어드(A. Rayard)가 님루드를 발굴하여 큰 성공을 거두었다. 레이어드는 1853년에 라삼(H. Rassam)이 니네베를 발굴하는 데에도 큰 도움을 주었다.

메소포타미아 최초의 문명인 수메르 문명은 1877년에야 프랑스 외교관 드 사르제크에 의해 발굴되었다. 연구 결과 수메르 문명은 이집트 문명과 거의 동시대에 발전한 고대 문명으로 판명되었다.

이 지역의 고고학적 연구도 식민주의와 분리될 수 없다. 19세기의 가장 활동적인 발굴이 제국주의 국가들의 지원을 받은 조사단에 의해 이루어졌기 때문이다. 따라서 메소포타미아 고고학도 있는 그대로의 연구가 아니라 특정 목적과 관련이 있다.

그것은 메소포타미아 지역이 식민지로서도 중요하나 유럽 문명과의 관련성에서도 중요하기 때문이다. 유럽인들이 보기에 메소포타미아 문명이 그리스 문명에 미친 영향은 부정할 수 없었다. 그러나 이 지역은 오랫동안 이슬람 문화권에 속해 있었으므로 그것을 그대로 받아들이기는 어려웠다.

이런 상황에서 유럽인들이 이 문명을 유럽 문명의 전통 속에 집어넣기 위해 취한 전략은 메소포타미아를 지리와 역사에서 단절하는 것이었다. 즉 근대 유럽 문명으로의 단일한 발전 경로를 위해 그것은 현재와 단절되어야 했던 것이다. 그렇게 하지 않으면 기독교적인 근대 유럽 문명이 그 수용자가 되기가 어려웠기 때문이다.

그 방법은 이 문명을 그 후에 이 지역에서 산 사람들이나 그 문화와 분리시켜 화석화한 '죽은' 문명으로 만드는 것이었다.[35] 이리하여 수메르, 바빌로니아, 아시리아, 페르시아로 연결되는 이 지역의 고대 문명은 7세기 이후의 이라크 문명과는 학문적으로 완전히 차단되었다. 이런 방식으로 유럽인들은 메소포타미아 문명의 박제화에

---

35) Z. Bahrani, Conjuring Mesopotamia, in : Meskell(ed), 앞의 책, p. 165.

성공했다.

따라서 메소포타미아 문명은 문자, 법, 건축, 과학기술 등 문명의 햇불을 그리스·로마 세계로 전달한 '인류 문명의 유아기'로만 규정되었다. 그러니까 그리스 고고학이 헬레니즘의 지배를 받은 것처럼 이 지역의 고고학도 '오리엔탈리즘'의 지배를 받고 그 발굴 결과는 '유럽 문명 진보의 유아기'라는 모델에 따라 해석될 수밖에 없었던 것이다.

'전제적이고 퇴폐적'인 메소포타미아 문명

그 결과 메소포타미아 문명이 긍정적인 성격을 갖는 것도 불가능했다. 그래서 이 문명의 성격에는 전제적, 퇴폐적이라는 규정이 일반적으로 따라 붙게 된다. 서양 사람들은 그 전제의 특징을 농업 생산, 종교, 건축, 예술 어디에서도 찾아낸다.

18세기에 몽테스키외는 고전고대의 공화제와 유럽의 군주제를 아시아의 전제와 구분했다. 이때 전제란 구조, 법, 사회적 공간이 없는 정치 체제를 의미하는 것이었다. 서양 사람들은 몽테스키외가 말한 전제의 모든 악덕을 그곳에서 찾아내려 했다. 그리하여 메소포타미아 문명의 특징은 부패, 폭력, 무기력, 과도함 등으로 규정되었다.

그러므로 고대 이라크의 많은 유물, 유적은 일반적으로 바빌로니아나 아시리아 왕의 정치적 선전물로 해석된다. 이것은 정치사나 사회사뿐 아니라 미술사에서도 마찬가지이다. 페르세폴리스 궁전의 긴 행렬을 묘사한 부조는 엄숙하고 전제적인 성격을 갖는 것으로, 인간의 생동하는 모습을 그리지 못했다고 평가된다. 궁궐도 억압적인 선전적인 건축으로 해석되며 이것을 밝고 생동하는 그리스 신전 건축과 비교한다.

19세기 중반에 퍼거슨(J. Ferguson)이란 사람이 쓴 글을 보자.

"코르사바드는 아시리아 미술에서 부패의 시기이다. 그러나 8세기를 더 지난 페르세폴리스에 이르렀을 때 그것은 더 충격적이다. 그것은 님루드나 코르사바드보다 훨씬 열등하다. 페르세폴리스에서 미술가들은 집단은 말할 것도 없고 움직임마저 그리려고 한 것 같지 않다. 그곳에는 왕의 위엄을 드러내는 양식화된 낮은 부조의 긴 행렬만이 있을 뿐이다"[36]

이런 식의 글을 1850년대에 쓴 것은 그런대로 이해할 수 있다. 문제는 그런 태도가 지금도 계속되고 있다는 것이다. 아시리아 예술은 그것이 벽의 부조이거나, 자유롭게 서 있는 조각이거나, 전체 건축물이거나 상관없이 모두 전제주의적으로 이해된다.

예를 들어 센나케리브(Sennacherib) 왕의 궁전에 대한 최근 연구도 전체 건물을 억압적이고 선전적인 건물로 해석하고 있다. 그것을 동방적 전제 군주의 위엄을 보임으로써 사람들을 굴복시키기 위한 목적에서 세웠다고 해석하는 것이다. 물론 왕궁을 짓는 데 정치적 요소가 작용할 수도 있으나 다른 요소도 많이 작용했을 것인데도 불구하고 그렇다.[37]

최근 페르시아의 왕궁이나 능의 부조를 연구한 한 연구 결과를 보면 페르시아 왕이 추구한 덕목은 정의, 용기, 신성성으로 그리스의 경우와 별로 다르지 않다. 그것을 그리스와는 다른 방식으로 표현했을 뿐이다.[38]

---

36) Z. Bahrani, Conjuring Mesopotamia, in : Meskell(ed), 앞의 책, pp. 168~169 재인용.
37) 같은 글, p. 169.
38) D. Castriota, Justice, Kingship, and Imperialism : Rhethoric and Reality in Fifth-Century B. C. Representations Following the Persian Wars, in : B. Cohen(ed.) *Not the Classical Ideal*, Leiden, 2000, p. 444.

경제 활동에서도 마찬가지이다. 고대 메소포타미아에서는 상업이 발달하지 않았고 모든 거래를 정부가 엄격히 통제하고 있었던 것으로 간주하였다. 따라서 시장에서의 수요·공급에 의한 교환이나 자유로운 상인은 존재하지 않는 것으로 생각되었다.

그러나 최근의 연구들은 이런 가정이 잘못되었다는 사실을 밝혀내고 있다. 메소포타미아의 고대 도시 문명의 발전은 관개 농업보다는 장거리 교역이 가져다주는 잉여에 의존했다.[39] 또 직물이나 구리, 주석, 귀금속 등의 가격이 시기에 따라 등락하는 것은 상품 교환이 시장에서의 가격에 의존했음을 보여주는 증거이다.[40]

사실 메소포타미아라는 용어 자체도 문제이다. 그것은 서양 학자들에 의해 7세기에 이슬람 문명이 일어나기 이전 시대를 의미하는 단어로 사용된다. 그러나 그것은 정확한 지리적인 용어가 아닐 뿐 아니라 몰시간적인 개념이다. 구체적인 시·공간과 분리된 비역사적인 개념인 것이다.

만약 '그리스' 문명의 예를 따른다면 이 지역의 문명은 당연히 '이라크' 문명이 되어야 하나 서양인 누구도 그것을 그렇게 부르려고는 하지 않는다. 이라크와 이 지역의 고대 문명을 연결시키고 싶지 않은 것이다. 이런 생각은 고대 유물의 약탈과 관련해서도 나타난다. 19세기 이래 많은 유물이 유럽으로 약탈되었으나 유럽인들은 그것을 약탈이라고 말하지 않는다. 그것은 유럽의 과거 유물로 당연히 유럽에게 귀속되어야 한다고 믿는 것이다.

39) G. Algaze, *The Uruk World System : The Dynamics of Expansion of Early Mesopotamian Civilization*, Chicago, 1993 참조.
40) R. McAdams, Anthropological Reflections on Ancient Trade, *Current Anthropology*, 15, 1974, pp. 239-257.

성서 고고학의 정치성

메소포타미아 지역에서 유일하게 긍정적인 관심의 대상이 된 곳은 레바논, 팔레스타인, 요르단 지역이다. 이곳에서는 기독교의 모태인 유대교의 흔적을 찾을 수 있기 때문이다. 그쪽으로 방향을 잡은 것이 미국을 중심으로 발전한 성서 고고학이다.

성서 고고학은 레반트 지역에 대한 선교 활동과 관련이 있다. 이미 19세기 중반에 이 지역에는 선교 조직이 있었다. 그들의 목적은 낙후한 것으로 보이는 이 지역에 대한 기술적·영적인 근대화를 추구하는 것이었다. 이런 배경 속에서 1838년과 1852년에 미국 유니온 신학교의 로빈슨(E. Robinson)은 성서에 나오는 지역들을 답사함으로써 성서 지역의 고고학적 연구와 역사지리학을 시작했다.

라삼이 1853년에 이라크의 니네베에서 고대 아시리아 왕의 궁전을 도굴했고 여기에서 많은 점토판 문서를 발견했다. 그리고 그 가운데에서 성경의 홍수 전설을 뒷받침해주는 내용이 나옴으로써 큰 선풍을 일으켰다. 그리하여 성서 고고학이 본격적으로 시작되었다.

그러나 초기의 성서 고고학자들은 제대로 교육을 받지도 못한 인물들로 대체로 보물 사냥꾼에 불과했다. 그래서 유물이나 유적의 복잡한 문화적 문맥에 대해서 무지했고, 단지 성서에 부합하는 그럴듯한 유물을 찾아내는 것만이 목적이었다. 따라서 커다란 가치가 있는 유물, 유적들이 파괴되었다.

팔레스타인 지역의 본격적인 고고 발굴은 1890년부터 시작되었는데 이는 페트리에 의해서이다. 그는 도기의 형태학과 편년을 시작한 인물이다. 그 후 중동 고고학은 점차 보물 사냥에서 학문적인 형태로 발전했다.

개별적인 연구자들의 작업이었던 이 지역의 고고학적 연구는

1900년에 미국의 21개 대학교, 단과대학, 세미나리가 참여하는 초교파적인 미국오리엔탈연구학파가 예루살렘에 설립되며 조직화 · 전문화하였다.

그리하여 1차대전까지 팔레스타인의 많은 곳이 발굴되었다. 아직도 방법론적으로는 많은 문제가 있었으나 게저, 제리코, 메지도, 사마리아, 헤시 등에서 발굴이 이루어졌다. 1차대전 이후에는 영국이 이 지역을 점령함으로써 발굴의 안정성이 높아졌고 따라서 대규모 발굴이 가능했다. 이때가 성서 고고학의 황금기이다.

성서 고고학은 이 지역의 고대 유물과 유적을 성서라는 텍스트의 역사성을 실증하기 위한 목적으로 발굴하고 연구하기 시작한 것이다. 성경의 이야기가 옳다는 것을 증명함으로써 유대-기독교적 신이 진정한 신이라는 것을 보여주기 위한 것이었다. 따라서 그 이데올로기적 원리는 항상 현대의 복음주의적 의식을 구축하고 정교화하는 것과 가장 우선적으로 관련되어 있다.[41] 그런 면에서 성서 고고학도 매우 정치적인 고고학이라고 할 수 있다.

그러므로 여러 종족이 뒤섞여 살아왔고 유사 이래 수많은 종교가 뒤섞여 있던 이 지역에서 오직 유대교와 관련된 유물과 사건들만 부각되고 다른 것들은 묻혀버리지 않을 수 없었다. 그러니 이런 식으로 이 지역의 고대사를 재구성할 때 그것이 얼마나 편협하고 편견에 찬 것이 될지는 상상할 필요도 없는 것이다.

더구나 이스라엘이 건국되며 사정은 더 나빠졌다. 이스라엘인들이 그들의 팔레스타인 지역 점령을 정당화하기 위해 고고학을 이용하기 때문이다. 그리하여 대규모로 이루어진 고고 발굴들은 대체로 그런 목적에 맞추어 계획되었다.

---

41) N. A. Silberman, Whose Game is It Anyway?, in : L. Meskell, 앞의 책, p. 178.

이와 함께 팔레스타인인들의 문화적 정체성을 말살하려는 작업도 병행되었다. 1967년에는 많은 고고 유물과 자료를 소장하고 있는 팔레스타인 고고학 박물관과 그 부속 도서관이 이스라엘인에 의해 접수되었고, 1982년에는 베이루트에 있는 팔레스타인연구센터의 도서관도 접수되었다. 또 그 자체가 문화적 유적인 오래된 마을들이 통째로 파괴되기도 했다.[42] 이는 모두 팔레스타인 지역을 영원히 유대인의 것으로 만들기 위한 목적에서 비롯된 것이다.

1960년대까지만 해도 고고학적 연구가 성경의 주장을 확증해줄 것이라고 낙관적 믿음이 있었다. 성서를 역사화할 수 있을 것이라는 것이다.[43] 그러나 이는 오늘날 아주 고지식한 사람들을 제외하고는 믿지 않는 이야기이다. 그것은 고고학 연구의 방법론이 바뀌었을 뿐 아니라 고고학과 성서 연구의 목적 사이에는 큰 차이가 있기 때문이다.

---

42) A. Glock, Archaeology as Cultural Survival : The Future of the Palestinian Past, *Journal of Palestine Studies* XXIII, No. 3, Spring, 1994, p. 71.

43) J. C. H. Laughlin, *Archaeology and the Bible*, London, 2000, p. 12.

5...

아프리카 고고학

아프리카 고고학과 식민주의

아프리카에서 식민주의와 고고학 사이의 관계는 더 직접적이다. 그것은 고고학이 식민 행정을 위한 탐사나 연구 활동과 밀접한 관계를 갖기 때문이다. 1880년대 이후 아프리카를 거의 식민지화한 유럽 국가의 식민 당국자들은 새 식민지를 탐사하기 위해 강력한 탐사대들을 조직했고 이 탐사대들은 종족, 언어, 관습, 전통, 지리, 지질, 고고 유물에 대한 많은 보고서를 만들어냈다.

그리하여 첫 고고학적 연구들은 고고학자에 의해서가 아니라 식민지 행정관, 군인, 관리나 지질학자 등 기술자에 의해 수행되었다. 고고학적 유물도 초기에는 계획적으로 발굴, 수집된 것이 아니라 군사적 원정이나 과학 탐사, 광산 채굴이나 건설 과정에서 우연히 나온 것을 수집한 것이다.

1차대전이 끝난 1920년대 초부터 전문가들에 의한 고고학 연구가 시작되었다. 그러나 그것도 식민지의 관리를 위한 행정적 작업의 일부분이지 그 이상은 될 수 없었다. 결과적으로 아프리카 고고학은 식민지 토착민들의 과거 역사를 발굴한다는 중립적인 의미를 갖는 것이 아니었다.

그것은 원주민들이 갖고 있는 과거에 대한 토착적인 관념에 대항하여 고고학적인 과거를 이데올로기적으로 적극 구축하는 학문이 되었다. 이는 고고학 연구를 유럽인들이 주도한 당연한 결과였다. 따라서 이런 목적에 맞지 않는 고고학 유적은 소홀히 취급되고 제멋대로 파괴되는 일도 흔하게 나타났다.

2차대전 후에는 식민지 해방이 이루어지는 가운데 유럽 국가들 대신 미국인들이 아프리카 고고학에서 주도권을 갖게 되었다. 이는 특히 인류의 기원 문제, 이집트학, 서아프리카 국가들의 형성 같은 문제에서 그렇다.

식민지 해방 후에 아프리카에서도 민족주의적 고고학이 시작되었다. 세네갈의 디옵(C. A. Diop) 같은 인물이 대표적이다.[44] 그는 아프리카사에서 이집트의 중요성을 주장하고 이집트 문명을 흑인 문명으로 단정한다. 또 아프리카인들이 나일 강 계곡에서 기원하여 다른 지역으로 퍼져 나갔다고 생각한다. 그래서 그 이주 경로를 추적하기도 했다. 그의 주장은 지나친 아프리카중심주의로 비판을 받고 있기는 하나 식민주의 고고학 원리에 도전하고 그것의 일부를 파괴하는 데는 크게 기여했다.

그러나 현재로서 아프리카 고고학의 전도가 밝지는 않다. 그것은 아프리카 국가들이 경제적 어려움으로 연구를 위한 막대한 비용을 염출할 수 없기 때문이다. 그래서 오히려 외국인들, 특히 미국인들의

---

44) C. A. Diop, *The African Origin of Civilization : Myth or Reality*, Chicago, 1974. 그의 대표작인 이 책은 1955년에 처음 불어로 출판되어 오래되었으나 아직도 아프리카 민족주의 고고학의 교과서 구실을 하고 있다.

활동이 중요해지고 있고 이들에 대한 적절한 통제도 불가능한 형편이다. 따라서 고고학에서 제2의 식민지 시대라는 한탄도 나오고 있다. 그러나 어쨌든 아프리카 고고학에 내재하던 여러 편견이 어느 정도는 극복되고 있는 과정이기도 하다.

아프리카 고고학과 유럽중심주의

아프리카 고고학이 식민주의 이데올로기의 지배를 받았으므로 연구 방향도 그것에서 벗어날 수는 없었다. 따라서 인종주의적, 유럽중심주의적 편견의 지배도 당연했다. 이는 지역에 따른 차별적인 접근으로도 나타난다.

이집트나 에티오피아, 사하라 사막 이북의 아프리카 지역은 고대부터 유럽인들이 미약하나마 계속 관심을 가져온 지역이다. 그래서 18세기 말부터 연구가 시작되었다. 그러나 사하라 사막 이남의 열대 아프리카는 사정이 다르다.

이 지역에는 문헌 기록이 없고 주민들의 신체적 특징도 니그로적 특성을 보이므로 서양인들은 인종주의적 편견에 의해 이들을 미개한 야만인으로 단정했기 때문이다. 식민지로 편입된 19세기 말부터나 인류학적·고고학적 조사와 연구가 시작된 것은 그 이유 때문이다.

물론 문헌 자료가 없으므로 고고학적 연구를 통해 이 지역의 과거 역사를 재구성하는 것은 쉬운 일이 아니다. 그렇다고 역사의 재구성이 불가능한 것은 아니다. 아프리카인들이 풍부한 구술사의 전통을 갖고 있기 때문이다.

그들은 수 세기에 이르는 부족이나 국가의 역사를, 주로 정치적인 사건들이기는 하지만, 구비 전승 속에서 잘 유지하고 있다. 따라서 그것과 언어학적 · 고고학적 연구를 결합하는 경우 아프리카 역사의 재구성은 상당한 정도로 가능하다.[45] 최근에 와서는 어느 정도 연구가 축적되며 사하라 이남과 이북 지역의 연구를 결합한 전체 아프리카사의 연구가 본격화되기 시작했다.

그렇다고 아프리카인이 고고학에서 대접을 받고 있는 것은 아니다. 서양인들은 이집트 문명에 대해서 그렇게 해온 것과 마찬가지로 기본적으로 아프리카인이 높은 수준의 문명을 만들어냈을 가능성을 부인하기 때문이다.

그 대표적인 예를 짐바브웨에 있는 대규모 석조 유적인 '대 짐바브웨 유적'의 해석에서 볼 수 있다. 1871년에 이것을 처음 발견한 독일인 지질학자 마우흐(C. Mauch)는 그런 거대한 석조 성벽이 아프리카 내륙에 있다는 것이 믿어지지 않았다. 그래서 그것을 성경에 나오는 솔로몬 왕이나 시바의 여왕과 연결시켰다. 그것을 아프리카인이 건설한 것으로 보는 것이 아니라 외부의 힘으로 돌리려 한 것이다. 이런 태도는 아무 증거도 없이 오랫동안 그대로 유지되었다.

이 지역에 대한 제대로 된 고고학적 조사가 이루어진 것은 20세기 후반에 와서이다. 과거에는 선사 유적으로 보는 견해도 있었으나 광범한 조사 결과, 석조 건조물들은 주로 초가로 구성되어 있던 큰 도시의 중심 부분이나 중요 부분이라는 것이 밝혀졌다. 그런 부분에 돌로 된 성벽을 둘러놓고 있었던 것이다.

이 도시는 10세기 말에 건설되기 시작하여 1250~1280년대에 석조 성벽이 건설되기 시작했고 석조 건물들이 제대로 들어선 것은 13세기 말에서 14세기 중반으로 생각된다. 이 시기의 도시 인구는 약 1

45) D. W. Phillipson, *African Archaeology*, second edition, Cambridge, 1993. p. 8. 아프리카의 구술사 연구에 관해서는 J. Vasina, *Oral Tradition as History*, Madison, 1985 ; J. C. Miller, *The African Past Speaks*, Folkestone and Hamden, 1980 참조.

만 8,000명 정도로 추산되는데 이런 큰 도시의 성립은 이 지역에 상당한 규모의 경제 활동이 있었다는 사실과 국가의 형성까지도 암시하는 것이다.[46)]

또 남아프리카공화국의 고고학자들은 고고학을 인종분리정책을 정당화하는 수단으로 사용했다. 따라서 1980년대까지도 매우 정치성이 강한 고고학을 발전시켰다. 그것은 흑인들의 문화적인 열등성을 드러내기 위해서였다.[47)] 그런 연장선 위에서 남아프리카 지역에 먼저 자리를 잡은 것이 아프리카인이 아니라 유럽인이라는 것을 실증하는 방식으로 연구를 진행시키기도 했다. 백인들의 지배를 정당화하기 위해서였다.

고고학의 보고인 아프리카

이렇게 왜곡되고 있으나 아프리카 고고학의 전망은 매우 밝다. 아프리카가 인류의 기원이나 선사 문화와 관련하여 매우 큰 중요성을 갖고 있을 뿐 아니라 역사시대 아프리카의 모습이 재구성됨에 따라 아프리카가 이전에 상식적으로 생각하던 곳과는 매우 다른 곳이라는 사실이 드러나고 있기 때문이다.

먼저 언급해야 할 것은 아프리카가 인류의 최초 발상지로서 갖는 중요한 의미이다. 그것은 아마도 아프리카가 빙하기에 나타난 거대한 기후 변화의 영향을 덜 받았기 때문으로 보인다. 그래서 오랜 빙하기에도 비교적 온난했고 물도 풍부했으므로 그런 조건이 인류의

---

46) G. Connah, *African Civilizations : An Archaeological Perspective*, Second Edition, Cambridge, 2001, pp. 223-224.
47) N. Shepherd, The Politics of Archaeology in Africa, *Annual Review of Anthropology*, 2002, Vol. 31, Issue 1, pp. 197-198.

조상이 생존하며 진화하는 데 최적의 조건을 제공한 것으로 보인다.

아프리카에서 발견되는 가장 이른 시기의 고인류인 호미니드(*hominids*) 화석은 약 600~400만 년 전의 것으로 추정된다. 유인원과는 다른 신체적 특징을 가진 인간의 조상이 등장하는 것이다. 따라서 인류가 아프리카에서 기원했다고 확증할 수는 없으나 그럴 가능성이 매우 높다. 최근의 유전학적 연구에 의해서도 모든 현생인류가 아프리카 조상의 후예일 가능성이 커지고 있다.

과거에는 현생인류(*homo Sapiens*)가 구세계의 여러 곳에서 함께 출현한 것으로 생각했으나 DNA 검사를 통한 최근의 연구는 최후의 진화가 아프리카에서 일어났고 그것이 아프리카나 유라시아의 다른 현생인류들을 대치한 것으로 생각한다.[48]

또 호미니드 화석은 석기와 함께 출토됨으로써 그들이 석기를 사용했음을 보여준다. 양자 사이의 직접적 연관성이 확인되고 있는 것이다. 그렇다고 호미니드 화석이 발굴되는 모든 곳에서 그런 것은 아니다. 올두바이(Oldubai) 유적의 경우만 그렇다.

또 아프리카는 아슐리안 석기가 가장 먼저 발전한 곳이다. 아슐리안 석기는 그 제작 기술이 뚜렷하게 표준화되어 있고 오랜 시간의 흐름에도 변화가 별로 없어 식별하기가 쉽다. 그것은 150만 년 전에 처음 나타나고 20~10만 년 전까지 세계 각지에서 사용되었다. 따라서 아프리카는 물론, 유럽, 아시아 각지에서도 널리 발견된다. 그러나 가장 먼저 나타난 곳은 동아프리카 지역이다.[49]

최근의 연구에 따르면 아프리카는 최초의 정착 생활, 식량 생산과 관련해서도 중요하다. 남부 사하라 지역이 그렇다. 이는 완신세(完新

48) S. McBrearty and A. S. Brooks, The Revolution that Wasn't : A New Interpretation of the Origin of Modern Human Behavior, *Journal of Human Evolution* 39, 2000, pp. 533-534.
49) D. W. Phillipson, 앞의 책, pp. 34-39.

世, Holocene) 초기 이 지역의 비옥하고 물이 풍부한 환경과 관련이 있는 것 같다. 이 지역에서 얌이나 쌀 등 여러 밭곡식과 채소가 처음 재배되기 시작했고 다른 곳으로 퍼져 나간 것 같다.[50] 40년 전만 해도 아프리카 농업의 역사가 500년밖에 안 된다고 믿었던 것과 비교하면 하늘과 땅 차이이다.

아프리카는 철기 문화, 도시나 교역의 발전에서도 재평가를 받을 필요가 있다. 이집트에서는 청동기 문화가 일찍부터 발전했지만 아프리카의 다른 곳에는 청동기시대가 뚜렷하게 나타나지 않는다. 오히려 철기 문화가 발전했다. 이전에는 철기 문화가 이집트에서 누비아를 거쳐 서아프리카나 동아프리카로 확산된 것으로 생각했다. 또한 줄기는 북아프리카에서 사하라 사막을 넘어 내려온 것으로도 추정했다.

그러나 최근의 고고학적 증거들은 사하라 이남에서 철기 문화가 독자적으로 발전했을 가능성을 키워주고 있다. 이집트에서는 기원전 8세기에 철기 문화가 나타나는데 사하라 이남에서도 이집트나 북아프리카와 거의 같은 시기에, 따라서 누비아보다도 이른 시기에, 철기 문화가 따로 발전했다는 것이다.[51]

아프리카의 도시 발전도 주목할 만하다. 유럽인들이 영향을 미치기 오래전부터 많은 도시가 자생적으로 발전했다. 이는 지중해 연안만이 아니라 동아프리카, 사하라 이남의 여러 지역에서 나타난다.

11세기와 12세기에는 동아프리카 도시가 번영했다. 이는 현재의 소말리아에 있는 베나디르 해안과 남쪽의 킬와 지역에서이다. 킬와는 짐바브웨산 금을 수출하는 항구로 번성했다. 또한 그곳에서는 정

---

50) 같은 책, p. 10.
51) S. T. Childs, Indigenous African Metallurgy : Nature and Culture, *Annual Review of Anthropology*, 1993. 22, p. 321.

교한 석조 건물을 짓고 수입 도기나 유리를 사용했으며 동전을 주조했다. 1331년에 그곳을 방문한 이븐 바투타는 그의 여행기에 그곳의 생생한 모습을 남기고 있다.[52]

12세기에 인구 2만 이상인 아프리카 도시의 숫자는 31개에 달했던 것으로 추정되는데 이는 아프리카가 도시 발전이라는 면에서 당시 유럽에 비해서도 크게 뒤진 곳이 아니라는 것을 보여준다.[53]

아프리카의 이런 면모는 최근까지도 잘 알려지지 않았던 사실이다. 따라서 고고학적 연구의 진행에 따라 아프리카의 다른 새로운 모습이 나타날 가능성도 크다. 그렇다고는 해도 사하라 이남의 아프리카 문화가, 아시아나 유럽의 문화에 비해 뒤떨어져 있었던 것은 사실이다. 역사의 일직선적인 진보라는 관점에서 보면 더욱 그렇다.

그러나 이에 대해서 아프리카 문화를 다른 문명과 비교하지 말고 아프리카의 문맥에서 관찰할 필요가 있다는 주장도 제기되고 있다. 서양적인 관점에서 보는 실패한 문화가 아니라 인류 문화의 다른 표현이라는 관점에서 접근할 필요가 있다는 것이다.[54] 그러면 아프리카인들이 다양한 환경에 어떻게 폭넓게 적응했는가를 더 잘 알 수 있다는 것이다. 일리 있는 이야기이다.

---

52) G. Connah, 앞의 책, p. 224. 동아프리카 도시들의 발전과 관련해서 과거에는 그것을 이슬람교의 전파와 연결시켜 해석하는 경향이 있었다. 이슬람교와 함께 서남아시아의 도시적 · 상업적 문화가 유입됨으로써 이 지역이 도시화하고 서남아시아와 연결되는 거대한 공동 시장이 형성되었다는 것이다. 그러나 최근의 고고학적 연구에 따르면 이슬람교의 전파는 도시가 발전한 이후의 일로 생각된다. 같은 책, p. 216. 참조.
53) G. Connah, 앞의 책, pp. 10-13.
54) D. W. Phillipson, 앞의 책, p. 11.

6...

편견 없는 고고학을 위하여

고고학은 가치 중립적인 학문이 아니다

지금까지 고고학의 이데올로기적인 성격에 대해 살펴보았다. 한 때는 고고학이 자연과학에서 빌려온 수학적인 기술이나 여러 방법을 적용함으로써 과학적인 객관성을 확보할 수 있다고 믿었던 때도 있었다. 그러나 그것은 더 이상 받아들여질 수 없다.

사실 고고학은 성립된 이후 한 번도 중립적인 담론의 장이 되어본 적이 없다. 계속 정치적·이데올로기적 도구로 이용되어왔고 지금도 상당 부분 그렇다. 따라서 고고학을 비정치적이고 가치 중립적인 학문으로 보는 견해처럼 순진한 생각도 없을 것이다.

이런 사정에 대해 한 고고학자는 다음과 같이 솔직히 말하고 있다.

"나는 절대적인 객관성을 가장하지 말아야 한다고 생각한다. 나아가 나는 현재의 경험과 이해관계에 의존하는 것이 결코 '비과학적'이 아니며 우리의 작업을 약화시키는 것이 아니라 강화시킨다는 것을 말하고 싶다. 현재와 과거의 연결은 정당성을 주거나 공격하기 위한 힘의 근원이 된다. …… 그들의 정치적 목적에 따라 과거를 왜곡시키는 자들을 비난하기보다, 우리는 중립적이고 가치에서 자유롭고 비정치적인 과거는 없다는 것을 인정해야 한다." [55]

1960년대 이후 최근까지 중심적인 고고학 방법론이었던 신고고학(New Archaeology)도 마찬가지이다. 과정고고학(Processual Archaeology)이라고도 부르며 미국을 중심으로 발전한 이 이론은 전후 미국 학문의 보수적인 분위기를 보여주는 것이다.

따라서 고고학에서 이념적 요소를 배제한다. 그것은 물질문화를 과거 인간 행위의 수동적 잔재물로 이해한다. 그리고 인간 행위는 어디에서나 똑같다는 가설에 입각하여 수많은 가설을 만들고 이 가설들을 연역적 추론 과정을 통해 검사하면 과거 인간 행위에 관한 확실한 지식을 축적시킬 수 있고 나아가 일반 법칙을 만들 수 있다고 생각한다. [56]

즉 토기와 같은 유물이나 유구 같은 고고학 자료들의 지리적 분포를 지도 위에 표시하여 분포도를 만든 다음 그 분포 영역을 특정 집단의 고고학적 문화 영역으로 파악한다. 그리고 분포 영역의 시기적인 변화 양상을 이들 집단의 이주와 문화 전파의 결과로 보는 것이다. 이때 신고고학자들은 고고학 자료의 계량적인 공간 분석은 그 해석에서 객관성을 보장해줄 수 있다고 믿었다.

그러나 1980년대 이후 발전하고 있는 탈과정고고학(Post-processual Archaeology) [57]은 이런 전제를 받아들이지 않는다. 그것은

---

55) M. Diaz-Andreu & T. Champion, 앞의 글, in : M. Diaz-Andreu, and T. Champion(ed.), 앞의 책, p. 1.
56) 추연식, 《고고학 이론과 방법론 : 최근 연구 방법론과 이론 사조》, 학연문화사, 1997, p. 78.
57) 'Postprocessual Archaeology'를 '후기과정고고학'으로 번역해야 한다고 주장하는 사람들도 있으나 과정고고학에 대한 비판적 측면을 강조하기 위해서는 '탈과정고고학'이라고 부르는 것이 적절할 것 같다.

물질문화가 그 집단의 신념, 가치, 이데올로기에 따라 나름대로 해석될 수 있는 능동적이고도 상징적인 의미체라고 생각하기 때문이다. 따라서 이런 물질문화가 그 사회와 어떻게 연관되어 있는가는 그 사회의 이데올로기적 구조와 상징적 부호에 의해 좌우된다고 믿는다.[58]

결과적으로 객관적 과거란 존재할 수 없으며 고고학 지식이란 그때그때마다 사회적·개인적 편견에 따라 만들어진다는 상대주의적 견해가 발전하게 된다. 고고학에서 일반론적인 법칙은 불가능하다고 보는 것이다.

최근에 고고학에서 고고학사가 새로운 연구 분야로 떠오르는 것은 방법론과 관련된 이런 반성 때문이다.[59] 고고학이 이데올로기에서 결코 자유롭지 못하다고 생각하기 때문이다. 고고학 방법론 문제에 더 관심을 가질 필요가 있는 이유이다.

유럽 중심적 고고학에서 벗어나야

탈과정주의적 고고학의 발전은 종족고고학의 발전과 밀접한 관련이 있다. 그것이 고고학의 일반 법칙을 부인하고 개별 종족적 문화의 특수성을 강조하기 때문이다. 물론 나름대로 한계가 없는 것은 아니나 다른 지역의 고고학을 유럽중심주의적인 일반 법칙의 지배에서 해방시키려 한다는 점에서는 중요한 일이다.

따라서 고고학 연구가 점차 바른 방향으로 나아갈 가능성도 엿보이지 않는 것은 아니다. 그럼에도 유럽 중심적 고고학에서 벗어나는

---

58) 추연식, 앞의 책, p. 83.
59) 고고학사 전문 학술지로는 《Bulletin of the History of Archaeology》가 1991년에 처음 창간되었다. 추연식, 앞의 책, p. 113 참조.

것은 쉬운 일이 아니다. 오늘날도 주된 고고학 이론의 거의 대부분이 유럽이나 미국의 대학이나 연구 기관에서 나오고 그들의 연구 초점은 유럽과 아메리카에 집중되어 있기 때문이다.[60] 그러니 아시아나 아프리카 지역은 상대적으로 소외될 수밖에 없다.

또 지난 200년에 걸쳐 유럽 고고학이 쌓아놓은 업적은 아직도 대중적으로 강력한 힘을 갖고 있다. 영국의 스톤헨지를 모르는 사람은 거의 없다. 그것은 어느 교과서에나 다 소개되고 있다. 또 그 용도에 대한 분분한 해석이 끊임없이 서양의 언론을 장식한다. 사실 그리 대단한 유적도 아닌데 그렇다.

또 프랑스 구석기 시대의 라스코 동굴 벽화나 스페인의 알타미라 동굴 벽화 같은 것도 마찬가지이다. 세계적으로 유명한 유적으로 취급을 받아 해마다 수많은 사람이 그곳을 찾는다. 그러나 유럽 외의 다른 중요한 유적들에 대해 일반인들은 이름조차 들어본 적이 없는 것이 많다.

최근 아프리카의 고고학 연구가 진전되며 아프리카 선사 문화의 풍요함이 드러나고 있다. 아프리카의 암각화나 동굴 벽화들은 유럽의 것보다 더 풍부하고 그림도 더 화려하다.[61] 그러나 이런 것들은 거의 소개되지 않는다. 또 그런 문제에 대해 누구도 크게 문제삼지 않는다.

고고학과 관련된 서양인들의 편견은 걸프전에서도 유감없이 드러났다. 당시 이라크의 후세인은 근대의 아시리아 왕으로, 그 나라의 유적들은 서양 공통의 유산으로 서구 미디어에 비쳐졌다. 그래서 서양 언론들은 현대 이라크인의 생사 문제가 아니라 고대의 지구라트

60) L. Meskell, Archaeology Matters, in : L. Meskell(ed.), 앞의 책, p. 2.
61) P. S. Garlake, Archetypes and Attributes : Rock Paintings in Zimbabwe, *World Archaeology*, 1994, V. 25, No. 3 참조.

파괴에 더 신경을 썼다.

반면 2003년 미국의 이라크 재침공 당시에는 바그다드의 국립박물관이 약탈당해 수천 년 인류의 문화 유산이 큰 손상을 당했다. 길거리에서 경비를 서고 있던 미군 병사들은 약탈 현장을 보고도 웃으며 제지하지 않았다고 한다. 또 사령부에서도 그것을 막으라는 명령을 내리지 않았다. 이라크 문명을 서양 문명의 원류로 생각하면서도 큰 애착을 갖고 있지는 않은 것이다. 만약 그것이 그리스의 문화 유산이었다면 당연히 태도가 크게 달랐을 것이다.

그러나 이는 이라크만이 아니라 그리스 자신도 부딪치고 있는 문제이다. 그리스의 유명한 영화배우로 문화부장관이 된 멜리나 메르쿠리는 1983년에, 튀르크 주재 영국 대사였던 엘진의 수집품들을 그리스로 반환하라는 대대적인 운동을 벌였다. 이에 대한 영국 측의 반응은 150년 전이나 다를 바가 없다. 현대의 그리스인은 종족적으로 고대 그리스인과 다르므로 그 권리가 없다는 것이다. 이것이 영국이 공식적으로 반환을 거부하는 이유이다.[62]

이것이 현재 우리가 처해 있는 현실이다. 그러니 고고학이라 하더라도 서양 사람들의 주장을 무비판적으로 그대로 받아들이는 것이 얼마나 위험한 일인가를 잘 알 수 있을 것이다.

---

62) I. Morris, Archaeologies of Greece, in : I. Morris(ed.), *Classical Greece*, p. 38.

3장

헬레니즘, 날조된 역사 의식

1...

그리스 문명은 어떤 문명인가?

서양 문명의 근원으로서의 그리스 문명

서양 사람들은 유럽 문명의 근원을 그리스 · 로마의 고전 문명이라고 부른다. 그것이 유럽 문명의 기초를 형성했다는 것이다. 거기에다로마 말기에 등장한 기독교가 합쳐져서 유럽 근대 문명의 틀이 만들어졌다고 생각한다.

물론 그리스는 로마보다 더 중요하다. 로마가 창조적인 문화를 발전시키지 못하고 그 문화의 많은 부분을 그리스에서 빌려왔기 때문이다. 따라서 서양 사람들은 그리스를 매우 동경할 뿐 아니라 그 문화에 큰 애착을 느낀다. 고대 그리스를 자신들의 마음의 고향으로 생각하는 것이다.

그래서 파르테논 신전은 균형미의 극치로 찬탄을 받으며, 그리스의 신들은 인간적인 신으로 사랑을 받고 그리스 비극은 인간성의 미묘함을 최고도로 표현한 것으로 서양 어디에서고 끊임없이 상연되고 관객을 끌어 모은다. 그리스의 조각이 전시된 박물관들도 항상 사람들로 붐비고 감탄을 불러일으킨다.

서양 사람들은 또 마치 독실한 신자가 성지를 순례하는 것과 같은 마음으로 그리스 곳곳을 여행한다. 그러면서 고대 그리스와 자신을 일체화하는 것이다. 이렇게 서양인들과 그리스의 관계는 뗄 수 없는 것같이 보인다.

그리스 문명이 고도로 높은 수준의 문명인 것은 분명하다. 그리스의 조각은 인간의 몸을 표현하는 데서 최고의 수준에 이른 것이다. 많은 신상(神像) 조각들이 보여주는 아름다움에 감탄하지 않을 사람은 많지 않다. 신전들의 아름다움도 그렇고, 도기에 그려진 그림들도 마찬가지이다.

또 《일리아드》와 《오디세이아》 같은 서사시, 헤로도토스나 투키디데스의 역사, 플라톤이나 아리스토텔레스와 같은 사람들의 철학, 높은 수준의 의학이나 과학 등은 그리스가 인류 지혜의 한 근원으로서 손색이 없음을 보여준다.

따라서 서양 사람들이 그리스를 미화하고 이상화하는 것은 자연스러워 보인다. 그리스인들의 세계는 밝고 명랑하고 자유로운 곳으로 묘사된다. 아름다운 그리스의 풍광 속에서 용감하고 자유를 사랑하는 그리스 남녀들이 사랑을 나누고, 신화와 연극에 취하고 심오한 철학적 이야기에 귀를 기울이는 것으로 그려진다. 그래서 그리스에 대한 이런 글이나 그림을 보면 그리스야말로 우리에게도 이상향으로 생각되게 마련이다. 그보다 더 아름다운 곳이 어디에 있겠는가.

서양의 역사 서술과 그리스

그리스 문명에 대한 이런 찬탄은 역사학자들을 포함해 서양 사람들의 많은 글에서 쉽게 발견할 수 있다. 먼저 19세기 초에 헤겔이 아테네의 민주정 안에서 개인을 찬양한 부분을 보자.

"아테네에는 살아 있는 자유와 함께, 관습과 정신적 교양의 살아 있는 평등이 있었다. 재산의 불평등은 사라지지 않았다 하더라도 그 불평등이 극단으로 나아가지는 않았다. 이 평등과 함께 그리고 이 자유 안에서 성격과 재능의 모든 불평등, 개성의 모든 차이가 가장 자유롭게 인정될 수 있었다. 그리하여 환경에서 (개성의) 발전을 위한 가장 풍부한 자극을 발견할 수 있었다. 왜냐하면 전체적으로 아테네 본질의 계기는 개인의 독립성과 미의 정신에 의해 고양된 교양이었기 때문이다." [1]

이런 우호적인 태도는 19세기의 많은 유럽 학자가 거의 공통적으로 갖고 있는 것이지만 지금도 마찬가지로 이어지고 있다. 최근의 한 역사가가 쓴 글을 살펴보자.

"기원전 7세기 말에서 4세기 초 사이에 고대 아테네에서는 서양의 역사를 변화시키고, 나아가 세계를 변화시키게 될 다섯 개의 거대한 혁명이 일어났다. 하나는 경제적인 것이다. …… 두 번째는 사회적인 것이다. …… 세 번째는 정치적인 것으로, 아주 간단히 말하면 정치 공동체의 모든 성인 남자 구성원을 완전히 참여시키는 아테네의 민주 국가 발명이다. 인간의 사고에 깊은 변화를 가져온 것이 네 번째 혁명이다. 그것은 바로 목적 그 자체인 합리성의 발견과 이 수단에 의한 세속적인 철학과 사회적·도덕적 과학의 발전이다. 다섯 번째 혁명은 중심 가치인 자유를 사회적으로 구성한 것이다. 그리고 이 과정을 통해 우리는 개인적 자유의 창조를 발견한다 ……." [2]

그러니까 민주 정치나 자유, 합리성 같은 요소들을 그리스 역사 발

---

1) Hegel, *Vorlesungen über die Philosophie der Geschichte*, Suhrkamp Verlag, Frankfurt am Main, 1982, p. 318.

전의 소산이라고 주장하는 것이다. 그리고 그것을 근대 세계까지 바로 연결시키며 그리스를 찬양한다. 또 다른 예를 보자.

"우리의 최상의 문화 가운데 일부가 그리스의 유산에서 나오며, 서양의 약속의 큰 부분은 과거의 서양 제도들을 만드는 것을 지배한 원리를 추구하고 확장시킴으로써 실현될 수 있다. 집단에 대해 개인이 어떤 권리를 갖고 있다는 생각은 우리 사회에서 아직도 더 완전히 실현되어야 한다. …… 기원전 5세기에 아테네에서 시작된, 부를 대중적으로 분배하려는 첫걸음은 2,500년 동안 중단되었지만 정치적 권리와 함께 경제적 권리에 대한 현재의 더 커진 의식을 향한 사회 운동의 일부이다. 그리스인들이 추구한 원리가 지금도 중요하며 서양 문명이 추구해야 할 원리라는 것이다."[3] 오늘날의 개인적 권리와 부의 분배 문제까지도 그리스에서 시사점을 찾으려는 것이다.

이것은 미술사에서도 마찬가지로 나타나는 현상이다. 유명한 미술사학자인 곰브리치(E. H. Gombrich)는 "이 그리스 도시국가들 중에서 아티카의 아테네는 미술사상 가장 유명하고 주요한 위치를 차지하게 되었다. 무엇보다도 미술사 전체를 통해 가장 위대하고 가장 놀라운 혁명이 바로 여기서 결실을 맺게 된 것이다."

"일단 이 고대의 법칙이 무너지고 미술가가 자신이 관찰한 바에 의존하기 시작하자 진정한 사태가 전개되었다. 화가들은 무엇보다도 가장 위대한 발견, 즉 단축법을 발견했다. …… 우리에게 전해 오는 이집트와 시리아의 수없이 많은 작품 속에서도 이와 같은 화법은 전혀 찾아볼 수 없다."

2) O. Patterson, *Freedom*, V. 1, *Freedom in the Making of Western Culture*, New York, 1991, p. 47-48. 이 책은 1991년에 미국에서 논픽션 분야의 한 저작상(National Book Award)을 받았다.

3) A. E. Samuel, *The Promise of West*, London, 1988, p. 9.

"그리스 미술이 발전의 정상에 달했을 때는 바로 아테네 민주주의가 최고의 수준에 도달했을 때이기도 하다."

"그리스 미술이 그 후 여러 세기를 통해 그토록 찬양받은 것은 규범의 고수와 규범의 테두리 안에서 자유가 이처럼 균형을 이루기 때문이다."[4]

그리스 미술이 미술사 전체에서 가장 중요한 혁명을 이루었다고 찬양하고 있는 것이다. 유명한 서양의 학자들이 다 그렇게 이야기하니 보통 사람들은 그저 그렇거니 하고 받아들일 수밖에 없는 상황이다.

한국의 그리스 수용

한국에서라고 별로 다르지도 않다. 그리스에 대한 서양학자들의 주장을 대체로 그대로 받아들이고 있기 때문이다. 민석홍 교수의 《서양사개론》에서 몇 가지 예를 들어보자.

페르시아전쟁의 승리 의의를 그는 "그리스의 승리는 동방의 전제주의에 대한 폴리스의 시민적 자유의 승리를 뜻하며, 만일 그리스가 패하였다면 그리스는 자유를 상실하였을 뿐 아니라 기원전 5세기의 찬란한 고전기 문화를 가질 수 없었을 것이기에, 그리스의 승리는 유럽사에서 결정적인 의미를 가진다."[5]

또 폴리스를 설명하는 부분에서는 "폴리스는 공동체적인 성격을

---

4) E. H. 곰브리치(최민 역), 《서양미술사》, 상, 열화당, 1995. pp. 71-80.
곰브리치는 헤겔 미학의 영향을 매우 크게 받은 사람이고 헤겔의 진보의 개념을 부분적으로는 비판하고 있지만 상당한 정도로 받아들이고 있다. D. Summers, E. H. Gombrich and the Tradition of Hegel, in : P. Smith & C. Wilde, *A Companion to Art History*, Oxford, 2002, pp. 139-149 참조.
5) 민석홍, 《서양사개론》, 삼영사, 1997, p. 65.

강하게 지니고 있었으나 그것은 결코 시민의 개성을 억압하거나 개개인이 타고난 재능을 자유롭게 발전시키는 것을 억제하는 성질의 것은 아니었다. 그러므로 폴리스의 시민들은, 스파르타와 같은 특수한 폴리스를 제외하고는 타고난 개성적인 재능을 마음껏 자유롭게 발전시키고 발휘할 수 있었다"[6]

"자유로운 생활 환경 속에서 마음껏 타고난 재능을 발휘할 수 있었던 그리스의 예술가들은 풍부한 대리석을 이용하여 후대가 능가할 수 없는 독자적인 미의 세계를 창조하였다. 그것은 한마디로 말하여 균형과 조화의 아름다움을, 단순하면서도 고귀하고 잔잔하면서도 위대한 예술의 세계를 구현한 것이다."[7]

파르테논 신전을 찬양하는 다른 저자의 글 하나를 보자.

"그러나 빙켈만의 표현 그대로 파르테논 신전은 오늘날에도 그 '고귀한 단순성과 조용한 위엄'으로 아스라이 먼 고전의 시간 속으로 우리들을 유혹한다. 그 풍부한 양감과 율동적인 구축성, 촌분의 매몰도 허용하지 않는 청렬(淸洌)한 비례와 방정함 그리고 어떠한 식물적 생명의 표출도 거부하는 경질(硬質)의 질서는 엄격한 합리성의 소산인가 아니면 완벽함을 획득한 고전의 절정인가!

이집트의 피라미드가 존재의 허무를 일깨우는 무한의 시간 속으로 우리를 유혹한다면 파르테논 신전은 기하학적 질서와 자기 충족 속으로 우리를 끌어들인다. 파르테논, 그 연이은 기둥 사이 사이에서 우리는 신의 영역으로 박진하는 바흐의 선율을 듣는다."[8]

그야말로 최대의 찬사들이라 할 것이다. 사실 어떤 문화에 대해서도 이 정도의 찬사를 바치기는 힘들다. 그리고 이런 서술은 대체로

---

6) 같은 책, p. 75.
7) 같은 책, p. 85.
8) 이광주, 《베네치아의 카페 플로리안으로 가자》, 다른 세상, 2001, p. 19.

서양 사람들의 전통적인 주장에 가까이 있다.

물론 누구나 어느 문화에 대해 자기 나름의 판단을 할 수는 있다. 그러나 이런 평가들은 한쪽으로 좀 치우쳐 있는 것처럼 보인다.

그러면 이제 그리스에 대한 역사적 인식이 어떤 문제를 불러오는가를 헬레니즘이라는 문화적 이데올로기와 관련해 검토해보기로 하자.

2...

헬레니즘의 형성과 그 기능

헬레니즘이란 무엇인가?

고대 그리스인들은 자신들 종족의 이름을 헬레네스(Hellenes)라고 불렀다. 그들의 조상인 헬렌의 같은 자손으로 믿었기 때문이다. 신화에 따르면 그리스 반도 북부의 테살리 지방에 살던 헬렌에게는 아이올로스, 도로스, 크수토스라는 세 아들이 있었고 크수토스에게는 두 아들 이온과 아카이오스가 있어 이들이 각각 그리스 각 지역에 사는 아이올리스인, 도리아인, 이오니아인, 아카이아인의 조상이 되었다고 한다.

그러니까 헬레니즘[9]이란 이 그리스인들을 한데 묶는 의식이다. 그리스인과 그리스 문화의 독특성을 인식하고 그것을 그리스 외부의 종족이나 문화와 구분하는 의식을 말한다. 그리스문화주의, 또는 그리스중심주의 정도의 의미이다.

헬레니즘은 기원전 5세기 이전에는 언어, 종족을 중심으로 어느 정도 중립적인 성격을 갖고 나타난다. 그러나 5세기 초 페르시아와 치른 전쟁을 계기로 점차 차별이나 우열의 의미를 내포하는 정치적·문화적 의미를 갖게 된다.

더욱이 전쟁의 승리와 그리스 세계의 전반적인 문화 발전은 페르시아나 오리엔트 세계 전체에 대해 확고한 우월감을 갖게 만듦으로써 이는 강력한 문화적 이데올로기로 변질된다. 기원전 4세기 아테네의 웅변가인 이소크라테스는 그런 의식을 매우 명확하게 표현했다.

"우리의 도시는 지성과 연설의 영역에서 모든 다른 (나라) 사람들을 넘어섰고 그리하여 그 학생들은 다른 (나라) 사람들의 선생이 되었고 그리스인이라는 이름을 출생이 아니라 문화에 귀착시키게 만들었다. 우리는 그리스인이라는 이름을 (종족적) 기원이 아니라 우리의 교육을 받은 사람에게 부여한다." [10]

대단한 문화적 자부심이라 할 것이다. 이런 태도는 알렉산드로스 대왕의 동방 원정과 그 후의 정복지 그리스화 과정에서 절정에 달한다. 이는 우월하다고 생각되는 그리스 문화를 정복 지역 전체에 이식

---

9) 헬레니즘은 18세기까지는 그리스어와 사상의 영향 아래 있는 유대인의 사고방식을 의미하는 단어였다. 이것을 19세기의 독일 역사가인 드로이젠(J. G. Droysen)은 알렉산드로스가 정복한 오리엔트 지역에 대한 그리스 문화의 확산(hellenization)이라는 의미로 확대시켰다. 그는 그리스화를 통한 동서 문화의 융합이 나중에 이 지역에서 기독교가 발전할 수 있는 기반을 만들었다고 긍정적으로 평가한다. 그래서 알렉산드로스가 죽은 해인 기원전 323년에서 이집트가 로마에 병합된 기원전 30년까지를 헬레니즘적 시대(Hellenistic Age)라고 부른다. 그러나 그가 이 개념을 정밀하게 사용하지 않았기 때문에 개념적으로는 혼란스러운 점이 있다. A. Momigliano, J. G. Droysen between Greeks and Jews, History and Theory, Vol. 9, No. 2, 1970, pp. 139–143. 드로이젠 이후의 학자들은 이 시대의 문화가 고전기 문화보다는 수준이 떨어진다고 생각했다. 오리엔트적 요소와 결합했기 때문이다. 그래서 토인비 등 서양 역사가들 가운데는 그 차이를 의식하여 'hellenic(그리스)' 시대와 'hellenistic(헬레니즘적)' 시대로 구분하는 사람도 많다. 우리 학계에서는 이 시기를 일반적으로 헬레니즘 시대라고 부르나 이런 의미에서 정확하게 규정한다면 '헬레니즘적' 시대라고 부르는 것이 타당할 것으로 보인다. 이 책에서는 고전기의 문화 의식을 헬레니즘으로, 우리가 보통 헬레니즘이라고 부르는 시대는 헬레니즘적 시대로 구분해 부를 것이다. 토인비의 용례는 A. Toynbee, The Greeks and Their Heritages, Cambridge, 1981 참조.
10) J. de Romily, Isocrates and Europe, Greece & Rome, Vol. xxxix, No. 1, April 1992, p. 6. 괄호 안의 내용은 필자의 첨가.

하려 한 기도로, 전형적인 문화적 제국주의의 한 형태이다.

이렇게 헬레니즘은 원래 그리스인들 자신이 만들어낸 것이다. 그러나 오늘날의 헬레니즘은 그것 이상의 것이다. 그것은 근대 서양 역사의 산물이다. 르네상스 이후, 또 가장 최근에는 18세기 이후에, 유럽의 철학자, 정치가, 예술가들이 다양한 역사 시기에 걸쳐 받아들인 통역사적 이념이나 이상의 체계[11]인 것이다.

따라서 그 주된 틀은 지난 200년 사이에 만들어졌다. 실러에서 하이데거, 르낭, 아렌트, 프로이트, 카스토리아디스 등 많은 탁월한 사상가들이 헬레니즘에 대한 복잡하고 포괄적인 상을 만드는 데 기여[12]한 것이다.

말하자면 헬레니즘은 문화사의 여러 위기 국면에서 서양의 각 사회나 사상가들이 때로는 서로 모순적인 목적을 위해 무엇인가 자유롭게 빌려오는 담론이다. 서양인들은 자신들의 필요에 따라서 끊임없이 새로운 그리스 상을 찾아왔던 것이다.

예를 들어 잉글랜드의 헬레니즘은 라틴화한 프랑스혁명과 나폴레옹의 제국주의에 대항하려는 측면을 갖고 있다. 또 산업화에 따라 새로 성장하게 된 부르주아 계급이 자신들을 하층 계급과 구분할 엘리트 문화로서 그리스 문화를 받아들인 측면도 있다. 자식들에게 고전을 가르침으로써 지배 계층으로서의 젠틀맨 품성을 길러줄 수 있다고 생각한 것이다.[13]

또 몽테스키외, 디드로 같은 프랑스의 계몽사상가는 아테네 민주주의의 아버지로 솔론을 찬미했으나 19세기 초의 프랑스 자유주의

---

11) G. Jusdanis, Acropolis Now?, *boundary 2*, 23 : 1, 1996, p. 186.
12) G. Jusdanis, 같은 곳.
13) C. A. Stray, Culture and Discipline : Classics and Society in Victorian England, *International Journal of the Classical Tradition*, Summer 1996, V. 3, Issue 1, p. 79.

자인 콩스탕은 아테네가 아니라 스파르타를 정치적 자유의 모델로 생각했다. 프러시아에서는 18세기 후반에서 19세기 초까지 스파르타보다 아테네가 선호되었으나 프러시아 정치가 보수화되며 1820년대부터는 스파르타가 더 존중을 받았다.[14]

18세기 이전의 헬레니즘

그러면 근대 유럽인들과 헬레니즘의 관계는 어떤가? 유럽인들과 그리스는 로마 문화를 통해 간접적으로 이어졌으나 그 관계도 476년에 서로마제국이 붕괴하면서 끊어졌다. 그 후 그리스 지역은 비잔틴제국의 영역에 속했고 또 이 지역 사람들은 그리스 정교를 믿었으므로 가톨릭적인 유럽과는 관계가 소원해지지 않을 수 없었다. 게다가 1453년에 오토만 튀르크가 비잔틴제국을 멸망시킴에 따라 이슬람 세력권에 편입됨으로써 유럽과의 관계는 완전히 단절되었다.

따라서 로마 말기부터 중세 시기의 근 천 년 동안 유럽은 그리스 문화와 거의 차단되어 있었다고 할 수 있다. 그리스의 고전으로는 플라톤의 《티마이오스》와, 아리스토텔레스의 《논리학》 일부만을 라틴어 판으로 볼 수 있었다.[15] 중세 말인 11세기 후반에야 그리스 고전들이 아랍어에서 라틴어로 번역되기 시작했다. 이는 1085년에 기독교 세력이 이슬람권에서 빼앗은 이베리아 반도의 톨레도가 중심이었다.

---

14) M. H. Hansen, The Tradition of the Athenian Democracy, *Greece & Rome*, Vol. xxxix, No. 1, April 1992, pp. 18–19

15) D. C. Lindberg, *The Beginnings of Western Science*, Chicago and London, 1992, p. 148. 3세기에 들어가 로마가 정치적 혼란에 빠지며 그리스 학문에 대한 관심도 쇠퇴했고 이는 3세기 말의 동·서로마의 분리로 더 심해졌다. 《티마이오스》는 4세기 말에 칼키디우스가, 아리스토텔레스 《논리학》의 일부는 6세기 초에 보에티우스가 라틴어로 번역한 것이다.

그리하여 12세기에 프톨레마이오스의 《알마게스트》를 비롯해 천문학, 의학, 점성술학, 수학 등 그리스나 이슬람권의 많은 과학 서적이 번역되었다. 또 13세기 후반이 되면 아리스토텔레스의 거의 모든 저작이 번역되었다. 그 결과 기독교 신학과 아리스토텔레스 철학이 합쳐져 나타난 것이 바로 중세 말의 기독교 철학인 스콜라 철학이다.

그러나 아리스토텔레스의 《형이상학》이나 《논리학》은 다른 그리스 학문들과 함께 바그다드에서는 이미 8세기부터 번역되고 진지하게 연구되고 있었다.[16] 그래서 아벨라르(1079~1142), 알베르투스 마그누스(1200~1280), 토마스 아퀴나스(1224~1274) 등은 아리스토텔레스를 받아들일 때 사람들에게 비난받을 각오를 해야 했다. 당시에 아리스토텔레스는 기독교 세계보다는 아랍 세계에 속하는 철학자로 생각되었기 때문이다.[17]

그리스 고전이 본격적으로 소개되기 시작한 것은 르네상스 시대에 들어와서이다. 1360년에 이탈리아의 피렌체에 그리스어 교수직이 생겼고, 14세기 말에는 비잔틴 학자들이 이탈리아에 초빙되어 그리스어와 그리스 문학, 철학을 가르쳤다. 그 결과 호메로스의 서사시가 1488년에 피렌체에서 처음 출판되었고 피렌체 사람인 피치노는 1484년에 플라톤의 저작 전부를 라틴어로 번역했다.

그 외에 천문이나 역사, 의학 등의 전문 서적들도 역시 그리스어에서 직접 번역되어 읽혔다. 16세기에는 그리스인인 플루타르코스가 쓴 《영웅전》이 많은 사람에게 감화를 주었다. 그렇다고 해도 르네상스 이래의 그리스 수용은 제한적인 것이었고 그 영향도 크지는 않

---

16) 압바스 왕조는 749년에 바그다드에 자리잡으면서 그리스 문화를 본격적으로 수용하기 시작했다. 비잔틴제국에서 수많은 책을 들여와 이를 번역, 연구했다. 하룬-알-라시드 칼리프(786~809) 때가 그 전성기이다. D. C. Lindberg, 같은 책, p. 168 ff.

17) E. Dussel, Europe, Modernity, and Eurocentrism, *Nepantia*, 1, 3, 2000, p. 466.

왔다.

사실 18세기 말까지도 교육받은 서유럽인들은 그들의 문화가 로마적이고 기독교적인 기원을 가졌다고 믿었으므로 이교적인 고대 그리스와는 별 관계가 없는 것으로 생각했다.[18] 전환점이 마련된 것은 18세기 후반이다. 이 시기에 오토만 제국 치하에 있는 그리스에 요행히 들어간 유럽인들이 그림을 곁들인 여행기를 출판함으로써 대중의 관심을 끌기 시작한 것이다.[19] 그리하여 점점 더 많은 사람이 그리스와 그 문화에 관심을 갖기 시작했다. 또 이 책들에 실린 그림에서 영향을 받아 그리스의 신전 건축 양식도 받아들이기 시작했다.

빙켈만과 그리스 조각

18세기 유럽인들이 그리스 문화에 전보다 관심을 가졌던 것은 사실이나 유럽인들에게 그리스에 대한 열정을 불러일으키는 데 결정적인 역할을 한 사람은 빙켈만(J. Winckelmann)이다. 그는 독일인이나 나중에 로마의 바티칸 궁전 도서관에서도 근무한 인물이다. 그는 그곳 유물고에 수장되어 있는 수많은 그리스 조각의 로마 시대 모사품을 보고 매료되었고 그것을 연구하여 1764년에 《고대미술사》[20]라는 책을 출간했다.

그러나 그가 처음 고대 미술과 접한 것은 실물을 통해서가 아니라

---

18) F. M. Turner, *The Greek Heritage in Victorian Britain*, New Haven, 1981, pp 1-2.
19) 17세기부터 그리스 방문자들이 미술에 관심을 갖기는 했으나 그것이 강화된 것은 18세기 중반이다. 대표적인 것이 1751년에 런던의 딜레탄티 협회가 스튜어트와 레베티라는 사람들을 아테네에 파견하여 고대의 유적, 유물을 그리게 한 것이다. 그것은 1758년에 《그리스의 매우 훌륭한 기념물들의 유적(Le Roy, Ruines des plus beaux monuments de la Grèce)》이라는 이름으로 출판되어 큰 호응을 얻었다. I. Morris, Archaeologies of Greece, in : I. Morris(ed.), *Classical Greece : Ancient Histories and Modern Archaeologies*, Cambridge, 1994, p. 24. 참조.

문헌을 통해서였다. 그는 할리카르나수스의 디오니시오스, 플루타르코스, 키케로, 퀸틸리아우스, 파우사니우스, 플리니우스 등의 글을 통해 이미 고대 미술에 대한 자신의 관점을 만들고 있었다. 따라서 나중에 유물을 직접 봄으로써 자신의 이론을 확인한 셈이다.[21]

그는 그리스 시대를 역사의 절정기로 파악했고 특히 기원전 5세기를 문화가 가장 발전한 고전 시대로 보았다. 이 시기에 그리스인들이 완전한 기후와 자유에 대한 열정에 힘입어 문화의 절정에 도달했다고 생각한 것이다. 그래서 그는 고대 그리스를 '유럽의 소년기'로 보았다.[22] 고전기 그리스야말로 모든 유럽 문명이 나온 토대였다.

그는 그리스 예술을 매우 이상화했다. 그가 그리스 미술을 규정한 유명한 말인 '고귀한 단순성과 조용한 숭고함'이라는 표현이 그것을 잘 보여준다. 고전 그리스 조각의 순수성을 최고의 찬사로 표현한 것이다. 그가 아폴로 벨베데레에게 바친 헌사도 비슷하다.

"이 조각상은 모든 다른 신의 모습을 넘어선다. 마치 호메로스의 묘사가 모든 다른 시인의 것들을 넘어서는 것과 같이. …… 엘리시움의 행복한 들판을 지배하는 것 같은 영원한 봄이, 그의 몸을 젊음의 매력으로 뒤덮고 그의 자랑스러운 팔, 다리에서 부드럽게 빛난다. …… 핏줄이 없는 것 같은 이 몸은 신경이 아니라 천상의 영혼에 의해 움직인다. …… 이 예술의 기적 앞에서 나는 모든 우주를 잊어버리며 그 존엄에 어울리는 영혼의 고양을 얻는다."[23]

그리스 조각에 대한 빙켈만의 이런 높은 평가는 당시 유럽의 지식

20) J. Winckelmann, *Geschichte der Kunst des Altertums*, Dresden, 1764. 그는 1755년에 이미 〈그림, 조각의 그리스 작품 모방에 대한 고찰〉이라는 글에서 그리스 미술을 찬양했다.
21) M. Belozerskaya, *Rethinking the Renaissance : Burgundian Arts across Europe*, Cambridge, 2002, p. 21.
22) I. Morris, Archaeologies of Greece, in : I. Morris(eds.), 앞의 책, p. 17.

인과 교양 계층에게 큰 영향을 미쳤다. 그리하여 많은 사람이 그의 책을 읽고 그리스와 그리스 문화에 대한 열렬한 추종자가 된다. 괴테나 헤르더 등 독일의 낭만주의자들은 물론이고 헤겔 같은 사람도 그리스를 영감의 원천으로 받아들였다.

19세기의 그리스 수용

서양인에 의한 그리스 문화의 수용이 본격화한 것은 19세기에 들어서이다. 그것은 특히 프러시아에서 시작되었는데 그것은 당시 나폴레옹에게 패배한 프러시아에게 어떤 정신적 구원이 필요했기 때문이다.

철학자인 볼프(F. A. Wolf)는 성서나 로마 고전보다 그리스 고전을 더 중요하게 생각했고 "오직 고대 그리스인만이 진정한 인간성 안에서 완전하게 되는 성격의 기초를 만드는 특질을 갖고 있다"[24]고 믿었다. 따라서 그리스 고전을 배움으로써 그리스인의 위대함의 비밀인 자기 기율, 이상주의, 인간 품성의 고결함을 얻을 수 있다고 생각했다.

볼프는 당시 프러시아의 문교장관인 훔볼트에게 큰 영향을 미쳤고 훔볼트도 '그리스에서만 우리는, 우리가 그렇게 되고 싶고 또 만들고 싶은 이상을 발견 한다'고 말할 정도였다. 그 결과 훔볼트에 의해 프러시아의 중등학교인 김나지움의 교과 과정에 그리스 고전 연구가 포함되었고 독일은 그리스 연구의 중심지가 되었다.[25] 독일에서 시작한 고전 교육은 점차 다른 유럽 국가에서도 모방되었고 미국으로까지 전파되었다.

---

23) C. Freeman, *The Greek Achievement*, New York, 1999, p. 5-6.
24) T. W. Africa, The Owl at Dusk : Two Centuries of Classical Scholarship, *Journal of the History of Ideas*, Vol. 54, No. 1, Jan., 1993, p. 146.

그 결과 그리스 고전은 새롭게 유럽에서 교양 교육의 주된 내용의 일부로 편입되었고 유럽인들은 어려서부터 그리스 신화나 서사시, 희곡을 듣고 배우며 자라게 되었다. 영국인 시인 셸리(P. B. Shelly)가 '우리는 모두 그리스인'이라고 한 말은 그런 상황을 잘 짐작하게 한다.

　따라서 19세기 초부터 유럽의 많은 나라는 앞다투어 대규모의 박물관을 짓고 그것을 그리스 유물로 채우기 시작했다. 마치 그리스 유물을 얼마나 많이 소장했는가가 그리스 문화의 정당한 후예라는 증거인 것처럼.

　1812년에는 프랑스, 영국, 바이에른의 정부 요원들이 아이기나 섬에 있는 아페아 신전의 조각상들을 반출하기 위해 경쟁했다. 영국은 엘진 수장품을 사들여 '영국박물관'에 진열했다. 그것은 튀르크 주재 영국 대사였던 엘진이 파르테논 신전 건물에 붙어 있던 조각품들을 떼어내 영국으로 반출한 것이다.

　프랑스 정부는 1820년에, 멜로스 섬에서 출토된 소위 '밀로의 비너스'를 사들였고 1829년에는 고대에 올림픽 경기가 열렸던 올림피아에서도 많은 조각을 반출했다. 이것은 다른 나라도 마찬가지였다.

　이런 비정상적인 열정은 오토만 제국의 지배에서 벗어나려는 1820년의 그리스 독립전쟁에 대한 유럽인들의 태도에서도 잘 드러난다. 유럽의 여러 나라 사람들이 그전까지는 별 관심도 없던 그리스를 도우려고 나섰고 많은 낭만주의자가 자원해 전쟁에 참여했다. 영국의 낭만주의 시인 바이런이 이 전쟁에 참여한 것은 유명한 이야기이다. 이제 유럽인들은 자신을 그리스 문화의 계승자로 생각하기 시

---

25) 독일이 그리스 연구에 열을 올린 것은 당시 '신로마'로 자찬하고 있던 프랑스와 벌인 문화적 주도권 다툼 때문이라는 주장도 있다. I. Morris, 앞의 글, p. 16 참조.

작했다. 그리하여 영국, 프랑스, 독일인들 모두 스스로 그리스인이 되고자 했다.[26]

페리클레스가 이상화한 아테네 사회

이런 상황 속에서 그리스 문화가 받아들여졌기 때문에 그것이 이상화되는 것은 당연했다. 그러나 그리스의 이상화는 근대에 시작된 것은 아니다. 이미 당대부터 시작되고 있었던 것이다.

그 대표적인 예 하나가 아테네 제국을 이끈 출중한 지도자인 페리클레스가 펠로폰네소스전쟁의 초기에 전사한 시민들의 장례식에서 했다는 추도 연설 내용이다. 그것을 한번 살펴보자.

"우리의 정체는 이웃나라의 것을 흉내낸 것이 아니다. …… 우리의 국제를 민주 정치라고 부른다. 그 이유는 권력이 소수의 수중에 있지 않고 전 시민에게 있기 때문이다. 개인의 분쟁을 해결하는 경우 만인은 법 앞에 평등하다. 그러나 우리가 어느 개인을 타자보다 우선하여 공직에 임명할 때 그것은 그가 어느 특정한 계층에 속해 있기 때문이 아니라, 그가 갖고 있는 실질적 재능 때문이다. …… 우리는 사생활에서 자유롭고 관대하지만 공사(公事)에서는 법을 준수한다."

"우리는 아름다운 것을 사랑하지만 사치나 화려함에 흐르지 않으며 지적인 사물을 사랑하지만 유약해지는 일이 없다. 우리는 부를 자랑으로 생각하지 않고 적절하게 사용해야 한다고 생각한다. 아무도 빈곤을 수치로 생각할 필요가 없으며, 오직 가난을 면하려고 노력을 하지 않음을 부끄럽게 생각한다. 각 개인은 그의 사사로운 일에 관심

---

26) A. S. Leoussi, Nationalism and Racial Hellenism in Nineteenth-Century England and France, *Ethnic and Racial Studies*, V. 20, No. 1, January 1997, p. 46.

을 가질 뿐 아니라, 이에 못지않게 국사에도 관심을 가진다. ······ 모든 것을 감안할 때 우리의 폴리스야말로 전 그리스인이 배워야 할 배움터이다."[27]

이 연설 내용만을 보면 아테네 같은 나라는 이 세상에 다시없는 고귀한 나라라는 인상을 받지 않을 수 없다. 민주적이고, 자유롭고, 신분 차별이 없이 재능에 따라 평가를 받으며, 탐미적이고, 검소하고, 용감하고, 애국심에 가득 찬 시민들의 나라인 것이다. 따라서 이런 내용을 그대로 받아들이면 그리스를 이상화하는 수밖에 다른 도리가 없다.

따라서 이 구절은 후대의 역사가들에 의해 끊임없이 인용되며 아테네의 영광을 찬양하는 자료로 사용되어왔다. 그러나 이것이 실제 아테네의 모습을 보여주는 것일까? 유감스럽게도 투키디데스의 《펠로폰네소스전쟁사》에 나오는 이 내용은 크게 신뢰할 수 없다. 그리스·로마 시대의 역사가들에게는 역사책 속에 연설을 끼워 넣는 것이 오래된 관습으로, 그것은 역사가 자신의 의견으로 생각되기 때문이다. 이렇게 된 것은 역사학이 발생 초기부터 서사시나 연극과 연결되어 발전해왔다는 사실과 관계가 있는 것으로 보인다.[28] 이미 투키디데스 시대에 아테네 정치의 미화가 시작되고 있는 것이다.

근대인이 이상화한 그리스

그리스에 대한 근대 유럽인들의 이상화도 이에 못지않다. 못지않을 정도가 아니고 그것을 훨씬 넘어선다. 특정한 이미지를 만들어내

27) 민석홍, 위의 책, p. 68-69.
28) M. I. Finley, *Ancient History : Evidence and Models*, London, Penguin Books, 1987, p. 14.

기 위한 목적을 갖고 있었기 때문이다. 그들은 우선 그리스인이 완전한 인간의 모습을 가졌다고 생각했다. 흰 피부, 계란 모양이고 수직형의 두개골, 직선형의 코가 아름다움과 완전성을 보여준다는 것이다. 이런 생각은 그리스의 신상 조각들이 유럽에 대거 반입되며 더욱 강화되었다. 그리하여 고대 그리스인들을 인도-유럽 인종 가운데 최상의 종족으로 간주했다.

또 그들은 그리스의 역사에서 추한 것, 비참한 것, 어두운 것들을 모두 배제했다. 잔인성, 교활함, 억압성 같은 측면들도 마찬가지이다. 대신 용감함, 지혜, 정의, 도덕성 등 고상하고 아름답고 자랑스러운 것들만 부각되었다.

이는 19세기의 유럽인들이 쓴 그리스 역사서에 잘 드러난다. 그로트(G. Grote)의 《그리스사》가 가장 대표적이다.[29] 그로트는 이 책에서 아테네의 민주 정치를 높이 찬양함으로써 19세기 사람들이 그리스 역사, 특히 아테네 민주주의를 재평가하도록 하는 데 결정적인 기여를 했다. 그러나 노예제 같은 것은 거의 언급하지 않을 정도로 부정적인 요소들은 배제했다. 1900년에 나와 최근까지도 계속 출간된 베리(J. B. Bury)의 정평 있는 《그리스사》[30]도 비슷하다.

그리하여 그리스는 고대 세계에서 유일하게 근대에 영향을 미친 문명으로, 인간 중심적이고 합리적인 문명으로, 동양과는 다른 독특한 서양 세계를 만드는 데 기여한 문명으로 평가된다. 또 그리스 문

---

29) 그로트 같은 사람이 자유주의적인 인물로 대표적이다. 그는 1849~1856년 사이에 열두 권짜리 《그리스사 History of Greece》를 써서 당대인에게 매우 큰 영향을 미쳤다. 그는 페리클레스 시대의 대중적인 아테네 민주주의가 영국의 헌법적 도덕성을 위한 모범이 된다고 생각하여 그것을 높이 평가했다. 그러나 18세기 말에 《그리스사》를 처음 쓴 미트포드는 오히려 스파르타를 더 높이 평가했다. 이는 당시까지만 해도 아테네 민주주의에 대해 고대부터 내려온 부정적인 인식이 남아 있었기 때문이다. B. A. Rapple, Ideology and History : William Mitford's History of Greece(1784~1810), *Papers on Language & Literature*, Fall, 2001, V. 37. Issue 4, p. 381.

명은 민주주의의 원천으로 찬탄되고, 오리엔트 지역의 전제정과는 달리 법의 지배가 이루어진 곳으로 생각된다.

또 그리스 문화는 대체로 탐미적인 시각에서 관찰되었다. 그 가운데 '푸른 지중해와 그것을 배경으로 서 있는 흰색의 아름다운 대리석 신전'으로 상징되는 그리스의 아름답고 순수하고 깨끗한 이미지는 19세기 이후 많은 저술가나 미술가들에 의해 계속 확대 재생산되었다. 특히 화가나 조각가들은 그리스 신화를 제재로 한 수많은 작품을 통해 그리스의 이상화에 중요한 몫을 담당했다.

이런 노력은 어떤 의미에서는 거의 편집증적으로 이루어졌다. 새로 독립한 그리스의 행정을 도운 독일인 관리들은 1840년대에 아테네의 아크로폴리스를 대청소했는데 그것은 아크로폴리스 언덕 위에 그리스적인 요소만을 남겨놓기 위해서였다. 그래서 아크로폴리스 언덕에 가득 들어서 있던 비잔틴 시대를 포함한 후대의 많은 건물이 철거되었다. 아크로폴리스가 지금과 같이 파르테논 신전 등 몇 개의 건물만 남은 텅 빈 공간이 된 것은 이 때문이다. 고대 그리스를 위해 인위적인 역사 파괴마저 불사한 것이다.

이럴 정도이니 그런 분위기에서 그리스에 대한 부정적 이미지를 만드는 것은 물론, 상상하는 것만으로도 불경한 일이 되지 않을 수 없었다. 헬레니즘이 신성한 이데올로기의 역할을 하게 된 것이다. 그러나 그리스의 이런 이상화, 미화의 문제는 그것으로 그치는 것이 아니다. 이와 비교되는 상대편을 깎아내려야 하기 때문이다. 이것은 그리스와 오리엔트를 나누는 이분법과 관련되는 중요한 문제이다.

---

30) J. B. Bury, *A History of Greece*, New York, 이 책은 1900년에 처음 나왔고 최근까지도 계속 출판된 유명한 그리스사 개설서이다.

3...

헬레네스와 바르바로이의 이분법

헬레네스와 바르바로이

그리스인들은 매우 자의식이 강한 사람들이었다. 그래서 자신들과 이웃의 종족을 뚜렷하게 구분했다. 자신들을 '헬레네스'라고 부른 대신 그리스 외부의 다른 모든 종족을 '바르바로이(Barbaroi)'라고 불렀다. 그것은 이들이 바-바-바-라고, 그리스인들이 알아들을 수 없는 말을 한다고 해서 붙여진 이름이다. 이 말은 원래 언어의 차이를 가리키는 중립적인 의미로 사용되었으나 기원전 5세기에 들어와 그리스인의 우월 의식을 반영하게 되었다.[31] 그래서 이웃 종족을 경멸하는 '야만인'이라는 의미로 사용되었다.

물론 어느 종족이나 종족 중심적인 태도를 갖게 마련이다. 따라서 다른 종족을 경멸하고 자신을 높이는 것은 당연하다. 그러나 그리스

---

31) 김봉철, 〈고대 그리스 문명과 인종의식〉, 서양사학회 편, 《서양문명과 인종주의》, 지식산업사, 2002, p. 59.

인의 이런 자의식은 좀 유별나다. 주변 나라들의 문화 수준이 더 떨어지는 것도 아닌데 자신을 지나치게 높이고 있는 것이다. 그리고 그런 현상은 페르시아전쟁 후에 더 심화되었다.

페르시아전쟁의 승리가 대제국인 페르시아에 대한 자신감과 우월감을 가져다주었기 때문일 것이다. 한편에서는 아직도 남아 있는 페르시아에 대한 위기 의식이 그런 왜곡된 자만심으로 나타났을 가능성도 있다. 그래서 그 후에 페르시아에 대한 경멸적인 주장이 많이 나타난다.

그리고 그런 주장은 그리스의 자유와 오리엔트의 전제라는 이분법 위에 서 있다. 그리스인들은 자유로운 반면에 오리엔트인들은 왕의 전제 아래 노예적인 억압을 받고 있다는 것이었다. 그래서 그들은 기원전 479년에 페르시아와 벌인 마라톤전투의 승리를 매우 중요하게 생각했다. 그것이 그리스인의 자유를 지켰다는 의미에서이다.

아테네인들은 그 승리를 기념하기 위해 아테네의 시장인 아고라 한쪽 구석에 스토아 포킬레(Stoa Pokile)라는 큰 회랑 건물을 지었다. 그리고 마라톤전투 장면을 그린 그림을 아테네 역사 속의 유명한 전투 장면들인 스파르타, 아마존, 트로이와 전쟁하는 그림들 옆에 나란히 붙여 놓았다.[32] 마라톤전투를 그렇게 비중 있게 본 것이다.

이 전쟁의 역사를 쓴 헤로도토스는 사령관인 밀티아데스가 출정하는 칼리마코스에게 한 말을 소개하고 있다.

"칼리마코스여, 아테네인들을 노예로 만들든가, 그들을 자유롭게 하여 앞으로 올 세대들에게 하르모디오스나 아리스토게이톤이 남긴 것보다 더 영광된 기억을 남기는가는 너의 손에 달려 있다."[33] 여기

---

32) D. Castriota, Justice, Kingship, and Imperialism, in : B. Cohen(ed.), *Not of Classical Ideal*, Leiden, 2002, pp. 461~462. 아마존이나 트로이와 벌였다고 하는 전쟁은 물론 상상의 산물이다.
33) Herodotus, *The Histories*, Revised Edt., Penguin Books, New York, 1996, p. 361.

에서 노예냐 자유냐 하는 말이 나온다.

　페르시아전쟁 후의 이런 자만심은 많은 그림에서도 찾아볼 수 있다. 수많은 도자기 그림이 후줄근하고 패배 의식에 젖은 비겁한 페르시아인과, 당당하고 활기에 넘친 그리스인을 대비해 묘사하고 있다. 이것을 통해서도 당시 그리스인들이 스스로 꽤나 자부심을 느꼈음을 짐작할 수 있다.[34]

　자유와 함께 그리스적인 덕으로 칭송된 것이 중용과 자기 절제이다. 그리스인들은 이것으로 폴리스 사이의 적대감을 극복하고 승리를 거두게 되었고 신의 도움을 받게 되었다는 것이다. 반면 야만인들은 그리스인이 갖고 있는 이런 것과는 반대되는 특질을 갖는 것으로 생각되었다.

　그리스인들의 이런 생각이 상투적인 것으로 고정된 것은 특히 기원전 472년에 비극 작가 아이스킬로스가 《페르시아인》을 쓰면서부터이다. 이때는 아직 페르시아와 전쟁을 계속하고 있던 시기이다. 이 이야기는 페르시아의 수도인 수사에서 시작된, 크세르크세스 대왕의 그리스 침공에 대한 이야기이다.

　그 주제는 도덕적인 것으로, 전제적인 통치자의 과도한 자만심에 대해 신이 복수함으로써 전쟁은 페르시아의 굴욕으로 끝난다는 것이다. 페르시아의 크세르크세스가 신에게 버림받은 것은 바로 그 오만함 때문이라는 것이다. 이때 야만인들을 특징짓는 것은 감각성, 비합리적인 태도, 잔인성, 나약함, 노예근성이다.[35]

　야만인에 대한 이런 이미지는 후대의 저술가들에 의해 더 정교화한다. 역시 비극 작가인 에우리피데스는 야만인들이 그리스인과는

---

34) D. Castriota, 앞의 논문, p. 444.

35) P. Georges, *Babarian Asia and the Greek Experience*, Baltimore, 1994, p. XV.
아이스킬로스와 소포클레스 비극의 주제는 모두 '전제로부터의 해방'이다.

달리 법 체계 밑에 살지 않는다고 주장한다. "이것은 모든 야만인들이 똑같다. 아버지들은 딸들과 관계를 맺으며, 아들은 어머니와 그 짓을 하고 여자 형제들은 남자 형제들과 그런다. 가까운 친척들은 서로 죽이며 어떤 법도 이런 범죄들을 막지 않는다." [36] 이에 비해 그리스인들은 더 절제되고 규제된 삶을 산다고 믿었다.

헤로도토스의 이집트와 페르시아 인식

페르시아전쟁을 통한 그리스인들의 공동체 의식의 형성은 헤로도토스에게서도 볼 수 있다. 그가 페르시아전쟁사를 기술한 《역사》는 아마 기원전 440년대나 430년대에 쓰인 것 같다. 그는 그 자료를 수집하기 위해 이탈리아 남부의 아테네 식민시인 투리를 방문했고 아마도 이집트와 흑해 지역, 또 페르시아의 바빌론까지도 여행한 것 같다.

그는 기원전 450년경에는 이집트를 여행한 것 같은데 그의 《역사》에는 이집트에 대한 내용이 상당 부분을 차지한다. 따라서 그의 기록은 고대 이집트에 대해 알 수 있는 매우 중요한 사료이다. 그곳에서 그는 그리스와는 비교할 수 없는 위대한 고대 문명을 접하고 상당한 존경심을 표하고 있다.

그는 이집트가 그리스보다 훨씬 오랜 역사를 갖고 있고 이집트인들이 매우 지혜로운 사람들이라고 생각했다. 높은 수준의 문화를 발전시켰고 오래된 기록들을 보존하고 있었기 때문이다. 그는 그리스의 많은 문물이나 풍습, 신들이 이집트에서 들어온 것이라고 생각했다.

---

36) C. Freeman, 앞의 책, p. 185.

그리스의 제우스 신, 데메테르 신은 각각 이집트의 아몬 신, 이시스 신이 들어온 것이며 아테나나 디오니소스, 헤라, 헤스티아, 헤라클레스 등 대부분의 신도 이집트에서 들어왔다고 생각했다. 또 아테네의 솔론은 이집트에서 법률을 받아들였고 그 법률은 헤로도토스 당대에도 시행되고 있다고 말한다.

그는 그리스의 건축보다 규모가 훨씬 장대하고 화려한 이집트의 피라미드나 여러 신전들을 보고 감탄을 금치 못했다. 그러나 이집트 사제의 말을 통해 피라미드를 건설한 파라오들이 자신의 개인적 필요에 따라 수많은 이집트인을 강제로 동원하여 악정을 저질렀다는 사실은 인식하고 있었다. 그는 이집트의 문화가 그리스와 매우 다르다는 생각은 했으나 이집트를 특별히 나쁘게 평가하지는 않았다.

이는 그리스 세계의 적대자인 페르시아에 대한 태도와는 다르다. 그는 페르시아를 아이스킬로스나 다른 사람들이 만든 생각의 틀 안에서 다뤘다. 따라서 페르시아전쟁을 그리스인 대 비그리스인의 투쟁으로 매우 단순화시켰다.[37]

그리고 그리스인과 페르시아인을 진정으로 구분하는 것은 자유인이냐 노예냐의 차이라고 생각했다. 페르시아인들이 왕의 전제 아래 있는 반면 그리스의 도시국가는 그들의 것이고 그들의 통치자들은 시민에게 책임을 진다. 따라서 그리스인들은 자신들이 자유롭기 때문에 열심히 싸운다는 것이다.

이는 아테네가 참주의 억압에서 벗어나며 세계 최고의 전사들이 된 것에서 증명되며 자유를 얻으며 누구나가 자신의 일에 관심을 갖게 되었기 때문인데, 따라서 아테네가 점점 강해진 것은 법 앞의 평등 때문이라는 것이다.[38] 반면 페르시아 군대는 테르모필레전투에서

---

37) C. Freeman, 앞의 책, p. 188.
38) Herodotus, 앞의 책, p. 307.

채찍을 맞으며 전쟁터로 내몰렸다는 것이다. [39]

헤로도토스는 아이스킬로스를 제외하고는 야만인에 대한 고정관념을 만드는 데 가장 기여한 인물이다. [40] 그는 야만인들이 잔학하고 심술 맞고 인육을 먹으며 근친상간하고 나약하고 여성을 강간한다고 생각했다. [41]

그러나 헤로도토스의 이런 판단이 객관적인 것이라고 보기는 힘들다. 그는 메소포타미아의 관습이 그리스의 사회적 행위 기준과 얼마나 다른가에 치중하고 있기 때문이다. 따라서 심각한 왜곡의 가능성이 크기 때문에 그것이 얼마나 현실을 반영하고 있는지는 의심스럽다. [42]

플라톤과 아리스토텔레스

헤로도토스보다 근 1세기 후에 플라톤도 《메넥세노스》에서 소크라테스의 입을 빌려 다음과 같이 이야기하고 있다.

"우리 도시의 고귀하고 자유로운 특성은 뿌리가 깊고 대단히 건전하며, 이민족의 피가 섞이지 않은 순수한 혈통의 그리스인들이기 때문에 우리는 이민족에 대한 그러한 증오심을 지니고 있다. 명목상으로는 그리스인이지만 본질적으로는 이민족인 펠롭스, 카드모스, 아이기프토스, 다나오스 같은 유형의 사람들과 우리는 함께 살지 않는다. 우리는 순수한 그리스인이며 이민족의 피가 섞이지 않았다. 그러므로 우리의 도시는 다른 인종에 대한 뼛속 깊은 증오로 물들어 있

39) 같은 책, p. 565.
40) P. Georges, 앞의 책, p. 124.
41) P. Georges, 같은 책, p. 123.
42) A. Kuhrt, Ancient Mesopotamia in Classical Greek and Hellenistic Thought, in : J. A. Sasson(ed.), Civilizations of the Ancient Near East, Vol. 1, New York , 1995, p. 58.

는 것이다."[43] 헬레네인의 순수한 혈통을 주장하며 그 문화의 우월 성을 주장한 것이다.

그는《국가론》에서도 기존의 고정관념을 받아들여 트라키아인, 스키타이인과 북쪽 사람들은 혈기왕성하고, 그리스인은 합리적이고 지적이라고 보았고, 페니키아인과 이집트인은 돈을 밝힌다고 주장 했다. 그는 모든 야만인이 열등하다고는 하지 않았지만 일부 야만인들은 그리스인에 비해 정신적으로 열등하다고 생각했다. 이는 그리스인들이 서로 싸우는 대신 자연적인 적인 야만인들과 싸우게 만들려 했기 때문이다. 전쟁에서 포로가 됨으로써 노예 신분으로 전락하는 것을 야만인들에게만 한정시키려는 의도로 보인다.[44]

아리스토텔레스의 경우도 마찬가지이다. 그도 노예제를 도덕적으로 옹호하고, 노예를 살아 있는 도구로 생각했다. 그는 플라톤과 같이 자연적인 노예는 자신이 결정을 하고 자신의 논의를 발전시킬 정신력을 심각하게 결여하고 있다고 생각했다. 따라서 주인에게 통제되고 명령을 받음으로써 혜택을 받는다는 것이다.[45]

그러면 이렇게 지력이 떨어지는 노예들을 어디에서 발견할 수 있는가? 그는 포로로 잡혀 노예가 된 '관습적' 노예와 '본래적' 노예를 구분하기는 했다. 그러나 진정한 '본래적' 노예가 어떤 사람들인지 분명히 말하지는 않았다. 아마 비그리스 세계의 다양한 종족들이라고 생각한 것 같다.

그는 추운 지역(그리스 북쪽)에 사는 비그리스인은 기개가 있으나 지력이 없고 따라서 자유롭게는 사나 정치 조직은 갖고 있지 않다고

---

43) 오흥식, 〈아르고스 왕 다나오스와 그 후손들〉,《서양고대사연구》, 제12집, 2003. 6, p. 28에서 재인용.
44) N. R. E. Fischer, *Slavery in Classical Greece*, London, 1993, p. 93.
45) 같은 책, p. 95.

생각했다. 아시아인들은 지력과 기예를 갖추고 있으나 기개가 없고 노예제와 같은 지배 형태 밑에서 산다. 그리스인은 그 중간이다. 그들은 기개와 지력을 함께 갖고 있다. 따라서 그리스인들은 자유 속에 살고 가장 훌륭한 정치 조직을 갖고 있으므로 단일한 정치 체제를 갖춘다면 다른 종족들을 지배할 수 있을 것이라고 보았다.[46]

또 다른 곳에서 그는 야만인들은 일반적으로 그리스인보다 더 노예적이라고 생각했다. 그리고 야만인 가운데에는 아시아인들이 그리스 북쪽의 유럽인보다 더 그렇다고 보았다. 왜냐하면 그들은 불만 없이 전제적 지배를 견디기 때문[47]이라는 것이다.

전체적으로 볼 때 아리스토텔레스도 비그리스인을 노예적인 야만인으로 보는 당대의 통속적인 견해를 거의 비판 없이 받아들였다. 그가 동방 원정에 나선 알렉산드로스 대왕에게 야만인들을 노예나 짐승같이 다루라고 충고한 것은 이런 생각의 연장선 위에서였다.

그는 또 야만인은 덕이 없고 공정하지도 않고 성적으로 방종하고 탐식한다고 생각했다. 그러니까 아이스킬로스에서 시작된 고정관념이 아리스토텔레스까지 이어지며 오리엔트에 대한 그리스인들의 특정한 이미지를 형성한 것이다.

고대 그리스인과 근대 유럽인의 비동일성

근대 유럽인은 그리스인들이 이렇게 헬레네스와 바르바로이를 구분하는 방식을 그대로 받아들였다. 그뿐 아니라 그것을 유럽인 대 비유럽인이라는 구분으로 크게 확대했다. 18세기 계몽사상 시대에 유

---

46) Aristoteles, *Politik*, 1327b. Hamburg, 1981, p. 251.
47) 같은 책, 1285a, pp. 109-110.

럽인으로서의 정체성이 만들어지고 그 정체성을 고대로까지 확장해 가는 과정에서 자연히 그렇게 된 것이다.

그래서 그리스인들의 본질 가운데 하나로 생각된 자유는 근대 유럽적 문화의 본질적인 요소로 자리잡게 된다. 반면 전제나 굴종은 마찬가지로 오리엔트에서 전 비유럽 지역으로 확대된다. 자유만 그런 것이 아니고 그리스인들의 특질인 중용과 자기 절제, 미감 등도 유럽인의 고유한 특질로 확대되었다. 반면 오리엔트인의 특질로 생각되어온 무절제, 탐욕, 사치, 성적 문란, 비합리성 등은 비유럽 전체로 확대될 수밖에 없었다.

사실 유럽인들이 16세기 이후 아메리카로 진출하고 그곳에서 만난 원주민들을 인종주의적인 면에서 규정한 내용들은 고대 그리스인들이 바르바로이에게 내린 규정과 거의 같다. 그러므로 17~18세기를 걸쳐 유럽인들의 자신감이 커지는 가운데 그리스인들이 바르바로이에 대한 내린 규정이 야만적으로 보이는 비유럽 지역 전체로 확대된 것은 어떤 의미에서는 자연스러운 현상일 수도 있다.

그러나 이런 논리를 이렇게 제멋대로 확대하는 것은 참으로 잘못된 것이다. 실제로 고대 그리스 문명과 근대 유럽 문명 사이에는 논리적 연결점이 별로 없기 때문이다. 19세기 영국의 대표적인 정치사상가의 한 사람인 밀(J. S. Mill)은 마라톤전투가 영국사에서 1066년 윌리엄 왕이 잉글랜드를 정복한 헤이스팅스전투보다 더 중요하다고 말한다. 그 결과가 달랐다면 브리튼인이나 색슨인들은 아직도 숲속을 헤매고 있을 것이라는 것이다.[48]

영국인들이 고대 그리스에서 비롯된 유럽 문명의 혜택을 받지 못하고 야만적인 상태에 있었을 것이라는 의미이다. 그에게는 유럽인

---

48) Paul A. Rahe, *Republics, Ancient & Modern*, Vol. 2, chapel Hill, 1992, p. 20.

들의 진정한 선조가 혈통에 따른 조상이 아니라 그들에게 문화적 유산을 물려주었다고 간주되는 그리스인이었던 것이다.

그러나 밀이 이야기한 영국인의 자유는 그리스인의 자유와는 역사적 맥락이 전혀 닿지 않는다. 영국인이 1688년의 명예혁명 이후 왕의 권력을 제한하여 어느 정도 누리게 된 자유라는 것은 잉글랜드에서 발전한 중세 의회적 전통의 결과이지 그리스적 전통과는 관계가 없기 때문이다.

서양의 근대 정치사상에 고대의 공화정 사상이 영향을 끼친 것은 사실이나 그것은 주로 로마의 공화정을 배경으로 폴리비오스가 주장하는 혼합정체론이지 그리스와는 별 관계가 없다. 1260년대에 아리스텔레스의 《정치학》이 번역된 후 그의 정치사상이 유럽에 알려지기는 했으나 18세기까지 그 영향력은 매우 제한적이었다.[49] 고작 군주정, 귀족정, 민주정 등의 어휘가 라틴어에 편입된 것뿐이다. 말하자면 근대 정치 이데올로기에 대한 아테네의 직접적 영향은 다른 요소들에 비하면 무시할 정도이다.[50] 따라서 이렇게 그리스와 직접 연결된 것처럼 주장하는 것은 허황된 논리이다.

그럼에도 이런 주장들이 유럽 사람들에게 쉽게 받아들여질 수 있었던 것은 그리스인들이 만들어낸 헬레네스 대 바르바로이라는 이분법의 이데올로기가 얼마나 강력한 선동적 힘을 갖고 있는가를 보여준다. 또 그 안에 인종주의와 결합할 수 있는 요소도 얼마나 강력하게 작용하고 있는가를 보여준다. 그리하여 이 문제는 다시 그리스사와 인종주의의 문제로 확대될 수 있다.

---

49) F. Miller, *The Roman Republic in Political Thought*, Hannover, 2002, pp. 54–120.
50) M. E. Hansen, 앞의 논문, p. 27.

4...
그리스 문명의 해석과
인종주의

《블랙 아테나》와 그것을 둘러싼 논쟁

1987년에 미국의 코넬 대학 교수인 버널(M. Bernal)은 《블랙 아테나》[51]라는 책을 써서 일대 반향을 일으켰다. 이 책은 제목부터가 도발적이다. 고대 아테네의 수호신인 아테나 여신이 검은 피부를 가진 것처럼 암시하고 있기 때문이다. 이 제목은 아테나 여신의 신격이 이집트에서 왔다는 것을 암시하려고 의도적으로 사용된 것이다.[52]

이 책의 주제는 고대 그리스에 대한 이집트와 페니키아인의 영향을 다루고 있다. 기원전 3000년기(2000~2999) 이래 이집트 문명과

---

51) M. Bernal, *Black Athena : The Afroasiatic Roots of Classical Civilization*, V. 1 : *The Fabrication of Ancient Greece 1785-1985*, New Brunswick, 1987. V. 2 : *The Archaeological and Documentary Evidence*, Brunswick, 1991. 이 책은 모두 네 권으로 계획되어 있고 현재는 두 권만 출간되었다.

52) '블랙 아테나'는 아테네의 수호 여신인 아테나가 이집트에서 전래된 신이라는 것을 암시한다. 그리스인들이 아테나로 부르는 신은 이집트의 사이스라는 곳의 수호신인 네이트(Neith)로서 이는 그리스어의 아테나와 발음이 같다고 한다. 헤로도토스가 전하는 이 이야기는 플라톤에 의해서도 되풀이되고 있다. 플라톤(박종현, 김영균 역주), 《티마이오스》, 서광사, 2000, p. 61 참조.

페니키아 문명이 초기 그리스 문명의 형성에 매우 중요한 영향을 미쳤다는 것이다. 이집트는 한때 그리스 반도를 일부 식민지화하기도 했고 언어와 제도 등 문화에 큰 영향을 미쳤으며 페니키아도 여러 면에서 그렇다는 것이다.

이런 주장은 그리스 문명의 자생적인 발전을 받아들여왔던 기존 학설에 도전하는 것이지만 더 중요한 것은 그 주장이 내포하고 있는 근대 헬레니즘 이데올로기에 대한 비판이다. 고대 그리스인들은 그런 외부의 공헌을 인정했는데 19세기의 근대 유럽인들이 인종주의적 입장에서 그것을 부인했다는 것이다. 그리스 문명을 순수하게 토착적인 백인 문명으로 설정하기 위해서라는 것이다.

이 책이 이렇게 그리스 문명의 성격과 관련한 매우 민감한 문제를 건드리고 있으므로 20세기 후반의 그리스 · 로마 시대를 다룬 책 가운데 거의 가장 많은 논쟁을 불러왔다.[53] 그 결과 수많은 비판자와 지지자가 등장했다.

비판자들은 이 책의 아마추어적인 성격이나 정치성을 공격한다. 그것이 학문적인 수준에서 문제가 있으며 너무 이데올로기를 내세운다는 것이다. 반면 고전학자들 가운데에도 그를 지지하는 사람은 많고 매우 높이 평가하는 사람도 있다. 여하튼 버널의 《블랙 아테나》는 현재 서양 고대사의 가장 뜨거운 논쟁 가운데 있는 셈이다.

버널은 케임브리지 대학에서 동양학 연구로 박사학위를 받았고 1972년까지 케임브리지와 런던 대학에서 중국사와 베트남사를 가르쳤다. 그 후 코넬 대학으로 자리를 옮기며 연구의 중심을 팔레스타인 지역으로 옮겼다. 베트남 전쟁이 끝나자 팔레스타인 지역이 세계적인 관심 지역이 될 것으로 생각한 것이다. 이에는 그의 가계 내에 있

53) J. Berlinerblau, Black Athena redux, *Nation*, 1996, v. 263, Issue 13, p. 43.

는 일부 유대계 핏줄도 작용한 것 같다.

연구가 진행되며 그는 그리스어와 페니키아어(페니키아어, 헤브루어는 가나안어의 방언으로 생각된다) 사이의 깊은 관련을 알게 되었고 그리하여 그리스어 어휘의 약 1/3이 셈계 기원을 가진 것으로 추정했다. 이는 고대 그리스에 대한 셈계 문화의 영향을 암시하는 것이다.

그럼에도 인도-유럽어원을 가진 것으로 보이는 40~50%의 어휘를 제외한 나머지 20~25% 정도는 그 어원을 알 수 없었다. 콥트어를 연구하며 그는 나머지 20~25%의 어휘가 이집트어원에서 온 것으로 생각했다. 또 대부분의 그리스 신이나 많은 지역의 이름도 이집트어원에서 온 것으로 생각했다.[54]

언어나 신화의 이런 유사성은 문화 전반의 깊은 관계를 암시하는 것이므로 그는 이집트, 페니키아 문화와 그리스 문화의 상호 관련성에 대해 깊이 파고들었다. 그러는 과정에서 이집트와, 페니키아인들이 살던 레반트 지역이 초기 그리스 문화 형성에 큰 영향을 주었다는 확신을 갖게 되었다. 그것이 그로 하여금 그리스가 청동기 시대에 이집트의 식민지였다는 파격적인 주장까지 하게 만든 배경이다.

물론 이집트와 그리스의 관련성을 주장한 것이 그가 처음은 아니다. 이미 아프리카중심주의를 주장하는 흑인 학자들 사이에는 그런 주장을 하는 사람들이 있었다. 제임스(G. G. M. James)나 디옵(C. A. Diop)[55] 같은 사람들이 대표적이다.

이들은 이미 오래전부터 이집트 문명이 흑인 문명이라는 것, 고대

---

54) M. Bernal, *Black Athena*, V. 1, p. xiv
55) 제임스는 《도둑맞은 유산》이라는 책에서 그리스 철학이 이집트 것을 훔친 것이라고 주장하고 있고, 세네갈의 핵물리학자인 디옵은 《문명의 아프리카 기원》이라는 책을 써서 이집트 문명이 그리스 문명의 모태라는 주장을 펴고 있다. G. G. M. James, *Stolen Legacy*, New York, 1954 ; C. A. Diop(trans. by M. Cook), *The African Origin of Civilization*, Chicago, 1974 ; *idem*, *The Cultural Unity of Black Africa*, New York, 1978.

그리스 문명의 발전은 이집트의 문화 유산을 도둑질한 결과라는 것, 이런 사실을 서양인들이 인정하지 않는 것은 인종주의 때문이라는 주장을 폈다. 이들의 주장이 학계에서 거의 무시된 것은 논리적인 취약점에도 일부 이유가 있으나 주된 것은 이들이 흑인 학자들이기 때문이었다.

반면 버널의 주장이 즉각적으로 학계의 이목을 끈 것은 그가 19세기 고전학의 이데올로기성을 설득력 있게 폭로한 데도 이유가 있으나 그가 주류 학계에 속하는 백인이기 때문이기도 하다. 백인이 그런 이야기를 하니까 사람들이 비로소 관심을 갖기 시작하는 것이다. 아직도 서양의 학문 세계에서 인종 차별적 요소가 얼마나 큰 힘을 갖고 있는가를 보여주는 좋은 예이다.

버널의 논점

버널이 그의 책에서 가장 비중을 둔 논점의 하나는 서양 고전학[56] 에서 인종주의의 역할이다. 19~20세기의 고전학이나 고고학이 유럽 문명의 독특성과 창조성을 강조하기 위한 목적으로 인종주의적 견해에 지배되었다는 것이다. 《블랙 아테나》 제1권은 지식사회학적

---

56) 고전학(Classics)은 그리스·로마의 고전고대를 연구하는 학문이다. 런던 대학의 시험 규정에 이 말이 나오는 것으로 보아 1830년대 말부터 사용된 것으로 보인다. 그러나 연구는 18세기 말부터 시작되었고 19세기 초 독일의 고대학(Altertumswissenschaft)이 그 발전에 중요한 역할을 했다. 고전학의 중심은 고대의 문헌을 다루는 문헌학이다. 그러나 언어학, 문학, 역사학, 미학, 종교학, 고고학 등이 그것과 결합해 있다. 고전학은 그리스만을 다루는 것은 아니나 헬레니즘을 생산하고 유포하는 데 앞장서왔다. 또 18세기에 학문적 기반을 마련한 인종주의와도 결합했다. 고전학도 최근에는 현실과의 관계를 잃으며 점차 사양 학문화하고 있다는 것이 일반적인 인식이다. T. W. Africa, 앞의 논문, pp. 143–163 참조. 200년에 걸친 고전학의 연구 경향에 대해서는 그 가운데 대표적인 학자 50인의 업적을 평가한 W. W. Briggs,(ed. by W. M. Calder III), *Classical Scholarship : A Biological Encyclopedia*, New York, 1990 참조. 50명 가운데 25명이 독일인이라는 사실은 독일인들이 이 문제에 얼마나 큰 관심을 기울였는지 잘 보여준다.

관점에서 그 과정을 자세하게 추적하고 있다.

그는 그리스 문화의 기원이 이집트라는 사실은 고대 그리스인들은 물론 지난 2,000년 동안 자명한 사실로 받아들여져 왔다고 주장한다. 헤로도토스는 그리스의 제반 문물이 거의 이집트에서 온 것이고, 그리스 신들의 이름도 거의 이집트에서 왔음을 인정했다는 것이다. 이소크라테스도 이 점에는 어느 정도 동의를 하고 있고 또 플라톤의 《티마이오스》에도 그런 이야기가 일부 나온다는 것이다. 그런 생각을 그는 '고대적 모델'이라고 부른다.

유럽인들의 이런 태도가 달라지기 시작한 것은 18세기 후반에 들어서이고 그 결과 19세기 학자들이 채택한 것이 그가 '아리아 모델'이라고 부르는 것이다. 이것은 인도-유럽어족에 속하는 그리스인들이 그리스 문화를 자생적으로 발전시켰다는 것을 주장하기 위해서였다. 이렇게 '고대적 모델'이 '아리아 모델'로 대치된 것은 '고대적 모델'에 문제가 있어서가 아니라 그리스와 이집트, 중동 지방의 관계를 19세기 유럽인들의 세계관인 인종주의에 맞추기 위해서였다는 것이다. 셈계나 햄계 인종에 대한 인도-유럽 인종의 우월성을 주장하려면 그들에게 문화적 영향을 받았음을 부인해야 하기 때문이었다.

1960년대 이후에는 좀 완화된 '수정된 아리아 모델'이 등장하는데 이것도 레반트 지역 셈계 종족인 가나안이나 페니키아의 영향은 어느 정도 인정하나 이집트의 영향은 부인한다. 이것은 같은 셈계의 유대인이 세운 이스라엘을 의식했기 때문이라고 그는 생각했다.

따라서 그는 이런 '아리아 모델'의 이데올로기성을 극복하기 위해서는 고대 에게 해 주변에서 활동한 여러 종족들 사이의 관계를 새롭게 다시 보아야 한다고 주장한다. 그리고 그것을 위해 그가 주장하는 것이 '수정된 고대적 모델'이다. 약간 고쳐야 하지만 다시 '고대적 모델'의 바탕으로 돌아가야 한다는 것이다.

이를 위해 그는 고대 문헌을 꼼꼼히 검토하고 언어학적·고고학적 자료들로 이를 뒷받침하며 새로운 여러 주장을 제기했다. 그의 주장은 다음 몇 가지로 요약될 수 있다.

첫째, 기원전 3000년기에 이집트는 그리스에 대해 일반적으로 강력한 영향을 미쳤고 특히 보이오티아 지방이 그렇다. 이집트에게 관개를 배웠고, 곡물을 수집·보관할 수 있는 능력을 갖춘 일부 국가 체제가 만들어졌다. 이 지역은 이집트인이 직접 다스렸든가 행정에 이집트에서 온 전문가가 관련되어 있다.(제3장)

둘째, 강력한 이집트 제11왕조(기원전 1980~1938년) 후기에 이집트는 에게 해 지역에 큰 영향을 미쳤다. 이집트가 팽창하며 에게 해 지역에 대한 공격이나 식민화가 이루어졌다. 크레타, 그리스 반도, 레반트 지역이 모두 그 영향을 받았고 광범한 파괴와 함께 이집트 문화의 이식이 이루어졌다. 크레타 섬에는 11왕조가 섬긴 이집트 신 몬투(Montu)를 본뜬 황소 숭배가 확립되었고 크레타의 왕궁 건축에도 그 영향은 나타난다. 이 시기의 이집트와 에게 해의 접촉에 대해서는 고고학적 증거가 있다.(제4장)

셋째, 헤로도토스나 그 후의 저자들은 파라오 세소스트리스(Sesotris)의 광범한 정복에 대해 기록을 남겼다. 이는 제12왕조(기원전 1938~1759년)에 속하는 파라오 한두 명의 이름으로 보인다. 또 고대 전설에도 멤논(Memnon)으로 불리는 에티오피아나 이집트 왕의 원정에 대해 전하고 있다. 이는 12왕조의 아메네메트(Amenemhet)라는 이름을 가진 한두 명의 파라오를 가리키는 것 같다. 이들이 이집트 군을 이끌고 발칸 지역과 코카서스 지역을 정복했다. 이것은 18세기까지도 믿어지다가 그 후 버려진 이야기이나 새로 발굴된 12왕조기의 밋 라히나(Mit Rahina)의 비명에 의해 신빙성이 커졌다.

넷째, 기원전 17세기에 이집트를 침공한 힉소스족은 곧 에게 해를 침공했다. 이것이 힉소스-이집트-가나안인의 크레타 정복으로, 이들은 더 북쪽인 그리스 반도에도 식민지를 건설했다. 그리하여 크레타의 모든 궁전은 파괴되었다가 재건축되었고 이와 함께 미케네에서도 레반트제 칼, 수혈(竪穴) 무덤이 나타나고 왕의 상징이 중요해졌다.

이 식민화 후에(기원전 1700~1500년) 그리스의 상당 부분이 셈계와 이집트어를 말하는 왕조에 의해 지배되었고 이 높은 지위의 문화와 언어가 그리스어와 그리스의 형성에 큰 영향을 미쳤다. 언어로서의 그리스어와 그리스의 문화적·종족적 정체성이 형성된 것은 이 시기이다.

다섯째, 기원전 1550~1200년 사이에 중동과 에게 해 사이에는 놀랍게 빈번한 접촉이 있었고 그것은 그리스 언어와 문화에 지속적으로 영향을 미쳤다. 이 시기는 이집트 제18왕조(1539~1292년) 시기로 그 창설자인 아모세는 에게 해에 대한 지배권을 갖고 있었다. 그의 어머니인 아호테프는 에게 지역 출신으로 이는 에게 해 여러 종족들 사이에 교류가 있었음을 보여준다.

테베를 창설한 카드모스나, 아르고스에 정착한 다나오스와 그 딸들에 대한 신화는 그 결과로 나타난 것이다. 미케네는 이집트에서 곡물을 수입하여 과잉 인구를 부양했으나 이집트의 힘이 약해져 해상운송이 어려워지자 기원전 1200년경 몰락한다.[57]

이런 주장들은 유럽인들이 그 이전에 인정하던 동방화와는 시기적으로 큰 차이가 난다. 기원전 8세기인 동방화 시기보다 훨씬 이전인 미노아, 미케네 시대에 그리스 지역이 오리엔트에서 광범한 영향을 받았다는 이야기이다.

---

57) 버널은 자신의 책 1권의 pp. 22-38에 이런 주장을 잘 요약해놓았다.

이런 주장을 모두 버널이 처음 제기한 것은 아니다. 제12왕조의 파라오 세소스트리스의 북방 원정은 헤로도토스가 자세히 전하고 있는 이야기이고 나머지도 모두 20세기 초에 일부 고고학자들이 주장했으나 대체로 무시된 견해들이다. 버널은 납 동위원소 측정법이나 방사성탄소 연대측정법 등 과학적인 방법에 의한 연구 결과, 이들의 주장이 현재의 주류적 주장보다 더 사실에 부합한다고 말한다.

버널에 대한 반론

버널의 주제가 갖고 있는 폭발성 때문에 이는 보수적인 고전학자들 사이에서 큰 반발을 불러일으켰다. 버널의 논지가 그대로 받아들여진다면 200년 동안 만들어져온 그리스의 전통적인 역사상이 크게 훼손되지 않을 수 없기 때문이다.

이는 그리스 문명의 순수성과 창조성을 강조하고 그 위에 서양 근대 문명을 구축한 유럽인들에게는 치명적인 타격이 된다. 그러므로 이런 주장은 어떤 일이 있더라도 거부되고 분쇄되지 않으면 안 되었다. 따라서 《블랙 아테나》를 "극히 흥미 있으나 위험한 책"이라고 단정하기도 하고 "이것은 책이 아니라 현상" [58]이라고 말하는 사람도 있다. 그만큼 영향이 크다는 말이다.

일부 학자들이 버널에 대한 감정적이고 인신공격적인 비판은 물론, 이를 '문화 전쟁' [59]으로까지 확대 해석하며 격렬하게 저항하는 이유가 그것이다. 그리하여 몇 년 사이에 벌써 버널의 주제를 공격하는 여러 권의 책이 나오고 있다. [60] 특히 레프코비츠(M. R. Lefkowitz)

---

58) M. L. Levine, The Use and Abuse of Black Athena, (Review Article), *American Historical Review*, April, 1992, p. 440. p. 454.
59) Berlinerblau의 책 제3부의 제목은 〈블랙 아테나와 문화 전쟁〉이라는 이름을 달고 있다.

같은 사람은 거의 신경질적인 반응을 보이며 버널 비판에 앞장서고 있다.

그 비판들은 다음과 같은 점에 집중되고 있다. 첫째, 버널의 방법론과 관련된 문제이다. 언어학적인 논의나 신화를 이용하는 방법에 문제가 있다는 것이다. 그는 페니키아인 카드모스가 테베를 창설했다든가, 이집트인 다나오스와 그 딸들이 아르고스에 정착했다는 신화를, 이집트인이나 페니키아인이 그리스의 상당 부분을 지배했고 그리스의 언어와 제도에 큰 영향을 준 증거로 삼으나 현재의 신화학 연구 수준에서 볼 때 그것을 그렇게 단순하게 해석해서는 안 된다는 것이다. 또 자기의 주장을 지지하는 사료만 선택적으로 이용하기도 하고 아테네의 쇼비니즘(다른 도시들의 기원을 외국으로 몰려고 하는 헤로도토스의 글에 나타나는 이데올로기)은 고려하지 않고 있다고도 한다.[61]

둘째, 그리스 문화에 대한 이집트나 레반트 지역의 영향의 정도이다. 이집트나 페니키아 문화가 영향을 미쳤다 해도 그 정도가 크지는 않았다는 것이다. 종교 면에서 그리스인들이 이집트나 가나안 지방의 신들을 원래 형태로 믿지는 않았다. 천문학, 수학, 의학에서 이집트의 영향은 크나 특히 수학, 의학에서 그리스의 성취는 매우 분명하고 창조적이다. 그 문화적 영향은 일방적인 것이 아니라 쌍방향적

60) M. R. Lefkowitz & G. M. Rofgers(ed.), *Black Athena Revisited*, Chapel Hill & London, 1996 ; M. R. Lefkowitz, *Not Out of Africa*, New York. 1996 ; J. Berlinerblau, *Heresy in the University*, Piscataway, 1999.
《Black Athena Revisited》는 버널의 광범한 논지에 개인들이 대항하기 어려워서 여러 분야의 전문가들을 동원하여 버널을 비판한 책이다. 그러나 버널에게 비판적인 글만을 모아놓고 그에 대한 버널의 반론마저 빼놓은, 저의가 분명히 보이는 책이다. M. R. Lefkowitz, *Not out of Africa*, New York, 1996은 노골적으로 버널을 비판하는 책이다. 이런 비판에 대해 최근 버널의 반론을 모은 책이 새로 나왔다. M. Bernal(ed, by D. C. Moore), *Black Athena Writes Back : Martin Bernal Responds to his Critics*, Durham & London, 2001.
61) M. L. Levine, 앞의 논문, p. 447.

이다.

셋째, 그리스에 대한 영향에서 버널은 교역이나 여행, 간헐적인 정착을 통한 문화적 확산의 메커니즘보다는 직접 점령과 식민화를 이야기한다. 버널은 그리스가 이집트에 의해 기원전 3000년기와 기원전 18~17세기에 두 번이나 식민화했다고 말한다. 처음은 이집트 식민자들이 선진 건축 기술, 종교 등을 가져왔고 두 번째는 이집트에서 축출된 힉소스족이 아르골리드(아르고스) 지역을 점령하여 그곳을 다스렸다는 것이다. 그러나 그들은 이집트의 그리스 식민화에 대한 증거는 수십 년에 걸친 고고학적 현장 조사에도 에게 해에서는 나타나지 않는다고 주장한다.[62] 또 이집트나 메소포타미아 지역의 역사 기록에도 힉소스족이 아르골리드를 지배했다는 사실은 찾을 수 없다는 것이다.

넷째, 이집트의 영향을 크건 작건 인정하더라도 그것은 흑인들의 역사와는 관계없다. 고대 이집트인들은 오늘날 흑인으로 인식되는 사람들과는 다르며 그 문화는 '본질적으로 아프리카적'인 것은 아니다. 이집트 문명을 흑인 문명으로 규정하는 것은 버널이 비판한다고 하는 19세기의 인종주의적 사고를 되풀이하는 것에 불과하다는 것이다. 또 과거의 학자들 가운데 인종주의적 시각에서 오리엔트의 영향을 과소평가한 사람들이 있지만 그런 사람 모두가 인종주의자는 아니라는 것이다.

---

[62] 1960년대에 나일 강 삼각주에서 힉소스족의 수도인 아바리스가 발굴되었다. 그 결과 이들이 레반트의 가나안 지역에서 왔다는 것이 드러났다. 이들은 교역 활동에 종사하고 포도주와 올리브 기름을 주로 취급한 것 같다. 따라서 힉소스족을 아나톨리아 반도에서 그리스에 이르는 광대한 지역을 점령한 호전적인 종족으로 보는 것은 잘못이라는 것이다. R. Pounder, Black Athena II : History without Rules, *American Historical Review*, 97, 1992, p. 463.

《블랙 아테나》 논쟁의 성과

이런 반론 가운데에는 받아들일 수 없는 것도 있으나 타당성이 있는 것도 있다. 신화 해석과 관련된 방법론에 관한 이의는 어느 정도 재고할 필요가 있어 보인다. 또 고고학적인 증거가 더 나와야 한다는 주장[63]은 타당해 보인다.

버널의 언어학적 방법론도 비판을 받고 있다. 아마추어 수준이라는 것이다.[64] 그래서 버널의 책 제3권과 4권이 다 나와야 하고 더 검증을 받을 필요도 있어 보인다. 그러나 그렇다고 하더라도 《블랙 아테나》가 서양 고대사 연구에 미친 큰 영향을 무시할 수는 없다.

그가 그리스에 대한 이집트와 레반트의 기여를 처음 주장한 사람은 아니다. 그러나 그것을 지식사회학과 결합시켰다는 점에서는 첫 시도이고 그 점에서 매우 중요하다. 고전학자들의 전통적인 주장을 더 이상 그 학문적인 편향을 고려하지 않고 받아들일 수는 없게 되었기 때문이다. 이것이 버널의 주된 업적이다.[65]

---

63) B. G. Trigger, Brown Athena : A Postprocessual Goddess?, *Current Anthropology*, V. 33, No. 1, Feb., 1992. pp. 121-123. 고고학자인 트리거는 그리스 식민화에 대한 버널의 책 두 권에서 고고학적인 증거가 불충분하다는 입장이다. 주로 언어학, 신화학적 접근을 했다는 것이다. 따라서 그는 3, 4권의 출간을 기다려보아야 할 것이라고는 하나 버널이 학계의 자기 만족에 다면적인 공격을 가함으로써, 더 개방적이고 역사·문화적인 탈과정고고학의 발전에 중요한 기여를 했다고 말한다.

64) 비판자들은 버널이 언어학에 대해 잘 모르는 비전문가인데도 잘못된 어원학적 증거를 맹신하고 있고 그 중요성을 고고학이나 역사적 증거와 관계없이 높이 평가한다고 공격한다. 그들은 그리스가 이집트어나 셈계 언어의 어원에서 받아들인 단어가 많지 않다고 주장한다. 또 그리스가 받아들였다고 버널이 주장하는 단어 가운데 많은 것이 이름이나 지명, 신화적인 인물의 이름인 명사로 큰 의미가 없다는 것이다. J. H. Jasanoff and A. Nussbaum, Word Games : The Linguistic Evidence in *Black Athena*, in : *Black Athena Revisited*, pp. 177-205. 트리거도 이집트어의 자음 구조만 알려져 있고 그리스어와 고대 이집트어의 소리가 여러 번 바뀌었으므로 두 언어에서 같은 어근을 가진 단어들을 찾는 것은 어렵지 않다고 말한다. B. G. Trigger, 앞의 논문, pp. 122.

65) M. L. Levine, 앞의 논문, p. 444.

그래서 버널을 비난하는 사람들도 19세기 학자들의 반유대주의나 인종주의적 편견에 대한 그의 공격을 논박할 수는 없다는 사실은 인정한다. 그리고 그것은 고고학자나 고대사가들이 학문의 방법이나 동기에 대해 재검토하도록 자극을 주었다.

　그것은 고전학자들이 지금껏 누려오던 특권적 지위를 위태롭게 만들었을 뿐 아니라 그들이 갇혀 있던 폐쇄적인 학문적 장벽을 넘어서도록 했다. 또 고전학을, 근동학(메소포타미아학)과 이집트학으로부터 구분하는 벽도 무너뜨리도록 자극을 주었다. 그리스학의 지위를 상대적으로 약화시킨 것이다.

　결과적으로 그것은 청동기시대의 동부 지중해를 둘러싼 지역의 문화를 이전과는 전혀 다른 방식으로 관찰하게 만들었다. 그 움직임의 방향이나 정도는 별개의 문제이고 아직 더 연구가 진행되어야 하지만 여러 문화 사이의 상호 관계에 대한 관심을 크게 높여준 것이다. [66]

　사실 위에서 말한 카드모스나 다나오스와 관련된 신화 외에 아테네를 세운 페르세우스나 영웅 헤라클레스 등 그리스의 신화 가운데 나오는 많은 인물이 이집트나 페니키아, 리비아(아프리카)인들과 혈연 관계를 맺고 있다. 이것은 로마의 전설적 시조인 아이네이스의 경우도 마찬가지이다. [67] 이런 이야기들은 고대에 지중해 연안이 하

---

66) 이와 관련해 독일 학자인 부르케르트는 언어학적 신화학적 연구를 통해 그리스에 대한 메소포타미아의 영향을 더 강조하고 있다. 또 모리스는 레반트 지역의 영향을 강조한다. 백인 학자들도 점차 이런 주장에 가담하고 있는 것이다. W. Burkert, *The Orientalizing Revolution : Near Eastern Influence on Greek Culture in the Early Archaic Age*, Cambridge, Harvard Univ. Press, 1992 ; S. P. Morris, *Daidalos and the Origins of Greek Art*, Princeton, 1992. 스핑크스 상은 처음에 이집트에서 만들었으나 메소포타미아를 거쳐 그리스로 넘어갔고 가는 곳마다 모습의 변형을 겪었다. 이런 것을 보면 어느 한쪽의 영향보다는 다문화적 교류 모델이 더 어울리는 것 같기도 하다.

나의 통합된 문화적 세계를 형성했었다는 암시일 수도 있다.

그 외에 기원전 5세기의 아이스킬로스나 에우리피데스의 비극들을 보면 그리스인들이 이집트에 대해 매우 큰 관심을 갖고 있었고 이집트와 관련된 이야기가 일상적 대화의 중요한 주제였음을 알 수 있다. 또 헤로도토스는 분명히 이집트에 가본 것 같고 탈레스나 피타고라스 모두 이집트에 가서 공부한 것 같으며 이는 플라톤도 마찬가지이다.

플라톤의 대화편들 가운데에는 이집트와 관련된 이야기가 여러 곳에서 나온다. 그는 자신의 《국가론》이 이집트의 제도를 본떠서 쓴 것임을 다른 사람들이 다 알고 있는데도 자신이 창작했다고 주장해 당시 사람들에게 비웃음을 샀다는[68] 이야기가 전한다. 그가 이집트에 가서 철학을 배워왔을 가능성이 크다는 것이다. 또 기원전 4세기 중반 이소크라테스의 웅변 가운데에도 이상적인 군주로서 이집트 왕 부시리스가 등장한다.

기원전 7세기에서 4세기는 이집트가 문화의 여러 부문에서 큰 활력을 보인 시기이다. 당시 이집트는 분명히 그리스의 상고기(Archaic Age) 조각에 영향을 미쳤다. 또 당시에는 지리적 탐구 정신이 이집트에 넘쳐흐르고 있었다. 또 이집트 의사들은 국제적으로 명망이 높았고 천문학도 높은 수준이었다. 당시의 파피루스를 보면 이집트가 뱀에 대해 과학적인 분류학을 시작한 흔적도 있다. 또 고대 문헌에 대

---

67) M. Keita, Deconstructing the Classical Age : Africa and the Unity of the Mediteranean World, *The Journal of Negro History*, 1994, pp. 149-158. 오흥식 교수도 신화를 통해 다나오스의 가계를 역사적으로 복원하려는 시도를 하고 있다. 이 가계에서 신들을 제외하면 그 혈연 관계가 그대로 나타난다. 이런 혈연 관계의 신뢰성 여부는 더 검토할 필요가 있겠으나 재미있는 연구이다. 오흥식, 〈아르고스 왕 다나오스와 그 후손들〉, 《서양고대사연구》, 제12집, 2003. 6.

68) S. Scully, Whose Greece, *International Journal of the Classical Tradition*, Fall, 1997, V. 4, Issue 2, p. 248.

한 깊은 관심으로 문헌학적 방법론도 발전시켰다.

이런 여러 정황들로 미루어 본다면 고전기 그리스가 이집트나 레반트 지역과 밀접한 관련을 맺고 있었다는 사실은 충분히 그럴듯해 보인다. 아직 충분한 고고학적 증거가 없다는 이유만으로 이런 정황을 모두 배척할 수는 없어 보인다. 이 지역의 고고학이 아직 충분히 발전하지 못했고 연구 방향도 매우 편향적인 것이 사실이니까.

또 당시 이집트나 레반트, 메소포타미아 지역의 문화가 월등히 높은 상황에서 인접해 있는 그리스가 그 문화적 영향을 받지 않고 독자적으로 발전했다는 주장도 별로 설득력이 없어 보인다. 따라서 이런 문제들과 관련해 연구가 더 진행되어야 하나 우선은 버널의 주장을 음미하는 것도 중요해 보인다.

5...

헬레니즘의 극복

헬레니즘 이데올로기의 바른 인식

근대의 헬레니즘이란 그리스인들, 특히 아테네인들이 헬레네스와 바르바로이로 구분한 그리스 중심적 인식 체계를 18세기 이후의 유럽인들이 유럽인 대 비유럽인이라는 더 큰 틀로 확대한 것이다. 그리고 근대 유럽인들이 이런 방식으로 그리스 문명을 수용한 것은 자신의 역사적·문화적 정당성을 확보하기 위해서였다.

그리스 문명을 근대 유럽 문명과 억지로 꿰어 맞추어 그것을 고대 그리스에서부터 계속 이어 내려온 찬란한 문명으로 분식하려 한 것이다. 그리스 문명을 외부의 영향을 별로 받지 않은 하나의 독자적이고 완결된 문화 체계로 보려는 태도도 여기서 비롯된 것이다. 유럽 문명의 우월성과 순수성을 훼손시키지 않기 위해서였다.

이에 따라 많은 인위적인 재구성과 역사 왜곡이 나타나는 것이다. 그러나 완전히 성숙한 채로 제우스의 머리에서 태어났다고 하는 아테나 여신처럼 그리스 문화가 어느 시점에서 완성된 형태로 나타났다고 생각하는 것만큼 반역사적인 가정은 없을 것이다.

사실 문화적 교류가 지속된 동부 지중해에서 인접한 나라들 사이에 문화적 장벽을 구축하고 그것을 두 개의 별개 문화권으로 구분한다는 것은 상식적으로도 맞지 않는 일이다. 그것은 고전 그리스의 많은 학자가 그리스 본토 출신이 아니라 아나톨리아 반도의 해안 지역과 그 인접한 섬들을 가리키는 이오니아 지방에서 온 것으로도 알 수 있다.

또 크세노폰 같은 사람이 대표적이지만 그리스인으로 페르시아에서 활동한 사람도 많다. 페르시아전쟁 당시에도 그리스 편에서 싸우는 그리스인보다도 페르시아 왕 밑에서 싸운 그리스인이 더 많았다. 또 그리스 본토보다는 이탈리아 남부와 시실리 지역을 가리키는 마그나 그레키아에 사는 그리스인이 더 많았다.[69] 따라서 이런 이분법적 문화 구분이 작위적이라는 것은 말할 것도 없다.

18~19세기의 유럽인들이 백인종적이고 유럽적인 그리스를 만들기 위해 종족적으로나 문화적으로 전혀 동질적이 아니며 유럽이라는 문화적 실체가 존재하지도 않던 고대사 전체에 근대 유럽적 관념을 투사한 것이다. 그 결과 현대인들이 고대의 종족적·문화적 혼합성을 이해하지 못하도록 만든 것이다.

그리고 이 날조된 허위의 역사 의식을 가지고 유럽과 비유럽을 나누고, 비유럽인들에게 우월감을 느끼며 차별화했다. 이것으로 많은 피해를 보고 있는 사람들 가운데에는 현재 그리스 땅에서 살고 있는 현대 그리스인들도 포함된다.

오토만 제국 밑에 있던 그리스가 1830년에 독립한 것은 주로 헬레니즘 덕분이다. 유럽의 강대국들이 그리스의 독립을 전폭적으로 지

---

69) E. R. Wolf, *Europe and the People without History*, Berkeley, 1997, p. 5

원했는데 그것은 고대 그리스를 자신들의 문화적 조상으로 편입했기 때문이다. 그리스라는 근대 국가를 만드는 데 고대의 역사가 결정적인 역할을 한 셈이다.

그런데 문제는 현대의 그리스인들 사이에 고대 그리스 문명으로부터 내려오는 종족적·문화적 정체성이 존재하지 않는다는 것이다. 천 수백 년 동안 비잔틴 제국, 오토만 제국 아래에서 다른 여러 종족과 뒤섞여 살아왔고 그리스 정교, 이슬람교 등의 종교와 문화의 영향을 받아왔으니 당연한 일이다.

따라서 영국, 프랑스, 독일 등 유럽인에 의해 졸지에 유럽인이 되기를 강요당한 이들의 처지가 난감한 것은 말할 것도 없다. 그래서 독립한 지 170년이 지난 지금도 이들은 오리엔트와 유럽 사이에서 정체성의 갈등을 겪고 있다.[70]

유럽인이 되는 것이 시세를 보아 유리하기는 하나 과거의 역사가 그들을 잘 놓아주지 않는 것이다. 비역사화한 그리스성을 구현하기 위해서, 그것도 유럽인들을 위해, 자신의 역사성을 침해당하고 훼손당하고 있는 것이다. 역사에 대한 폭력 행위라 할 것이다.

사실 유럽의 어원인 에우로페가 페니키아 공주라는 사실만큼 헬레니즘의 작위성을 역설적으로 보여주는 예는 없을 것이다. 그들이 그렇게 배제하고 분리시키려 애쓰는 오리엔트의 문화적 상징 체계 안에 자신들이 속해 있기 때문이다. 그러니 그런 태도가 얼마나 우스꽝스러운 일인가는 말할 필요도 없다.

따라서 헬레니즘의 이데올로기성을 잘 인식할 필요가 있다. 그것은 그리스뿐 아니라 고대 동방 문명, 나아가 근대로 이어지는 서양사

---

70) C. Tsoukalas, European Modernity and Greek National Identity, *Journal of Southern Europe and the Balkans*, Vol. 1, No. 1, 1999, p. 10.

전체의 모습을 제대로 이해할 수 있게 하는 가장 중요한 바탕의 하나이다.

그리스의 역사상을 바로 세워야

미화되고 이상화된 그리스를 제자리로 돌려놓는 것이 우선 중요하다. 과장되고 왜곡된 그리스의 역사상을 바로잡아야 한다는 것이다. 사실 고대 그리스는 찬란함과 아름다움도 보여주지만 동시에 잔인함과 탐욕, 어리석음, 미신, 전쟁, 배신으로 가득 찬 세계이기도 하다. 다른 어느 나라 역사와도 별로 다르지 않다.

지난 200년 동안 아테네와 관련된 연구 가운데 상당 부분이 민주주의나 자유와 관련된 주제에 바쳐졌다. 그러나 아테네의 민주정은 그 자체가 혼란과 무질서로 잘 알려져 있지만 다른 나라에까지 아테네식의 정체를 강요하는 제국주의적 태도와 긴밀하게 연관되어 있다.

미국이 후세인의 독재로부터 이라크를 해방시킨다는 명분을 내걸고 이라크를 공격한 것과 똑같은 짓을 아테네는 이미 근 2,400년 전에 저질렀다. 이에는 당연히 대량 살육이 뒤따랐다. 가혹한 노예제나 저질의 동성애도 그리스 사회의 또 다른 추악한 모습들이다. 그럼에도 이런 많은 부정적인 모습이 은폐되고 있다. 그러니 일반인들이 그리스의 실상을 제대로 알기가 어려운 것은 당연하다.

최근에 와서 헬레니즘에 대한 비판이 제기되며 그리스 문명의 이상화된 모습에 대한 자기 반성도 나타나기 시작하고 있다. 그것은 고고학에서부터 정치, 법률, 생활사, 미술 등 모든 부문에 걸쳐 있다. 그래서 그리스인들의 본래 모습이 조금씩 드러나고 있다. 간단히 몇 가지 예를 들어보자.

한 연구는 아테네의 엘리트 집단과 그들의 오락에 대해 연구함으로써 그들의 전통적인 상을 깨고 있다. 아테네인의 전통적인 상은 근엄하며 아름다움을 관조하고 폴리스 일에 전념하는 시민들의 모습이다. 그러나 여기에서 묘사되는 아테네인들은 먹는 것과 색에 탐닉하는 쾌락주의자들의 모습이다. 이전에는 간과되었던 그리스인들의 새로운 모습이 부각되고 있는 것이다.[71]

법의 지배라는 말도 오해의 소지가 많다. 서양 사람들은 그리스의 법의 지배와 오리엔트의 무법을 대비시키나 그리스에서 사용되던 법의 의미와 근대 유럽에서 사용되던 법의 의미가 다르기 때문이다. 고대 그리스에서 통용되던 법의 지배라는 의미는 집정관이 사회에 과할 수 있는 감독권을 정당화하는 법적인 틀이다. 반면 근대 서양에서 법의 지배는 개인에 대한 국가의 강제력을 제한하는 것을 의미한다.[72]

미술도 문제이다. 그리스의 상고기의 조각에 비해 고전기 조각이 표현에서 자연스러운 모습을 보이는 것은 사실이다. 그래서 고전기 조각은 일반적으로 자연주의로 변화함으로써 자율적인 미술을 발전시켰다든가, 오리엔트 문화를 특징짓는 신정적인 종교적 억압에서 해방으로 이해된다.[73]

그러나 고전기 조각 역시 종교적 신상 조각이라는 것을 고려한다면 이런 해석은 오해의 소지가 많다. 사실 상고기의 '도식적' 조각과 고전기의 '자연주의적' 조각의 차이는 두 시대 사이의 관습적, 문화적, 자의적 성격의 차이이기 때문이다.[74] 따라서 근대 유럽의 자연주

---

71) J. N. Davidson, *Courtesans and Fishcakes : The Consuming Passions of Classical Athens*, London, 1997.

72) D. Cohen, *Law, Violence and Community in Classical Athens*, Cambridge, 1995. p. 39.

73) J. Tanner, Nature, Culture and the Body in Classical Greek Religious Art, *World Archaeology* Vol. 33(2), 2001, p. 259

74) 같은 논문, p. 280.

의적이고 사실주의적 예술을 절대적 기준으로 그 차이를 설명하는 것은 정당하지 않다.

이는 그리스인들이 묘사하기를 즐긴 인간의 나체를 보는 관점과 관련해서도 마찬가지이다. 보통 나체를 그리스인들의 자유와 관련시키나 그것도 새롭게 볼 필요가 있다. 나체는 경기 같은 영웅적 행위를 할 때 남자들이 입는 '옷'으로 볼 수 있다는 주장이 제기되고 있는 것이다. 그렇게 보면 '나체'는 남성에게만 허용됨으로써, 옷 '벗은' 남성과 옷 '입은' 여성의 지배와 예속 관계를 은연중에 보여주는 사회적 장치가 될 수도 있다.[75] 이는 도기 그림에서 많이 나타나는 옷 벗은 그리스인과 옷 입은 야만인과의 관계에서도 마찬가지로 나타나는 현상이다. 비단 이런 문제만이 아니다. 수많은 문제가 재해석의 여지를 남기고 있다.

그리스의 바른 인식은 바른 세계사 인식의 단초

우리가 지난 세기 동안 서양인들이 만든 이런 왜곡된 그리스 상을 별 비판 없이 받아들이며 그리스에 대한 우리의 생각이나 관점도 서양인들과 별 다를 바가 없게 되었다. 그래서 한국의 지식인 가운데에도 서양 사람들과 같이 그리스를 이상화하고 좋아하는 사람들이 많다. 또 중등학교나 대학에서도 그렇게 가르치고 배우니 일반인들의 태도는 더 말할 필요가 없다.

그러나 서양인의 경우는 자기네 역사를 분식시키려 하니 그렇다 하고 우리까지 덩달아 나서 그리스를 동경하고 칭송하는 것은 이해

---

75) L. Bofante, Nudity as a Costume in Classical Art, *American Journal of Archaeology*, Vol. 93, No. 4, Oct., 1989, pp. 543–570 ; A. Stewart, *Art, Desire and the Body in Ancient Greece*, Cambridge, New York, Melbourne, 1997 참조.

할 수 없는 노릇이다. 그리스를 칭송한다는 것은 헬레니즘이라는 이데올로기의 속성에 비추어 보면 비유럽인인 우리의 자기부정에 불과하기 때문이다.

그리스에 대한 인식이 중요한 것은 그 역사상이 왜곡되어서만은 아니다. 더 큰 문제는 서양인들이 그리스를 지렛대로 해서 세계를 보는 방식을 만들어낸 것과 관련이 있다. 따라서 그리스를 바르게 이해함으로써 유럽인들이 구축해놓은 이분법적인 세계사 인식의 잘못된 틀을 넘어서야 한다.

최근 몇 년 사이 한국 사회에는 그리스 신화 열풍이 불고 있다. 그래서 그리스 신화와 관련된 갖가지 책이나 만화가 쏟아져 나오고 있다. 그것은 요사이 청소년 사이의 환타지 열풍과 관련되어 있는 것이지만 어린 시절의 감수성을 그리스 신화로 채색시킨다는 것은 상당히 문제가 있다.

사실 그리스 신화도 헬레니즘의 중요한 한 요소이다. 그리스 신화는 주로 올림포스 산에 산다고 여겨진 12신과 관련된 이야기가 많이 알려져 있다. 이 신들은 매우 아름답고 세련되게 묘사되어 그야말로 신화적인 분위기를 풍긴다. 그래서 매력적이다. 그것이 영상 매체 시대인 최근의 분위기와 맞물리며 선풍을 일으키고 있는 것이다.

그러나 그리스 신화는 당대부터 계속적으로 다듬어져온 것이다. 플라톤 같은 철학자를 포함해 많은 사람이 신화 만들기에 참여했고 정치가들은 그것을 정치 선전적인 목적으로 이용하기도 했다. 그것은 담론 형태를 통해 전사적(戰士的)이고 제국주의적인 귀족 사회를 반영하는 가치나 신념, 규칙, 규제, 관습, 실천을 간접적으로 재생산한 것이다.[76] 따라서 그리스 신화를 문학으로서만이 아니라 그것이

---

76) W. B. Tyrrell & F. S. Brown, *Athenian Myths & Institutions*, New York, 1991. p. vii, p. 9.

만들어진 사회와 관련해 접근할 필요가 있다.

또 19세기 이후에는 근대 유럽 문화와 기독교적 세계관에 맞추어 상당 부분이 윤색되었다. 따라서 인간적인 측면이나 도덕적인 측면이 강화되었다. 실제의 그리스 종교나 신화는 대중적인 서적들을 통해 일반적으로 알려진 것보다는 더 거칠고 야만스럽고 조잡스런 모습들을 보여준다.[77]

그리스 신화에 대한 대중적인 해설 책을 써서 크게 성공한 한 아마추어 그리스 신화 연구가의 책에는 '그리스 신화의 최고 권위자'라는 문구가 붙어 있다. 무엇을 보고 권위자라고 하는지는 기준에 따라 다르겠으나 그것이 우리의 얕은 학문적 수준을 보여주는 예 가운데 하나라면 모두가 크게 자성해야 할 일이다.

근대 유럽인이 만들어낸 헬레니즘은 앞에서 보았듯이 고대 그리스에 대한 근대 유럽인들의 일방적인 구애와 어색한 포용이다. 서양인들에게도 그것이 자연스럽지 못한데 비서양인들이 그런 행위를 할 때 그 모습이 얼마나 부자연스럽고 어색할 것인가는 말할 필요도 없다. 잘 생각해볼 일이다.

---

77) 19세기 이래 널리 읽혀지는 대표적인 대중적 그리스 신화 책은 19세기 중반에 미국인 불핀치가 편집한 것이나 그것은 단순화되고 도덕적으로 어느 정도 위생 처리가 된 것이다. T. Bulfinch, *The Age of Fable*, New York, 1855.

4장

유럽의 중세도시와 자유

1...
'중세도시의 자유'라는 이데올로기

'중세도시의 자유'

유럽의 중세도시가 자유로웠다는 것은 오랫동안 서양 중세사를 지배해온 이데올로기이다. 도시들이 왕이나 주변의 봉건 영주로부터 자유로운 독립적 집합체였고, 그곳에서 도시민들은 자유롭게 상업이나 수공업에 종사할 수 있었고 그래서 도시를 중심으로 자본주의의 싹이 틀 수 있었다는 것이다.

또 도시가 발전시킨 자유는 근대 서양이 보여주는 정치적 자유의 기초가 되었다고도 주장된다. 그 전통이 근대에 들어와 유럽에서 민주주의가 발전하는 데 결정적인 요인이 되었다는 것이다.

그러나 중세도시에 대한 이런 찬미는 중세 시대에만 그치는 것은 아니다. 그것은 고대까지 소급된다. 도시의 전통이 그리스의 폴리스에서 로마의 도시를 거쳐, 이탈리아의 코무네(Comune), 북유럽의 중세도시, 근대 유럽의 도시로 연결되며 유럽 문명의 한 독특한 특징을 만들어낸다고 믿기 때문이다. 그래서 자유로운 도시의 발전은 고대부터 현대까지 유럽과 비유럽을 구분하는 날카로운 선이 된다.

이런 주장은 19세기부터 서양 사람들이 계속해온 것이지만 아직도 서양의 많은 역사가나 일반인에게 큰 영향력을 갖고 있다. 따라서 같은 주장이 되풀이되고 있다. 물론 이런 주장이 사실이라면 서양 역사에서 중세도시가 차지하는 위치는 말할 필요도 없이 막중하고 서양인들이 자신들의 역사 인식에서 중세도시를 매우 중요하게 다루는 것도 이해할 수 있다.

그러나 이런 주장에는 사실 심각한 문제점이 있다. 그것이 유럽 도시에 대한 미화, 과장뿐 아니라 비유럽 도시에 대한 잘못된 이해와 편견 위에 서 있기 때문이다. 연구가 진전되며 최근에 와서 유럽 도시와 비유럽 도시에 대한 전통적인 견해에서 오류가 많이 밝혀지고 있고 중세도시에 대한 인식도 조금씩 변화를 보이고 있는 것은 사실이다.

그럼에도 아직도 많은 유럽중심주의적 역사가들은 이 낡은 명제를 지키려 부심하고 있다. 또 그런 태도가 짧은 시간 안에 변할 것 같지도 않다. 이런 견해를 그대로 받아들이는 국내의 연구자도 아직 많다. 따라서 이런 주장의 허구성과 이데올로기성을 폭로하는 것은 유럽중심주의적 서양사 해석을 분쇄하는 하나의 중요한 고리가 된다. 이것이 우리가 유럽 중세도시에 더 관심을 가질 필요가 있는 이유이다. 그러면 먼저 이런 해석을 주도한 몇 사람의 주장을 살펴보자.

피렌느와 도시·농촌의 이중성

유럽의 중세도시는 19세기부터 이데올로기적으로 채색되었다. 정치적인 측면에서 접근한 19세기 역사가들은, 특히 프랑스인들이 그렇지만, 프랑스혁명을 주도한 부르주아지의 기원을 중세도시에서 찾았다. 중세의 도시 자치를 위한 코뮌 운동은 봉건제를 타도하려는 혁명적인 성격을 띤 것으로 이에 의해 도시의 자유가 쟁취되었다는 것이다. 이렇게 보면 중세도시는 근대의 정치적 자유를 위해 중요한 기여를 한 셈이다.

반면 마르크스나 그의 많은 추종자는 경제적인 측면에서 이에 접근했다. 도시를 중심으로 상업이나 수공업이 발전하며 이것이 결국 봉건적인 농촌 사회를 변화시키고 자본주의의 기틀을 마련했다는 것이다. 따라서 도시와 농촌의 상호 작용은 봉건제에서 자본주의로 이행함에 관한 주된 연구 주제가 되었다.

마르크스주의자는 아니지만 20세기에 들어와 경제적인 측면에서 그런 작업을 상당히 포괄적으로 수행하여 중세도시의 상을 새롭게 그려낸 인물이 벨기에의 유명한 중세사학자인 앙리 피렌느(H. Pirenne)이다. 그가 1925년에 발간한 《중세도시》[1]는 그런 의미에서 고전적인 업적이다.

그는 9세기에 이슬람 세력이 확대되며 유럽 경제가 쇠퇴했고 따라서 도시도 크게 쇠퇴했다고 생각한다. 도시가 다시 흥기하는 것은 11세기 이후이다. 그는 도시를 구성하는 두 요건을 상인이나 수공업자로 구성되는 도시민과 자율적인 도시 공동체인 코뮌 조직이라고 생각했다. 이런 기준에서 보면 군사적 요새나 종교적 기능을 위한 도시는 도시가 아니다. 경제적 기능이 없기 때문이다.

그러므로 로마가 멸망한 후에도 살아남은 많은 주교좌 도시(civitas)는 피렌느에게는 '이름'만의 도시이지 진정한 도시는 아니었다. 매주 장이 열리고, 매년 정기 시장이 열리는 곳도 있지만 교회 권

---

1) H. Pirenne(Trans. by F. D. Halsey), *Medieval Cities : Their Origins and the Revival of Trade*, Princeton, 1925. 이 책은 피렌느가 1922년에 미국 여러 대학에서 한 강연 내용을 정리한 것이다. 이 책은 강일휴 역, 《중세 유럽의 도시》로 출간되었다.

력과 세속 권력을 함께 가진 주교가 도시를 지배했기 때문이었다. 나중에 많은 중세도시가 이 위에서 발전하기는 하지만 그는 이것은 도시가 아니라고 생각했다.

또 노르만족 등의 외침을 막기 위해 9세기 이후 생긴 요새 도시 (Burgus)는 인구도 적을 뿐 아니라 그것도 주로 기사나 성직자, 그들에 봉사하는 사람들로 구성되어 있었다. 또 외부에 경제적으로 의존함으로써 독자적인 생산 활동도 하지 않았다. 그래서 그는 이 시기에는 사회적 · 경제적 · 법적인 의미에서 도시가 없었다고 주장한다.[2]

도시가 제대로 발전하는 것은 11세기의 '경제적 르네상스' 이후이다. 원거리 교역의 발전으로 옛 로마 도시들이 다시 활기를 되찾고, 상인들이 군사적 요새 주변이나 교역 중심지에 새로 도시를 만들며 중세도시가 생기기 시작했다.

여기에서 중요한 것은 부르주아지라는 새로운 도시민 집단의 출현이다. 이들은 자신을 농노제의 예속에서 벗어나게 해줄 인신(人身)의 자유, 여러 봉건적 관할권에서 벗어나게 해줄 자신만의 도시법과 법정, 자유로운 재산권의 확보, 시민들의 자율적 공동체인 코뮌을 만들기 위해 투쟁했고 그 일에 성공했다. 그리하여 자유로운 도시가 만들어졌다는 것이다.

말하자면 도시란 왕이나 영주들의 간섭을 받지 않는, 상인들을 중심으로 하는 공동체인 셈이다. 그리고 이 점에서 도시는 봉건적 질서에 얽매인 농촌과는 그 성격이 근본적으로 달랐다. 피렌느가 강조하려는 것이 바로 도시와 농촌의 이 이중성이다. 그로 인해 도시가 농업적인 중세 봉건 사회의 틀을 해체시키는 중요한 동인이 될 수 있었다는 것이다.

---

2) 앙리 피렌느(강일휴 역), 《중세 유럽의 도시》, 신서원, 1997, p. 68.

베버와 《도시》

피렌느의 핵심적인 주장을 받아들여 이를 정밀하게 이론화하고 비유럽 도시와 비교사적으로 고찰함으로써 유럽 중세도시의 특징을 더 선명하게 드러내려고 애쓴 인물이 막스 베버이다. 그가 쓴 《도시》[3]가 바로 그 노고의 산물이다.

베버도 피렌느와 마찬가지로 도시가 도시로 되기 위해서는 '도시적 공동체'가 되어야 한다고 생각했다. 이를 위해 도시는 행정 수도 이상의 어떤 기능이 있어야 하고 상업적인 성격이 우위를 차지해야 한다고 믿었다. 도시로 되기 위한 특징을 그는 성벽, 시장, 법정과 최소한 부분적으로라도 자율적인 법, 이와 관련된 조직, 도시가 최소한 부분적이라도 자율성과 독립성을 가지도록 도시 행정 대표 선출에 시민이 참여할 수 있을 것,[4] 이 다섯 가지로 요약했다.

그가 서양 중세도시에서 가장 강조한 것은 도시의 자유와 자율성 부분이다. 먼저 자유와 관련해 중요한 것은 개인의 법적인 조건이다. 영주들은 도시가 그들에게 원거리 교역이나 상업을 통해 상대적으로 지속적인 수입을 올리는 기회를 제공하므로 도시민들에게 농노와는 다른 자유를 허용한다. 따라서 시민들은 시민권을 얻게 되면 영주에 대한 인신적인 예속에서 벗어나 법적인 자유를 얻게 된다.[5]

또 하나 중요한 것이 재산권에 관한 문제이다. 도시가 형성되며 도시 안의 토지 재산에 적용되는 법과 농촌 지역의 토지에 적용되는 법

---

3) M. Weber(Trans. and edit. by D. Martindale & G. Neuwirth), *The City*, New York, 1958. 이 글은 처음에 잡지인 *Archiv für Sozialwissenschaft und Sozialpolitik*, V. 47, 1921에 실렸고 단행본인 *Wirtschaft und Gesellschaft*, Tübingen, 1956에 마지막 장으로 실렸다. 이 책의 영역판으로는 G. Roth & C. Wittich(ed.), *Economy and Society*, Berkeley, 1978이 있다.
4) M. Weber, *The City*, New York, 1966, pp. 80-81.
5) 같은 책, p. 94.

은 달라졌다. 그래서 시민은 항상 토지 재산을 제한 없이 양도하는 것이 가능했고 또 상속할 수도 있었다. 그리고 토지를 소유한다고 해도 장원에서 농노가 보유하는 토지에 부역이 따르는 것과 달리 고정된 재산세만을 내면 되었다. 이 개인 재산권이야 말로 서양에서 자본주의가 발전할 수 있는 법적 기초가 되었다는 것이다.

세 번째는 도시의 자율성이다. 도시민들은 행정을 담당하는 사람들을 직접 선출한다. 또 도시에만 적용되는 합리적인 법을 만든다. 그리하여 도시는 왕이나 영주들의 간섭에서 벗어난 도시민들의 자율적인 공동체가 된다는 것이다. 이것이 서양의 정치적 자유의 기초가 되었다고 그는 믿었다.[6]

그는 동양의 도시가 유럽 도시에 비해 규모가 엄청나게 크다는 것은 인정했다. 그러나 유럽의 도시가 보여주는 이런 도시의 본질에 비추어 본다면 동양의 도시는 진짜가 아닌 '가짜' 도시일 뿐이었다.

특히 그는 오리엔트나 인도보다도 중국의 도시에 대해 부정적인 견해를 가졌다. 오리엔트의 도시와도 달리 중국의 도시는 도시 공동체를 전혀 발전시키지 못했다고 믿었기 때문이다.[7] 중앙 행정의 힘이 너무 커서 도시의 자율성이 허용되지 않았다는 것이다.

그러므로 중국의 도시는 주로 행정 도시나 군사 요새의 기능을 갖는다. 도시가 왕공(王公)들의 거소가 되는 것이다. 따라서 경제도 큰 제약을 받지 않을 수 없었고 그 경제적 번영은 도시민들의 기업 정신에 의존하는 경제 발전 때문이 아니라 제국 행정의 부산물에 불과했다[8]는 것이다.

결과적으로 중국에서 도시가 나타나는 것은 경제 변화 과정의 자

---

6) 같은 책, p. 95.
7) 그는 아시아나 아프리카에서도 코뮌의 예비 단계는 나타나나 시민권의 법적인 지위에 대해서는 아무것도 몰랐다고 말한다. 같은 책. p. 96 참조.

연적인 산물로서가 아니라 제국 통치자의 의식적인 계획의 일부였고, 도시 내에 공동체적 원리가 있다 해도 그것은 단지 도시 인구의 일부인 친족 집단이나 길드에서만 가능했고 유럽에서와 같이 도시민의 특수한 신분을 나타내는 시민권이라는 것이 존재하지 않았다. 친족 집단의 견고성이 도시 공동체를 불가능하게 했다는 것이다. 도시보다는 오히려 농촌 마을이 자치적인 성격이 강했다고 그는 생각했다.[9]

20세기 후반의 역사가들

이런 생각은 20세기 후반 역사가들의 경우도 마찬가지이다. 중세사가인 포스턴(M. M. Postan)은 "(중세도시는) 봉건적인 바다의 비봉건적인 섬이었다. 그곳에서 상인들은 함께 붙어살고 스스로를 집단적으로 방어했을 뿐 아니라 지방 행정 체계와 법의 지배, 봉건 체제의 자의에서 벗어날 수 있는 신분을 발전시킬 수 있었고 또 그것을 누렸다"[10]고 주장했다.

브로델(F. Braudel)도 비슷한 이야기를 하고 있다. "13~14세기에 지어진 많은 서양 도시의 석조 성벽은 독립과 자유를 향한 의식적인 노력의 외적인 상징"이었다. "서양은 곧 세계의 일종의 사치품이 되었다. 그곳의 도시들은 다른 어느 곳에서도 발견할 수 없는 위치에

---

8) 베버의 이런 주장은 1960년대까지 서양인들이 중국의 도시를 이해하는 방식에 결정적인 영향을 미쳤다. E. Balazs, W. Eberhard, R. Murphey 등 많은 사람이 이런 식으로 중국 도시에 접근했다. 특히 R. Murphey, The City as a Center of Change : Western Europe and China, in : *Annals of the Association of American Geographers*, Vol. 44, No. 4, 1954, pp. 349-362를 참조하라.
9) M. Weber, 앞의 책, p. 84.
10) M. M. Postan, *The Medieval Economy and Society*, Berkeley, 1975, 2nd ed., p. 212.

올라갔다. 그것이 유럽의 위대성을 만들었다."

"무엇이 세계의 다른 도시들이 이 같은 상대적인 자유를 누리지 못하게 했을까? 같은 문제의 다른 측면을 본다면 왜 변화가 서양 도시들 운명의 놀라운 특징이 되었고 다른 도시들은 상대적으로 역사가 없거나 오랜 기간의 부동성 속에 차단되어 있었을까?"[11]

"도시는 결코 꺼지지 않는 원동기였다. 그것은 유럽의 첫 진보를 이끌었고 자유로 보상을 받았다". "이 특권적인 중심들에서 초기 자본주의가 원거리 교역의 결과로 승리를 거뒀다."[12]

그는 이렇게 유럽의 도시를 찬양했는데, 놀라운 점은 그가 최근의 연구 성과를 참고한 것이 아니라 마르크스, 좀바르트, 베버 같은 옛날 사람들의 주장을 그대로 받아들였다는 것이다. 그러니 같은 이야기를 되풀이할 수밖에 없었던 것이다. 프랑스 아날 학파의 대표적인 역사가인 그의 이런 태도는 참으로 이해할 수 없는 것이다.

그러니 더 노골적인 유럽중심주의자의 경우 그 주장이 이런 상투성에서 벗어나지 못하는 것은 탓할 필요조차 없을지도 모르겠다. 랜디스의 견해를 들어보자.

"코뮌과 같은 것은 서유럽 외에 어디에서도 나타나지 않았다. 코뮌의 본질은 무엇보다도 우선 경제적 기능에 있다. 이 단위는 상인의, 상인에 의한, 상인을 위한 정부이다. 둘째는 그 주민들에게 사회적 지위와 정치적 권리를 부여할 수 있는 능력인 …… 그 예외적인 시민적 힘이다. 이것이 도시를 자유로 나아가는 통로로 만들었다. …… 도시는 사람을 끄는 곳, 피신처, 농촌과의 교역의 교차점이 되

11) F. Braudel, *The Structures of Everyday Life : Civilization and Capitalism 15th–18th Century*, Vol. 1, New York, 1981, p. 492, pp. 509–512.

12) F. Braudel, *A History of Civilizations*, New York, 1995, pp. 319–320.

13) D. S. Landes, *The Wealth and Poverty of Nations*, New York, 1999, pp. 36–37.

었다."[13] 그러면 이제 유럽 중세도시로 들어가기 전에 먼저 그것에 접근하는 방법에 대해 생각해보자.

2...

중세도시에
어떻게 접근해야 하나?

도시와 농촌의 이중성

중세도시를 이해하기 위해서는 그것이 어떤 정치·사회적 환경 속에서 존재했는가를 알아야 한다. 도시가 봉건적인 농업 사회의 경제, 사회, 정치, 이념적 구조 속에서 어떤 위치를 차지했었는가를 이해할 필요가 있는 것이다.

중세도시의 진보적 성격을 주장하는 사람들은 앞에서도 보았듯이 도시와 농촌이 서로 다른 독특한 성격을 가졌고 도시가 성장하며 결국 봉건적인 농촌 사회를 붕괴시키는 데 결정적인 역할을 한 것으로 주장한다. 이런 해석은 피렌느가 했듯 유럽의 중세 사회를 봉건적인 농촌과 비봉건적인 도시로 구분되는 '이중적 사회'로 파악하는 것이다.

도시가 교환의 장소로서 노동 분업을 발전시키게 되고 그리하여 물질적 진보를 가져오고 나중에 자본주의를 발전시키는 동력이 되었다는 것이다.[14] 말하자면 도시는 봉건적인 중세 사회 질서의 외부에 존재했다는 것이다.

그러나 이런 전통적인 주장은 여러 어려움에 부딪쳐 있다. 실제로 도시와 그 주변의 농촌 사회가 똑 떨어지게 구분되지 않기 때문이다. 그리고 만약 도시가 '봉건적인 바다의 비봉건적인 섬'이었다면, 또 그 경제적·사회적·정치적 이해 관계가 봉건 지배 계급의 이익과 배치되었다면, 그것이 봉건제에서 자본주의로 이행하는 추동력, 또는 부르주아 혁명의 동력이 되었을지는 의문이기 때문이다.

이런 인식의 결과로 최근에는 이런 이분법적 구분이 상당히 완화되고 있다. 따라서 도시의 특수한 특징만을 찾으려는 태도에서 벗어나 도시를 봉건 사회 전체 틀 안에서 보아야 하고, 또 도시와 농촌에서 다 같이 발견되는 봉건제의 경제, 사회, 정치, 이념적 구조를 검토할 필요가 있다[15]는 주장도 나오고 있다.

또 중세도시가 과연 자본주의의 맹아 구실을 할 수 있었는가도 역시 다시 생각해보아야 한다. 당시의 현저하게 작은 도시의 규모나 수로 볼 때 그것이 농촌에 영향을 미치고 봉건적 체제를 해체시킬 정도가 될 수 있었을지도 의심스럽기 때문이다. 이 문제도 역시 중세 사회 전체의 구조 속에서 살펴보고 판단해야 한다. 또 근대 초 도시의 변모도 같이 살펴볼 필요가 있다.

도시의 개념, 도시의 자유, 도시의 자율성

중세 시대 유럽 도시의 규모나 성격은 천차만별이다. 인구 수백 명의 도시부터 근 10만 명의 대도시까지 다양하다. 그러면 인구 수백

---

14) J. Langton & G. Hoppe, *Town and Country in the Developement of Early Modern Western Europe*, Norwich, 1983, pp. 3-6. 애덤 스미스, 리카도, 마르크스를 포함한 많은 마르크스주의자들, 피렌느, 베버, 폴라니(K. Polanyi), 그리고 브로델을 포함한 아날 학파가 이런 입장이다.

15) R. H. Hilton, *English and French Towns in Feudal Society*, Cambridge, 1995, p. 9.

명의 거주지를 도시라고 할 수 있을까? 사실 그런 작은 도시에서의 생활은 주변 농촌 마을에서와 크게 차이가 나는 것도 아니기 때문이다.

그러나 도시와 비도시의 구분은 인구나 기능보다는 그것이 갖고 있는 특수한 정치적 · 경제적 특권과 관련해 판단해야 한다[16]는 주장도 일리가 없는 것이 아니다. 인구가 수백 명에서 2,000~3,000명 이하의 작은 도시라 할지라도 왕이나 영주로부터 특허장을 받음으로써 어떤 정치적 · 경제적 특권을 갖는 도시라는 특징을 어느 정도는 지니기 때문이다.

그렇다고 이런 식으로만 중세도시를 규정하면 비교사적으로 문제가 생긴다. 독일 지역의 도시는 수천 개가 되나 영국이나 프랑스의 경우는 그보다 훨씬 적은 수백 개 수준이므로 형평이 유지될 수 없는 것이다. 그러므로 특허장은 없더라도 실제로 도시 기능을 갖는 시장 마을도 도시에 편입시킬 필요가 있다.

상대적으로 인구가 조밀하고 항구적인 거주 지역, 비농업 인구의 본질적인 비율, 주민들의 직업 활동의 다양성 정도에 따라 시장 마을도 도시에 편입시킬 필요가 있다는 것이다. 이런 측면에서 보자면 특허장이나 도시 제도를 제대로 갖추고 있는 도시는 전체 도시의 일부분에 지나지 않는다.[17]

그러면 여러 가지 특권을 부여받은 도시민들은 과연 자유로웠는가? 이는 도시민이 시민권을 얻음으로써 갖게 되는 인신적인 자유, 또 도시민에게만 적용되는 법과 법정, 도시 내에서의 재산 소유권과 양도권 등과 관련되는 문제이다. 과연 도시가 특허장을 얻음으로써 갖게 되는 이런 자유는 어떤 성격을 갖고 있는 것이고 그 한계는 어

16) C. R. Friedrichs, *The Early Modern City : 1450-1750*, New York, 1995, p. 20.
17) R. Holt, Introduction : The English Town in the Middle Ages, in : R. Holt & G. Rosser(ed), *The Medieval Town : 1200-1540*, New York, 1995, p. 3.

떤 것인가?

또 독일 속담에서 이야기하듯 '도시의 공기가 사람을 자유롭게(Stadtluft macht frei)' 하므로 누구나 도시로 도망 오기만 하면 농촌적인 봉건적 지배 관계에서 벗어날 수 있었는지, 도시에 들어오는 사람은 누구나 시민권을 얻을 수 있었는지, 또 도시민 사이에 평등은 유지되었는지[18] 이런 문제도 검토해야 한다.

도시가 왕이나 봉건 영주에 대항해 독립성이나 자율성을 누릴 수 있었는지도 중요한 문제이다. 이를 제대로 알기 위해서는 중세도시 내에서 왕이나 봉건 영주들, 주교들이 갖고 있던 법적 관할권과 도시법과의 관계를 검토해야 한다.

또 도시의 자율성이 일부 확보되었다고 한다면 그것이 근대에 들어와 국가가 팽창하며 어떤 변화 과정을 거쳤는지도 생각해보아야 한다. 이는 도시의 자유가 근대에 와서 유럽의 정치적 자유나 민주주의와 연결되어 설명되기 때문에 중요하다. 그러면 이런 문제를 유럽 도시의 구체적인 모습 속에서 살펴보자.

---

18) J. Roebuk, *The Shaping of Urban Society*, New York, 1974. pp. 61-68.
전통적인 도시사가들과 같이 로벅도 많은 지역에서 농촌으로부터 도망친 농노는 도시에서 1년 1일을 거주하면 법률이나 관습에 의해 자유인이 되고 따라서 모든 도시민과 똑같은 특권을 부여받았다고 주장한다.

3...

잉글랜드와 프랑스의
중세도시

잉글랜드의 도시와 영주권

잉글랜드는 중세 시대에 도시가 별로 발달하지 못한 곳이다. 11세기부터 도시가 생기기 시작했고 1086년에는 112개의 도시(borough)와, 시장이 열리며 비교적 비농업 인구가 많은 농촌 마을인 시장 도시가 44개 있었다.

1377년의 인두세(人頭稅) 대장을 근거로 하면 런던의 인구는 4만 5,000~5만 명이었고, 인구 8,000~1만 5,000명인 도시가 4개, 5,000~8,000명인 도시가 8개, 2,000~5,000명인 도시가 27개이고 500~2,000명 사이의 도시가 500개 정도 되었던 것으로 추정된다.[19] 많은 시장 도시가 포함된 이 도시 대부분의 인구는 1,500명 이하로 도시의 규모가 매우 작다. 그 대부분은 봉건 영주들이 만든 것이고 영주의 대리인이 도시의 법정을 지배했다.

---

19) R. H. Hilton, Towns in English Medieval Society, in : R. Holt & G. Rosser, 앞의 책, p. 22.

11세기의 상황은 다행히 1066년에 잉글랜드를 정복하여 왕이 된 프랑스의 노르망디 공작 윌리엄이 1086년에 만든 국세 조사 대장인 둠즈데이북(Domesday Book)이 남아 있어서 제법 알 수 있다.[20] 이 기록에는 70개 정도의 도시에 대한 내용이 기록되어 있다. 정복 이전인 1066년 에드워드 왕 때 그 대부분의 도시는 매년 세금(farm)을 바쳤는데 그 2/3는 왕에게 갔고 1/3은 도시가 있는 곳의 지방 행정 단위인 주(shire)를 다스리는 백작에게 갔다. 백작도 영주이기는 하지만 왕의 행정관 성격이 강했다.

　　1086년에는 백작에게 바치던 1/3의 세금이 사라졌고 세금의 대부분을 왕에게 바쳤을 뿐 아니라 그 액수도 대폭 늘어났다. 옥스포드 시의 경우 왕에게 20파운드, 백작에게 10파운드씩을 바쳤는데 이제 총 60파운드를 왕에게 바쳐야 했다. 그러니까 에드워드 때에도 도시에 대한 왕의 권한이 매우 컸지만 정복왕 때 와서 그 관리가 더 엄격해진 것이다.

　　둠즈데이북에 따르면 한 도시 안에 여러 영주가 토지 소유권을 갖는 것은 일반적인 현상이었다. 1086년에 잉글랜드 도시의 약 70%는 왕에게 직접 소속된 도시였고 이는 중세 전성기에도 별 차이가 없다.

　　이 도시들의 가장 큰 영주는 왕이었지만 도시 주변의 많은 영주들도 토지 소유권을 나눠 가지고 있었다. 옥스포드 시의 경우 캔터베리 대주교, 윈체스터 주교, 링컨 주교, 바이외 주교, 크탄스 주교, 성 에먼드 수도원장, 애빙던 수도원장이 토지 소유권을 나누어 갖고 있었다. 영주들의 이런 도시 내 재산은 그들이 도시 밖에 갖고 있는 토지(장원)에 부속된 것이다.

　　이는 도시민(burgess)들의 경우도 마찬가지이다. 도시민들도 실제

---

20) 이하 둠즈데이북과 관련된 이야기는 R. H. Hilton, *English and French Towns*., pp. 41-44.

로 여러 영주에게 소속되어 있었다. 이들은 정상적인 의미에서 장원의 농노는 아니다. 그런데도 이들은 자신들이 갖고 있는 도시 내 재산에 대해 자신의 영주들에게 지대를 지불했다. 도시 주변의 각 장원 출신인 이들은 도시의 시장에서 각 영주들의 대리인으로 활동하거나 장원의 생산물을 도시에 공급하고, 도시 내에 가옥을 소유하고 있었던 것 같다.

이런 것을 보면 11세기의 잉글랜드 도시민들이 장원의 농노보다는 낮지만 신분적으로 결코 자유로운 사람들이 아니었음을 알 수 있다. 이들에게는 신분과 토지 보유의 자유가 있었고 일부 농토를 가진 경우도 있으나 왕이나 자신의 영주들에게 상당한 정도로 예속되어 있었던 것이다.

법적 관할권과 도시의 자유

이런 상황은 도시 내의 법적 관할권을 통해서도 알 수 있다. 법적 관할권은 법을 통해 강제력을 행사할 수 있고, 또 재판 과정을 통한 몰수나 벌금, 수수료 등으로 많은 수입을 얻게 해주었으므로 왕이나 주교, 봉건 영주들 사이에 치열한 다툼의 대상이었다. 중세 잉글랜드 도시 내의 법적 관할권은 복잡하게 얽혀 있다. 노위치(Norwich) 시는 법적 관할권의 복잡성을 보여주는 좋은 예이다.[21]

노위치 시는 1377년에는 잉글랜드에서 인구가 네 번째로 많은 도시이고 여섯 번째로 부유한 도시였다. 또 1520년대에는 런던 다음으로 부유한 도시가 되었다. 노위치 시 한가운데 있는 성곽은 형식적으로 왕에 속한 것이다. 그러나 실제로는 베네딕트 수도원의 소유로 도

---

21) 같은 책, pp. 49-51.

시 안에서 가장 큰 관할권을 갖고 있었고 캐로우 수녀원, 웬드링 수도원, 성 베네트히름 수도원도 상당한 관할권을 갖고 있었다.

노위치 대성당과 캐로우 수녀원은 정기 시장에 대한 권리를 갖고 있었는데 여기에서는 통행세와 점포세를 통해 상당한 수입이 들어왔다. 또 도시 내의 두 시장에 대한 권리는 다른 작은 수도원들이 갖고 있었다. 그 외에 세속 영주들도 여러 관할권을 나누어 갖고 있었다.

도시민들은 1158년에 왕으로부터 시민권 특허를 받았고 1194년에는 도시 내의 징세청부권을 받았다. 그러면서 좁은 과두제의 틀 안에서이기는 하나 점차 자율적인 행정을 발전시켰다. 그럼에도 그 도시의 역사는 세속 영주들이나 도시 내 교회 영주들과의 갈등으로 매우 복잡하다. 왕은 도시민과 교회 사이의 갈등에서는 도시민 편을 든 것이 아니라 교회 편을 들었다. 그러니까 도시의 자율성이라는 것이 매우 좁은 한계 안에 갇혀 있었고 그것도 수시로 위협을 받는 상태에 있었던 것이다.

엑시터(Exeter) 시는 도시 행정에 대한 비교적 자세한 상황을 알게 해주는 사료를 남기고 있다. 이 도시는 잉글랜드 남서부 요지에 있는 항구로 주교좌 도시이고 그 지역의 주된 상업 도시이며 왕의 군사용 성곽이 있고, 14세기 말의 인구는 3,000명 정도로 추산된다. 이 도시의 시민권을 가진 자유인은 1377년의 경우 전체 가장의 19%이고 전체 인구의 3%이다. 그러니까 한 가족 가운데 남자 가장만이 자유인이 될 수 있었고 그 수는 전체 가장의 약 1/5인 셈이다.

이들만이 시장 등 관리의 선출이나 행정에 관여할 수 있었고 특정 상품의 소매권 등의 경제적 특권, 또 도시 법정의 재판을 받는 등의 법적 특권도 갖고 있었다. 물론 이때 도시 법정에서 행사하는 것은 하급 재판권이었다. 절도, 폭행, 사기, 상업 분쟁 같은 중요하지 않은 사건만을 다뤘다.

도시 거주민이 자유인이 되려면 세습이나 유력자의 후원, 매입, 견습공 경력, 증여, 봉사 등의 여러 방법 가운데 하나를 택해야 했다. 1299~1349년의 경우 총 668건의 사례 가운데 매입이 229건, 유력자의 후원이 218건, 세습이 139건이다. 1350~1400년의 경우에는 320건 가운데 매입이 257건, 후원 사례는 없고 세습도 22건에 그치고 있다.[22]

이것은 자유인이 되려면 가장 중요한 것이 재력이고 그 밖에 사회적 배경이나 가계가 중요하다는 것을 보여준다. 자격이 있다 해도 최종 결정은 도시민 가운데 유력자로 구성되는 12인위원회의 승인을 얻어야 했으므로 자유인이 되는 것이 쉬운 일은 아니었다. 또 이들에 의해 선출되는 도시의 관리들은 유력자들의 상업적 이익을 보호하는 데 주력했다. 따라서 도시의 자유는 이런 소수자의 자유에 불과했다.

프랑스의 중세도시

프랑스의 도시도 플랑드르 지방을 제외하고는 기본적으로 잉글랜드와 별 차이가 없다. 다만 영토가 넓은 만큼 지역적 다양성이 더 클 뿐이다. 잉글랜드보다 인구가 세 배 정도 되었으므로 도시의 수도 대체로 그에 비례하는 정도로 생각된다. 1316년에 중세 의회인 삼부회에 소집된 도시가 227개이고 잉글랜드 중세 의회인 파러먼트에 소

---

22) M. Kowaleski, The Commercial Dominance of a Medieval Provincial Oligarchy : Exeter in the Late Fourteenth Century, in : R. Holt & G. Rosser(ed.), 위의 책, pp. 186-187. 런던의 경우도 14세기 초에 자유인이었던 도시민은 인구 4만 명 가운데 2,000명에 불과했다. E. M. Veale, Craftsmen and the Economy of London in the fourteenth Century, in : R. Holt & G. Rosser, 앞의 책, p. 123 참조.

집된 도시가 80~90개[23]인 것을 보면 이런 추정은 대체로 맞는 것 같다.

수도인 파리 시는 카페 왕조가 10세기부터 자리잡은 행정 중심지로 인구가 약 10만에 달했고 중세 알프스 이북에서 가장 큰 도시였다. 그러나 다른 도시들의 규모는 크지 않았다. 1300년의 경우 몽펠리에가 4만, 리용 3만, 나르본 2.5만, 툴루즈 2.5만, 스트라스부르 2.5만, 오를레앙 2.5만 정도로 추산된다.

프랑스에서도 11세기부터 도시(bourg)가 등장했으나 그것은 대부분 주교나 봉건 영주가 만든 것이다. 이 당시 초기 도시 거주민 대부분은 농민이었다. 영주들은 그들에게 도시 안에 토지를 보유할 자유를 줌으로써 농민들을 끌어들이고 이들을 자신의 법적 관할권 아래 두었다.[24]

그러나 도시는 또한 시장이나 정기시가 열리는 곳이므로 영주는 통행세, 지대, 시설 사용료로 이익을 볼 수 있었다. 프랑스의 경우 도시에 대한 봉건 영주들, 특히 교회의 지배적인 성격이 잉글랜드보다 훨씬 더 강했다. 주교좌 도시도 프랑스에 훨씬 많았으며 이곳에서 주교는 매우 큰 정치 · 경제 · 사회적 힘을 행사했다. 랑그도크 지방의 나르본(Narbonne)을 예로 들어보자.

나르본은 14세기 초에 인구 2만 5,000명으로 프랑스에서 몇 손가락 안에 드는 큰 도시였다. 다른 많은 도시와 같이 도시 자체와 인접 도시인 생폴 시로 구성되어 있었다. 12세기 후반에 카페 왕가는 다른 주교좌 도시들에서와 같이 나르본에서도 백작이나 자작 같은 세속 영주들에 대항해 주교들을 지원했다. 그래서 여러 영주권이 얽혀 있

23) R. H. Hilton, *English and French Towns.*, p. 4.
24) 같은 책, p. 34.

었다.

1157년에 왕은 나르본 대주교에게 주된 성당과 그 탑들, 도시 안의 교회 부속물에 대한 관할권을 수여했고 그 외에 모든 통행세의 절반, 염세, 강가의 방앗간, 도시 안의 생폴 수도원에 대한 지배권, 부근 농촌 지역의 수도원이나 마을에 대한 지배권, 퐁종코스의 성, 도시와 그 인근 지역에 대한 법적 관할권을 주었다. 말하자면 대주교가 도시 안의 토지나 다른 소유권, 도시 내 법적 관할권의 중요한 부분, 나르본 수입의 절반을 가졌다.[25] 이는 랑그도크 지방의 다른 주교 도시들의 경우도 비슷했다.

리용 시도 크게 다르지 않았다. 전체 도시의 영주는 대주교였고 도시의 관할권을 대주교좌 성당 참사회와 나누어 가졌다. 14세기 초에 도시 안팎에는 다른 수도원 아홉 개와 여러 개의 기독교법 학교들이 있었다. 그 밖에 성당 기사단, 병원 기사단 외에 다섯 개의 탁발 수사 교단, 또 여러 개의 작은 교단이 있었다. 이 기구들이 모두 나름의 법적인 관할권을 갖고 있었다.

교회는 도시를 실제로 다스리는 기구로서 정교한 행정 체제를 갖추고 있었다. 교회 법정과 세속 법정이 따로 있었을 뿐 아니라 여러 형태의 영주권을 갖고 있었다. 주로 경제적인 성격의 것으로 지대, 벌금, 시장의 이익, 주조권, 십일조를 받는 권리 등이 그것이었다.[26]

시민들의 저항이 커지며 대주교는 제한된 것이긴 했지만 도시민들에게 특허장을 수여했다. 이에 따라 도시민들은 어느 정도의 자율적인 행정(귀족 집안의 과두제에 의한)을 보장받았다. 그래도 재판권은 제외되었다. 14~15세기에 오면 대주교의 힘이 약화되어 15세기 중

25) 같은 책, p. 45.
26) 같은 책, p. 50.

반에는 다른 대부분의 프랑스 도시들과 같이 왕의 관할 아래 들어가고 그 행정은 관리들에게 인수되었다.

중세의 전 시기를 통해 리용의 도시민들은 부유했고 또 교회가 지배하는 행정에 참여하기도 했지만 전체 도시를 지배한 적은 없다. 리용에서는 노위치보다 봉건적·교회적 성격이 훨씬 강했고 이는 왕에게 병합된 후에도 크게 달라지지는 않았다. 이렇게 한 도시가 여러 영주권에 의해 분할되는 것은 다른 도시도 마찬가지였다.

상파뉴 정기 시장

프랑스의 도시 가운데 독특한 위치를 차지하는 것이 프랑스 북부 상파뉴 지방의 정기시(fora) 도시들이다. 상파뉴 지방에서는 트루아(Troyes), 프로뱅(Provin), 바르-쉬르-오브(Bar-sur-Aube), 라니(Lagny), 네 도시에 정기시가 개설되었다. 이 도시들은 11세기부터 시작되어 특히 12~13세기에 북유럽 교역의 중심지였다.

이곳에서는 매년 한두 차례, 두 달씩 돌아가며 정기시가 열렸고 여기에 유럽 각지의 상인들이 모여들었다. 13세기가 되면 플랑드르, 프랑스, 이탈리아 상인뿐 아니라 잉글랜드, 스코틀랜드, 스칸디나비아, 독일, 이베리아, 심지어는 그리스, 시리아 등 멀리서 상인들이 모여드는 국제적인 교역 중심지였다. 그러나 규모가 큰 것은 아니었다. 가장 큰 도시인 트루아만 하더라도 인구 1만 5,000명에 불과했다.

이 지역에 정기 시장이 생긴 것은 오리엔트 지역과 연결되어 있는 이탈리아와, 직물 산업이 발달한 플랑드르의 중간 어느 곳에 두 지역을 잇는 시장이 필요했기 때문이다. 그래서 이들 도시는 각 지역의 생산품을 중개하는 중개 무역 도시로 발전했다. 상파뉴 백작은 프랑스 왕과 협정을 맺어 정기시에 오는 상인들을 적극적으로 보호해주며 시장을 관리했고 여러 종류의 세금이나 임대료 등을 받아 상당한 이득을 얻었다.

그러나 시장이 생길 수 있었던 더 중요한 이유는 상파뉴 백작들이 왕에 대해 상당한 독립성이 있었기 때문이다. 그래서 도시가 발전하기에 좋은 환경이 일시적으로 만들어졌던 것이다. 이 도시들이 도시적 성격을 일부 갖고 있는 것은 사실이나(트루아와 프로뱅은 도시적 성격이 더 강했다) 농촌적 성격도 강하게 남아 있었다.

또 도시에서 상파뉴 백작의 비중은 매우 큰 것이었다. 티보 4세 백작은 1230년에 전비를 메우기 위해 트루아에 특허장을 수여했다. 따라서 도시민들은 농노제의 인신적 예속에서 해방되고 인두세에서 벗어날 수 있었다. 그러나 동산과 부동산에 대해서는 마찬가지로 부담스러운 고정세를 내야 했고 얼마 후에는 인두세와 판매세를 또 내야 했다.[27]

1242년의 특허장에서는 12인위원회에 의한 자치를 규정하고 있으나 그것이 기능을 했다는 증거는 없다. 특허장 수여 후에도 백작은 도시 안에 많은 재산이나 경제적 독점권을 갖고 있었고 1270년에 티보 5세 백작은 자신을 '상파뉴와 브리의 왕'으로 자칭하고 있었다.

상파뉴 정기시가 쇠퇴한 것도 정치적 변화 때문이다.[28] 1285년에 상파뉴와 브리 백작령이 프랑스 왕령지에 병합됨으로써 독립성을 잃게 된 것이다. 따라서 상인들에 대한 보호가 약화되었다. 또 1277년부터는 이탈리아에서 플랑드르의 브뤼헤로 가는 항로가 새로 열렸다. 그 결과 상파뉴 정기시는 쇠퇴하지 않을 수 없었다. 여기에서 보듯 상파뉴 정기시의 성장과 소멸에서는 경제적인 요소보다 정치

27) J. & F. Gies, *Life in a Medieval City*, New York, 1981, pp. 201-204.
28) J. L. Abu-Lughod, *Before European Hegemony : The World System A. D. 1250-1350*, Oxford, 1989, pp. 70-73.

적 요소가 더 큰 작용을 했다.

플랑드르의 도시들

그러면 지금의 벨기에 지역인 플랑드르의 도시들은 어땠을까? 헨트(Ghent), 브뤼혜(Bruges), 이프레(Ypres) 같은 플랑드르의 도시들은 중세 북유럽에서 가장 중요한 도시들이다. 여기에서는 상업이나 수공업이 매우 발전했고 그 점에서 북이탈리아 도시들과 비견될 수 있다.

플랑드르 지역에서는 바이킹 침입이 끝난 9세기부터 도시가 발전하기 시작했다. 그러나 샹파뉴 정기시 도시들과는 달리 먼저 수공업이 발전한 후 상업적 기능이 부가되었다. 13세기 중반에 헨트의 인구는 8만, 브뤼혜는 약 4만 정도였다.

헨트는 주로 모직물 산업을 바탕으로 하여 북해의 곡물 유통업에도 관계했다. 직물업은 13~14세기에 도시 노동력의 1/3~1/2을 고용할 정도로 규모가 컸다. 반면 브뤼혜는 북해와 발틱 해의 국제 무역과 금융의 중심지로 발전한 도시이다.

이 지역에서는 9세기부터 모직물업이 발전했으나 11세기 중반에는 기술적 진전이 이루어져 생산 공정의 전문화가 촉진되며 시장을 러시아와 서부 프랑스 지역까지 넓혔다. 13세기 말 샹파뉴 정기시의 쇠퇴는 플랑드르를 이탈리아 상인들과 직접 연결시키며 이들의 시장을 중동 지역까지 확대했다. 고급 모직물에 대한 수요가 증가하며 이들 도시의 번영은 1250~1320년 무렵에 최고조에 달했다.

헨트는 12세기에 플랑드르 백작으로부터 특허장을 얻으며 자유를 얻었다. 그리하여 39인으로 구성되는 과두제가 열세 자리의 시의원을 3년마다 돌아가며 번갈아 차지했다. 13세기에 와서는 도시민들

내의 계급 구분도 뚜렷하게 나타난다. 그것은 모직물 생산을 위한 원료를 조달할 수 있었던 상인들이 그 능력에 의존해 지배 계급이 되었기 때문이다.

이들은 양모를 확보하기 위해 런던이나 스코틀랜드를 여행했고 13세기에는 런던조합(Hanse of London)을 조직했는데 이는 영국 왕으로부터 특권을 부여 받은 구매자 카르텔이다. 따라서 주로 상인들로 구성된 상층 계급인 포르터(Poorter)[29]와 도시 거주민의 대다수를 차지하는 수공업 노동자들은 물리적으로도 법적으로도 구분되었다.

포르터만이 시민권을 갖고 성 안에 거주할 수 있었고 도시 안의 토지를 소유할 수 있었으며 도시 재판을 받을 수 있었다. 수공업 노동자들은 여기에서 배제되었다. 또 포르터 계급은 자신들의 이익에 맞게 법과 규제를 만들 수 있었으므로 직물 산업에 여러 규제를 가해 자신들의 이익을 극대화하려 했다. 그들은 모든 수단을 다해 자유 무역을 막았다.

---

29) 이 말은 네덜란드어로, '요새'를 가리키는 'Portus(라틴어의 Fortus)'에서 파생한 말이다. E. Ennen(trans. by N. Fryde), *The Medieval Town*, Amsterdam, 1979, p. 89 참조.

4...
이탈리아와 독일의 도시

이탈리아 도시의 성립

북·중부 이탈리아에서는 11세기 초부터 도시가 성장하기 시작했는데 이는 이 시기의 경제 발전과 밀접한 관련이 있으며 1300년경까지 성장이 계속되었다. 이탈리아 도시 가운데에는 피렌체같이 로마 시대 도시의 전통을 잇는 곳이 많았다. 로마적 전통이나 주교좌 도시의 권위 등 전통적 지위가 없으면 새로 도시가 되기 어려웠다. 그러나 베네치아는 9세기에 비잔틴 제국과 무역을 하기 위해 새로 만든 도시이다.

이탈리아의 특징은 신성로마제국의 황제권이 약했으므로 12~13세기에 도시를 바탕으로 한 정치 체제가 만들어졌다는 점이다. 그것은 로마 교황이 황제권을 견제하기 위해 자주 도시와 협력했기 때문이다. 그리하여 알프스 이북 도시들이 제국이나 왕국, 봉건 영주의 영토 안에 편입되어 있었던 데 비해 이탈리아에서는 주권을 행사할 수 있는 완전히 자율적인 도시가 형성되었다. 국가의 역할을 이곳에서는 도시가 대치한 것이다. 이 역사적 전통이 근대에까지 이어져 내려오면서 이탈리아에서는 유럽 다른 나라에서와 같은 국가 형성 과정이 방해를 받았다.

그 결과로 이탈리아의 도시는 유럽 다른 곳의 도시보다 규모가 크다. 시간이 가며 큰 도시가 작은 도시들을 병합하여 큰 규모의 영역 도시 국가(condati)를 발전시켰기 때문이다. 그리하여 11세기에 100여 개에 달했던 도시의 숫자가 14세기가 되면 30여 개로 줄어든다. 평균 면적은 1,500~2,000제곱킬로미터[30] 정도이나 밀라노, 볼로냐, 피렌체 같은 도시는 훨씬 크다. 따라서 포 강 유역과 투스카니 지역에는 10만 제곱킬로미터나 되는 면적에 고작 23개의 도시만이 도시(civitas)라는 명칭을 갖고 있었다.

인구도 훨씬 많아서 베네치아, 피렌체, 밀라노, 제노바 등은 배후 농촌 지역을 제외해도 모두 인구가 근 10만 명 수준으로 당시 유럽에서 가장 큰 대도시들이었다. 그 외에도 규모가 큰 도시가 많았다.[31]

이들 도시가 11세기 중반부터 황제나 성·속의 영주들에게 대항하여 만든 자율적인 도시 공동체가 코무네로, 도시민들은 이것을 통해 스스로 권력을 행사했다. 도시들은 자주 주교의 권력을 넘겨받았고 사법, 과세, 도량형, 화폐 주조권 등을 행사했다. 알프스 이북 도시들이 도시 공동체의 모범으로 삼은 것이 바로 이 이탈리아의 코무네이다.

이탈리아의 도시는 도시 안에 거주하는 토지 귀족이 있었다는 점이 다른 곳과 다르다.[32] 귀족이 평민과 도시 안에서 섞여 살았던 것

---

30) G. Chittolini, Cities, "City-States," and Regional States in Italy, in : C. Tilly & W. P. Blockmans(ed.), *Cities & The Rise of States in Europe*, Boulder, 1994, p. 31.
31) 14세기의 인구는 볼로냐 4~5만, 루카 2만, 파두아 3.3만, 파비아 3만, 피사 2~3만, 로마 3.5만, 시에나 3~5만, 베로나 3만 명 정도로 이탈리아에는 다른 지역보다 훨씬 큰 도시가 많았다.

이다. 이것은 귀족이 처음부터 평민과 협력하여 교회의 힘을 약화시키고 코무네를 형성했기 때문이다. 따라서 알프스 이북과는 달리 농촌이 아니라 도시가 귀족들의 거점이 되었다. 이탈리아의 귀족들이 무역과 금융에 종사할 수 있었던 것은 그런 이유 때문이다. 이들은 도시 안에서 파당을 결성하고 군사적 생활 방식을 유지했다. 따라서 귀족 가문 사이에 파쟁이 그치지 않았다.

이탈리아 도시의 성격

이탈리아의 도시는 12세기에 롬바르디아 도시 동맹을 결성하여 신성로마제국 황제에게 대항한 것으로 유명하다. 그러면 이탈리아의 도시들 사이의 결속은 강했을까? 별로 그렇지 않다. 롬바르디아 도시 동맹은 1160년에 처음 결성되었고 그 뒤에도 여러 번 결성되어 프리드리히 1세, 프리드리히 2세에게 대항했으나 그것은 꼭 필요한 경우에만 한정되었다. 또 이 도시 동맹의 배후에 있는 것은 교황이었다. 교황이 세속 군주에게 저항하기 위해 도시들을 부추긴 것이다.

12세기 말에서 13세기 초 사이에 각 도시의 내부적 파쟁과 다른 도시와의 복잡한 관계가 더 강한 권력을 요구함으로써 도시들의 정부 형태가 변했다. 그리하여 초기의 선출직 집정관(consul)의 지배 대신 1170년경부터 점차 더 독재적이며 군사적인 능력을 가진 포데스타(podesta)의 지배로 바뀌었다.

이들은 1270년경부터는 다시 세습적인 참주(signoria)로 바뀌었는데 이는 이웃 도시들과 경쟁이 치열해져서 더 강력한 지도력이 필요했기 때문이다. 그러나 참주제가 아니라 과두제로 바뀐 경우도 있다.

---

32) H. Spruyt, *The Sovereign State and Its Competitors*, Princeton, 1994, pp. 136-137.

베네치아, 피렌체를 포함해 일곱 개 정도의 도시가 그랬다. 마키아벨리가 옹호하는 피렌체의 공화정이 바로 이 과두제이다.

피렌체에서는 1328년에 30인 과두제가 지배했고 1420년대에는 60~70개의 가문이 도시를 실질적으로 지배했다. 1494년에 새로 도입된 제도에 의해서도 정치에 참여할 수 있었던 것은 9만 명 가운데 단 3,000명뿐이었다.

베네치아의 경우도 한정된 유력한 귀족 가문들이 도시 행정을 지배했다. 1382년 이후 귀족 제도가 그대로 고정되었는데 이때 귀족으로 인정된 것은 2,000~2,500명 정도의 시민에 불과했다.

그러니까 이런 과두제는 결코 민주주의적 정부 형태는 아니다. 고작 인구의 2~3%만이 시민권을 가졌을 뿐이며 권위는 항상 각 도시의 엘리트 집단의 수중에 있었기 때문이다.[33] 따라서 이탈리아 도시들이 다른 지역의 도시와 달리 자율성을 가진 것은 사실이라 해도 그것이 도시민의 자유를 의미하는 것은 결코 아니었다. 극소수 도시 지배 계급의 자유에 불과했다.

독일의 도시

중세 말 근대 초에 독일의 도시 수는 3,000~4,000개, 또는 그 이상이었던 것으로 추산된다.[34] 그 가운데에는 로마적 기원을 가진 것도 있으나 대부분은 11세기 말에서 1450년 사이에 생겼다. 독일 도시의 특징은 우선 규모가 작다는 것이다. 15세기 초에 인구 2만 5,000명 이상 되는 도시는 네 개밖에 되지 않았다. 이탈리아의 30개에 비하면

33) 같은 책, p. 144.
34) P. Moraw, Cities in the Roman-German Empire of the Late Middle Ages, in : C. Tilly & W. P. Blockmans(ed), 앞의 책, p. 104.

매우 적은 수이다. 또 인구가 수백 명밖에 안 되는 도시도 많았다. 평균 인구가 400명 정도였다는 주장도 있다.[35]

가장 큰 편인 쾰른, 프라하 같은 도시의 인구는 14세기에 4만 명 정도로 런던과 비슷했으나 파리, 밀라노, 베네치아 같은 도시의 절반 이하 규모밖에 되지 않았다.

중세 시대 독일에는 크게 세 종류의 도시가 있었다. 자유 도시, 제국 도시, 영방 도시가 그것이다. 그러나 이 도시들 사이의 경계는 불분명하며 또 시간이 흐름에 따라 성격의 변화도 컸다. 따라서 간단히 말하기가 어렵다.

가장 수가 적은 것이 자유 도시였다. 이 도시들은 쾰른, 마인츠 (1462년까지), 보름스, 슈파이어, 바젤 같은 라인 강 가의 주교 도시와 다뉴브 강가의 레겐스부르크 같은 도시이다. 이 도시들은 주교의 지배에서 벗어나 자율성을 주장했다. 그러나 실제로는 거의 자유를 인정받지 못했다.

제국 도시는 한때 100개 이상이었고 고전적인 형태는 호엔슈타우펜 왕조가 만든 도시에서 기원한 것이다. 이 핵심 집단 외에 영방 군주에게서 벗어나서 황제에게 귀속된 도시가 포함된다. 대부분의 제국 도시는 남서부, 남부에 있었고 북쪽에 있는 것은 뤼벡, 도르트문트, 고슬라 등 몇 개 안 되었다. 제국은 제국 도시에서 매년 많은 세금을 거두었고 또 특별한 부과금을 거두기도 했다.

제국 도시는 중세 중기에 와서 왕실의 엄격한 통제에서 벗어났고 14세기에는 얼마간 자율을 얻었으나 황제와 관계가 단절되지는 않았다. 따라서 도시 안에는 황제의 특권이 남아 있었고 황제에게는 언제라도 도시의 제도를 변화시킬 힘이 있었다.

---

35) F. Braudel, *The Structures of.*, p. 482.

영방 도시는 수천 개나 되었으나 규모가 작았으며 영방 군주들이 만든 것이었다. 그것들은 비경제적인 이유로 창설되었으므로 프라하, 빈, 뮌헨 등의 극소수 도시를 제외하고는 제대로 발전할 수 없었다. 그 가운데 큰 영방 도시는 자유 도시나 제국 도시 정도의 자율성을 확보한 경우도 있으나 대부분의 영방 도시는 영주의 지배 아래 있었다. 따라서 자율성을 누리기 힘들었다.

1470년 이후 신성로마제국은 군사적인 필요에 따라 도시에 대한 세금을 인상했다. 그러나 자유 도시나 제국 도시는 이에 적절히 대응할 수 없었다. 봉건 영주도 황제에게 세금을 내는 대신 영방 도시에 대한 통제권 강화를 인정받았다.

1495년에 보름스에서 중세 의회인 개혁제국의회가 열린 이래 도시들은 정규적으로 제국의회에 소집되었다. 그러나 그 의사결정 과정에는 참여하지 못했다. 자신들의 요구를 말하고 조세 징수에서 약간의 시간적인 지연이나 감액을 받는 정도였다.[36]

16세기 중반에 자유 도시는 제국 안에서의 특권적인 지위를 잃고 제국 도시보다도 하위의 지위로 밀려났다. 그들은 자신들의 자유로운 신분이 과세의 자유를 의미한다고 주장했으나 실제로는 제국 도시의 한 범주로 취급되었다. 따라서 과도한 세금을 피할 수 없었다.[37]

도시 동맹과 한자 도시들

독일의 도시들은 자주 적대적인 군주와 충돌해야 했는데 그것은

---

36) P. Moraw, 앞의 논문, p. 112.
37) 같은 논문, p. 113.

군주가 자신의 권위를 도시까지 확대하려고 했기 때문이다. 그러나 도시들이 힘을 합쳐 지역적인 세력을 만들 수는 없었다. 그것이 지배 계급의 정치적·경제적 지향과 맞지 않았기 때문이다.[38]

독일에서도 도시 동맹이 생기지 않은 것은 아니었다. 1254년에 라인 도시 동맹이 생겼으나 1257년 이후 붕괴했다. 1381년에도 남독일 지역에서 슈바벤-라인 도시 동맹이 생겨 봉건 영주들과 싸웠으나 도시의 패배로 끝났다. 도시의 이해관계가 각 지방적인 이해관계와 연결되어 있어 하나로 합치기가 어려웠기 때문이다. 따라서 독일의 도시들은 제국의 제도적 구조를 변화시킬 힘이 없었다.

도시 동맹과 관련해 특히 주목을 받는 것이 한자동맹을 형성했던 한자 도시들이다. 이 도시들은 북부 해안과 인접 내륙 지역의 도시로 170~200개 정도가 이에 포함되었던 것 같다.

이 도시들은 수 세기 동안 발틱 해 지역을 최소한 경제적으로는 지배했고 그러는 가운데 제국과 관련을 맺었다. 특히 카를 5세와 지기스문트 황제 시기에 그랬는데 이때 한자 도시들은 자신들을 기본적으로 황제의 신민(*homines imperatoris*)으로 인식했다. 따라서 신성로마제국 안에서 독자적인 위상을 갖는 존재는 아니었다.

또 한자 도시들이 갖는 연대성도 생각만큼 강하지는 않았다. 이것은 이 도시들이 넓은 지역 사이의, 또 내륙과 해안 지역에서 나타나는 이해관계의 차이를 극복하기가 어려웠기 때문이다. 따라서 독자적인 세력을 만들려는 시도는 할 수 없었다.

오히려 이들 도시는 제국의 느슨한 정치 체제에 기생한 측면이 강하다. 그래서 큰 도시는 제국의 묵인 아래 작은 도시 위에 합법적으

---

38) G. Chittolini, Cities, "City-States," and Regional States in Italy, in : C. Tilly & W. P. Bockmans(ed.), 앞의 책, p. 32.

로 군림할 수 있었다. 주위의 많은 작은 도시를 지배한 뤼벡 같은 도시가 대표적이다. 이들을 한데 묶는 회의체인 한자회의(Hansetag)는 1356년 이후 존재하나 큰 의미는 없었다. 또 한자 도시들은 15세기에 들어와 영방 군주권이 강화되자 약화될 수밖에 없었다.

독일 각 지역에서 도시가 한 역할을 아주 무시할 수는 없으나 그 경우에도 도시적 요소는 항상 봉건적 요소와 뒤섞여 있었다.[39] 따라서 신성로마제국 제도사에서 결정적인 역할을 한 것은 항상 군주나 봉건 영주들이었지 도시적 요소는 결코 아니었다.

더구나 근대 초에 오면 다소 자율적인 도시라 할지라도 제국이나 잘 조직된 영방 국가들과 부딪치며 점점 더 예속적이 되지 않을 수 없었다. 따라서 중세 말 근대 초의 독일 도시가 근대적인 부르주아적 성격을 가졌던 것으로 보기는 힘들다. 그러면 이제 비유럽 지역의 도시를 살펴보자.

---

39) 같은 책, p. 122.

$5...$

이슬람권, 아시아,
아프리카의 도시

이슬람 도시와 중세 시대 카이로의 발전

이슬람 세계는 도시의 문명이다.[40] 이슬람 문화권에서 도시는 종교의 중심지이자 상공업 중심지로 크게 번영했다. 10세기에 후옴미아드 왕조의 수도였던 코르도바의 인구는 50만 이상으로 추산되며 당시 유럽에서는 콘스탄티노플과 함께 최대의 도시였다. 바그다드, 다마스쿠스, 세비야도 매우 발달한 큰 규모의 도시였다.

그런데도 유럽 중심적 역사가들은 이슬람 도시에 대한 평가에서 매우 인색하다. 그들은 이 지역의 도시를, 그것이 지배하고 착취하는 농촌에 둘러싸인 외적인 존재로 보고 있다. 이는 유목민들은 표류하는 종족으로, 생산은 하지 않고 소비만 하기 때문이라는 것이다. 따라서 이슬람 도시들에 경제 활동이 있다고 해도 그것은 생산적인 것이 아니라 기생적이라고 본다. 이렇게 그들은 이슬람 도시에 대해 부

---

40) E. Ennen, 앞의 책, pp. 60-61.

정적으로 접근하나⁴¹⁾ 이런 주장들은 별로 신빙성이 없다.

중세 후기에 이집트의 카이로는 세계에서 크게 번영했던 도시 가운데 하나이다. 그 번영은 1330년대 술탄 알-나시르 무하마드 치하에서 그 절정에 달했는데 그 당시의 인구는 약 50만으로 중국의 항저우(杭州)와 함께 세계 최대의 도시에 속했다. 카이로, 알렉산드리아 외에도, 나일 강을 따라 여러 개의 대도시가 발달했지만 특히 카이로의 이런 번영은 경제적 발전과 세계 무역로에서 차지하는 이집트의 중요한 위치 때문이었다.

이집트는 십자군을 격퇴한 후 이집트와 시리아의 광대한 지역을 차지했고 페르시아 만을 통한 동방 무역이 쇠퇴하자 인도, 중국과의 동방 무역을 독점적으로 통제할 수 있었다. 당시의 맘룩 정권은 강력한 군사력으로 장거리 무역을 지원했다.

중세 후기 이탈리아 도시 경제의 발전은 이집트와 밀접한 관계가 있다. 특히 제노바와 베네치아가 그러했다. 제노바는 1261년 콘스탄티노플의 라틴 왕국이 무너지자 이집트 맘룩 정권의 비호 아래 이 도시와 흑해 지역의 경제적 독점권을 장악했다. 베네치아도 맘룩 시대에 이집트를 통해 유럽의 동방 무역을 독점할 수 있었다. 이탈리아 도시의 경제 발전은 이집트의 번영에 크게 의존한 것이다.

당시 카이로와 인근 지역은 상업, 국제 무역뿐 아니라 수공업도 매우 발달했다. 면직이나 린넨 같은 직조업이 발달하여 대량으로 유럽에 수출했고 설탕 정제업도 발달했다. 14세기 초에 구 카이로 시(푸

---

41) André Raymond, Islamic City, Arab City : Orientalist Myths and Recent Views, *British Journal of Middle Eastern Studies*, Vol. 21, No. 1, 1994, pp. 3–8.
이런 부정적인 태도는 G. von Grunebaum, The Structure of the Muslim Town, *Islam*, 1961, pp. 141–158에서 고전적으로 제시되고 있다. 이들은 이슬람 도시는 유럽의 도시와 같은 단일한 공동체가 아니라 서로 다투는 집단들의 집합이라고 보며, 도시 공간 구조화에 이슬람교의 결정적인 역할을 강조한다. 또 고대 로마 도시들과 관련해서는 그 퇴화 단계로 본다.

스탓)에만 설탕 정제소가 66개나 있었던 것으로 기록되어 있다. 생산된 설탕 가운데 많은 양은 이집트에서 소비되었지만 상당한 양은 인접 아랍 국가들, 또 유럽에 수출되었다. 그 밖에 야금업, 무기 제조, 유리, 도자기, 가죽 제품, 종이, 제책, 가구 등 수공업의 여러 분야가 발달했다.[42]

이집트에는 국제 무역을 하는 카리미(Karimi)라고 하는 큰 상인 집단이 있었다. 13세기 말에서 14세기 초에 가장 활발한 활동을 한 이들은 14세기 초에 200명 정도였던 것으로 보이는데 인접 아랍 국가들을 넘어 인도나 중국 등과도 교역을 하며 막대한 부를 쌓았다. 이들의 교역품은 향료를 비롯해 비단, 납, 도자기, 노예, 다이아몬드나 에메랄드 같은 보석 등 다양했다.[43]

맘룩 정권이 직조업이나 설탕 산업을 육성하려고 노력하고 경제에 어느 정도 통제를 가한 것은 사실이나 그것이 이집트인의 경제 활동에 제약을 가할 정도는 아니었다. 따라서 이슬람 도시들이 경제 활동 면에서 소극적이었다는 서양 역사가들의 주장은 잘못된 것이다. 내세에 큰 가치를 둔 기독교 세계와는 달리 이슬람교는 처음부터 상업의 존재를 인정했고 상인에게 높은 도덕적 가치를 부여했기 때문이다. 또 이슬람권에서는 계약, 동업, 중개인, 장부, 신용 제도 같은 많은 상관습이 잘 발달했다. 이들 중 많은 것이 유럽으로 유입되었다. 따라서 이슬람 문화를 반자본주의적으로, 이슬람 도시를 정치적·종교적 도시로 보는 것은 매우 잘못된 견해이다.

---

42) J. L. Abu-Lughod, 앞의 책, pp. 225~227.
43) 같은 책, pp. 227~230.

중국의 경제 발전과 도시화

서양인들은 중국 도시들의 경제적 성격을 부인하고 정치적·행정적 역할만을 강조해왔다. 이것은 엄격하게 통제되었던 당나라 시대의 도시를 염두에 두었기 때문이다. 그러나 이것은 베버 같은 인물들이 중국 역사에 무지했기 때문이다.

중국은 9~10세기에 인구가 증가하며 남부 해안 지역에서 급격한 도시화가 이루어졌다. 이는 산업 발전과 해외 무역의 증가 때문이었다. 특히 남송(1127~1276) 시대에는 농업 생산성, 산업 기술, 상업이 크게 발달하며 전 세계에서 가장 인구가 많고 기술적으로도 발전한 나라가 되었다.

이 시기 남송의 수도로 양쯔 강 가에 있는 항저우는 세계 최대의 도시였고 가장 발전한 도시였다. 13세기에는 국제 무역이 발전하며 광둥(廣東) 지역이나 양쯔 강의 다른 지역에서 많은 상인이 몰려들어 크게 번성했다. 항저우의 번영은 1340년대에 이곳을 방문한 이븐 바투타의 기록을 통해서도 알 수 있다.

어떤 사람들은 송대에 경제가 발전한 것은 인정하나 그 이후에는 중국 경제가 정체했고 따라서 도시의 발전도 없었던 것으로 생각한다. 그리고 그 원인을 유교 윤리로 돌리기도 한다. 중국의 독특한 무역 방식인 조공 체제도 반상업적인 태도 때문으로 본다. 그러나 그것은 조공 체제라는 공무역과 함께 훨씬 큰 규모로 이루어진 사무역을 이해하지 못했기 때문이다.

송대에 상공업이 발달했지만 최근 연구에 따르면 더 중요한 변화가 나타난 것은 명대로 생각된다. 이 시기에 주곡이나, 면, 견 같은 상업 작물의 교역이 활성화하며 전국적 시장이 형성된 것으로 믿기 때문이다. 따라서 도시들도 행정이나 군사적 거점이기는커녕 상품 생산과 분배의 중심으로 주변 지역과 밀접하게 연결되었던 것으로 보인다.

17세기 중반에 왕조의 교체로 잠시 정체기가 있었으나 청대에도 경제 성장은 계속되었고 따라서 인구 증가, 도시화도 계속된 것으로 보인다. 17세기 초반, 남경의 인구는 100만이었고 북경도 60만을 넘었다. 또 1800년 유럽과 교역하는 주된 무역항인 광저우(廣州)의 인구는 인접 도시를 합해 무려 150만 명에 달했다.[44] 그러니 이런 경제를 통제 경제라 하고 또 이 도시를 정치 도시라고 부르는 것이 얼마나 엉터리 이야기인지 짐작할 수 있을 것이다.

또 명·청대에는 정치와는 전혀 관계없었던 상업 도시, 산업 도시도 많다. 징더전(景德鎭) 같은 도시는 유럽에 자기를 수출한 세계적으로 유명한 산업 도시이다. 또 양쯔 강 하류 지역과 타이후(太湖) 지역에만 면직 산업 도시가 52개, 견직 산업 도시가 25개, 곡물 교역 도시가 13개가 있었던 것으로 추산된다.[45] 이런 도시는 정치와는 아무 상관이 없다.

양쯔 강 하류의 한커우 시

최근 중국 도시에 대한 서양 학자들의 사례 연구 가운데 대표적인 것이 양쯔 강 하류의 한커우(漢口)에 대한 것이다.[46] 한커우는 19세기 후반 중국 중부의 주된 상업 도시 가운데 하나이며 당시 세계에서 가장 큰 도시 가운데 하나였다. 이 도시는 수천 킬로미터에 걸친 조

44) A. G. Frank, *ReORIENT*, Berkeley & Los Angeles, London, 1998, p. 109.
45) Ts̆ ui-Jung Liu, Demographic Aspects of Urbanization in the Lower Yangzi Region of China, C. 1500–1900, in : Ad van der Woude(ed.), *Urbanization in History*, Oxford, 1990, p. 329.

밀한 상업망 한가운데 자리잡고 있었고 국제 무역의 중심지였다. 또 이 도시는 바로 가까이에 있는 우창(武昌)이 후광(湖廣) 총독이 자리 잡고 있는 행정 도시인 것과 달리 전적으로 상업 도시였다.

한커우를 통해서 알 수 있는 것은 19세기의 중국이 결코 정체되어 있는 사회가 아니었다는 것이다. 1890년대에 처음으로 서양의 충격 이 왔고 큰 변화가 일어났으나 그 이전에도 중국은 사회경제 발전의 내적 논리에 따라 변화하고 있었다. 1861년 개항 후의 영향은 원래 의 내적 경향을 강화한 데 불과하다.

도시로서 한커우의 역사적 특징은 다음과 같다.[46] 첫째는, 상업의 중요한 역할이다. 17세기 이래 경제의 많은 부분에서 정부의 규제가 약화되고 있었다. 국가의 지출이 농업 부문의 세금만으로는 감당하 기 어렵게 되자 정부는 점점 더 양쯔 강 중부를 중심으로 하는 지역 간의 교역에 기대를 걸었다. 따라서 상업에 대해 재정적으로 의존하 게 되자 그에 대한 정부의 통제가 약화될 수밖에 없었다. 이렇게 법 적인 규제에서 자유롭게 되자 중국의 상인들은 계약이나 보증, 새로 운 동업 형태, 은행과 신용 제도 등을 발전시킬 수 있었다.

둘째로, 청대에 지리적 유동성이 증가하며 한커우로 이주해 온 사 람들 사이에서는 고향과의 가부장적, 정서적인 결속이 약화되었다. 그리하여 18세기부터 특수한 도시 의식이 나타나고 진정한 도시민 계급도 등장하게 된다. 19세기의 중국 도시에서는 도시민뿐 아니라 도시 공동체도 나타나고 있었다. 이는 도시민이 고향 마을과 연결되

---

46) W. T. Rowe, *Hankow*, Vols. 2. 이 책은 두 권으로 되어 있다. 제1권은 *Commerce and Society in a Chinese City, 1796-1889*, Stanford, 1984이고 제2권은 *Conflict and Community in a Chinese City, 1796-1895*, Stanford, 1989이다. 이 연구는 1796-1889년의 시기를 다루고 있는 데 한커우는 개항 이후 서양의 직접적 영향을 받은 해안 도시들과는 달리 큰 변화를 겪지 않았으 므로 중국의 옛 도시를 연구하기에 적합한 대상이다.

47) 이하는 W. T. Rowe, *Hankow : Commerce and Society*, pp. 341-346 참조.

어 있었고 친족 집단이나 길드적인 부분적 결속이 강해 그것이 도시 공동체의 형성을 막았다는 베버의 주장과 배치된다.

셋째로, 한커우의 사회 구조는 결코 동질적이 아니었다. 경제적 기회가 결코 단일 집단에 의해 독점되지는 않았고 이는 태평천국의 난 이후 특히 강화되었다. 태평천국의 난 이후에는 차, 면화, 식물유, 목재 등을 취급하는 상인들이 전통적으로 권력을 갖고 있던 곡물, 소금을 취급하는 상인들과 대등한 지위에 올라갔다. 도시민 사이에 자의식적인 계급 분화도 분명하게 나타난다.

넷째로, 사회 조직에서 가장 큰 변화는 한커우 길드의 성장이다. 이는 개별 직종의 통제 강화라는 면에서만이 아니라 규모, 공동 소유의 자산, 또 기능의 범위가 확대되었다는 점에서 그렇다. 또 길드는 자신만을 위해 이기적으로 행동한 것이 아니라 다른 여러 자발적 조직과 힘을 합쳐 정부의 영향력을 약화시키고 도시민 전체의 이익을 위해 노력했다.

한커우의 연구를 통해 알 수 있는 것은 더 이상 베버와 같은 식으로 중국 도시를 보는 것이 불가능하다는 것이다. 그러나 중국 도시들에 대한 더 많은 연구가 필요한 것도 사실이다.

일본, 인도, 아프리카의 도시

일본의 도시도 경제 발전에 따라 16세기 이래 크게 성장했다. 1580년에서 1720년까지는 일본이 지속적인 경제 성장을 보인 시기이고 이에 따라 인구도 급증하고 도시화도 크게 진전되었다. 그 결과 1825년에 오면 인구 1만 명 이상의 도시가 82개에 이르고 도시 인구는 모두 367만 명이었던 것으로 추산된다.[48]

이런 도시화율은 18세기 서유럽의 도시화율과 별로 차이 나는 것이 아니다. 19세기에 오사카와 교토의 인구는 40~50만 명에 달했고 에도는 거의 100만 명에 달했던 것으로 추산된다. 일본의 도시화는 경제 발전과 함께 나타나는 현상이었다. 따라서 이런 도시 가운데 많은 곳이 봉건 영주가 자리잡고 있던 성곽 도시이기는 하지만 그것을 반드시 행정 도시로만 규정하기는 어렵다. 경제적 성격이 매우 강했기 때문이다.

인도는 인도양 지역의 중심 국가로서 일찍부터 경제가 매우 발달해 있었고 따라서 도시도 발달했다. 인도는 무굴제국 이전에 이미 다량의 면직물과 향신료 등 동방 물산을 전 세계로 수출하고 있었고 큰 무역 흑자를 보았다. 따라서 17세기에 아그라, 델리, 라홀 같은 무굴제국의 주요 도시들은 인구가 50만 명에 육박했고 수라트, 고아, 캘리컷, 마드라스 등 여러 무역항의 경우에는 20만 명을 넘는 곳도 있었다. 인구 5,000명을 넘는 도시로 따진 도시화율은 전체 인구의 15%로 추산된다.[49]

아프리카의 경우도 우리가 생각했던 것과는 다르다. 아프리카에서는 도시가 발전하지 못했고 지금 보이는 아프리카 도시들은 유럽인들이 식민지를 만들며 건설한 것으로 생각하기 쉬우나 실제로는 그렇지 않다. 서양의 중세에 해당하는 시기에 이미 많은 도시가 자생적으로 발전해 있었다. 유럽인들이 들어오기 이전인 1200년에 이미 인구 2만 명 이상의 도시는 31개가 있었던 것으로 추정된다. 그것이 1400년에는 35개로 늘었고 1600년에 30개로 좀 줄었다가 1800년이

48) G. Rozman, East Asian Urbanization in the Nineteenth Century : Comparisons with Europe, in : Ad van Woude &. Others(ed.) 앞의 책, pp. 71-72.
49) A. G. Frank, 앞의 책, pp. 84-85.
이 도시 인구나 도시화율과 같은 통계 수치들은 사료의 부족으로 연구자에 따라 차이가 크다. 따라서 정확한 수치라고 할 수는 없다.

되면 21개로 크게 줄어든 것으로 보인다.[50)]

　유럽의 중세 말에 해당하는 1200~1400년 시기의 이런 도시 수는 아프리카가 도시화라는 점에서 유럽의 같은 시기에 비해서도 크게 뒤떨어진 곳이 아니라는 사실을 보여주는 것이다. 1600년에, 신성로마제국의 판도 안에 있던 인구 2만 이상의 도시는 16개에 불과했다. 따라서 오히려 유럽인들이 들어오며 아프리카인들의 자생적인 정치·경제 활동이 크게 위축되고 그 결과 도시의 격감이라는 결과를 낳은 것으로 보인다.

---

50) G. Connah, *African Civilizations : An Archaeological Perspective*, Second Edition, Cambridge, 2001, p. 13.

6...

도시는 어디서나 도시이다

빈약한 유럽의 중세도시

1000~1800년 사이에 유럽 도시들이 일직선적으로 발전한 것은 아니다. 1300년경까지 경제와 인구의 증가에 따라 상당히 팽창했으나 흑사병 이후 크게 쇠퇴했고 1500년 이후 그 추세가 반전했다. 그후 아메리카, 아시아로 직접 진출함에 따라 상공업이 활성화하며 인구도 늘고 도시도 급성장하게 된다.[51] 이런 상황은 런던 시의 인구 추세를 보면 잘 알 수 있다. 런던은 잉글랜드에서 가장 큰 도시이고 상업, 금융의 중심지이나 1563년에도 인구가 9만 3,000명에 불과했다. 그러나 엘리자베드 시대의 해외 진출과 함께 1580년대부터 본격적으로 증가하기 시작했다. 1580년에 12.3만, 1593~1595년의 15.2만에서 1632년에는 31.7만으로 급증하고 1700년에 70만 명으로 유

---

51) C. Tilly, Entanglements of European Cities and States, in : C. Tilly & W. P. Block, 앞의 책, p. 13-14.

럽 최대의 도시가 된다.[52]

런던이 유럽에서 인구가 가장 급증한 대표적인 예이기는 하지만 이런 추세는 다소간의 차이는 있어도 유럽 어느 도시에서나 비슷하게 나타난다. 말하자면 유럽에서 도시가 본격적으로 성장하는 것은 아메리카의 식민지화, 아시아와 교역 활성화에 따른 17세기 이후의 산물인 것이다. 실제로 현재와 연결되는 유럽의 도시사는 17세기에 다시 시작했다.[53]

따라서 도시가 성장하기 이전, 즉 14~16세기까지 유럽 도시의 모습은 별로 인상적이지 못하다. 당시 이슬람이나 중국의 도시와는 비교할 수 없을 정도로 빈약하다. 도시의 규모도 작고 인구도 훨씬 적다. 이렇게 도시가 빈약했다는 것은 바꿔 말하면 근대 이전에 유럽에서 상공업이 덜 발달했다는 것과 상관관계가 있을 가능성이 높다. 상공업이 발달한 도시는 플랑드르와 이탈리아 지역밖에 없었다.

그런데 이렇게 규모도 작고 수도 얼마 안 되는 중세도시들이 봉건적 체제를 해체시키고 자본주의를 발전시키는 데 중요한 역할을 했다고 하는 것은 잘 이해가 가지 않는 주장이다. 그래서 규모로 이야기하기 어려우니까 도시의 자유니 뭐니 하며 성격 문제를 들고 나오는 것이다.

도시의 자유가 도시민의 자유는 아니다

그러나 유럽 중세도시들이 봉건적 질서에서 벗어나 있었던 것은

---

52) F. Braudel, *The Structures.*, p. 548.

53) G. H. Martin, The English Borough in the Thirteenth Century, in : Holt, 앞의 책, p. 29. 마틴은 영국 도시사에서 그런 주장을 하고 있으나 이것은 다른 곳의 도시에도 적용될 수 있다고 생각한다.

아니다. 이탈리아를 빼고는 대체로 봉건적 정치 체제 안에 편입되어 있었다. 많은 도시가 왕이나 영주로부터 받은 특허장으로 약간의 자율성을 얻었으나 그것은 아주 작은 부분적인 권리를 세세하게 규정한 것이다. 또 자주 고쳐졌다. 수백 년에 걸쳐 수백 개의 특허장을 받은 도시도 있으나 그것이 도시의 완전한 자율을 의미하는 것은 아니었다.[54]

사실 중세의 특허장에서 사용하던 자유(*libertas*)라는 개념은 근대적인 자유의 개념과는 전혀 다르다. 그것은 원래 봉건제 아래 귀족들이나 교회, 수도원의 영지에 수여되던 특권(*libertatis privilegium*)을 의미했다. 이 특권에 의해 나라에 따라 차이는 있으나 성·속의 귀족들이 과세, 부역, 또 왕의 법적 관할권에서 벗어나게 되는 것이다. 도시의 특허장은 이 연장선상에 있는 것이었다.[55]

따라서 인신적으로 예속된 사람과 그렇지 않은 자유로운 사람이라는 이분법적 구분은 중세에는 존재하지도 않았다. 특정 세금을 면제받는 특권(자유)을 위해 어느 영주에게 예속되는 일도 흔한 일이었다.[56]

---

54) 최근에는, 경우에 따라 다르기는 하나 특허장을 도시민이 쟁취한 결과로 보지 않는 연구자들도 있다. 그것이 영주들의 이해관계를 반영할 뿐 아니라 영주들에 의해 강요된 결과라고 보는 것이다. 강일휴, 〈중세 프랑스 도시의 자치 및 농촌과의 관계〉, 《서양중세사연구》, 제7집, 2000, pp. 76-77.
또 특허장은 때로 액면 가치보다 훨씬 크게 받아들여졌고, 실제로 일어나지 않았거나 아주 느리게 일어난 일을 '더 큰 자유를 향한 끊임없는 진보'를 보여주는 것으로 해석하는 데 이용되었다. S. Reynolds, *An Introduction to the History of English Medieval Towns*, Oxford, 1977, p. 116 참조.
55) A. Harding, Political Liberty in the Middle Ages, in : *Speculum*, 55, 3, 1980, pp. 423-443 참조. 시민권의 어원인 'franchisia'는 갈리아 지방을 정복한 프랑크족의 귀족 계급이 누리던 자유를 의미한다. 이는 그의 주군으로부터 자유인에게 걸맞은 조건을 가진 땅을 수여받는 것을 의미한다. 이들은 프랑크인(*franc homme*)이기 때문에 자유인(*liber homo*)이었다. 따라서 자유는 특권일 수밖에 없었다. 같은 논문, p. 427.
56) 강일휴, 앞의 논문, p. 78.

게다가 중세도시들은 왕이나, 많은 성·속 영주들의 소유권, 법적 관할권에 의해 복잡하게 분할되어 있었다. 그러니 도시가 누리는 자율이라는 것은 그 가운데 남겨져 있는 작은 틈새에 불과한 것이었고 그마저도 끊임없는 간섭에서 완전히 벗어나기는 힘들었다. 베버가 찬탄해 마지않는 도시의 자율(autocephaly)[57]이라는 것은 이런 성격의 것이었다.

또 어렵사리 만들어진 도시 공동체인 코뮌이라 해도 그야말로 자유로운 곳은 아니었다. 그것은 엄격한 통제와 구속 속에 있는 사회였다. 외부에서 무단으로 들어오는 경우에는 처벌을 받고 추방당했다. 또 받아들여진다 해도 그가 시민권을 가진 도시민이 되려면 아주 오랜 시간을 들이고 재산 자격 등의 여러 까다로운 조건을 충족시켜야 했다. '도시에 들어와서 1년 1일이 지나면 자유로워진다'고 널리 알려진 속설은 잘못된 것이다. 있다 해도 특이한 사례에 속한다.

도시를 지배하는 과두 체제는 상인들인 소수의 도시 귀족 계급에 의해 독점되었다. 따라서 도시의 자유는 도시 안의 특권적인 소수의 자유를 의미하는 것이지 도시민 전체의 자유를 의미하는 것은 아니었다.[58] 말하자면 도시의 자유가 도시민의 자유는 아닌 것이다.

도시 안의 길드 제도는 독과점 체제로 자유로운 영업을 막는 장치였다. 길드가 없는 도시도 많았고 그 독과점이 완전하지도 않았지만 그것은 어디에서도 자유로운 상공업 활동을 막았다. 길드 제도는 영

---

57) 베버 자신이 중세도시의 자율성이 이탈리아 외에는 부분적으로만 성취되었다고 인정하면서도 이런 자유를 유럽 중세도시를 찬탄하는 근거로 삼는 것은 이해하기가 어렵다. M. Weber, 앞의 책, p. 184 참조.

58) 도시민은 법적으로 여러 계급으로 구분되어 차별되었다. 따라서 죽은 후에만 평등했다. 계급에 따라 입는 옷, 심지어 장신구까지 규정되어 있었다. 근대 초인 1621년에 독일의 프랑크푸르트 시는 도시민을 5계급으로 구분하는 법을 만들었고 이에 따라 일상생활을 엄격히 규제했다. C. R. Friedrich, 앞의 책, p. 141 참조.

국에서 18세기 초에 먼저, 프랑스를 비롯한 다른 곳에서는 18세기 말 이후 해체되기 시작했는데 길드 제도야말로 자유방임적인 자본주의의 적이었다. 그런데 길드 제도가 그 핵심 요소 가운데 하나인 중세 도시를 자본주의적 태도와 연결시키는 것은 자연스럽지 못한 일이다.

또 중세도시의 자유가 서양 근대의 정치적 자유나 민주주의와 연결되는 것도 아니다. 유럽에서 군주권이 강화되는 가운데 15세기 이후 도시의 행정·사법권이 점차 왕의 관리들에게 넘어가며 도시는 그나마 약간의 자율성마저 잃어버리기 때문이다. 근대 유럽의 정치적 자유는 프랑스혁명을 비롯한 18세기 말 이후의 산물이다. 또 근대 유럽의 도시가 상당한 자치 권한을 부여받는 것은 나라에 따라 시기는 다르나 19세기 이후의 일이다. 이것들을 중세도시의 전통과 직접 연결시킬 수는 없다.

도시는 어디서나 도시이다

유럽중심주의적인 역사가들이 경제 활동이 없는 도시는 도시가 아니라느니, 아시아 도시들은 '가짜' 도시라느니 하는 이야기를 하는 것은 우선 이데올로기적인 측면에서 제기된 것이다. 유럽을 무언가 특출한 역사적 과거를 가진 곳으로 만들려고 했기 때문이다. 19세기 이후 유럽의 우월성을 중세 시대까지 소급시키려 하기 때문이다. 그래서 중세도시를 근대 부르주아나 자본주의의 고향으로 만들려고 하는 것이다.

그렇게 하는 또 하나의 이유는 그들이 아시아나 다른 세계에 대해 무지하기 때문이다. 별 관심도 없고 다른 지역의 자료를 읽을 능력도 없는 상황에서 여행자나 선교사들의 편견에 가득 찬 사료에 의존하는 한 제대로 된 역사 인식을 하기는 힘들다. 베버는 중국에 가본 적도 없고 한문 사료를 읽을 수도 없는 사람이었지만 브로델도 마찬가지이다. 그렇다면 주장에서나 겸손해야 할 것이 아니겠는가.

최근의 연구들에 따르면 아시아 도시의 성격은 그들이 주장하는 것과는 많이 다르다. 유럽중심주의자들이 말하는 것만큼 정치적 성격이 강한 것도 아니고,[59] 아시아 경제가 18세기까지도 유럽보다 훨씬 활력이 있었고 발전했었다는 주장도 점점 설득력을 얻고 있다.[60]

또 지금까지 그랬던 것처럼 유럽 중세도시의 경제적 성격을 너무 강조하는 것도 불가능하다. 그러므로 약간의 차이는 있을지라도 유럽 도시와 아시아 도시 사이에 질적으로 큰 차이는 없었다고 하는 것이 옳을 것이다. 이것은 아프리카 도시의 경우도 마찬가지이다. 따라서 너무 지나치게 유럽 도시의 특수성을 주장하는 행위는 잘못된 것으로 고칠 필요가 있다.

'도시는 어디서나 도시이다'. 이것은 브로델이 다른 문맥에서 사용한 말이지만 이 글의 결론으로도 쓸 수 있다고 생각한다. 그것은 인간 행위와 세계사의 보편성을 믿기 때문이다. 도시는 어디서나 도시이다.

---

59) 중국의 정치 체제가 모든 사람의 생활을 직접 통제할 수 있는 일원론적이고 권위주의적인 것이었다는 전통적인 견해에 대한 반론들도 최근 제기되고 있다. 강력해 보이는 청나라도 사실은 조세 체계나 행정 체계가 취약했다는 것이다. 이런 주장들은 도시사 연구에도 새로운 방향을 제시할 수 있다. S. Mann, Urbanization and Historical Change in China, in : *Modern China*, Vol. 10, No. 1, Jan., 1984, pp. 79–113 참조.
60) 제1장에서 이야기한 R. B. Wong, K. Pomeranz, A. G. Frank 등의 주장이 대표적이다.

5장

이탈리아의 르네상스와 부르크하르트

1...

르네상스, 무엇이 문제인가?

근대의 시작, 르네상스

르네상스(Renaissance)는 프랑스어로 재생, 부흥이라는 의미이다. 이탈리아어의 같은 의미를 갖는 *Rinescita*에서 온 이 단어는 1855년에 프랑스의 역사가인 미슐레(J. Michelet)가 그의 《프랑스사》 제7권에서 중세와는 다른 하나의 시대를 나타내는 개념으로 사용하며 역사학에 편입되었다.

서양사에서 르네상스란 14세기에서 16세기 사이에 그리스·로마의 고전고대 문화에 기초해 새로운 문화가 발전했다고 하는 시기를 가리킨다. 전통적인 주장에 따르면 유럽에서는 5세기에 로마제국이 몰락하고 나서 1,000년에 걸친 암흑과 야만의 시기가 뒤따랐다. 그후 14세기에 가서야 이탈리아에서 고대 문화가 되살아남으로써 근대를 향한 근본적인 변화가 시작되었다.

인문주의를 통해 고대의 세속적인 가치를 다시 받아들인 이탈리아의 르네상스인들은 기독교의 억압을 분쇄하고 인간 중심적이고 자유로운 사회를 만들었고, 신분제를 해체하기 시작했으며, 도덕률에 구속되지 않는 새로운 근대 국가 유형을 발전시켰다. 또 근대 자연과학의 기초를 다졌을 뿐 아니라 새로운 근대적 예술 양식도 만들어 냈다.

이런 의미에서 르네상스는 서양인들에게, 중세에서 근대로 넘어가는 역사의 전환점으로 이해되어왔다. 근대가 르네상스에서 시작된다는 것이다. 따라서 르네상스는 18세기의 계몽사상과 함께 유럽의 정신문화 발전에서 하나의 결정적인 단계로 이해된다. 서양 사람들이 르네상스를 애지중지하는 이유이다.

이렇게 보면 르네상스는 인간이 신에게 매인 어둠침침한 중세의 통로를 지나, 밝고 명랑하고 그리하여 자신의 본모습을 그대로 드러내는 햇빛 찬란한 정원으로 나온 시기이다. 사실 피렌체나, 베네치아, 밀라노 같은, 르네상스 시대에 문화를 꽃피운 이탈리아의 유서 깊은 도시들을 돌아보고, 그 당시 미술가들이 그린 아름다운 그림이나 조각, 건축물을 바라보노라면 그런 이야기들이 그럴듯해 보이기도 한다. 그러나 그런 주장은 과연 사실일까?

부르크하르트와 르네상스

르네상스 시대의 이탈리아인들이 매우 독특한 사람들이었던 것은 틀림없다. 시대에 대한 자의식이 매우 강했던 것이다. 그들은 자신들이 중세와는 다른 새로운 시대에 살고 있다고 믿었고 따라서 자신들이 방금 빠져나왔다고 생각한 시대를 '암흑시대'라고 불렀다. 그것은 고대가 끝나고 나서 14세기까지는 웅변이나 시, 위대한 조각이나 그림이 나타나지 않았다고 믿었기 때문이다.[1]

사실은 '중세'라는 시대 구분까지도 그런 의식의 영향을 받고 있다. 서양사에서 고대, 중세, 근대의 3시대 구분법은 17세기에야 생겼지만 '중세'란 별 긍정적인 내용은 없고 단지 '고대'와 자신들이 살고 있는 '근대' 사이에 낀 중간적인 시대라는 소극적인 의미만을 갖고 있다. 이는 르네상스인들의 영향이다.

이렇게 르네상스 시대 이탈리아인들은 자신들이 그리스 · 로마 문화의 전통을 잇는 위대한 시대에 살고 있다는 점에서 자부심을 느꼈다. 그리고 자기가 살고 있는 시대에 대한 이러한 분명한 자의식은 흔하게 나타나는 것은 아니다.

실제로 이탈리아의 르네상스 문화는 언뜻 보기에 중세 시대와는 많이 달라 보인다. 우선 종교적인 성격이 약화되고 세속적인 측면이 강화된 것 같다. 이는 당시 페트라르카의 서정시나 보카치오의 《데카메론》 같은 작품을 읽어보면 그렇다.

조각이나 그림의 제재도 기독교적인 것을 넘어 확대되었다. 그래서 기독교의 성화만이 아니라, 고대의 신화나 사람 사는 시정의 모습 등으로 상당히 확대되었다. 또 초상화나 정물화 등 새로운 예술 장르도 나타났다.

그러나 이런 단순한 인상만으로 르네상스를 이야기할 수는 없다. 학문적인 더 엄밀한 규정이 필요한 것이다. 19세기 후반에 이러한 시도를 하여 지금까지 일반적으로 사용하는 르네상스 개념의 내용을 만들어 내는 데 결정적인 역할을 한 인물이 스위스 사람인 야코프 부르크하르트(Jacob Burckhardt)이다.

그는 1860년에 출판한 《이탈리아 르네상스의 문화》[2]에서 르네상

---

1) 이는 페트라르카, 보카치오, 살루타티, 브루니 같은 문필가들이나 알베르티, 기베르티 같은 미술가에게 다 나타나는 인식이다. 이런 인식을 더 명확히 한 사람이 16세기 중반의 미술 이론가인 바사리(G. Vasari)이다. D. Hay, *The Italian Renaissance : In Its Historical Background*, Cambridge, 1977, pp. 12-13.

스를 중세와는 완전히 구분되는 새로운 시대로 규정했는데, 이는 당시 이탈리아에서 근대 문화적 요소가 많이 나타난다고 믿었기 때문이다. 르네상스가 근대의 출발점이라는 것이다.

그의 이런 규정은 후대의 역사가들에게 큰 영향을 미침으로써 르네상스는 그 후 하나의 시대 개념으로 자리를 잡게 되었다. 우리가 오늘날 보통 '르네상스 시대' 라고 부르는 것은 주로 부르크하르트의 영향인 것이다.

그 내용의 옳고 그름을 떠나 부르크하르트의 주장이 서양 사람들의 자부심을 만족시켜줄 소지를 많이 갖고 있는 것은 사실이다. 이미 14세기부터 유럽에는 근대 문화적 요소가 나타났고 그 결과, 유럽은 세계의 다른 어느 곳보다도 빨리 근대로 진입할 수 있었다고 믿기 때문이다. 르네상스가 바로 근대 세계 속에서의 서양 문화의 우위를 정당화시켜주는 것이다. 그의 주장이 19세기 이래 서양 사람들의 큰 호응을 받아온 것은 그 주장 속에 담겨 있는 이런 유럽중심주의적 이데올로기 때문이다.

서양 사람들의 르네상스 인식

물론 부르크하르트의 주장은 그 후 많은 비판과 반론에 부딪쳐왔다. 특히 중세사학자들은 르네상스 시기를 중세와 단절시키는 데 반대해왔다. 이미 20세기 초에 네덜란드의 유명한 중세사학자인 호이징가는 르네상스를 '중세의 가을' [3]이라고 했는데 그것은 르네상스

---

2) J. Burckhardt, *Die Kultur der Renaissance in Italien*, 1860. 영역판으로는 S. G. C. Middlemore(trans.), *The Civilization of the Renaissance in Italy*, New York, 1878이 있다. 이 글에서는 같은 출판사인 랜덤하우스의 Modern Library Edition 1995년판을 이용했다.
3) J. Huizinga, *Autumn of the Middle Ages*, Leiden, 1919.

가 중세의 마지막 단계라는 의미이다. 결코 근대적인 시대는 아니라는 것이다.

그동안에 많은 연구가 축적된 결과, 오늘날 문화적으로 '암흑기'인 중세와, 계명되고 '근대적'인 르네상스의 날카로운 구분은 불가능하다. 중세 시대에도 부르크하르트가 르네상스 시대의 특징으로 주장하는 모든 본질적인 요소가 존재하고 있었기 때문이다. 그래서 해스킨스 같은 사람은 12세기에 이루어진 고전 라틴 문화의 수용을 중시하며 중세 시대의 이 사건이 그 후 모든 유럽 문명의 직접 조상이라고 말한다.[4] 기본적으로 르네상스의 의미를 부인하는 것이다.

그러나 한편에서는 르네상스의 근대적인 의미를 되살리려는 노력도 계속해왔다. 이는 특히 미국에서 그렇다. 르네상스 시대 이탈리아 도시 국가들의 시민적·자율적 경험이 공화국을 신봉하는 미국인들에게 어떤 메시지를 던져줄 수 있다고 믿었기 때문이다.[5]

또 미국인들은 르네상스를 히틀러나 스탈린의 비합리적이고 광포한 독재와는 성격이 다른, 미국이 주도하는 현대의 '자유롭고' '합리적인' 서양 문명이 형성되는 과정에서 중요한 자산으로도 생각한다. 20세기 중반 이후 이탈리아가 아니라 미국을 중심으로 하는 영어권 연구자들이 르네상스 연구를 지배하고 있는 것은 이런 인식의 결과이다.

여하튼 오늘날 르네상스 시대는 부르크하르트가 규정한 그대로 받아들여지기는 어렵다. 옹호자보다 비판자가 더 많은 편이다. 르네상스의 근대성도 현재로서는 그렇게 진지하게 받아들여지지 않는다. 또 시대 개념으로서도 르네상스 자체가 의문시되고 있다.[6]

---

4) C. H. Haskins, *The Renaissance of the Twelfth Century*, Cambridge, 1927.
5) E. Muir, The Italian Renaissance in America, *American Historical Review*(이하에서는 A. H. R.로 약칭), Oct.,1995, p. 1,096.

그럼에도 그가 만든 틀의 큰 테두리가 완전히 무너진 것은 아니다. 아직도 많은 역사가가 그 틀 안에서 생각하고 있기 때문이다. 이는 부르크하르트가 만든 규정이 아직도 서양 사람들에게 큰 매력을 갖고 있다는 증거이다.

그래서 "매혹되지 않으면 르네상스가 아니다" [7]라고 주장하는 사람이 있는가 하면 브로델조차 "그러나 무엇보다도, 유럽은 그들(인문주의자)이 부르짖은 인간성의 능력과 지성에 대한 신뢰를 결코 잃은 적이 없다. 그리고 그것은 서양의 삶과 사상에서 가장 큰 영감으로 남아 있다" [8]고 이야기한다. 부르크하르트와 100년이 넘는 시간적 간격에도 불구하고 별 차이 없는 이야기를 하고 있는 것이다.

그러니 비판 능력이 없는 일반 대중들이 부르크하르트를 그대로 받아들일 것은 당연하다. 최근에도 쏟아져 나오는 미술을 중심으로 하는 르네상스 시대와 관련된 많은 책은 이러한 대중적 취향에 영합하고 있고 대중들은 이에 열광한다.

또 국제적인 관광 여행의 확대, 르네상스 미술품의 대량 복제와 유통도 그런 현상을 부추기고 있다. 문화 산업이 역사 인식에까지 막중한 영향을 미치고 있는 것이다. 따라서 부르크하르트적 관념에서 벗어나는 것은 결코 쉬운 일이 아니다.

---

6) 르네상스를 그 의미와는 관련 없이 시기를 표현하는 용어로 사용하는 사람들도 많으며, 시대 개념조차 부인하는 사람들은 최근 더 중립적인 '근대 초(early modern)' 라는 표현을 사용한다. 《Journal of Medieval and Renaissance Studies》라는 잡지가 1996년부터 《Journal of Medieval and Early Modern Studies》로 이름이 바뀐 데에서도 그런 변화의 흐름을 읽을 수 있다. W. J. Bouwsma, Eclipse of Renaissance, A. H. R., Feb., 1998, p. 116 참조.
7) R. Starin, Renaissance Redux, A. H. R., Feb., 1998, p. 122. 이 말은 최근의 르네상스 역사가인 K. Gouwens와 P. Findlen의 것이다.
8) F. Braudel, A History of Civilizations, New York, Penguin Books, 1993, p. 344.

한국의 르네상스 인식

르네상스에 대한 한국인들의 관심도 서양에서와 같이 비교적 큰 편이다. 연구도 상당히 이루어졌고 번역서도 풍부한 편이다. 이는 역시 부르크하르트의 전통적인 르네상스관이 만드는 매력 때문으로 보인다. 그래서 개별적인 연구에서는 상당한 수준에 올라갔고 부르크하르트적인 견해의 많은 부분이 극복되고 있다. 그러나 전체적으로는 아직도 옛날 틀에서 완전히 벗어나지는 못했다. 특히 개설적인 수준에서 그렇다.

《서양사개론》에서 민석홍 교수는 "르네상스의 역사적 의미를 바로 파악하려면 중세와의 연속이나 이행기적 내지 과도기적 성격이 아니라, 르네상스기에 새로이 인식된 고전고대 문화의 부흥을 통하여 새로운 근대 문화가 창조된 면을 중시해야 한다고 생각하며, 그것은 결국 부분적인 수정과 새로운 해석을 첨가한다 하더라도 본질에 있어 부르크하르트적인 르네상스 상의 정당성을 재인식한다는 것을 뜻한다"고 어느 서양 학자의 견해를 그대로 인용하고 있다.[9]

말하자면 부르크하르트적 르네상스관이 본질에서 옳다는 것이다. 그의 이런 태도는 내용 서술 곳곳에서도 발견된다. 사실상 부르크하르트의 견해를 그대로 해설하고 있다고 해도 과언이 아닐 정도이다.

서양에서도 부르크하르트적 견해를 특히 잘 대변하고 있는 분야가 미술사 쪽이지만 그것은 한국에서도 마찬가지이다. 가장 최근의 대

---

9) 민석홍, 《서양사개론》, 삼영사, 1997, p. 278. 이 서양학자는 미국인인 H. 배런으로 그는 부르크하르트적인 해석 틀을 '시민적 인문주의'라는 개념으로 구출하려고 시도한 인물이다. 따라서 당연히 부르크하르트의 견해를 지키려고 애쓴다. H. Baron, *The Crisis of Early Italian Renaissance*, Princeton, 1955 참조.

표적인 책이 임영방 교수의 《이탈리아 르네상스의 인문주의와 미술》[10]이다.

이 책은 미술사 책이면서도 인문주의와의 관련에 주목한 상당히 학구적인 책이다. 그러나 기본적인 틀에서 부르크하르트의 인식 틀을 대체로 수용하고 있다. '인간의 존엄'을 다룬 부분이 특히 그렇다. 르네상스의 인간 중심적 측면을 강조하기 위한 의도로 보인다.

르네상스에 대한 이런 인식은 문제이다. 르네상스에 대한 바른 시각을 가져다줄 수 없는 것은 둘째 치고, 오히려 유럽 중심적 시각을 그대로 한국인들에게 전파함으로써 서양 문화의 우월을 가르칠 우려가 있기 때문이다.

문제는 르네상스가 서양의 중세와 근대를 나누는 선일 뿐 아니라 서양과 비서양을 나누는 구분선으로도 중요하게 작용한다는 데 있다. 서양에는 르네상스가 있어 근대로 들어올 수 있었고 서양 외의 지역에는 그런 것이 없어 발전하지 못했다는 것이다. 따라서 서양 사람들의 이런 주장의 허구성을 밝혀내는 것은 매우 중요한 일이다. 그러면 먼저 부르크하르트가 어떤 인물인지부터 살펴보자.

---

10) 임영방, 《이탈리아 르네상스의 인문주의와 미술》, 문학과 지성사, 2003. 이 책은 르네상스 문화에 대한 오랜 연구의 결실이다. 그러나 부르크하르트적 견해를 취하고 있어 지나치게 르네상스의 근대성을 강조하고 있는 것으로 보인다.(pp. 45-50 참조)

$2...$

부르크하르트와
그 역사학

보수적인 역사가 부르크하르트

부르크하르트(1818~1897)는 스위스 바젤 태생의 역사가이다. 그는 독일 유학을 했고 베를린 대학에서 철학자 헤겔의 제자들이나 당대 최고의 역사가인 랑케에게 배웠다. 그 후 그는 평생 바젤 대학에서 가르쳤는데 그를 저명한 역사가의 반열에 올려놓은 책이 바로 앞에서 이야기한 《이탈리아 르네상스의 문화》[11]이다.

이것은 근대 역사가에 의한 르네상스 연구의 첫 시작이다. 그러나

---

11) 그의 전집은 1929년 이후 전부 아홉 권으로 출판되었다. J. Burckhardt, *Gesamtausgabe*, Basel, Stuttgart, Berlin, Leipzig, 1929-1934. 이렇게 여러 곳에서 동시 출판되었다는 사실은 당시 그의 인기를 짐작하게 한다. 이탈리아 미술에 대해 쓴 *Der Cicerone : Eine Einleitung zum Genuss der Kunstwerke Italiens*, Basel, 1855는 1878년에 *The Cicerone* 로 영역되었다. 1943년에는 *Weltgeschichtliche Betrachtungen*(세계사의 고찰)이 *Reflections on History* 로 영역되었는데 이 책에서 보이는 그의 자유주의적인 신념은 전체주의로 고통받고 있던 영미 지식인들에게 큰 반향을 불러일으켰다. 그가 고대 그리스 문화에 대해 쓴 글을 모은 것이 최근 영역판으로 나왔다. J. Burckhardt,(ed., by O. Murray), *The Greeks and Greek Civilization*, New York, 1999. 《세계사의 고찰》과 관련한 그의 정치적 면모는 L. Grossman, Jacob Burckhardt : Cold War Liberal?, *The Journal of Modern History*, 74, Sep., 2002, pp. 538-572 참조.

더 중요한 것은 이 책이 그 후 르네상스라는 시대의 성격 규정에 본
질적인 영향을 미쳤다는 것이다. 따라서 그의 주장을 받아들이거나
거부하는 것은 가능하나 그것을 무시할 수는 없다. 그의 책이 르네상
스 연구에서 거의 기본 텍스트의 위치를 차지하고 있기 때문이다.[12]

부르크하르트의 르네상스 해석은 그의 정신적인 기질이나 역사 연
구 방법론과 깊은 관계가 있다. 그는 기질적으로나 정치적으로 상당
히 보수적인 인물이다. 그래서 19세기에 유럽에서 전개되고 있던 산
업화를 비롯한 물질적 진보를 지긋지긋하게 싫어했다. 그것이 역사
에서 그가 높이 평가하는 문화적 가치들을 파괴한다고 생각했던 것
이다.

그는 정치를 불신했다. 또 당시 프러시아에서 전개되고 있던 중앙
집권화, 상업적 정신, 군사주의, 대중적 민주화도 좋아하지 않았다.
그가 베를린 대학에 랑케의 후임으로 갈 수 있는 기회도 받아들이지
않고 자신이 태어난 바젤이라는 도시에 헌신한 이유도 여기에 있
다.[13] 그는 작지만 코스모폴리탄적 기풍에 차 있던 바젤을 유럽 문명
의 진정한 요소로 깊이 사랑했던 것이다.

그가 이탈리아의 도시 국가에 강한 애착을 보인 것도, 또 문화사를
연구의 주된 주제로 삼은 것도 예술이나 문화에 대한 이런 강한 관심
때문으로 보인다. 그는 그의 책에서 농담, 예절, 축제, 점성술, 음악

---

12) D. 헤이라는 유명한 르네상스 학자와 부르크하르트의 만남을 헤이의 말을 통해 살펴보자.
"나는 많은 점에서 암묵적으로, 때로는 분명히 부르크하르트가 그의 《이탈리아 르네상스의 문
화》에서 보여준 판단과 접근법과는 다르다. …… 그러나 르네상스 이탈리아의 포로가 된 모든
사람과 같이 나는 부르크하르트에 사로잡혔다. 나는 그 책을 1932년에 읽었는데 그것이 내게 준
흥분을 아직도 기억하고 있다. 나는 그 책을 한 번은 날카로운 비판 정신을 가지고, 나중에는 모
든 어려운 문제를 그렇게 미묘하고 평범하게 다루는 그 명인의 솜씨를 점점 더 찬탄하며 두 번
더 읽었다." D. Hay, *The Italian Renaissance*. Cambridge, 1976, P. Xi.
13) S. T. Tonsor, Jacob Burckhardt : Tradition and the Crisis of Western Culture, *Modern Age*,
Winter, 1997, V. 39, Issue 1, p. 5.

등 문화 부문에 많은 부분을 할애하고 있는데 이는 당시의 역사학자로서는 드문 일이었다. 그의 이런 태도는 나중에 '문화사'가 역사학의 새로운 분야로 발전하는 데 크게 기여했다.

그러나 그가 역사 연구에서 경제의 역할을 고려하지 않은 것은 큰 결함이다. 경제와의 관계를 배제하고 문화를 제대로 이해하기는 어렵기 때문이다. 또 그의 연구 방법론 자체가 많은 문제를 갖고 있기도 하다.

부르크하르트의 역사 방법론

그는 베를린 대학생으로서 헤겔 철학과 랑케의 역사 방법론을 배웠지만 당시 독일 지식인 사회에 매우 큰 영향력을 갖고 있던 이들의 학문에서 별 영향을 받지 않았다. 학문적인 성향이 그들과 달랐던 탓이다.

그는 우선 헤겔식의 '역사철학'을 거부했다. 역사를 철학화해서 보는 관점을 거부한 것이다. 그것은 그가 역사의 인과관계를 설명해주는 어떤 초월적 이론이나 신념 체계도 존재하지 않는다고 생각했기 때문이다.

또 그는 랑케의 실증주의적 연구 방법도 거부했다. 실증주의란 역사를 과학의 형태로 파악하여 역사 방법의 규칙을 따르면 역사가가 과거에 대한 객관적이고 논란의 여지가 없는 견해에 도달할 수 있다는 주장이다. 즉 사료를 엄격하게 취사선택해 객관적으로 역사를 서술함으로써 '객관적' 역사에 도달할 수 있다는 주장이다.

부르크하르트는 역사는 그런 종류의 것은 아니라고 생각했다. 오히려 그는 역사를 예술로 파악했다. "역사는 나에게 항상 대체로 시이다"[14]라고 말하는 데서 그의 생각을 읽을 수 있다. 따라서 그의 역사 서술은 19세기의 주류인 실증주의적 역사 연구 태도와는 다르다. 역사적인 사건들의 인과관계를 치밀하게 따지고 주를 꼼꼼하게 달아 그 이야기의 출처를 대는 통상적인 서술 방법을 받아들이지 않은 것이다.

그가 자신의 책에서 주를 달지 않은 것은 아니나 그것은 전거를 대기 위한 것이 아니라 대체로 설명을 하기 위한 주이다. 그것은 실증주의적 방법으로 역사를 써도 과거의 모든 측면에 대해 명확한 결론에 도달하기는 어렵다고 믿었기 때문이다.

결과적으로 그의 서술은 자연히 주관적인 것이 되지 않을 수 없었다. 그는 당대의 정신을 생생하게 상상으로 불러내는 것이 최선이라고 믿었다. 말하자면 다른 사람들이 '이야기'를 하려 하는 데 비해 부르크하르트는 시대의 '초상'을 그리려 한 것이다. 그는 그의 책의 여러 곳에서 누구나 자신의 비판적인, 주관적 판단을 할 자유를 갖고 있다고 말하고 있다. 따라서 자신의 도덕적 · 미적 기준에 따라 자유롭게 주관적으로 역사를 서술할 수 있다고 생각한 것이다.

물론 이런 역사 서술 방식에 장점이 없는 것은 아니다. 역사가의 창조적이고 독특한 시각과, 영감을 보여줄 수 있는 여지가 있기 때문이다. 그러나 사료에 근거하여 엄정하고 객관적으로 서술하지 않음으로써 역사상을 크게 왜곡시킬 가능성이 있는 것도 사실이다.

그의 주장이 독창성을 갖고 있고 많은 사람을 매료시키는 힘이 있지만 학문적 설득력이 떨어지는 것은 그런 이유 때문이다. 따라서 당시에도 그의 아마추어리즘은 많은 비판을 받았다.[15] 그러니 오늘날 그의 르네상스 연구가 심각한 비판대 위에 놓여 있는 것은 당연하다 하겠다.

---

14) A. Brown, Jacob Burckhardt's Renaissance, *History Today*, 1988, V. 38, p. 20.

부르크하르트가 본 이탈리아의 르네상스

그러면 먼저 부르크하르트가 그의 책에서 이야기하는 것은 무엇일까? 그것을 간단히 알아보자. 부르크하르트의 주장은 크게 여섯 가지이다.

먼저, 그는 '근대국가'가 르네상스 시대의 이탈리아에서 시작되었다고 말한다. 이탈리아에서 봉건제가 사라짐으로써 처음으로 도시 국가 형태이지만 근대적인 독립적 국가의 시대가 왔다는 것이다. 그는 당시의 국가를 예술 작품이라고까지 치켜세운다.

두 번째는, '개인의 발견'이다. 르네상스 시대에 스스로 자의식을 갖는 '근대인'이 탄생했다는 것이다. 즉 인간이 중세 시대에서와 같이 집합적 정체성 속에서 자신을 의식한 것이 아니라 개별적인 인간으로서 자신을 의식했다는 것이다.

세 번째로, 그는 르네상스 시대에 고대 문화가 부활하기는 했으나 그것이 새 문화의 본질적인 요소는 아니라고 생각했다. 르네상스 문화의 근원은 이탈리아의 정신과 그 천재들에게 있기 때문이라는 것이다. 그에게 고전적 과거에 대한 존경을 포함하는 인문주의는 학자, 시인, 예술가들의 천재성을 드러내기 위한 편리한 수단에 불과했다.

네 번째로, 그는 르네상스 시대에 세계와 인간이 발견되었다고 주장한다. 자연이나 인간과 관련해 이탈리아의 마음이 중세적인 세계관에서 해방되었다는 것이다.

---

15) 부르크하르트는 니체에게 보낸 편지에서 자신의 그런 측면을 정당화하고 있다. "나는 결코 학자나 좁은 의미에서 제자를 훈련시키기를 꿈꾼 적은 없다. 단지 나의 청중이 누구나 자신에게 개인적으로 호소하는 과거의 측면들을 받아들일 수 있고 받아들여야 한다는 것을 느끼고 알게 하기를 바랐다 ……. 나는 그런 목표가 아마추어리즘을 육성하는 것이라는 비판을 받을 수 있음을 잘 안다. 그러나 나는 그것을 크게 걱정하지 않는다." J. Burckhardt, *The Greeks and Greek Civilizations*, p. xxix.

다섯 번째로, 그는 르네상스 사회가 출생보다 재능과 교육을 높이 평가했다는 점에서 근대적이라고 말한다. 여기서부터 점진적으로 계급이 해체될 가능성을 갖게 되었다는 것이다. 또 여성이 남성과 평등해질 발판을 얻게 되었다고 주장한다.

여섯 번째, 그는 르네상스가 교회의 도덕적 제한을 포함하여 관습과 전통을 거부함으로써 사람들을 사물에 대해 세속적으로 접근하게 했다고 주장한다. 따라서 르네상스인들은 자신들이 맞다고 생각한 어떤 방향으로도 행동하고 사유할 자유를 갖게 되었다는 것이다. 이것이 르네상스인으로 하여금 탁월한 예술 작품과 문화를 만들게도 하고 인간적인 사악성을 드러내게도 했다고 그는 믿었다.

부르크하르트가 든 이탈리아 르네상스의 이 여섯 가지 특징을 보면 그가 이 시기를 완전히 근대적인 시기로 보고 있다는 것을 알 수 있다. 인문주의마저도 상고주의(尙古主義)로 몰아붙이는 것을 보면 그것을 확실히 알 수 있다.

그러나 르네상스 시대에 대한 연구가 진전되며 이런 단순 이분법적인 주장은 오늘날 잘 받아들여지기 어렵다. 그것에 객관적인 역사인식이라고 보기 어려운 점이 많기 때문이다. 그러면 이제 부르크하르트의 주장과 그에 대한 비판을 개별 논점 속에서 살펴보자.

3...
부르크하르트의 주장과
그에 대한 비판

예술 작품으로서의 국가

부르크하르트는 르네상스 이탈리아 도시국가에서 봉건제가 쇠퇴하며 근대국가가 처음 등장했다고 말한다. 도시국가의 통치자들이 자신들의 행위를 중세법이나 관습, 종교에 의존해 옹호하거나 정당화하지 않고 냉정한 반성과 계산에 의해 움직였다는 것이다. 이것은 15세기에 들어와 수많은 전제 군주들이 몰락하고 용병대장들이 스스로 통치권을 추구하여 전제 군주들이 더욱 긴장하고 신중하며 계산적으로 행동하지 않을 수 없었기 때문이다.

"목적을 위한 수단의 주의 깊은 적용은, 이는 이탈리아 외부의 군주들은 생각하지도 못했는데, 국경선 안의 거의 절대적인 권력과 합쳐져서 전제 군주들 사이에 특유한 성격의 인간과 생활양식을 만들어냈다." [16] 모든 성스러운 것을 비웃고 잔혹한 배신을 일삼은 용병

16) J. Burckhardt, *The Civilization of.*, p. 7.

대장들이 그 예라는 것이다.

이런 근대 국가를 만드는 일에 가장 앞선 도시국가들이 베네치아와 피렌체였다. 특히 피렌체는 세계 최초의 근대국가로서 정치적 원리와 이론들, 실험과 갑작스런 변화의 고향이 되었다.[17] 이것은 외교와 전쟁에서도 마찬가지이다. 그들은 선입견이나 도덕적 고려에서 완전히 벗어나 외교적인 문제를 완전히 객관적으로 다뤘다는 것이다.[18] 그리고 그는 근대국가를 만드는 데에서 정치 이론가인 마키아벨리의 중요성을 강조한다.

이렇게 그는 르네상스 시대에 근대국가가 나타났다고 주장하나 봉건제나 근대국가의 개념에 대해서는 아무 언급도 하지 않았다. 단지 도덕률에서 벗어나 냉정하게 계산적으로 정치를 했으니 근대국가라는 것인데 그런 식의 주장은 별로 설득력이 없다. 또 국가를, 심지어 외교와 전쟁까지도, 예술로 본다는 것은 지나치게 탐미적인 접근이다.

그러면 르네상스 이탈리아 도시국가들이 정말로 종교나 도덕률과 관계없이 정치 행위를 했는가? 그렇지는 않다. 많은 도시국가가 서로 경쟁했으므로 권모술수나 계산이 더 따를 수밖에는 없었으나 정치 행위에 종교적·도덕적 명분이 필요 없는 것은 아니었다. 또 중세 유럽의 다른 지역 봉건 영주들이 반드시 종교적·도덕적 요구에 따른 것도 아니었다. 종교적·도덕적인 명분과 정치적 실용주의는 어디에나 섞여 있었다. 따라서 이탈리아가 특이한 예는 아니다.

이탈리아에서 이 시기에 근대국가가 먼저 생긴 것도 아니다. 근대적 국가가 되기 위해서는 제도 면에서 중앙집권화, 행정의 합리화 등

---

17) J. Burckhardt, 같은 책, p. 61.
18) J. Burckhardt, 같은 책, p. 71.

이 따라야 하고 이념적으로도 국가 주권의 개념이 분명하게 나타나야 하나 이것은 17세기 이후의 산물이다.[19]

또 마키아벨리를 그야말로 권모술수만 주장하는 파렴치한 인물로 보는 것은 16세기 이래 그를 비난하던 사람들의 주장을 무비판적으로 받아들인 것에 불과하다.[20] 마키아벨리가 《군주론》이나 《리비우스의 로마사 논고》에서 하고 있는 주장은 당시 이탈리아 도시국가들이 처한 위기에 대한 반응이다.

15세기 말에 프랑스와 스페인이 중앙집권적인 군주 국가를 형성하고 이탈리아 정세에 개입함으로써 이탈리아 도시국가들이 존망의 위기에 처해 있었던 것이다. 그래서 마키아벨리에게는 어떻게 국가를 유지하느냐, 또 그러기 위해 군주가 어떻게 강한 권력을 유지하고 행사하느냐가 최대의 관심사였을 뿐 정치에서 도덕을 완전히 제거하려고 한 것은 아니다.

아무리 선한 정치를 한다 해도 권력을 빼앗기면 국민들에게 더 큰 악을 가져올 뿐이므로 도덕적 고려가 제한되어야 한다는 의미이다. 즉 누란의 위기에 처한 이탈리아를 구하기 위해서는 정치에서 도덕적인 동기보다는 결과가 더 중요하다고 강조하는 것으로, 결과론적 윤리[21]라고 할 수 있다. 이것이 도덕률을 전면에 내세우는 그 이전의

---

19) 1589년에 보테로(G. Botero)가 《국가이성론》에서 '국가이성'의 개념을 정립했고 1576년에는 보댕(J. Bodin)이 '주권'의 개념을 분명히 했다. 또 16세기 후반에 프랑스와 스페인, 신성로마제국에서 중앙집권화, 행정의 합리화, 군제 개편 등이 나타나며 근대적 국가로 변화하기 시작한다. 그러니까 근대 국가로 변화하기 시작하는 것은 17세기 이후라고 할 수 있다. 그렇다고 하더라도 그 후의 과정도 길고 느린 변화 과정이다. J. A. Narino, The Italian States in the long sixteenth Century in : T. A. Brady Jr. & H. A.Oberman (ed.), Handbook of European History 1400-1600, Vol. 1, p. 346.
곽차섭, 《마키아벨리즘과 근대국가의 이념》, 현상과 인식, 1996. 참조.
20) 진원숙, 《마키아벨리와 국가이성》, 신서원, 1996, p. 491.
21) J. Hankins, Humanism and Modern Political Thought, in : J. Kraye(ed.), Renaissance Humanism, Cambridge, 1996, p. 137.

사람들과 다른 태도일 뿐이다.

그는 권위주의적 정치 체제도 임시방편으로만 생각했고 정치가는 대중의 지지 위에 서 있어야 한다고 생각했다. 따라서 대중의 증오를 불러오도록 잔인한 행위를 해서는 안 된다고 생각했다. 그의 주장은 강력하고 결단력 있는 군주만이 혼란을 극복하고 안정을 가져올 수 있다는 것이지 그 이상은 아니다.

그런데 마키아벨리는 당시까지 국가를 의미하던 'civitas' 나 'res publica' 라는 말 대신 당시에는 잘 사용되지 않던 'statio' 라는 말로 국가를 나타냈기 때문에 근대적인 면을 보인다고 주장하는 사람들도 있다. 이는 전통적인 용어로는 당시의 정치 질서와 조직을 적절히 설명할 수 없었기 때문이라는 것이다.

즉 전통적인 국가 이론이 이상적 질서와 그 실현 가능성에 초점을 맞추고 있는 반면 마키아벨리는 원칙적으로 그것을 배제하고 권력의 효과적 사용, 지배 관계의 성공적 구축, 현실적 효용 등을 주된 관심사로 삼았다는 것이다. 그래서 국가가 갖고 있는 권력적 측면에 초점을 맞추기 위해 'statio' 라는 말을 사용했고 그 점에서 근대적이라는 것이다.[22]

그러나 그런 주장은 확대 해석으로 보인다. 마키아벨리는 《군주론》을 로렌초 데 메디치에게 헌정한 데에서도 알 수 있듯이 국가를 독립적인 권력적 실체로 보기보다는 특정 군주에게 속하는 '개인적 수단' 으로 보았다는 점에서 옛 정치적 전통에 속해 있는 사람이었기 때문이다.

---

22) 박상섭,《국가와 폭력 : 마키아벨리의 정치사상 연구》, 서울대출판부, 2002, pp. 243-256. 박상섭 교수는 15세기 말에 근대 국가가 나타난다고 말하나 당시의 스페인이나 프랑스를 근대 국가로 규정하는 것에는 오해의 소지가 있다. 그것은 중앙 집권화한 군주 국가이지 근대 국가는 아니다.

근대적 개인의 탄생

부르크하르트는 또 당시 이탈리아의 정치적 조건이 근대 개인주의
가 나타날 완전한 조건을 만들어주었다고 주장한다. 그리고 이 근대
성을 중세의 지적 · 문화적 후진성과 대비시키고 있다. 그에 따르면
중세인들은 신앙심, 어린아이 같은 선입견, 망상에 싸여 있었고 또
인간들은 자신을 오직 종족, 민족, 정파, 분대, 가족, 그 밖에 모든 보
편성에 의해서만 인식했다. 그러나 이탈리아에서 이러한 한계가 가
장 먼저 사라졌다고 생각했다.

13세기 말부터 이탈리아에서는 인간의 개성이 넘쳐나기 시작하며
개인주의를 향한 길이 열리게 되는데 그것은 이탈리아가 중세의 억
압에서 자유로웠기 때문이다. 이것은 국가와 이 세상의 모든 사물에
대한 객관적 관찰 방법과 함께, 인간의 주관성도 함께 깨어났기 때문
이다. "인간은 정신적인 개인이 되고 스스로 그 사실을 깨닫게 되었
다"[23]는 것이다.

그리하여 이러한 충동이 당시 교양의 온갖 요소를 갖춘, 정말로 강
력하고 다방면의 재능을 가진 본성과 어울려 최고의 개성을 만들어
내면 그것이 바로 부르크하르트가 말하는 '만능인(l'uomo
universale)'이 된다. 단테, 알베르티, 레오나르도 다 빈치 같은 사람이
그들이다. 이렇게 르네상스 시대의 이탈리아인들은 코스모폴리탄적
이고 자유로운 정신을 가졌고 개인의 업적에 따른 근대적인 명성을
추구했다고 그는 믿었다.

그러나 여기에서도 부르크하르트는 '개인'이나 '개인주의'에 대해
분명한 개념 규정을 하지 않았다. 그리고 그는 자신의 개인성의 개념

---

23) J. Burckhardt, *The Civilization of.*, p. 100.

이 반드시 자의식의 의미를 포함하지는 않는다고 말한다. 대신 인간의 개인성은 완전성, 명예의 달성이라고 주장했다.

그러나 자의식이나 자기반성 없이 개인성이 나타나기는 어렵다. 실제로 당시 이탈리아에 개인의 자의식에 대한 증거는 별로 없다. 자기 의식에 대한 가장 직접적인 증거는 자서전이다. 피렌체에만 르네상스기에 이런 자서전이 약 100개 정도 남아 있으나 이는 엄밀하게 말하면 자서전이라기보다 일기이다. 그 내용도 금전 출납이나 도시의 연대기, 또 가족 이야기를 담고 있으나 그것을 쓴 개인에게 초점이 맞춰져 있는 것은 아니다.[24]

초상화도 마찬가지이다. 이 시기에 많은 초상화가 그려졌으나 그것도 주로 가족을 위한 용도이다. 자화상은 의미가 있으나 그것도 그 자체를 위해 그린 것은 아니고 그림 한쪽 구석에 화가의 얼굴을 보여주는 식으로 그렸다.[25] 또 명성의 추구도 자아 의식과는 별 관계가 없다. 명성의 추구나 자기 과시는 어느 시대에나 나타나는 것으로 개인적인 자의식의 산물이라고 보기 어렵기 때문이다.

결과적으로 그가 개인성을 내세우며 그 주된 증거로 내세우는 것은 그들의 생애와 작품을 통해 불후의 유명인이 된 르네상스 시대의 작가, 미술가들의 능력이다. 특별한 소수의 사람들에게서 나타나는 개인성을 일반화한 것이다.

또 당시 이탈리아에서 집합적(단체적) 형태의 정체성이 사라진 것도 아니다. 부르크하르트가 일찌감치 사라졌다고 생각하는 길드나 가문, 교회 등은 14~15세기에도 계속 중요한 역할을 했다. 따라서 르네상스 시대에 '근대적 자아'가 나타났다는 주장은 사실로 받아들

---

24) P. Burke, *The Italian Renaissance : Culture and Society in Italy*, (Revised edn.) Princeton, 1999, p. 200.
25) 같은 책, p. 201.

이기 어렵다.[26)]

부르크하르트 자신도 개인과 개인주의의 등장에 대한 증거를 충분히 제시할 수는 없었다. 그래서 그 자신이 "우리의 테제를 위한 증거로 인용할 사실의 수는 적을 것이다. 여기에서 저자는 그가 추측의 위험한 땅 위에 발을 디디고 있음을, 그리고 그에게는 분명해 보이는 것이 다른 사람들에게도 마찬가지로 분명하지는 않을지도 모른다는 것을 느낀다"[27)]고 말하고 있다.

사실은 스스로도 별로 자신이 없는 주장을 하고 있는 것이다. 이에 대해 그는 말년에 한 친구에게 "당신도 알다시피 개인주의에 관해서 나는 더 이상 그것을 믿지 않소. 그러나 그것이 사람들에게 큰 즐거움을 주기 때문에 믿지 않는다고 말할 수는 없소"[28)]라고 말한 바가 있다. 부르크하르트가 주장하는 르네상스인의 개인성이라는 것이 이런 성격의 것이다.

고대의 부활과 인문주의

우리는 보통 르네상스에서 고전고대의 역할이 매우 중요한 것으로 이해하고 있다. 고대 문화를 받아들임으로써 르네상스 문화가 새롭게 꽃필 수 있었다고 보는 것이다. 그러나 이 문제와 관련된 부르크하르트의 주장은 그렇게 간단한 것이 아니다. 오히려 그는 고대의 부활과 고전 세계의 재발견이 르네상스의 본질적인 요소가 아니라고

---

26) 부르크하르트를 옹호하는 최근의 한 연구도 "르네상스의 자아가 언제나 주체성의 감각이나 개인주의와 관련된 감각을 수반한 것은 아니다"라고 유보적인 결론을 내리고 있다. J. Martin, Inventing Sincerity, Reshaping Prudence : The Discovery of the Individual in Renaissance Europe, A. H. R., Dec., 1997, p. 1341 참조.
27) J. Burckhardt, The Civilization of., p. 226.
28) P. Burke, 앞의 책, p. 197.

주장한다.

고대 세계가 없었더라도 르네상스는 발전했을 것이고 현상의 본질은 같았겠지만, 고대 세계가 개입함으로써 그것은 여러 방식으로 채색되었고 그것에 의해서만, 또 그것을 통해서 우리에게 실제로 모습을 드러냈다는 것이다.[29]

고대 그리스 · 로마 문화는 이탈리아인들의 천재성을 드러내기 위한 수단에 불과했다는 것이다. 그가 "르네상스는 단편적인 모방이나 편집이 아니라 새로운 탄생"[30]이라고 말하는 것은 그런 의미이다. 르네상스인의 창조성을 강조한 것이다.

그러나 이런 주장에는 많은 문제가 있다. 사실 르네상스 문화에서는 그리스 · 로마 시대의 고전을 연구하고 가르치는 인문주의가 핵심적 요소이기 때문이다. 인문주의는 로마 시대에 사용하던 '스투디아 후마니타티스(studia humanitatis)' 라는 단어에서 비롯된 것으로 르네상스 시대에도 이 단어가 그대로 사용되었다.[31] 그리고 르네상스 시대에 그것은 구체적으로는 문법, 수사학, 시, 역사, 도덕철학의 다섯 개 주제[32]를 가르치고 연구하는 것을 의미했다.

당시에 이런 주제를 연구한 이탈리아의 학자, 시인, 성직자, 법률

---

29) J. Burckhardt, *The Civilization of.*, p. 128.
30) 같은 책, p. 131.
31) 인문주의(독일어의 'Humanismus', 영어의 'humanism')는 독일인 니트하머 (F. J. Niethammer)가 19세기 초 독일의 그리스 문화 열풍에 따라 중등 교육에서 그리스 · 로마의 고전 교육을 강조하기 위해 1808년에 처음 사용함으로써 일반화한 말이다. 따라서 19세기 이후에 르네상스 시대의 고전 연구를 의미하는 용어로도 사용되었다. 그러나 이 개념을 르네상스 시대에 그대로 대입하면 오해를 야기하게 된다. 르네상스 시대에는 그와 같은 단어는 없었고 그에 해당하는 것이 로마 시대부터 내려오는 'studia humanitatis' 라는 말이다. 로마 공화정 시대의 정치가인 키케로는 이것을 공화정에 참여할 권리와 의무를 갖는 자유로운 시민을 기르기 위한 교육으로 정의했다. P. O. Kristeller, *Renaissance Thought and Its Sources*, New York, 1979, p. 22 참조.
32) 이 규정은 R. Kristeller에 의한 것으로 폭이 좀 좁다는 비판도 있으나 유용한 기준으로 인식되어 지금은 대체적으로 받아들여지고 있다. P. O. Kristeller, 같은 책, p. 23.

가, 관리, 공증인을 인문주의자(humanist)로 불렀다. 르네상스 시대의 거의 모든 주요 인물이 이런 인문주의자이거나 그에 의해 깊은 영향을 받은 사람들이다.[33]

그런데 그동안 인문주의의 의미는 어느 정도 왜곡되어왔다. 계몽 사상 시기에 인문주의를 더 폭이 넓고 중요한 것으로 해석하려는 노력이 있었기 때문이다. 그리하여 그것을 신이 아니라 인간적인 면을 강조하고 종교가 아니라 세속성을 강조하는 철학으로 보려고 했다.

그러나 인문주의는 결코 세속적인 지향을 가진 것은 아니다. 페트라르카를 포함해 지도적인 인문주의자들은 거의 모두 종교적인 가치에 의해 행동했다. 또 르네상스 시대에 인문주의는 실용적인 교과목이었다. 결코 철학으로 생각되지도 않았고 심각한 학문적인 주제로도 생각되지 않았다. 따라서 19세기의 르네상스 논의를 지배했던 '인문주의 철학'이라는 말은 더 이상 받아들여지기 힘들다.

이 시기에 인문주의가 등장하고 호응을 받은 것은 당시 이탈리아의 도시국가 체제가 로마 공화정과 비슷한 면을 갖고 있었고 따라서 지배 계급의 자제들을 위한 교육에 로마나 그리스의 정치, 역사, 도덕, 법, 수사학에 관한 저술이 유용했기 때문이다. 이런 이유 때문에 고대 문헌이 다시 각광을 받아 수집되고 번역되고 연구되기 시작했다. 그리고 그것이 고대 문물에 대한 전반적인 각성을 불러일으킨 것이다.

그러나 이 시기의 대학에서 가르친 것은 주로 아리스토텔레스 철학이다. 모든 진지한 철학 연구는 중세적인 아리스토텔레스-스콜라 철학의 형태를 기초로 하고 있었고 그것의 상당 부분은 17세기까지

---

33) L. Kenkewich, Humanism, in : L. Kenkewich(ed.), *The Impact of Humanism*, Oxford, 2000, p. 52.

도 유지되었다.[34] 따라서 인문주의가 중세 철학에 근본적인 변화를 가져왔다고는 할 수 없다. 부르크하르트나 그 제자들이 생각하듯 인문주의를 철학으로 보고 철학에 새로운 변화를 가져온 것으로 생각하는 것은 매우 잘못된 견해이다.

물론 인문주의자들이 당시 철학에 전혀 영향을 미치지 않은 것은 아니다. 소요 학파나 에피쿠로스 학파, 스토아 학파, 플라톤 등 많은 철학 조류가 이들에 의해 소개되고 번역되었다.[35] 또 그들의 주장 가운데 철학적 함축을 가진 이야기도 많다. 그러나 인문주의자와 철학자 사이의 관심의 차이 때문에 상호간의 교류는 어려웠다.[36] 따라서 인문주의는 당시 사람들에게 새로운 세계관이나 사회적 이상을 제공하지는 못했다.

자연의 과학적 인식

부르크하르트는 또한 르네상스 시대 이탈리아인들이 세계와 인간을 발견했다고 생각했다. 그리고 그것도 역시 이탈리아인들에게 깃들어 있는 천품의 덕이다. 제노바 사람들은 이미 1291년에 대서양의

34) J. Kraye, Philogist and Philosophers, in : J. Kraye(ed.), *Renaissance Humanism*, Cambridge, 1996, p. 149.
35) 플라톤의 저작들은 1484년에 피치노(M. Ficino)가 라틴어로 완역했으나 17세기 중반까지도 문학으로 받아들여졌을 뿐 철학 체계로 받아들여지지는 않았다. J. Kraye, 같은 책, pp. 150-151.
36) 철학자들과 인문주의자들은 같은 텍스트에 관심을 갖기는 했으나 접근 방법은 매우 달랐다. 인문주의자들은 철학적 담론이 모든 다른 학문과 같이 가장 훌륭한 고전 작가를 본떠 명료성, 설득력, 웅변적 힘을 가진 라틴 스타일로 씌어야 한다고 생각했다. 따라서 자신들의 태도를, 스콜라철학자들의 텍스트에 대한 맹목적인 기술적 태도, 문체의 상투성, 난해함과는 구별했다. 특히 철학자들은 아리스토텔레스를 중심으로 연구함으로써 자신들이 진리와 영원한 지혜를 찾을 수 있다고 믿었다. 따라서 인문주의자와 철학자들 사이의 교류는 어려웠다. J. Kyrae, 같은 책, p. 142 이하 참조.

카나리아 군도를 발견했고 또 동인도 바닷길을 찾으려는 시도를 했는데 그렇게 된 것은 그들이 고대 문헌에 친숙해지기 전에조차 이 세상의 사물을 객관적인 눈으로 보고 다룰 수 있었기 때문이라는 것이다. 그렇다고 해도 부르크하르트는 고대의 지리학자들이 길을 알려주지 않았다면 그들이 그렇게 빨리 완전성에 도달하지는 못했을 것[37]이라고는 생각했다.

이것은 지리학뿐 아니라 자연과학 전체에 해당하는 일이었다. 따라서 미망의 베일이 찢어지고 자연에 대한 두려움, 책과 전통에 대한 굴종이 극복되자마자 해결을 기다리는 수많은 문제가 그들 앞에 놓이게 되었다.[38] 또 교회는 이런저런 사이비 과학들에 대해 거의 언제나 관용으로 대했다. 따라서 이탈리아에서는 자연에 대한 스콜라철학적, 공식적 체계의 지지자들이 혁신자들에 대해 보인 저항은 거의 없었거나 아주 없었다고 주장했다.[39]

또 그는 이탈리아인이 외부 세계를 보고 아름다움을 느낀 근대인 가운데 첫 번째 사람들이라고 믿었다. 그것은 단테에게서 처음 나타나나 페트라르카, 보카치오도 마찬가지였다. 인간의 발견도 마찬가지이다. 이 시기에 개인과 인간 본성을 인식하고 표현하는 방식이 고대 문헌의 영향을 통해 새롭게 정의되고 채색되었다는 것이다.

그러나 그는 과학에 대해서는 잘 모르는 인물이었으므로 이러한 그의 주장은 별로 믿을 만하지 못하다. 따라서 그다지 설득력이 없다. 르네상스 시대의 이탈리아인들은 중세 시대인들과 마찬가지로 세계를 기계론적으로가 아니라 물활론적으로 바라보았다. 세계를 살아 있는 생물체로 본 것이다.

---

37) J. Burckhardt, *The Civilization of.*, pp. 211–212.
38) 같은 책, p. 212.
39) 같은 책, p. 214.

이러한 예는 여러 사람의 태도에서 찾을 수 있다. 다 빈치는 '우리의 지구는 식물적인 영혼이고, 그 살은 땅이고, 그 뼈는 바위 구조이며, 그 피는 물이고, 그 숨과 맥은 바다의 조수'라고 했다. 지구를 동물에 비유한 것이다.

단테도 사랑이 해와 다른 별들을 움직인다고 말했는데 사람들은 그 말을 그대로 받아들였다. 자석의 끄는 힘도 마찬가지였다. 유명한 건축가인 알베르티도 건물은 동물과 같으므로 영양을 주고 보살핌을 받아야 하며 그렇지 않으면 병들고 죽는다고 말했다.

또 이들은 자연도 중립적으로 보지 않고 가치 판단을 집어넣어 생각했다. 따뜻한 것이 추운 것보다 좋고 나무가 돌보다 좋으며 변화하지 않는 것이 변화하는 것보다 좋은 것으로 생각했다. 또 우주의 각 부분들도 근대 과학자들이 인과적인 관계를 갖고 있다고 믿는 것과는 달리 상징적인 상응 관계를 갖는 것으로 생각했다. 의학에서 오른쪽 눈은 해, 왼쪽 눈은 달에 상응시킨 것이 그 예이다. 또 일곱 개의 행성, 일곱 개의 금속, 일주일의 7일도 상응하는 것으로 생각했다.[40]

물론 르네상스 종반에 들어서 수학적 방법에 의해 자연 현상의 진실을 구명하려는 노력이 없었던 것은 아니다. 그러나 이는 자연 현상의 수학적 구조를 밝히려는 의도가 아니라 간결과 아름다움을 추구하려는 인문주의적 전통에서 유래한 것이다.[41] 이런 태도가 도전받은 것은 17세기 이후, 즉 데카르트, 갈릴레이, 뉴턴 등 자연철학자들이 등장하면서부터이다.

지동설을 주장한 코페르니쿠스도 17세기 이후의 수학적 정신이 아니라 르네상스 인문주의의 전통 속에 있으며 당시 유행하던 점성

40) P. Burke, 앞의 책, pp. 206-207. 천체의 운행이 인간에게 영향을 미친다는 점성술적 사고방식은 여기에서 나온 것이다.
41) 차하순, 《르네상스의 사회와 사상》, 탐구당, 1991, p. 114.

술을 믿은 인물이다. 그는 교회법과 의학 연구를 위해 이탈리아에 10년간 머무는 동안 고대 아리스타르코스의 태양중심설에 공감하여 그것을 되살리려 했다.

그러나 그는 기본적으로는 중세를 지배했던 아리스토텔레스적 우주론 체계를 버리지 않았다. 또 천동설을 주장한 고대 천문학자 프톨레마이오스를 존경했으므로 그가 구성한 천구의 체계와 천체의 통일적 원운동 이론을 유지하려 했다. 다만 프톨레마이오스의 도식을 단순화·순수화하려 한 것뿐이다.[42] 그가 지동설을 주장한《천구의 회전에 대하여》라는 책이 당시에 대수롭지 않게 받아들여진 것은 그의 우주론이 중세적 우주론과 큰 차이가 없어 보였기 때문이다.

이런 태도는 17세기에 와서 실험과 관찰을 더 중시한 갈릴레이에 오면 달라진다. 그는 케플러에게 보낸 편지에서 "철학을《아이네이스》,《오디세이아》같은 종류의 책으로 생각하고, 진리가 세계나 자연이 아니라 문헌의 검토 속에 있다고 생각"하는 사람들을 조롱하고 있다.[43] 따라서 르네상스의 과학이 17세기의 과학과 직접 연결되는 않는다.

계급의 해체와 종교적 요소의 쇠퇴

부르크하르트는 신분의 해체가 분명히 이 시대의 일반적인 특징이라고 믿었다. 이것은 특히 12세기 이후 도시의 성벽 안에서 귀족과 시민이 공동으로 거주하게 되었기 때문이다. 결과적으로 "두 계급의 관심사와 즐거움이 그런 가운데 생겨 봉건 영주들은 산 위의 성에서

---

42) M. C. Jacob, *The Meaning of the Scientific Revolution*, New York, 1988, p. 28.
43) A. Grafton, The New Science and the Traditions of Humanism, in : J. Kraye(ed.) 앞의 책, p. 206.

내려다보는 것과는 다른 관점에서 사회를 보게 되었다".

또 "주교직, 수도원장직, 수녀원장직이 자주 적합하지 않은 이유로 주어졌지만 본질적으로 혈통에 따라 주어지지는 않았다". 또 그는 약간의 유보 조건을 달기는 했으나 "최고의, 완벽한 형태의 사교에서는 신분의 구분이 모두 무시되었고 단순히 우리가 오늘날 이해하는 의미에서 교육받은 계급에 기초했다"고 믿었다. 또한 그는 "출생과 가계는 그것이 여가나 상속 재산을 제공한다는 것을 제외하면 영향력이 없었다."[44] 또 "여성은 남성과 대등한 지위에 있었으며 교육을 받은 상층 계급의 여성은 남자들과 같은 방식으로 개인주의를 발전시켰다"[45]고 생각했다.

말하자면 이 시기 이탈리아의 사회적 지위가 출생과 가계보다 교육과 능력에 의존했으며 여성도 남성과 동등한 지위를 갖고 있는 근대적인 평등한 사회였다는 것이다. 그가 신분 대신 계급이라는 말을 쓰는 것은 그런 이유로 보인다.

그러나 이런 주장도 별 의미는 없다. 당시의 이탈리아가 이웃 국가들보다 발전된 경제, 더 복잡한 사회 구성을 가진 것은 사실이나 강인한 신분 제도에 예속되어 있었기 때문이다.

이탈리아에서는 중세 유럽의 일반적인 성직자, 귀족, 평민의 3신분제가 통용되지는 않았으나 여러 사회적 등급(generazioni)에 따라 구분이 이루어졌다. 피렌체의 경우를 보면, 과세 필요에 따라 상층(popolo grasso)과 중간층(mediocri), 하층(popolo minuto)의 구분이 일반적이었다. 그러나 전적으로 재산에 따라 구분되지도 않았다. 가족과 개인은 귀족(nobili)인지, 평민(gentilhuomini)인지, 시민(cittadini)

---

44) J. Burckhardt, *The Civilization of,*, pp. 265-266.
45) 같은 책, p. 293.

인지 아닌지, 정치적 권리가 있는지 없는지, 어느 길드에 속하는지로 구분되었다.[46] 또 이런 구분에 따라 사회적 특권과 권리가 배분되었다.

여성에 대한 차별도 여전했다. 여성은 가부장제의 굴레에서 벗어날 수 없었으며 이것은 부르크하르트가 주장하는 여성 인문주의자의 경우도 마찬가지였다. 군주나 귀족 가문의 교육받은 일부 여성들도 결혼을 하면 그것으로 인문주의자의 생활을 끝내야 했다.[47] 그러니 여성이 남성과 같이 개성을 발전시킬 수 있었고 남녀가 평등했다는 말은 사실이 아니다. 그것은 상상의 산물이다.

이런 사회사적 연구에서 특히 유용한 곳이 피렌체 시이다. 개인의 일기나 과세 장부, 행정, 재정, 사법, 종교 기관들의 기록이 풍부하게 남아 있기 때문이다. 연구에 따르면 르네상스기 피렌체의 역사는 별로 진보적인 변화의 모습을 보여주지 않는다.

경제 구조, 자선 기구 같은 데에서 약간의 근대성을 이야기할 수는 있어도 대가족제는 그대로 유지되었다. 노동자들의 계급 의식이 나타난 것도 아니고 전통적인 피호 관계가 해체되지도 않았다. 또 피렌체인의 가치가 더 세속화한 것도 아니고 더 합리화되지도 않았다. 따라서 근대화나 진보라는 목적론적인 접근은 15세기 피렌체 시의 복잡한 현실에는 잘 들어맞지 않는다.[48]

또 부르크하르트는 르네상스 시대에 들어와서 이탈리아에서 종교적 요소가 약화되고 세속성이 강화되었다고 주장한다. 이는 "르네상스인들이 고대를 알게 된 이후 신성한 기독교적 생활의 이상을 역사적 위대함의 숭배로 대치"했기 때문이며, 그리하여 "이 명예의 감각

---

46) P. Burke, 앞의 책, p. 194.
47) L. Kekewich, 앞의 책, p. 87-88.
48) E. Muir, 앞의 논문, p. 1113.

은 많은 이기심이나 거대한 악덕과 결합함으로써 놀라운 환상의 희생이 될 수 있었다"는 것이다.[49] 그리고 이런 도덕성의 결여는 곧 세속성의 강화로 이어졌는데, 교회는 영적·도덕적으로 타락해 사람들을 비신앙과 절망의 품으로 몰았다. 따라서 이 시대의 이탈리아인들이 점성술, 마법 같은 미신적인 행위에서 구원을 얻으려 한 것은 놀랄 일이 아니라는 것이다.

앞에서도 보았듯이 인문주의자들이 고대의 비기독교적 문화에 접하기는 했으나 그렇다고 비종교적인 인물들은 아니었다. 일반인들의 태도도 마찬가지이다. 종교개혁 이전 이탈리아의 교회가 많이 부패하고 타락한 것은 사실이지만 부르크하르트가 주장하는 것보다는 훨씬 균형이 잡혀 있었다. 그의 이런 반종교적 태도는 자신이 신앙을 갖고 있지 않았던 것과 함께 19세기 후반 유럽의 일반적인 탈기독교적 풍조와 관련이 있는 것 같다.

또 성·속의 구분이 부르크하르트가 주장하듯 날카로운 것이 아니었다. 성·속이나 성직자와 일반인의 이분법적 구분은 불가능하다. 사실은 종교적 요소의 세속화 경향과 세속적인 것의 종교화 경향이 함께 나타나고 있었다.[50] 사실 중세 시대에도 그랬지만 성·속은 뒤섞여 있었다. 1526년 로마의 인구조사에 따르면 석공으로 노동을 하는 탁발 수사도 있었다.

성직자들의 수도 많았다. 1427년에 피렌체 인구 3만 8,000명 가운데 교구 신부가 300명, 수도사, 탁발 수사, 수녀가 1,100명이었다. 1550년에는 인구 6만 명 가운데 성직자 수는 5,000명 이상으로 약

49) J. Burckhardt, *The Civilization of.*, pp. 320-321.
50) C. Trinkaus, Humanism, Religion, Society : Concepts and Motivations of Some Recent Studies, *Renaissance Quarterly*, 29, 1976, p. 688.
51) P. Burke, 앞의 책, p. 209-214.

9% 정도를 차지한다.[51] 교회와 관련된 사람이 이렇게 많은 사회가 비종교적인 사회라고 하기는 어렵다.

이상으로 부르크하르트가 르네상스에 대해 주장하는 여러 내용에 많은 문제점이 있다는 것을 알았을 것이다. 그러나 아직도 그의 주장과 관련된 몇 가지 문제가 더 남아 있다. 그것들을 살펴보자.

$4...$

그 외의 중요한 문제들

시민적 인문주의는 어떻게 보아야 하나?

앞에서 보았듯이 르네상스의 인문주의는 복고적인 성격의 것으로, 진보적인 것은 아니다. 그런데 이 문제와 관련하여 인문주의를 새롭게 평가하려는 사람들도 있다. 소위 시민적 인문주의(civic humanism)를 주장하는 사람들이다. H. 배런이 처음 제기한 이 이론은 15세기 이후 인문주의가 새롭게 시민적 형태를 띠고 발전했다고 주장한다.[52]

15세기 초에, 당시의 사회·정치적 환경과 결부되어 인문주의자들이 정치적 자유와 참여를 주장하며 공화 체제를 옹호했다는 것이다. 15세기 피렌체의 관리나 법률가들, 특히 살루타티나 브루니 같은

---

52) 배런의 테제와 관련된 논쟁에 대해서는 J. Hankins, The "Baron Thesis" after Forty Years and Some Recent Studies of Leonardo Bruni, *Journal of the History of Ideas*, Apr., 1995, Issue 2, pp. 309-338 ; R. Witt, The Crisis after Forty Years, *A. H. R.*, Feb., 1996, Vol. 101, Issue 1, pp. 110-118 참조.

사람들의 글을 보면 피렌체 국가의 공화 체제가 갖는 독특성을 의식한 증거가 있다는 것이다. 그리하여 새로운 도덕관, 역사 의식, 적극적인 사회 의식, 공화정과 자유에 대한 예찬, 피렌체에 대한 중시가 시민적 인문주의의 특징으로 간주된다.[53]

이것은 인문주의의 의미에 대한 부르크하르트의 주장과 같은 이야기이나 14세기가 아니라 15세기에 변화가 왔다고 주장하는 것이 다른 점이다. 그리고 그 첫 예로 브루니(L. Bruni)를 들고 있다. 1402년에 피렌체가 밀라노의 비스콘티 가에게 거의 정복될 뻔한 사건이 일어났고 그것이 피렌체의 인문주의자들을 각성시켰다는 것이다. 그래서 브루니는 군주제를 옹호하던 페트라르카의 인문주의와 결별하고 공화국을 옹호했다는 것이다.[54]

그는 1397~1400년 사이에 피렌체에 머물며 그리스 고전을 가르치던 비잔틴 학자 크리솔로라스(Chrysoloras)에게 배웠고 그리하여 아리스토텔레스의 《정치학》 같은 그리스 고전을 통해 공화정체를 받아들였다. 그 결과 인문주의의 새로운 시대가 열렸고 공화제에 대한 이런 옹호는 1세기 후에 마키아벨리에게도 마찬가지로 나타난다는 것이다.

그러나 15세기 초에 그리스 고전을 통해 공화제를 수용했다는 이런 주장은 중대한 비판에 처해 있다. 이탈리아 사람들이 그 이전부터 공화제 이념을 알고 있었다는 증거가 나타나고 있기 때문이다. 13세

---

53) 김영한, 《르네상스 휴머니즘과 유토피아니즘》, 탐구당, 1989, p. 164.
54) 그의 새로운 정치 의식은 1403~1404년에 쓴 *Laudatio Florentinae Urbis*에서 처음 나타난다고 한다. 그러나 브루니의 태도에는 이해할 수 없는 점도 있다. 1400년경의 피렌체는 소수 가문이 지배하는 과두 체제였기 때문이다. 그래서 그의 주장을, 시골 출신인 그가 자신을 알리기 위한, 위선적인 태도로 보는 사람들도 있다. R. G. Witt, The Humanist Movement, in : T. A. Brady Jr.(ed.), *Handbook of European History 1400-1600*, Vol. 2. : *Late Middleages, Renaissance and Reformation*, Grand Rapids, 1995, p. 99.

기 말에 이미 아리스토텔레스의 《정치학》을 통해 그의 도덕, 정치 이론이 받아들여지며 공화제의 이념적 기초가 다져진[55]것은 물론이고 그 전통은 코무네가 성립하던 12세기까지로 거슬러 올라갈 수 있다.

12세기 사람들은 그리스인들의 저작은 몰랐지만 자유와 시민권에 대한 로마 시대 도덕가나 역사가들의 글을 접할 수 있었기 때문이다. 키케로의 《의무론》과 역사가인 살루스티우스의 《카틸리나전쟁》이 모두 영향을 미쳤으나 살루스티우스의 글이 더 큰 영향을 미쳤다. 그것들이 인문주의가 나타나기 이전의 도시국가 체제에 대한 논의에 압도적인 영향을 미쳤을 뿐 아니라 훨씬 뒤의 마키아벨리 같은 인문주의자들에게도 영향을 미쳤다는 것이다.[56]

따라서 시민적 인문주의가 15세기에 나타났다는 배런의 설은 별로 설득력이 없다고 하겠다. 그 주장의 또 다른 한계는 그것이 피렌체에만 해당될 수 있다는 것이다. 다른 도시의 인문주의자들은 군주 체제를 지지했기 때문이다. 게다가 시민적 인문주의 이론은 인문주의자들의 주장 가운데서도 정치적·공화적 측면만을 너무 강조함으로써 인문주의 전체 운동의 이해를 방해한다는 문제도 있다.[57] 시민적 인문주의 이론은 인문주의의 진보적 성격을 주장함으로써 부르크하르트적 관점을 구원하려는 시도이나 성공했다고는 할 수 없다.

---

55) 따라서 이탈리아 도시들의 헌법 이론에서 핵심적인 것은 고대 그리스의 폴리스 정치이다. Q. Skinner, Machiavelli's Discorsi and the Pre-humanist Origins of Republican Ideas, in : G. Bock, Q. Skinner, M. Viroli,(ed.) Machiavelli and Republicanism, Cambridge, 1993. p. 121.
56) 같은 책, p. 122-123.
57) 김영한, 앞의 책, p. 153 참조.

인간의 존엄성

르네상스 시대에 인간의 존엄성이 강조되었다는 주장은 인문주의를 인간 중심적인 철학으로 보는 부르크하르트적 개념의 핵심적인 주제이다. 따라서 이 주제의 옳고 그름을 따지는 것은 르네상스의 성격 규정에서 매우 중요하다.

인간을 찬미하는 태도는 르네상스의 새로운 발견은 아니다. 그리스인들은 예술의 창조자로서 인간을 찬양했다. 프로메테우스 신화나 소포클레스의《안티고네》를 보면 그리스인들의 이런 인간 중심적이라고 할 수 있는 생각을 읽을 수 있다.

플라톤은 인간의 정신을 육체적 세계와, 순수한 형태의 초월적 세계의 중간에 놓았다. 이런 생각을 신플라톤주의자나 많은 중세 사상가들이 받아들였다. 초기 스토아 학파는 우주를 신과 인간의 공동체로 보았다. 그리고 이 견해는 자연법이나 인간의 연대성이라는 개념과 함께 키케로나 로마 법학자, 신플라톤주의자, 아우구스티누스 등에 의해 후대 사상에 큰 영향을 미쳤다.

반면 다른 피조물에 대해 인간이 우월하다는 생각은 구약성서의 창세기 등 여러 곳에 분명히 나타난다. 초기 기독교 사상도 인간의 구원과 예수의 구현을 강조함으로써 암묵적으로 인간의 존엄성을 인정했다. 그러나 중세 시대에, 인간의 존엄성은 인간이 신의 이미지를 본떠서 만들어졌다고 하는 데서 오는 지위와, 구원될 수 있다는 지위에 의존하는 것이지 자연적 존재인 그의 가치에 의존한 것은 아니다.[58]

르네상스 인문주의에 와서 인간과 그 존엄성에 대한 주장은 지속

---

58) P. O. Kristeller, 앞의 책, p. 170.

적으로 더 체계적으로 나타난다. 페트라르카는 인간의 본성을 아는 것, 그가 왜 태어났고 어디에서 와서 어디로 가는지를 알지 못하면 자연이나 동물에 대한 지식은 쓸데없는 것이라고 말했다. 그 외에 브루니, 알베르티, 마네티(G. Manetti), 피치노(M. Ficino), 피코(G. Pico) 같은 사람들도 마찬가지로 인간과 그 존엄성에 대한 관심을 표시했다. 앞의 사람들은 현세적인 관점에서, 즉 문학, 법률, 건축, 정치, 도덕 등에서 인간이 성취한 뛰어난 업적들을 인간 존엄성의 증거로 내세웠다. 따라서 철학적 깊이가 있는 이야기는 아니다. 반면 뒤의 피치노와 피코는 그런 이야기를 우주에 대한 형이상학적 체계 속에서 발전시켰다는 점에서 특히 주목을 끈다.

피치노는 플라톤이나 신플라톤주의자들로부터 받아들인 계서제적 우주관을 갖고 있었다. 그 가장 높은 곳에는 순수한 정신적 존재인 신이 있고 그 밑에 세상의 모든 존재들이 정신적인 것부터 물질적인 것으로 차례로 배열되었다.

인간은 정신과 육체를 다 갖고 있으므로 이 계서제에서 정신적 세계와 물질적 세계를 연결하는 접점에 있다. 따라서 두 세계에 모두 영향을 미칠 수 있고 노력 여하에 따라 어느 쪽에도 다다를 수가 있다. 이것은 인간이 천구의 운행을 이해할 수 있다는 점에서도 드러난다. 그것은 인간이 천구를 만든 신과 비슷한 정신을 가졌기 때문이라는 것이다. 이 점에서 그는 인간이 신의 특별한 사랑을 받고 있다고 생각했다.

이 계서제 안에서의 인간의 이런 중심성과 보편성이 바로 인간 존엄성의 주된 근거가 된다. 따라서 그는 인간의 목적은 이 계서제 안에서 인간 밑에 있는 모든 존재를 지배하는 것이라고 생각했다. 인간이 자연의 지배자라는 것이다.

피코는 피치노보다 한 걸음 더 나아갔다. 그는 1496년에 발표한

《인간의 존엄성에 대한 연설》이라는 글에서 인간의 존엄성 문제를 다루고 있다. 그는 피치노의 생각을 많이 받아들였으나 그의 사상에 아리스토텔레스적 배경도 있으므로 다른 면도 있다.

피치노는 인간이 정신계와 물질계의 중간에 위치하여 영광의 자리에 있는 반면 그에 의해 속박받고 제한받기도 한다고 생각했다. 반면 피코는 신이 완전한 우주를 만들기 위해 모든 정신적·물질적 존재를 창조했으나 인간은 맨 마지막에 창조되었으므로 인간은 이미 완성된 계서제 안에 어떤 정해진 자리도 갖고 있지 않다고 생각했다.

따라서 인간에게는 다른 어떤 피조물의 성질도 가질 수 있는 자유가 있다고 믿었다. 창조주가 그에게 모든 생명의 씨앗을 주었으므로 그가 무엇을 발전시키느냐에 따라 그는 식물, 동물, 천체, 천사, 나아가 신과도 일체가 될 수 있다고 생각한 것이다. 정신적인 존재가 되는 것도, 본능을 추구하여 짐승 같은 존재가 되는 것도 마음먹기에 따른다는 것이다.

피코의 이 주장은 신이 인간에게 무제한한 자유를 준 것으로, 따라서 은총과 예정의 기독교적 원리를 부정하는 것으로 자주 인용된다.[59] 따라서 이 견해는 자주 과장되고 있다. 그러나 그는 결코 기독교적 원리를 부정한 적은 없다. 따라서 이런 주장을 이것만으로 액면 그대로 받아들여서는 곤란하다.

또 이런 주장의 한계를 알기 위해서는 르네상스인들이 갖고 있던 독특한 정신 세계를 이해할 필요도 있다. 그들은 기독교적 원리에만 의존하지 않았다. 고대 이래 유럽에서는 신비주의적인 비학(秘學)이

---

59) 부르크하르트는 특히 피코를 높이 평가하고 있다. 인간 존엄성과 자유 의지에 대한 그의 웅변은 '위대한 시대의 가장 고귀한 유산 가운데 하나'라는 것이다. O. Burckhardt, Jacob Burckhardt: Historian of Civilization, *Contemporary Review*, Nov., 1997, Vol. 271, Issue 1582, p. 255.

많이 전래되고 있었다. 계몽사상 이후 유럽의 교육받은 사람들 사이에서는 그 전통이 거의 인식론적 권위를 잃었으나 르네상스 시대에는 그렇지 않았다. 피치노의 시대에는 그 기초가 유지되고 있었을 뿐 아니라 오히려 확장되고 있었다.

따라서 이들은 기본적으로 이 우주에는 초월적 힘이 존재하고 천상계와 지상계의 존재 사이에는 신비한 감응 관계가 존재한다고 가정하는 점성술이나 마법을 믿은 사람들이다. 피치노도 점성술을 비롯해 이런 비학에 깊이 빠져 있던 사람이다.[60] 따라서 그들 자신이 인간의 자유의지를 현대인과 같은 방식으로 믿은 것도 아니다.

위에서 보았듯이 '인간의 존엄'에 관한 표현은 르네상스 시대의 몇몇 대표적인 사상가에게서 나타나나 그 개념은 르네상스 시대에 일반적으로 강조된 것은 아니다. 또 다른 사상가들, 예를 들어 종교개혁가들이나 몽테뉴는 이에 강력히 반대했다.[61]

피치노의 영향력은 그가 속한 좁은 집단에 한정된 것이었고 피코의 주장은 거의 개인적인 것이다. 별 영향력이 있었던 것이 아니다. 따라서 그것이 당시 사상계의 지배권을 차지했던 것처럼 생각하는 것은 잘못이다. 확대 해석하면 안 된다는 것이다.

르네상스 미술의 근대성

르네상스 시대 이탈리아의 문화적 성취 가운데 가장 중요한 것의 하나가 미술 분야인데도 불구하고 부르크하르트는 《이탈리아 르네상스의 문화》에서는 그것을 다루지 않았다. 그러나 다른 많은 글을

---

60) B. P. Copenhaver, Scholastic Philosophy and Renaissance Magic in the De Vita of Marsilio Ficino, *Renaissance Quarterly*, Vol. 37, No. 4, Winter, 1984, pp. 523–524.
61) P. O. Kristeller, 앞의 책, p. 180.

통해 미술에 관한 그의 견해는 알 수 있다.

이탈리아 르네상스 미술의 탁월성은 16세기에 바사리가《미술가
열전》에서 주장한 이후 일반화했다. 그는 미술의 3단계 진보론을 주
장하고 비잔틴 미술과 중세 고딕 미술을 비잔틴 양식, 게르만 양식이
라는 말로 경멸했다.[62] 또 르네상스 미술에서도 16세기에 비해
14~15세기 미술은 낮추어 보았다. 미술사를 진보의 관점에서 본 것
이다.[63]

후대 사람들이 바사리의 주장을 그대로 받아들임으로써 서양 미술
사에서도 진보라는 관점이 정착되었고 이는 19세기에 들어와 더욱
강화되었다. 부르크하르트도 기본적으로 그런 관점을 받아들였다.[64]

특히 이 진보는 르네상스 미술을 '과학적'이라고 보는 주장과 결
부되어 있는데 그것은 르네상스 시대에 원근법이 발전했고 그것이
기하학적 원리를 채용하고 있기 때문이다. 따라서 20세기에 들어와
그런 주장의 학문적 기초를 마련한 파노프스키(E. Panofsky)는 르네
상스 이탈리아 미술의 가장 뚜렷한 성취를 "수학적으로 응집적인 3
차원 공간의 이미지를 기하학적으로 만들어낸 것"[65]으로 파악했다.

이런 연장선상에서 20세기 후반에 대중적인 서양미술사 책을 써
서 유명해진 곰브리치는 원근법의 발견과 관련해 "르네상스 미술이

---

62) P. Burke, 앞의 책, p. 15.
63) 최근에는 이탈리아 미술을 가장 높이 평가하는 이런 태도에도 의문이 제기되고 있다. M. 벨
로제르스카야는 같은 시기의 플랑드르 미술도 이탈리아에 비견할 만하다는 주장을 펴고 있다.
R. Belozerskaya, *Rethinking the Renaissance : Burgundian Arts across Europe*, Cambridge,
2002.
64) 부르크하르트는 1855년에 쓴《치체로네*Cicerone*》에서 르네상스 미술을 처음 다루었다. 이
것은 장르, 유파, 미술가에 따른 이탈리아 미술의 소개서이다. 그는 바사리나 낭만주의자들의 생
각을 받아들여 그림, 조각, 건축을 포함하는 르네상스 미술을 지속적인 발전이라는 관점에서 보
고 있으며 1500~1540년 사이가 르네상스 미술의 황금기인 '고전기'라고 생각했다. 이 글의 요
약에 대해서는 L. Gossman, Jacob Burckhardt as Art Historian, *Oxford Art Journal*, 1, 1988, pp.
25-32 참조.

현실의 광경을 최초로 정확하게 묘사하려고 시도"했느니, "미술의 이 거대한 혁명"이라느니, "15세기의 미술을 사로잡은 이 모험 정신은 중세와의 진정한 단절을 의미"한다느니 하며 과장된 주장을 펴고 있는 것이다.[66]

이것은 지금까지 대부분의 서양미술사가들에게서 발견되는 일반적인 태도이다. 그들은 르네상스 시대에 발전한 원근법에 기초한 사실주의와 세속주의, 개인주의가 르네상스 미술을 중세와 단절시키고 근대의 문을 열었다고 생각한다. 즉 르네상스 미술의 근대성을 강조하는 것이다.

그러나 이런 가정에는 많은 문제점이 있다. 르네상스 시대 이탈리아에서 레오나르도 다 빈치, 미켈란젤로, 라파엘로 등 많은 뛰어난 미술가가 배출되고 그들이 훌륭한 작품을 만들어 서양미술사에서 중요한 한 시기를 형성하고 있는 것은 사실이다. 그렇다고 르네상스 미술이 다른 시대 미술보다 더 뛰어나다고 이야기할 수는 없다. 서양 중세 미술이 르네상스 미술보다 더 열등하다는 근거가 없기 때문이다.

또 당시 이탈리아 미술가들이 과거에 대한 존경심을 모두 버린 것도 아니다. 그리스, 로마, 중세 시대에서 많은 것을 빌려왔다. 그리스 · 로마 미술의 모방은 건축에서 가장 강하게 나타난다.

로마 시대의 건축 이론가인 비트루비우스(Vitruvius)의 글이 연구되

---

65) 파노프스키는 알베르티가 처음으로 선 원근법을 이론화한 1435년의 《회화론》에서 말하는 내용을 피라미드 형태의 도식으로 풀어 설명하여 그 후 알베르티의 선 원근법을 해석하는 기초를 만들었다. 그는 15세기 미술가들이 그림을 하나의 창문으로 생각, 그 네 귀퉁이를 외부의 초점(소실점)과 연결하는 3차원 공간 연속체로 파악했다고 주장한다. 그것은 피라미드를 옆으로 눕힌 것과 같은 사면체 공간을 의미한다. 이 점에서 르네상스 미술은 화면을 평면으로 생각한 중세 미술과는 본질적으로 구분된다는 것이다. H. Wohl, *The Aesthetics of Italian Renaissance Art*, Cambridge, 1999, p. 87 참조.

66) E. H. 곰브리치(최민 역), 《서양미술사》, 상, 열화당, 1995, pp. 222-223.

고 그 언어와 문법을 배우기 위해 고대 건축물들이 실측되었다. 또 조각에서도 이 시기에 유행한 초상 조각이나 기마상은 고대의 장르를 되살린 것이다. 회화에서도 마찬가지이다. 고대적인 요소가 부가되었다.

그러나 중세적인 요소와 완전히 절연한 것도 아니다. 그리스·로마의 신들이 중세의 성인들과 병존했다. 보티첼리의 〈비너스〉는 〈마돈나〉와 구별하기가 쉽지 않다. 미켈란젤로는 〈최후의 심판〉에 나오는 예수를 아폴론 신을 염두에 두고 그렸다.

그러면 사실주의, 세속주의, 개인주의라는 개념은 어떻게 이해해야 할까? 사실주의라는 말은 19세기 후반에 프랑스에서 스탕달의 소설과 쿠르베의 그림을 언급하기 위해 만들어졌다. 그것은 사회 하층민들의 일상생활을 그대로 표현하는 예술 작품을 지칭하기 위해 사용된 것이다. 그러니 그것을 완전히 다른 시대와 사회인 르네상스 이탈리아에 소급 적용시키면 많은 문제가 생긴다.[67]

르네상스 시대에 선 원근법이 사용되고 명암법이 널리 사용되어 3차원적인 묘사가 가능해진 것은 사실이다. 그리고 자연과 인간에 대한 세세한 묘사가 이루어지기도 했다. 그래서 근대적인 자연적 사실주의가 발전했다고 주장하는 것이다.

그러나 이런 주장도 그렇게 간단히 할 수 있는 것은 아니다. 먼저 자연 그대로 그린다고 하는 것이 근대적이라는 논리는 성립하지 않는다. 자연 사물에 대한 세세한 묘사는 어떤 시대에도 존재했고 그렇게 한다고 해서 그것이 미술에서 완전성을 증가시키는 것도 아니기 때문이다.[68] 이는 특히 사진과 추상회화가 등장하며 강력하게 제기

---

67) P. Burke, 앞의 책, p.18.
68) H. Wölfflin, *Kunstgeschichtliche Grundbegriffe*, München, 1915, p. 13.

된 주장이다.

르네상스 미술가나 미술 이론가들이 그림을 그릴 때 중요하게 생각한 것은 오르나토(ornato)와 릴리에보(rilievo)라는 두 가지 요소이다.[69] 오르나토는 비잔틴 미술이나 서양 중세 미술에서 내려오는 개념으로 우아, 세련, 풍요, 이상화 등의 의미를 포함한다. 그것은 그림을 아름답게 꾸며서 그리는 것을 의미하며 자연적이거나 자연을 그대로 모방하는 것과는 다르다. 따라서 오르나토는 시각적 진실과 양립할 수 없다.[70]

릴리에보는 그림의 대상을 부조와 같이 도드라지게, 입체적으로 보이게 하는 효과를 말한다. 선 원근법이나 대기 원근법, 명암법은 릴리에보를 나타내기 위한 수단이다. 앞에 있는 대상을 크고 뚜렷하게, 뒤에 멀리 있는 대상을 작고 흐릿하게 그려 앞에 있는 대상을 부각시킬 수 있기 때문이다. 또 빛이나 색깔의 명암도 대상을 뚜렷하게 표현하는 데 동원된다.

그러면 원근법이나 명암법과 릴리에보의 관계는 어떤가? 원근법은 릴리에보를 나타내는 수단이기는 하나 그것 자체가 목적은 아니다. 따라서 그것은 르네상스 그림에서 불완전하게 사용되었다. 원근법은 공간을 그 안에 대상이 포함되는 3차원 연속체로 그리려는 수단으로서가 아니라 대상을 뚜렷하게 만들기 위해 허구적인 3차원적 배경을 제공하기 위한 수단으로 사용된 것이다. 따라서 17세기 화가들이 공간 자체에 관심을 가졌던 것과는 태도가 다르다.[71]

---

69) 이것은 르네상스의 미술가나 미술 이론가들이 그림에서 항상 중요하게 생각했던 요소들이다. 알베르티도 릴리에보를 말하면서도 그림을 아름답게 그려야 한다고 말한다. '자연에서 무엇을 그릴 것인가를 잡아 가장 아름다운 것만을 취사선택해야 한다'는 것이다. 즉 오르나토의 중요성을 이야기하는 것이다. A. Blunt(조향순 역),《이탈리아 르네상스 미술론》, 미진사, 1990, pp. 24-26 참조.
70) H. Wohl, 앞의 책, p. 9.

명암법의 경우도 같다. 그것도 릴리에보를 위해 어느 정도는 희생되었다. 반드시 창문에서 들어오는 광선의 방향과 조도에 의해 명암이 만들어지는 것이 아니라 릴리에보를 위해 명암이 인위적으로 결정되는 경우가 많았던 것이다. 따라서 르네상스 미술이 원근법이나 명암법을 사용했기 때문에 과학적이고 자연적 사실주의를 구현했다는 주장은 잘못된 것이다. 원근법이나 명암법을 사용하는 르네상스 화가의 목적은 릴리에보의 표현 이외의 것이 아니었던 것이다.

세속주의 문제도 마찬가지이다. 버크가 르네상스 시대의 화가 600여 명이 그린 약 2,000점의 그림을 분석한 결과, 세속적 주제를 가진 그림은 1420년대에 5%에서, 1520년대에 20% 정도로 증가할 뿐이다.[72] 따라서 후기에 가서 세속주의가 더 강해지는 것은 사실이나 그것을 전체 르네상스 시대로 확대하는 것은 어렵다.

개인주의도 마찬가지이다. 미술사가들은 르네상스의 예술 작품이 중세와 달리 개인적 스타일에 따라 만들어졌다고 주장한다. 르네상스 시대에 미술가들이 자기 스타일을 가져야 한다는 이야기를 많이 한 것은 사실이다. 그렇다고 중세 그림들에 개인적 스타일이 나타나지 않는다고 생각하는 것도 잘못이다.

또 그림에 화가의 서명을 하기 시작했다는 것으로 그것을 개인의 예술 작품으로 보려고 하는 경향도 있다.[73] 그러나 이는 르네상스 시대 미술가들의 그림이 예술 작품으로 그린 것이 아니라 거의 권력자나 부자들의 주문에 따라 만든 것이라는 사실을 경시하는 것이다.

또 중국 회화에서는 이미 고대부터 그림에 미술가의 낙관이 찍혔고 미술가들의 개성이 강하게 나타난다. 따라서 이런 것으로 르네상

71) H. Wohl, 같은 책, pp. 4-5. p. 87.
72) P. Burke, 앞의 책, p. 22.
73) E. H. 곰브리치, 앞의 책, 상, p. 188.

스 미술의 근대성, 개인주의적인 특성을 너무 강하게 주장하는 태도
에는 문제가 있다. 좀 더 폭넓게 볼 필요가 있다.

5...

르네상스의 새로운 인식

르네상스 문화의 절충성

르네상스 문화는 전체적으로 어떻게 평가해야 할까? 미술 부분의 업적은 뛰어나다. 회화, 조각, 건축에서 모두 대단한 성과를 이루었다. 15~16세기 이탈리아 미술에서는 혁신도 나타났다. 새 양식, 새 기술, 새 장르가 등장했다. 독일이나 네덜란드에서 시작된 것이지만 유화, 목판화, 동판화, 인쇄본 책이 등장했고 선 원근법이나 명암법이 발견되었다.

배경과 관계없는 독립적인 조각상, 기마상, 초상, 흉상의 등장은 새로운 장르의 출현이다. 회화에서도 초상이 독립적 장르로 나타났고 뒤이어 더 천천히 풍경화와 정물화가 나타났다. 건축에서는 15세기에 의식적인 도시 계획도 나타났다. 그러나 그리스 · 로마적인 것을 모방하려는 경향도 강하게 나타났다. 특히 건축이 그렇고 초상 조각이나 기마상도 고대의 장르를 재생한 것이다.

이탈리아어 문학의 경우는 단테나 페트라르카 이후 시 없는 한 세기가 왔고 그 후 폴리치아노, 아리오스토 등이 등장한다. 이탈리아 산문도 14, 16세기는 뛰어나나 15세기는 비어 있다. 여기에서도 로마의 테렌티우스, 플라우투스, 세네카, 베르길리우스가 모범이 되었다.

사상의 영역에는 브루노, 피치노, 마키아벨리 같은 유명한 인물들과 인문주의라는 주된 운동이 있다. 그러나 인문주의의 등장이 스콜라 철학을 밀어낸 것도 아니다. 과학에서 수학으로 유명한 볼로냐 학파는 16세기 말에나 나타난다. 또 당대인들은 자신들이 고대의 전통을 이어받았다고 생각했으나 그것도 아니다. 사실은 고대와 중세 양쪽 전통에서 불완전하게 빌려왔다.

새로운 진보적 변화가 있었다 해도 그것은 반동적 요소와도 결합했다. 변화가 복잡하고 모순적인 방식으로 일어났기 때문이다.[74] 그런 의미에서 르네상스 문화는 절충적인 성격을 갖고 있는 것으로, 근대적인 문화라고 하기는 어렵다.

르네상스 문화가 서양 근대 문화에 영향을 미치지 않은 것은 아니다. 그러나 그것은 부르크하르트가 이야기 하듯이 그렇게 직접적인 것은 아니었다. 개인의 발견이나 신분제의 해체는 모두 18세기 말 이후 19세기의 일이다. 그것을 14세기까지 소급시키는 것은 옳지 않다.

또 자연과학의 근대적인 발전은 17~18세기의 일이다. 인문주의는 중요하나 그것이 서양 근대 문화 속에 녹아드는 것도 17세기 이후이다. 근대 국가도 18세기에 절대주의 국가들이 만들어지며 본격화한다. 세속 문화의 발전도 시간이 흐르며 점진적으로 나타나는 현상이었다. 18세기 계몽사상 시대에 와서야 지식인들 사이에서나마 세속적인 문화가 발전한다.

---

74) W. J. Bouwsma, *The Waning of the Renaissance 1550–1640*, New Haven & London, 2000, p. 259.

이렇게 근세의 명백한 특징들이 17세기 이후에야 나타나기 시작한다는 사실을 받아들인다면 르네상스 시대의 독특성을 주장하는 것은 곤란하다.[75] 따라서 이런 변화들을 수 세기씩 앞세워 르네상스의 시대적 성격을 규정하는 것은 역사적으로 정당화하기 힘들다.

르네상스와 비유럽 문화들

또 비유럽 문화와 관련해 르네상스 문화의 독창성을 너무 강조하는 태도에도 문제가 있다. 사실 르네상스 문화는 다른 문화와 공존하고 있으며 다른 문화와의 교환과 영향 속에서 성장했기 때문이다.

우선 르네상스 문화의 경제적 기반은 동방 무역이다. 이탈리아는 중세 후기에 아시아에서 이집트, 이탈리아, 북유럽으로 연결되는 긴 무역로 가운데 한 부분을 차지함으로써 경제적으로 크게 번영했기 때문이다. 이탈리아인들이 거의 독점한 지중해 지역의 동방 무역이 없었다면 르네상스 문화는 불가능했을 것이다.

따라서 당시의 이탈리아는 주변의 지중해 국가들로부터 많은 영향을 받지 않을 수 없었다. 그 중에서도 비잔틴 문화의 영향은 특히 중요하다. 13세기 후반부터 비잔틴제국의 팔라이올로구스 왕조에서는 르네상스와 비슷한 고대 학문의 재흥이 있었다. 사실주의적인 회화 양식이 나타나고 고대 그리스 문학, 철학, 과학에 대한 집약적인 연구가 이루어졌다. 이것이 이미 14세기 후반부터 비잔틴 학자들의 초빙을 통해, 또 비잔틴제국이 망한 1476년 이후에는 많은 망명 학자가 이탈리아로 들어와 큰 영향을 미친 것이다.[76]

이들은 고대 그리스 문화에 대한 특정한 지식만이 아니라 그리스

75) 차하순, 앞의 책, p. 284.

문헌에 대한 접근 방법과 태도에까지 큰 영향을 미쳤다.[76] 따라서 중세 후기에도 아리스토텔레스의 저작들을 빼고는 그리스 문헌이 거의 소개되지 않았으므로, 비잔틴 문화의 이런 영향이 없었다면 근대 유럽과 고대 그리스의 본격적인 연결은 거의 불가능했을 것이다.

최근에는 성서 연구와 관련하여 헤브루 학자들의 공헌도 제기되고 있다. 또 아직 충분히 논의되지 않고 있지만 이슬람 문화와의 관련도 재고할 필요가 있다. 이슬람 문명이 고대 그리스 문명의 많은 요소를 보존, 발전시켜왔기 때문이다. 르네상스의 이탈리아 문화를 지중해의 다른 비유럽 문화와의 상호 작용 속에서 볼 필요가 있다는 것이다.

또 르네상스의 중요한 특징으로 이야기하는 세속주의나 인간중심주의 같은 것을 다른 사회와 비교해 분석하는 작업도 중요하다. 특히 동아시아와 관련해서 그렇다. 한국, 중국을 중심으로 하는 동아시아 유교 문화권은 일찍부터 세속적이고 인간 중심적인 우주관, 인간관을 발전시켰다. 종교적인 요소가 크지 않으며, 이는 서양의 기독교 사회와는 비교도 할 수 없는 수준이다.

따라서 두 문화의 본격적인 비교 작업이 필요하다. 모든 비유럽 지역의 세속적 문화가 마치 유럽 르네상스의 영향을 받은 것처럼 생각하면 곤란한 까닭이다. 이런 의미에서 르네상스 문화를 지나치게 독창적인 것으로 보는 태도는 피하지 않으면 안 된다. 그것이 유럽뿐 아니라 비유럽 지역의 역사 인식마저도 크게 왜곡시킴으로써 우리의 역사적 판단에 매우 부정적인 영향을 미치기 때문이다.

---

76) D. J. Geanakoplos, *Constantinople and the West*, Madison, 1989, pp. 3-5. 피렌체에서 그리스어와 고대 그리스 학문을 가르친 크리솔로라스가 그 대표적인 인물로, 소위 '시민적 인문주의'를 창도했다고 하는 브루니는 그의 가장 훌륭한 제자이다.
77) P. O. Kristeller, 앞의 책, p. 27.

르네상스 이데올로기를 넘어서야

사실 부르크하르트의 주장은 그가 처음 만들어낸 것도 아니다. 그의 주장은 수 세기 동안 유럽에서 성장해온 이야기, 특히 볼테르, 시스몽디, 헤르더, 헤겔, 쇼펜하우어 등이 계몽사상 이후에 만든 생각들을 체계적으로 종합한 것이다.

당시까지 널리 퍼져 있기는 했으나 정리되지는 않은 이야기를 부르크하르트가 하나의 강력한 이데올로기적 주장으로 묶어낸 것이다. 말하자면 그가 완성시킨 르네상스의 모습은 그들 자신의 신념과 가치의 기원을 찾던 18~19세기의 세속적이고 자유주의적인 유럽 지식인들이 만들어낸 역사적 신화[78]에 불과하다.

20세기 중반에 와서 미국을 중심으로 르네상스 연구가 재흥한 것도 정치적인 현실과 밀접한 관계가 있다. 히틀러의 독재를 피해 미국으로 망명한 많은 유대계 독일 역사가들이 르네상스 연구에 매달렸기 때문이다. 그들은 히틀러의 독재와 폭력을 대신할 자유로운 공화 체제, 합리적인 정신의 근원을 르네상스에서 찾으려 했던 것이다.[79]

르네상스는 이렇게 서양 학자들의 이데올로기적 인식에 의해 오랫동안 의식적·무의식적으로 영향을 받아왔다. 또 그 과정에서 역사가 끊임없이 일직선적으로 발전한다고 믿는, 18세기 이후 서양인들이 구축한 진보사관과 견고하게 결합했다. 그리하여 르네상스가 서양 역사의 발전에서 뺄 수 없는, 본질적으로 중요한 한 단계를 차지하게 된 것이다.

그러나 지금까지 보았듯이 부르크하르트를 포함해 서양인들의 이

---

78) C. G. Nauert Jr., *Humanism and the Culture of Renaissance Europe*, Cambridge, 1995. p. 1.
79) H. Baron, P. O. Kristeller, E. Panofsky 같은 사람들이 대표적인 인물로 이들은 르네상스 연구의 현대적 기초를 본격적으로 마련한 사람들이다. C. Trinkaus, 앞의 논문, p. 679 참조.

런 주장은 이제 더 이상 그대로 받아들여지기가 어렵다. 그런 주장들의 많은 부분이 사실의 검증을 이겨내기 힘들기 때문이다. 그것은 세부에서나 전체에서나 마찬가지이다.

그래서 서양의 일부 역사가들은 "전체 서양 전통 안에서 르네상스의 위치에 대한 우리의 가장 기본적인 역사적 가정들이 고쳐질 때가 되었으며 점점 많은 역사가가 이를 의식하고 있다"[80]고 이야기하며, 더 극단적인 사람들은 아예 르네상스의 존재 가치까지도 부정하고 있는 것이다.

이렇게 '서양 근대 문명의 흥기'라는 큰 논의 틀의 일부로 연구되어온 르네상스 연구는 이제 심각한 저항에 직면해 있다. 이 논의 틀 자체가 거부되기 시작하고 있으므로 르네상스 연구의 중요성 자체가 의문시되는 것은 당연한 것이다. 따라서 시대를 규정하는 이름만으로는 당분간 르네상스를 받아들인다 해도 부르크하르트가 강조하는 '근대성'이나 '진보'라는 관점에서 르네상스를 규정하는 일은 더 이상 받아들이기 어렵다. 르네상스에 대한 전적으로 새로운 인식이 필요한 것이다.

80) C. Trinkaus, 앞의 논문, p. 686.

6장

서양의 인종주의, 그 사악한 얼굴

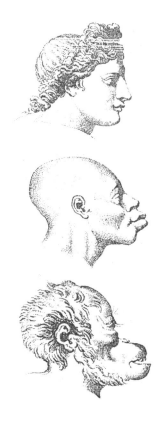

인종주의, 왜 문제인가?

$1...$

우리에게는 낯선 얼굴인 인종주의

인종주의(Racism)는 우리에게 별로 낯익은 말이 아니다. 언론 보도 같은 데서 가끔 나오기는 하나 특별히 관심을 갖지는 않는다. 그래서 인종주의라는 것이 막연히 미국의 흑백 차별같이, 피부색에 의해 구별되는 인종에 따른 차별이겠거니 하지만 그 정확한 의미에 대해서는 잘 모르고 또 알려고도 하지 않는다.

최근에 우리나라에 다른 아시아 노동자들이 들어오고 그들에 대한 차별이 사회적 이슈가 되면서 그 비판자 가운데 간혹 한국인이 인종주의적이라는 이야기를 하기도 한다. 그렇다고 그것을 심각하게 논의하는 것은 아니다. 그러므로 인종주의와 관련된 문제는 우리에게는 아직 미지의 세계라 할 수 있다.

이렇게 우리가 인종주의에 대해서 잘 모르는 것은 우리의 세계사 교육이 잘못되어 있기 때문이다. 우리의 중등 세계사 교과서 어디에도 인종주의에 대해서 제대로 기술하고 있지 않다. 대학에서도 마찬가지이다. 대학의 서양사 교재에서도 인종주의 문제는 거의 다루지 않는다. 그러니까 학생들이 인종주의에 대해 잘 모르고 그에 대한 문제 의식이 없는 것은 당연하다. 가르치지 않으니 그에 대해 알 리가 없고 문제 의식도 없는 것이다.

이것은 서양의 역사책에서도 마찬가지이다. 인종주의와 관련된 전문적인 역사책은 다르지만 서양사의 일반적인 개설서에서는 보통 인종주의를 잘 다루지 않는다. 인종주의가 서양 사람들의 가장 큰 치부 가운데 하나여서 가능하면 이 문제 자체를 회피하려 하기 때문이다.

물론 서양 사람들이 인종주의 문제를 다루는 데 소극적인 것은 충분히 이해가 간다. 자신들도 부끄러운 것은 아니까 가능하면 그것을 감추려는 것이다. 그러나 서양인은 그렇다 하고 우리나라 사람들마저 인종주의 문제에 별로 관심을 갖지 않는 것은 매우 잘못된 것이다.

사실 우리가 인종주의 문제를 소홀히 하는 것은 서양 사람들의 이런 태도와 밀접한 관계가 있다. 서양 사람들이 유럽 중심적인 시각에서 만든 서양사 체계를 그대로 받아들이고 있기 때문이다. 그래서 근대 서양사, 나아가 세계사에서 매우 중요한 역할을 한 이념 가운데 하나인 인종주의가 빠지거나 등한시되고 있는 것이다. 이것은 매우 잘못된 것으로 시급히 고쳐야 할 것이다. 그래야 서양의 역사를 똑바로, 객관적으로 볼 수 있다.[1]

---

1) 인종주의에 대한 우리 학자들의 연구 성과가 처음 책으로 묶여 나온 것이 서양사학회 편, 《서양 문명과 인종주의》(지식산업사, 2002)이다. 최근에는 인종주의와 관련된 번역서가 몇 종 시중에 나와 있다.

인종주의의 역사적 해악

그러면 우리는 왜 인종주의에 관심을 가져야 하는가? 그것은 조금만 생각해보아도 잘 알 수 있다. 인종주의가 지난 500년간 유럽 국가들이 힘을 전 세계로 확대해나가며 다른 대륙의 사람들을 죽이거나 노예화하고 착취하는 데 가장 중요한 역할을 한 이념이기 때문이다.

그것은 북아메리카와 오스트레일리아에서 원주민을 거의 멸종시키고 중남미, 아시아, 아프리카인의 학살, 노예화, 착취를 정당화한 이념이다. 또 2차대전 시기에는 독일인들이 약 600만 명에 달하는 유대인들을 조직적으로 학살했는데 그것을 가능하게 한 반유대주의도 역시 인종주의의 한 종류라고 할 수 있다.

인종주의가 이렇게 부정적인 성격을 갖는 것은 그것이 인간 사이의 우열을 가정함으로써 인간에 대한 인간의 지배를 합리화하고, 열등하다고 생각되는 인간을 도구화하기 때문이다. 그런 의미에서 인종주의만큼 반인륜적이고 비도덕적인 이데올로기도 달리 없을 것이다.

그런데도 2차대전 이후 약화된 것같이 보였던 인종주의의 망령이 최근에 와서 다시 되살아나는 조짐을 보이는 것은 안타까운 노릇이다. 1980~1990년대의 경제적 침체 속에서 유럽 국민들 사이에 이민 노동자를 비롯한 자국 내 외국인에 대한 증오가 커지며 이것이 인종주의의 형태로 나타나고 있기 때문이다.

유럽의 많은 나라에서 극우 정당과 단체들이 활개를 치며 공공연히 인종주의를 고취하고 있고 이것이 대중들에게 점점 영향력을 확대해가고 있다. 흑인과 유색인에 대한 인종주의적 차별이 고질적인 문제로 남아 있는 미국에서도 냉전 종식 이후 사회의 보수화와 함께 비슷한 현상이 나타나고 있다. 이런 현상은 인종주의가 지나간 과거의 문제가 아니며 앞으로도 우리가 계속 부딪쳐야 할 중요한 문제라는 사실을 일깨워준다. 따라서 인종주의에 대한 학문적 대응은 중요한 과제라 할 것이다.

인종이란 무엇인가?

그러면 인종과 인종주의는 과연 무엇을 의미하는 것일까? 먼저 인종의 개념에 대해 살펴보자. 인종이라는 생각의 기원은 고대까지 거슬러 올라갈 수 있으나 이 개념이 진정한 의미를 갖고 인간관계에 근본적인 영향을 미친 것은 근대에 들어와서, 특히 지난 2세기 동안이다. 불행히도 이 말은 일관되게 쓰이지 않았고 다른 사람들에게 다른 의미로 사용되었다.

보통 이 말은 인간의 다양한 범주를 묘사하는 데 사용되었다. 코카서스 인종 등 신체적 특징에 의한 구분, 유대 인종같이 종교에 따른 구분, 영국 인종(british race)같이 민족을 지칭하기도 하고 인류(human race)와 같이 인간의 종 전체를 가리키기도 했다.[2]

이런 인종 개념이 사회과학적으로 정확하지 않을 것은 당연하다. 물론 요즈음 우리가 인종이라는 개념을 사용할 때에 그 안에 생물학적 개념이 많이 들어 있는 것은 사실이다. 그러나 그것만은 아니고 사회적인 의미도 들어 있다. 사실 인종 개념과 관련된 많은 혼란은 그것이 생물학적이며 동시에 사회적인 의미도 함께 갖는다는 사실

---

2) 인종은 요사이에는 주로 생물학과 관련된 개념으로 생각하는 경향이 있으나 19세기에는 일부 용례에서만 그렇다. 그것은, 물론 그 안에 생물학적 요소가 어느 정도 포함되기는 하나, 여러 종류의 공동체를 지칭하는 데 사용되었다. 위에서 말한 예 외에 사회, 문화, 언어, 부족과도 같이 사용할 수 있는 말로 생각되었다. E. Tonkin, M. Mcdonald, M. Chapman, *History and Ethnicity*, New York, 1989, pp. 11–17 참조.

에서 비롯된다.

그러면 생물학적인 면에서 접근해보자. 생물학적인 면에서 인종을 구분한 과거의 대표적인 방법의 하나가 신체적 특징에 따라 분류하는 방식이다. 19세기에는 신체와 용모의 특성에 따라 코카서스 인종(Caucasoid), 몽골 인종(Mongoloid), 흑인종(Negroid)의 세 형태로 구분하는 것이 유행하였으나 이 방법은 매우 부정확하고 대체로 자의적이다.

최근에 와서 신체 인류학자들은 세 가지 특징으로 인종을 구분하기도 한다. 먼저 피부색, 머리칼의 조성, 몸이나 얼굴의 모양 같은 해부학적 특성. 둘째로, 대사율, 유전적 질병, 호르몬 활동 등의 내과적 생리학적 특징. 셋째로, 혈액 성분이 그것이다. 그 중에서도 요즘에는 혈액 성분을 강조하는 경향이 있으나 이런 분류도 그다지 정확하지 않은 것은 물론이다.[3] 인간 집단을 나누는 데 몇 가지 요소를 자의적으로 적용하는 것에 한계가 있기 때문이다.

무엇보다 종은 공통의 유전적 특징을 갖고 있고 자연 조건에서 실제로나 잠재적으로 교혼을 할 수 있는 개체 집단의 전체 성원을 의미하는데, 인간의 다른 인종들 사이에는 교혼에 대한 의미 있는 장벽이 없으므로 인종은 생물학적으로 별 의미가 없다.[4]

이렇게 인종은 과학적으로는 모호하고 주관적이며 쓸모없는 개념이다. 그러나 사회학적인 분석에서는 과학적 정밀성보다 그 사회·정치적 중요성이 더 중요하므로 인종 개념이 의미가 있다. 인종이라는 생각이 특히 문제가 되는 것은 인종적 유산을 사회적·개인적 특

---

3) M. N. Marger, *Race and Ethnic Relations : American and Global perspective*, 3rd ed. Belmont, 1994, p. 20.
4) L. Vigilant, Race and Biology, in : W. A. Van Horne(ed.), *Global Convulsions*, New York, 1997, p. 49.

질과 연관시킬 때이다.

그러나 인종적 유전질이 지능, 기질, 다른 개인적 특징에 영향을 미치는지 여부, 또 그 정도에 대해서는 일치된 의견이 없다. 최근에는 개인의 모든 행동적 특질을 결정하는 데 가장 중요한 요소는 사회적 환경이라는 데 사회과학자들은 일반적으로 동의한다.[5] 지능에서도 유전적 요소보다 계급, 가족, 언어, 인식 능력의 발전 같은 사회적 변수가 가장 중요하다고 한다. 사실 지능의 문제는 그것을 어떻게 규정하고 어떻게 측정하느냐 하는 문제가 있으므로 간단하게 말할 수 없다. 그런데도 사람들이 인종적 사고에서 벗어나지 못하는 것은 인간 집단의 연구에서 인종의 중요성이 그 사회적 의미에 있다는 것을 보여주는 것이다.[6]

인종주의의 의미

이렇게 불분명하며 인간 집단 사이의 불평등한 관계를 가정하는

---

5) M. N. Marger, 앞의 책, p. 21.

6) 따라서 인종이라는 개념을 유용한 분석적 도구로서 사용하는 데에는 한계가 있다. 더욱 문제가 되는 것은 현재 종족(ethnie)으로 정의되는 많은 집단이 과거에는 인종으로 정의되었다는 것이다. 국적이나 종교에 의해 분류되던 미국의 이민 집단은 20세기 초만 해도 인종으로 불렸다. 이런 용어의 혼란이 과학적 유효성을 의문시하게 되므로 현재 많은 사회학자나 인류학자들은 이런 집단을 종족 집단(ethnic group)으로 구분해 사용하고 있다. 인종 개념이 생물학적으로 문제가 많기는 하지만 그 중요성을 위에서와 같이 그 사회적 의미에 둔다면 그대로 사용해도 무리는 없다고 생각한다. 최근에 만들어진 인종화하다(racialize), 인종화(racialization)라는 단어는 '인종' 개념의 이런 인위적 성격을 보여주는 것이다. G. M. Fredrickson, *The Comparative Imagination*, Berkeley, 2000, P. 78 참조.

7) 베니딕트는 인종주의를 처음 정의한 인물인데 그는 인종주의가 "한 종족 집단이 선천적으로 열등하게 되어 있고 다른 종족은 우월하게 되어 있다는 도그마"라고 정의했다. 또 베르게는 "인간의 행동이 다른 특질을 갖고 있는 개별 인종에서 비롯되며 또 그것이 다른 인종과 우열 관계에 있는 안정된 유전적 성격에 의해 결정된다는 원리"라고 정의했다. R. Benedict, *Race and Racism*, 1943, p. 97 ; Pierre van den Berghe, *Race and Racism, A Comparative Perspective*, New York, 1967, p. 11 참조.

인종 개념에 의존하는 이데올로기를 인종주의[7]라고 부른다. 그러니 인종주의도 많은 문제점을 가질 수밖에 없는 것이다. 인종주의는 몇 개의 기본적인 가정에 기초해 있다.

첫째, 인간은 공통의 신체적 특질을 가진 다른 인간 집단인 인종으로 나뉘는데 그들 사이의 차이는 동물의 다른 종 사이의 차이와 같다.

둘째, 신체적 · 정신적 특질은 상호 의존하며 그 특징은 지속된다. 정신적 자질은 유전에 의해 전달되며 교육이 그것을 변화시킬 수 없다.

셋째, 집단은 개인의 행동에 영향을 미친다. 개인의 행위는 대체로 그가 속한 인종─문화적 집단에 의존한다.

넷째, 인종은 서로 다를 뿐 아니라 상호간에 우열이 있다. 이는 신체적 아름다움이나 지적 · 도덕적 특질의 우열로 나타난다.

다섯째, 위의 지식에 기초한 도덕적 판단이나 정치적 이상이 나타나고 이에 따라 열등한 인종에 대한 예속화, 절멸을 정당화한다.[8]

집단 사이의 이런 우열을 가정하는 것은 사회의 자원 분배와 부 · 권력 · 특권의 불평등을 정당화하기 위해서이다. 다종족 사회에서 종족은 분배의 성격을 결정하는 중요한 기초 단위이다. 종족 집단들은 계서제 속에 편입되며 이 순위에 따라 사회적 자원을 분배받는다. 그것은 자연히 종족적 불평등을 야기하고 종족적 불평등의 체계는 그런 지배와 예속의 형태를 합리화하고 정당화하는 신념 체계, 이데올로기를 필요로 하게 되는 것이다.[9]

---

8) T. Todorov(trans. by C. Porter), *On Human Diversity*, Boston, 1993, pp. 91-94.
토도로프는 racism으로 행태를, racialism으로 원리를 의미하는 것으로 구분해서 사용하고 있고 그 외에도 이런 구분을 하는 사람들이 있으나 큰 의미는 없는 것으로 보인다. 필자는 두 개념을 같은 의미로 사용한다.
9) M. N. Marger, 앞의 책, p. 27.

이와 같이 인종주의적 사고는 기본적으로 종족 중심적이며, 이런 생각을 하는 집단은 외부 집단을 열등한 것으로 간주한다. 그리고 그런 원리나 이념은 인종화된 집단의 상황과 목적에 따라 정책 범위를 설정하거나 합리화하는 데 사용되었다. 즉 타자를 예속시키거나 불평등하게 분리시키는 것, 어떤 공동체나 민족에서 배제, 축출하는 것, 극단적으로는 물리적인 절멸이 모두 이에 속한다.

이렇게 인종주의는 인종 개념과 마찬가지로 비과학적이며 모호하고 불합리한 의미를 내포하고 있다. 따라서 오늘날에 와서는 과거와 같은 노골적인 인종주의적 사고는 받아들여지기 어렵다. 그런데도 아직도 많은 사람이 이러한 사고방식에서 벗어나지 못하고 있다. 그것은 이 세계가 식민주의 시대 이래 불평등하게 구조화되어 있기 때문이다.

2...
고대와 중세의 인종주의

인종적 편견이 없었던 고대 이집트와 그리스

오랜 옛날부터 사람들은 자신의 종족이 다른 종족보다 우월하다고 보는 태도를 갖고 있었다. 이것은 자신의 문화나 생활방식이 친숙하고 쉽게 이해할 수 있는 것인 반면 다른 종족의 문화나 습관은 잘 이해할 수가 없기 때문이었다. 이러한 종족중심주의는 스스로에게 자신감을 불어넣어줄 수도 있으므로 지나치지만 않는다면 건강한 사회의 자연스러운 모습이라고도 할 수 있다. 그러나 이것이 인종주의로까지 발전하면 문제가 된다.

고대인들은 대체로 피부, 머리칼, 눈의 색깔이나 얼굴의 생김새와 관련해 인종주의를 발전시킨 것 같지는 않다. 따라서 사회적·종교적 계서제가 피부색이나 얼굴 모양과 아무 관계없는 중요한 사회가 존재했다. 이집트가 그 좋은 예 가운데 하나이다.

이집트의 역사 속에서는 인종적 편견은 말할 것도 없지만 인종적 선호의 흔적도 찾을 수 없다. 이는 이집트인이 여러 종족의 혼혈이었던 것과 관계 있는 것 같다. 따라서 이집트에는 피부색이나 용모와 계서제적 사회적 가치를 연관시켰다는 증거가 없다. 파라오나 노예나 모두 흑색(남부 지역), 갈색(동부 지역), 올리브색(지중해 지역) 피부일 수 있었다.[10]

그리스인들은 매우 종족 중심적인 사람들로서 주위의 다른 종족들을 미개하다고 바르바로이라고 불렀지만 그렇다고 야만인을 피부색으로 구분해 규정하지는 않았다. 또 흑인과 낮은 지성을 체계적으로 연관시키지도 않았다.

아리스토텔레스가 노예제와 관련해 내린 규정은 어느 정도 논란거리가 된다. 그는 "어떤 사람은 자연적으로 자유롭고 어떤 사람은 노예인 것이 분명하다. …… 그리고 후자에게 노예의 조건은 이익이 되고 정당하다"[11]고 말했던 것이다. 인간이 천성적으로 갖고 있는 특질에 따라 자유인과 노예의 구분이 자연스럽게 이루어진다는 것이다.

이는 인종주의적 편견과 관련해 서양에서 만들어진 최초의 표현으로 많이 인용된다. 또 근대 서양인들은 아리스토텔레스의 이런 규정을 노예제를 정당화하는 논리에 동원했다. 그러나 그가 또한 천성에 의한 자연스러운 노예제와 전쟁 포로, 납치, 파선 등에 의한 우연적인 관습적 노예제를 구분했다는 것은 기억할 필요가 있다. 그는 후자의 경우와 같이 주인과 노예 사이에 폭력이 개재하고 있는 경우는 정당화하려 하지 않았다.[12] 이렇게 그가 노예제를 정당화하고 야만인을 경멸하고는 있으나 용모나 피부색에 따른 차이에는 별 관심을 보

---

10) M. Bernal, Race in History, in : W. A. Van Horne(ed.), 앞의 책, Albany, 1997, p. 78.

11) Aristoteles(trans. by Eugen Rolfes), *Politik*, # 1324b, Hamburg, 1981, pp. 241-242.

12) "주인과 노예 사이에는 그 관계가 본성에 맞을 때에는 공동의 이익이 있으나 이 관계가 폭력의 사용에 따른 것일 때는 그렇지 않다." 같은 책, p. 13, # 1255b 참조.

이지 않았다.

로마 사회와 인간의 구분

로마인들도 인종에 대해서는 별 관심을 갖지 않았다. 로마는 수많은 종족을 그 판도 안에 포함하고 있었고 이들을 제국의 법적·정치적 틀 안에 통합시켜야 했으므로 인종주의적 사고를 발전시킬 수 없었던 것이다. 그들에게 가장 중요한 관심사는 공화국과 그것을 구성하는 시민이었다.

키케로는 인간은 시민권에 의해, 공화국 내의 좀 더 작은 단체인 가족, 신앙, 성소(聖所) 등을 통해, 우정과 봉사에 의해, 조국과의 연결을 통해 공화국의 일원이 될 수 있다고 말했는데 이는 제국 내의 어떤 사람이나 집단도 배제하는 것이 아니었다. 그것은 공화국의 덕을 받아들이지 못할 어떤 종족도 없다고 생각했기 때문이었다.[13]

로마인들의 문제는 자신과 다르게 생긴 사람들을 질서 잡힌 시민권 안에 수용하도록 제도적·법적 틀을 어떻게 잘 만드느냐 하는 것이었다. 물론 로마 시대에도 노예제는 일반적인 현상이었으나 인종적 차별과는 별 관계가 없다.

기독교 시대에 들어와서는 다른 문화나 종교와 관련해 많은 편견과 적대감의 증거가 발견된다. 따라서 오늘날 기독교는 보통 인종주의, 성차별주의 등을 만든 것은 아니나 그것을 고취한 것으로 비판받는다. 그러나 성경에서 직접적으로나 간접적으로 노예제를 인정하는 어느 구절에도 인종이나 피부색에 대한 특별한 언급은 없다. 검은 것을 악과 악마적인 것과 관련시켰음에도 초기 기독교인들은 일반

---

13) I. Hannaford, *Race : The History of an Idea in the West*, Washington, 1996, pp. 149-150.

적으로 흑인들에게 부정적인 태도를 보이지는 않았다.[14]

교부 가운데 한 사람인 오리게네스(Origenes)는 인간의 영혼은 원래 에티오피아인같이 검은데 신성한 구제에 의해 모든 영혼은 희게될 수 있다고 주장했다. 그는 태양의 열로 만들어진 에티오피아인의 피부색을, 죄와 태만의 결과인 영혼의 검음과 대비시킨 것이다.[15] 같은 맥락에서 아우구스티누스는 기독교인들에게 세계의 구석구석으로 나아가 기독교 메시지의 빛을 전파하라고 권유했다.

이렇게 기독교인들에게 주된 구분은 신자와 비신자의 구분이다. 아우구스티누스가 말했듯이 모든 사람은 개종이라는 수단을 통해 신의 아이가 되며 기독교 문명 속의 일원으로서 평등해질 수 있었다. 개종을 하면 인종적 문화적 모든 차이가 기독교적인 형제애 속에서 극복될 수 있다는 것이다.[16]

이것으로 보면 그리스인, 로마인, 초기 기독교인들이 나중에 인종주의를 불러올 기본적인 구분을 — 자연과 관습, 문명과 야만, 구제와 저주의 — 했다는 것은 사실이다. 그러나 그 구분 자체를 인종주의로 보기는 어려우며 더욱이 피부색에 의한 편견으로 비난할 수는 없다.

중세 사회와 종교적·문화적 인종주의

중세 사상에서 개인과 집단은 신학적 범주에 예속되었다. 따라서 기독교적인 입장에서 이교도들에 대한 차별과 배제는 존재하지 않을 수 없었다. 중세의 유럽인들은 이슬람교도와 계속 싸움을 벌여야

14) M. Bernal, *Black Athena*, V. 1, New Jersey, 1987, p. 242.
기독교 초기의 성화에는 동방박사 3인 가운데 한 사람은 많은 경우 흑인으로 그려져 있다.
15) D. D' Souza, *The End of Racism*, New York, 1995, p. 43.
16) Augustinus, *City of God*, New York 1990, pp. 864-865.

했고 종교적으로도 화해할 수 없었으므로 그들에게 좋은 감정을 갖고 있지는 않았다.

십자군전쟁 당시인 1099년에 예루살렘을 점령한 기독교도가 이슬람교도와 유대인을 대량 학살한 사건은 그들이 이교도에 대해 얼마나 비관용적이었는가를 보여준다. 그럼에도 이슬람권의 문화 수준이 월등하게 높았기 때문에 그들을 인종적인 범주로 격하시킬 수는 없었다.

유대인에 대해서는 전혀 다르다. 유대인들은 기독교 초기부터 저주받은 사람들, 신을 죽인 종족으로 비난을 받았다. 따라서 중세 내내 빈번하게 박해의 대상이 되었다. 특히 이것은 십자군전쟁 때의 종교적 열정 가운데에서 심해졌고 많은 유대인이 학살당했다. 유대인에 대한 이런 박해는 근대의 인종주의와 유사한 면이 있다.

1492년, 이슬람 세력의 마지막 거점인 그라나다가 함락된 후 스페인에서는 스페인에 살던 30만 유대인에 대한 추방령이 내려졌다. 그리하여 많은 유대인들은 추방을 피하기 위해 기독교로 개종하든가 개종을 가장했다. 기독교인들이 이런 가짜 개종자들을 의심하게 됨에 따라 종교가 아니라 혈통에 의해 유대인을 제한하고 차별하는 법령을 만들게 되었다.[17]

이런 과정에서 유대인의 피는 세례로도 지워질 수 없는 유전적 오점을 갖는 것으로 주장되었다. 스페인에서 나타난 유대인에 대한 이런 편견이 주로 종교적 요인에 따른 것임은 분명하지만 그것이 혈통과 관련됨으로써 인종주의적 요소와 완전히 분리되지 않는 것도 사실이다. 이는 종교적 인종주의이다.

중세 시대 사람들은 인간과 동물 사이에 존재한다고 생각되는 괴

---

17) D. D' Souza, 앞의 책, p. 46.

상한 이국적인 존재를 상상해왔다. 1세기 로마 시대의 박물학자인 플리니우스(Plinius)의 박물지가 그런 상상에 기초를 마련했는데 그 가운데에는 입이 없이 냄새를 먹고 사는 사람, 머리가 없이 어깨에 눈이 달린 사람, 개의 머리를 갖고 있는 사람 등 괴물들 외에 인도의 브라만을 염두에 둔 것이 틀림없는 동굴에 사는 현자 브라그마니, 왜소한 종족인 피그미 등 여러 범주의 사람들을 포괄하고 있다.[18]

이런 영향으로 중세 시대에는 일반적으로 이국적인 사람들을 괴물 같다고 하여 'monstra' 라고 불렀다.[19] 이런 이국적인 사람들을 과연 인간으로 보아야 하는지, 그들이 세례를 받아 구제될 수 있는지, 정치적 · 법적으로 어떤 대우를 받아야 하는지 등도 논쟁의 대상이 되었다.

예를 들어 아프리카의 난쟁이 종족인 피그미족은 진정한 이성을 의미하는, 삼단논법을 만들 수 있는 아리스토텔레스적 능력을 결여하고 있으므로 원숭이보다는 위에 있으나 인간의 발전에서는 한 단계 밑에 있는 것으로 생각되었다.[20] 그러니까 플리니우스적 범주도 어느 정도는 인종주의적 성격을 띠었다고 할 수 있다.

중세 말에 오면 지리적, 문화적, 신체적으로 다른 지역 사람들과의 접촉이 늘어나며 플리니우스적 범주는 야만인(savage man)이라는 새로운 범주로 대치된다. 이들은 나체로 생활하고, 얼굴이나 발 외에는 털이 많이 나 있고, 원숭이는 아니나 원숭이 같은 모습을 하며 커다란 채나 통나무를 들고 다니는 것으로 묘사되었다.[21]

---

18) G. Jahoda, *Images of Savages : Ancient Roots of Modern Prejudice in Western Culture*, London, 1999, pp. 1-4.
19) 이와 관련해서는 J. B. Friedman, *The Monstrous Races in Medieval Art and Thought*, Boston, 1981, 제1장을 참조.
20) D. T. Goldberg, *Racist Culture*, Cambridge, 1993, p. 23.

야만인의 특유한 이미지는 폭력, 성적인 방종, 이성의 결여, 예의와 문명의 결여, 도덕성의 결여[22]로 나타나며 이는 유럽의 문명인과 완전히 구분되는 문화적 특성을 보여주는 것으로 생각되었다. 이런 배경에서 유럽인들이 아메리카로 진출하여 이들 야만인과 직접 부딪쳤을 때 인종주의적 차별이 나타나는 것은 당연한 일이라고 할 수 있다. 물론 이것은 문화적 인종주의의 성격을 갖는 것이나 이것과 근대적 생물학적 인종주의 사이의 차이는 사실 경미한 것이다.

---

21) 1690년대에 런던왕립협회의 해부학자인 E. Tyson은 원숭이와 인간의 근육, 뼈대에 놀라울 만한 유사성이 있다고 주장했다. 그는 침팬지를 피그미족으로 잘못 알고 해부한 결과 피그미족이 '존재의 대연쇄' 속에서 인간과 동물 사이의 중간 단계에 있다고 생각했다. 또 어떤 사람들은 두 발로 걷는 꼬리 없는 원숭이류는 아프리카인과 꼬리 있는 원숭이류 사이에서 태어난 것이라고 주장하기도 했다. D. D'Souza, 앞의 책, p. 61 참조.
22) D. T. Goldberg, 앞의 책, p. 23.

3...
식민주의와
근대적 인종주의의 발전

아메리카 지배와 근대적 인종주의의 등장

근대적 인종주의는 15세기에 포르투갈 선박들이 이슬람 세력을 누르고 서아프리카 해안에서 아프리카인들을 납치하여 포르투갈에서 노예로 팔기 시작함으로써 시작되었다. 그들은 그것을 전쟁 포로에 대한 행위로 정당화했다. 이슬람교인들과 오랜 전쟁을 벌이던 이베리아 반도의 기독교인들에게 비기독교인에 대한 전쟁은 항상 정당한 전쟁으로 생각된 것이다. 15세기 말의 '대발견' 이후 포르투갈 외에 스페인, 영국, 프랑스, 네덜란드인들이 아시아와 아메리카, 아프리카로 진출하며 인종주의는 강화되기 시작했다.

처음에 그들은 비유럽인에 대한 착취, 억압, 노예화를 신체적 차이가 아니라 문화적 원시성 탓으로 돌렸다.[23] 또 종교적 요인도 중요했다. 그러나 곧 새로운 정당화 이론으로 본격적인 인종주의가 등장했

---

23) A. Pagden, *European Encounters with the New World*, New Haven, 1993, pp. 5-8.

310

다. 아프리카인들은 천성적으로 노예적이라는 것이었다. 그리고 그 것은 아메리카에서의 사태 발전으로 강력하게 보강되었다.

1550년에 스페인에서는 중남미 원주민에 대한 스페인인들의 잔인한 처우와 관련하여 세풀베다(J. G. de Sepulveda)와 라스 카사스(B. Las Casas)의 유명한 논쟁이 벌어졌다. 세풀베다는 상인이나 정복자들의 이해관계를 대변하여, 인디오들이 야만적이며 우둔하고 기질이 노예적이며 기독교화의 가능성도 없으므로 원숭이와도 같은 인디오에 대한 인간의 지배는 당연한 것이라고 주장했다.

반면 도미니쿠스파 선교사인 라스 카사스는 모든 사람은 공통의 '자연법과 인간의 규칙'에 지배된다고 주장하며 비록 인종은 다르더라도 어느 다른 한 사람의 생명은 그나 다른 사람의 구원보다 중요하다고 항변했다. 그러나 식민지 착취에 혈안이 되어 있던 당시 분위기에서 그런 주장은 지지를 얻을 수 없었다.[24]

북아메리카에서도 사정은 비슷했다. 처음 원주민들을 '고귀한 야만인'으로 보았던 청교도 식민자들은 기독교를 통해 이들의 영혼을 구하려 했다. 그러나 토지를 둘러싼 투쟁은 결국 원주민들의 이미지를 급속히 '저열한 야만인'으로 변화시켰고 이제 종교적 원리가 원주민들의 생명, 토지, 문화의 파괴를 고무하게 되었다.

1630년에 매사추세츠 만(灣) 회사를 세운 윈스럽(J. Winthrop)이라는 사람은 1617년에 인디언들에게 창궐했던 천연두가 "청교도에게 자리를 비워주기 위해 인디언들을 솎아내기 위한 신의 뜻"[25]이라고까지 말했다.

인디언들은 악마의 앞잡이로 신에게 저주받아 구원이 불가능하다

---

24) D. T. Goldberg, 앞의 책, pp. 25~26. 그러나 이 논쟁의 자세한 과정은 알려져 있지 않다.
25) L. D. Barker, *From Savage to Negro*, Berkerly, 1998, p. 12.

고 생각되었고 잘해봤자 열등한 인간이고 나쁘게 말하면 야만적인 야수 이상은 아니었다. 또 인디언은 경작을 하지 않고 유목 생활을 하므로 땅에 대한 소유권을 주장할 수 없다고 생각하는 법률가 브래큰리지(H. Brackenridge)는 1782년에 "인디언이라고 불리는 동물에게는 절멸이 가장 알맞을 것"[26]이라고 말했다. 인디언은 실제로 그의 말대로 19세기 말이면 백인들에 의해 북미 대륙에서 거의 절멸되고 말았다.

15세기 말에 아메리카에 도착한 유럽인들은 처음에는 원주민을 노예화하려 했다. 그러나 그것은 쉽지 않았다. 아메리카 원주민들은 노예화하려 하면 싸우다 죽거나 노예 생활에 잘 적응하지 못했던 것이다. 그 대안이 아프리카 흑인의 노예 노동이었고 이는 17세기 초부터는 북미 지역으로도 확대되었다.

특히 북미에서 담배 플랜테이션이 발전하며 흑인 노예의 수가 크게 증가함에 따라 1633년에는 뉴잉글랜드 식민지도 많은 흑인 노예를 거느렸다. 그리하여 1661년의 버지니아 식민지 의회의 법을 필두로 여러 법이나 관습에 의해 1690년대까지는 동산 노예제가 북미 식민지 사회의 법 체제와 사회 기구 안에 확고히 자리잡게 되었다.[27]

그 결과 노예제의 제도화와 흑인의 인종적 열등성을 주장하기 위해 흑인은 생리학적·심리학적으로 노예적이라는 이데올로기가 이 시기에 만들어지게 되는 것이다.[28] 이것이 근대적 인종주의인 생물학적 인종주의이다.

---

26) T. Gosset, *Race : The History of an Idea in America*, Oxford, 1997, pp. 229-230. 그러나 반드시 이러한 견해만 있었던 것은 아니고 소수이지만 인디언들의 노예화를 불법화하라는 주장이나 인디언에게 공정하게 대해야 한다는 주장도 있었다.
27) W. D. Jordan, *The White Man's Burden : Historical Origins of Racism in the United States*, Oxford, 1974, pp. 45-46

인종주의 이론의 발전과 블루멘바흐

이 시기에 유럽인들은 인간을 유럽인, 아프리카인, 아메리카인, 아시아인으로 나누어 우열을 논하는 인종주의적 도식을 만들었는데 이때 그들은 인종 사이의 차이는 극단적으로 크기 때문에 인간은 여러 다른 종으로 되어 있다고 믿었다. 많은 학자가 이 다인종설(polygenesis)에 이끌렸다. 그러나 이는 모든 인간은 아담의 자손이라는 성경의 주장을 거부하는 이단설이었다.

이런 주장이 노예제를 정당화하려는 사람들에게 매우 매력적이었을 것은 사실이나 기독교와 자연의 본성에는 반하는 것이었다. 따라서 17세기 기독교인들은 햄과 관련된 기독교적 설명을 좋아했다. 햄의 아들에 대한 저주가 흑인들에게 흑인성, 추함, 영원한 노예의 운명을 가져왔다는 것이다.

아프리카인과 다른 비유럽인을 비인간화하는 또 다른 논리는 그리스에 기원을 두고 있고 중세 시대부터 받아들여져서 18세기에 널리 확산된 '거대한 존재의 연쇄(The Great Chain of Being)' 도식[29]이다.

---

28) 마르크스주의자들은 인종주의가, 서양의 부르주아지가 아프리카인을 착취하고 상품화하는 것을 정당화하는 편리한 체제로서 나타났다고 주장한다. 노예제는 전적으로 경제적 이유로 발전한 것이며 노예제가 인종주의에서 나온 것이 아니라 인종주의가 노예제의 결과라는 것이다. 물론 오늘날의 마르크스주의자들이 인종 문제를 단순히 경제적 문제로 환원하는 것은 아니나 그럼에도 그들이 인종 문제를 계급 문제, 자본주의적 착취 제도에 종속되는 것으로 보는 것은 사실이다. 특히 마일스는 인종주의가 자본주의 사회의 자본 축적 과정과 계급 관계에 본질적이라고 생각하며 20세기 후반 유럽의 인종주의에도 이런 관점에서 접근한다. M. M. Leiman, *The Political Economy of Racism*, London, 1993 ; E. Williams, *Capitalism and Slavery*, Chapel Hill, 1965 ; R. Miles, *Racism*, London, 1989.

물론 노예제와 인종주의는 밀접한 관련 속에서 상호 공생하고 보강하는 관계로 발전해온 것은 사실이고 이것은 특히 미국에서 그렇다. 그러나 노예제가 인종주의의 기원을 설명해주지는 못한다. 유럽에서 인종주의는 15세기에서 20세기까지 번성했는데 노예제와 거의 관계가 없던 스웨덴의 인종주의와, 식민지를 갖기 이전부터 나타난 독일의 강한 인종주의는 노예제로는 설명하기가 어렵다.

이에 따르면 이 세상의 모든 존재는 신과 천사로부터 시작해서 백인 남자를 통해 백인 여자, 아시아인, 아프리카인, 원숭이, 그 외의 모든 동물, 식물, 광물로 차례로 내려간다. 이 계서제에 따르면 다른 인종에 대한 백인의 억압은 충분히 정당화될 수 있었다.

18세기 중반에 스웨덴인 학자인 린네(C. Linnaeus)가 동식물을 종으로 나누는 새로운 분류법을 시작하며 인종주의자들에게는 새로운 문제가 제기되었다. 번식력 있는 후손을 낳을 수 있느냐 없느냐에 따라 종이 정의되었는데 인간에게는 이것이 모두 다 가능했으므로 인간은 하나의 종이 될 수밖에 없었다. 그러나 지역에 따른 인간의 신체적 특징의 차이는 부정할 수 없었으므로 린네도 교혼에 의해 무한히 재생산될 수 있는 변이를 인정하지 않을 수 없었다.

프랑스인인 뷔퐁(G. de Buffon)은 이 생각을 받아들여 인종적 차이를 퇴화이론으로 설명했다. 유럽에서 발견되는 사람들이 인간의 종의 정상적인 형태이나 이것이 다른 대륙에서는 좋지 않은 기후 조건 때문에 퇴화했다는 것이다.

18세기 후반의 독일인인 블루멘바흐(J. F. Blumenbach)는 이런 인종적 차이를 좀 더 이론화하려고 애썼다. 그도 기독교의 교리에 부합하도록 단 하나의 완전한 인간이 창조되었다고 믿었다. 수많은 사람의 두개골 모양, 자세, 신체의 각 부위를 면밀히 검토한 결과, 인간은 하나의 인종일 수밖에 없다는 것이었다. 그리고 뷔퐁과 같이 그도 기후, 생활양식 등 환경적 요인과 혼혈이 하나의 인종을 여러 인종으로 분화시켰다고 생각했다.

그는 인종을 코카서스인, 몽골인, 에티오피아인, 아메리카인, 말레

29) 18세기에 이 이론이 널리 확산된 것은 특히 J. 로크와 G. W. 라이프니츠가 이것을 대중화했기 때문이다. A. Lovejoy, *The Great Chain of Being*, London, 1966, p. 184 참조.

이인의 다섯으로 나눴다. 그 중 앞의 셋은 이미 정형화된 인종이고 아메리카 인종은 코카서스 인종에서 몽골 인종으로, 말레이 인종은 코카서스 인종에서 에티오피아 인종으로 전이 중인 인종으로 좀 더 열등한 것으로 생각했다.

그는 코카서스 인종이라는 말을 처음으로 사용했는데 그에 따르면 백인종, 즉 코카서스 인종은 최초의 가장 아름답고 재능이 있는 인종으로 몽골 인종, 에티오피아 인종은 이것에서 퇴화한 것이라는 것이다.[30] 이 블루멘바흐의 주장은 근대의 인종주의 이데올로기에 학문적 기초를 제공했으며 따라서 그의 퇴화 도식은 19세기 중반까지 인종주의 사고의 중심이 되었다.

인종주의의 학문적 확산

인종주의적 사고는 18세기의 계몽사상가들에게서도 거의 일반적으로 나타나는 현상이다. 그들은 합리적인 사고를 할 수 있다는 전제 아래 인간의 보편성을 믿고 주장했는데 그것은 비유럽인에게는 해당되는 것이 아니었다. 비유럽인을 같은 인간으로 간주하면 식민 지배나 비유럽인의 노예화는 받아들일 수 없는 것이었기 때문이다. 따라서 비유럽인의 비인간화는 필수적인 일이었다. 로크[31]나 디드로,

---

30) I. Hannaford, 앞의 책, pp. 207-208.
31) J. 로크는 18세기 계몽사상가들보다는 한 세기 가량 앞선 인물이나 계몽사상의 인종주의에 큰 영향을 미쳤다. 그는 아메리카의 노예제를 정당화하며 그 근거로 흑인이 합리적으로 행동하지 않기 때문이라고 주장했다. 비합리적으로 행동하는 자는 그 정도로 짐승이며 따라서 동물로 대접받아야 한다는 것이다. 따라서 합리적인 사고를 할 수 없는 니그로는 부동산으로 간주될 수 있었고 니그로의 노예화는 당연한 것이었다. 이에 비해 아메리카 인디언은 어느 정도 합리적이고 교육을 할 수 있고 기독교인이 될 잠재력을 갖고 있는 것으로 생각되었다. 따라서 인디언은 니그로보다는 나은 대접을 받은 셈이다. B. Arneil, *John Locke and America*, Oxford, 1996. pp. 84-85, 127 참조.

달랑베르, 흄, 칸트, 헤겔 등 유명한 인물들이 모두 같은 생각이었다.

그들에게 이성과 문명은 전적으로 백인, 서유럽인과 동의어였고 유럽 외부의 비백인들, 즉 흑인, 홍인, 황인은 비이성, 야만성과 동일시되었다.[32] 야만성은 물리적으로 유럽 외부에, 또 밝음 외부에 존재하게 된다. 이들에게 아프리카가 검은 대륙[33]이 된 이유이다. 따라서 이런 주장은 유럽인의 문화적·인종적 우월성을 고무시킬 수밖에 없었다.

19세기에 들어와서 인종 간의 본질적인 차이를 찾으려는 노력은 해부학, 생리학, 언어학 등 여러 분야에서 집요하게 이루어졌다. 녹스(R. Knox)는 1820년대 에딘버러 대학의 해부학자였다. 그는 많은 인간의 머리 골격이나 기타 몸체 구조의 분석을 통해 여러 인간의 종은 해부학적인 차이를 보이며 그 외부적 특질은 지난 6,000년간 변하지 않았다고 주장했다.

게다가 이들 사이의 지적인 차이는 신체적인 차이보다 더 큰 것으로 생각했다. 따라서 백인과, 원숭이와 유사한 흑인이나 다른 유색인 사이의 인종적 격차는 분명했다. 그는 인종주의적 사고를 당시 의학 분야에 광범하게 유포시키는 데 큰 영향을 끼친 인물이다.[34]

언어학 분야에서 이런 일을 한 대표적인 사람이 고비노(J-A. de Gobineau)이다. 그는 인간을 세 집단으로 구분했는데 1840년대까지 그것들은 어족과 관련되었다. 그 집단의 이름은 물론 각각 노아의 아들들 이름에서 따왔다.

햄어는 현재 아프리카-아시아 어족이라고 부르는 것으로 동아프

---

32) 이 점에서 계몽사상의 세계시민사상은 상당한 한계를 갖는 것이다. 안병직, 〈계몽사상과 유럽의 이념〉, 서양사연구회, 《서양사연구》 제27집 , 2001. 4, pp. 1-18 참조.

33) E. C. Eze(ed.), *Race and the Enlightenment*, Malden, 1997, p. 5.

34) M. Banton, *Racial Theories*, 2nd. edition, Cambridge, 1998, pp. 70-75.

리카의 쿠시트어, 하우사어와 차드와 북나이제리아의 다른 언어들, 북서아프리카의 베르베르어, 고대 이집트 언어가 포함된다. 셈어에는 헤브루, 아라비아, 바빌로니아, 남아라비아, 에티오피아어가 포함된다. 오늘날 이것은 아프리카-아시아 어족의 한 부분으로 생각된다.[35]

고비노가 관심을 가진 다른 어족은 당시에 새로 발견된 인도-유럽어족이다. 이것은 북인도, 이란, 유럽 언어 거의 전체를 포함한다. 고비노는 당시의 통상적인 견해를 받아들여 가장 순수한 인도-유럽인은 고대 인도의 언어인 산스크리트어를 쓴 사람들과 순수한 게르만어를 쓰는 사람들이라고 생각했다.

앞의 사람들은 인도 남쪽의 검은 피부를 가진 사람들에 의해 타락했으며 게르만족만이 추운 북쪽에 남아서 순수성을 보존하게 되었다 따라서 그는 아름다움, 신체적 힘, 지적인 능력에서 다른 인종을 훨씬 능가하는 게르만족이 다른 인종을 지배하는 것은 당연하다고 생각했다.[36] 고비노의 주장은 19세기 유럽 인종주의자들에게 큰 영향을 미쳤다.

노예제와 19세기 미국의 인종주의 이론

19세기에 인종주의 이론의 중요한 발전은 미국에서도 이루어졌다. 그것은 미국에서 노예제의 합리화가 중요한 과제였기 때문이다. 미국은 독립선언서에서 모든 인간은 동등하게 태어났다고 선언했다. 따라서 노예제는 미국민의 자유와 평등의 정신에 위배되었다.

---

35) M. Bernal, Race in History, pp. 85-86.
36) T. Todorov, 앞의 책, p. 130.

그러나 인간의 열등한 다른 종이 있다면 이런 원리는 적용되지 않을 수 있었다. 따라서 이런 쪽으로 논리가 발전하지 않을 수 없었다. 그런 생각은 헌법 기초자인 제퍼슨(T. Jefferson)에게서도 어느 정도 엿볼 수 있다. 그는 노예제가 미국인들의 도덕적 성격에 암적인 영향을 미친다는 것을 인정하고도 노예제의 폐지에 대해서는 큰 관심이 없었다.

오히려 신체적인 아름다움이나 정신적·지적인 능력에서 흑인의 내적이고 자연적인 열등성을 지적하며 그들은 더위에 강하기 때문에 생물학적으로 육체 노동에 적합하다고 주장했다.[37] 이것은 소위 '건국의 아버지'들의 일반적인 생각이었다.

이런 인종주의적 논리를 강화하기 위한 노력이 미국에서 1840년대 이후 뚜렷하게 나타났다. 논의는 관련된 두 문제에 초점이 맞춰졌다. 하나는 문화적인 것이고 하나는 생물학적인 것이었다. 전자는 흑인 문명이 존재한 적이 있는지 여부의 문제로, 만약 없다고 판명되면 그것은 백인의 우월성을 증명하는 것이 되었다.

생물학적으로는 두 인종 사이의 결합으로 태어난 후손의 생식력이 높은지 여부의 문제였다. 만약 부정적 결론이 난다면 그것은 두 인종이 다른 인종이라는 의미이고 다인종설을 확인하는 것이 되었다. 그리하여 이런 노력은 이집트 문명을 중심으로 전개되었다.

모턴(S. G. Morton)은 해부학자로 《아메리카 두개골학》(1839)과 《이집트 두개골학》(1844)을 써서 유명해졌는데 두개골의 용적을 인간의 도덕적·지적 자질과 연결시켰고 이집트인들의 두개골 연구를 통해 고대 이집트의 지배 계급이 코카서스인이었다고 주장했다. "이집트에 니그로가 많기는 했으나 그들의 사회적 지위는 지금이나 마

---

37) T. Jefferson, Notes on the State of Virginia, 1787, in : E. C. Aze, 앞의 책, pp. 95-103.

찬가지로 하인이나 노예였다"[38]고 주장함으로써 흑인 노예를 갖는 백인 사회의 원형을 이집트에서 만들어냈던 것이다.

이집트 문명 문제를 중심으로 생물학과 이집트학을 결합하여 새로운 과학적 인종 이론의 기초를 만든 인물은 노트(J. C. Nott)와 글리던(G. R. Gliddon)이다. 이들은 1854년의 《인간의 형태학》이라는 책에서 이 두 영역을 솜씨 있게 결합했다. 이 책은 남북전쟁 이전에 인종과 관련해 미국에서 출판된 가장 중요한 책으로, 그들의 주된 관심사는 아프리카에서 발전한 이집트 문명이 흑인들의 문명이 아니라는 것을 주장하는 것이었다.

그들은 모턴의 연구에 의존해 이집트 문명은 코카서스 인종인 아리아족이 인도에서 와서 건설한 것으로 보았고, 이집트 내의 코카서스 인종과 흑인종 사이에는 영구적인 차이가 존재하며 그것은 지난 5,000년 동안 변하지 않았다고 주장한다.

그러면 이집트 문명은 그 후 왜 쇠퇴했을까? 그들은 그것은 인종적 혼합 때문이라고 말한다. 아리아족이 이집트 문명을 건설했으나 그 후의 인종적 혼합이 그것을 질적으로 저하시켰고 결국 쇠망하게 했다는 것이다. 백인 우월주의자인 그들은 따라서 "쇠퇴, 불임, 야만주의를 가져온 현재의 인종적 혼합이 제거되기 전에 이집트 문명은 다시 일어설 수 없다"[39]고 단언한다. 이런 논리로 그들은 단일인종설을 거부한 것이다.

---

38) R. Young, Egypt in America, in : Ali Rattansi & Sallie Westwood (ed.), *Racism, Modernity, Identity*, Cambridge, 1994, p. 162에서 재인용
39) 같은 책, p. 164.

4...

사회적 다원주의와
인종주의, 반유대주의

다윈과 진화론

다윈(C. Darwin)은 1859년에 《자연적 선택이라는 수단에 의한 종의 기원》이라는 책을 통해 광범한 과학적 증거에 의해 진화론을 뒷받침함으로써 생물학의 혁명을 불러왔다. 이 이론은 자연과학뿐 아니라 인간과 그 사회 관계에 관한 생각에도 큰 영향을 주었고 사회적 다원주의를 통하여 인종 이론에도 말할 수 없이 큰 영향을 미쳤다.

물론 다윈이 진화론적인 사고를 처음으로 시작한 사람은 아니다. 이미 라마르크(B. Lamarck)가 모든 생명체는 획득한 형질을 자손에게 전달함으로써 진화한다는 생각을 발전시켰고 이런 생각을 따르는 사람도 적지 않았다. 그리고 이들의 주장은 19세기 전반에 광범하게 논의되며 사회주의자, 무신론자, 기존 과학이나 종교의 권위에 도전하던 사람들의 이념적 출발점이 되었다. 또 사회적 다원주의의 원초적인 사고도 이미 존재하고 있었다.

다윈의 기본적인 주장은 다음과 같다.[40] 모든 생물은 자신의 개체

320

수를 재생산하는 데 필요한 것보다 많은 후손을 생산한다. 따라서 이 후손들이 모두 살아남는다면 개체수는 기하학적 비율로 증가하게 된다. 그러나 실제로 어떤 종이든지 다음 세대에서도 대개 비슷한 개체 수를 유지하는데, 이것은 환경적인 제약 요인에 따른 생존 투쟁 때문이다. 이 투쟁은 새끼가 성체가 되려는 투쟁뿐 아니라 후손을 남기려는 투쟁을 포함한다.

종의 변이는 다윈 이론에서 핵심적이다. 어떤 두 개체도 같지 않고 모두 조금씩의 변이를 보인다. 그리고 이 변이들은 생존 투쟁에서 이로울 수도 있고 불리할 수도 있다. 이점을 가진 개체들은 성숙해서 다음 세대를 재생산하게 될 것이고 그렇지 못하면 사멸하게 된다. 이것이 자연적 선택이다. 유기체 조직의 미세한 변이는 대체로 이렇게 재생산에 의해 유발된다.

그러나 이것만이 종의 변이를 가져오는 요소는 아니다. 성적인 선택도 중요하다. 다윈은 동물의 어떤 신체적인 형태와 행동적인 기질은 그가 보이는 구애 행위와 이성을 끌기 위한 신체적 특징이라는 과정으로 가장 잘 설명될 수 있다고 주장한다. 또 신체적 변이의 일부는, 미약하지만 환경의 변화에 의해서도, 또 어느 기관의 사용 여부에 따라서도 나타난다.

말하자면 자연도태를 통한 적자생존이 장기간 지속되며 이것이 유전형질의 변화와 그에 따른 종의 변이를 가져오고 이것이 바로 진화라는 현상이라는 것이다. 그는 이 이론을 인간 세계에도 적용했다. 그는 이미 《종의 기원》의 마지막 부분에서 자신의 자연적 선택 이론이 인간에게도 적용될 수 있을 것이라는 점을 시사했으나 1871년의 《인간의 후예》에 가서야 그것을 체계적으로 이론화했다.

---

40) 이하 다윈의 주장에 대해서는 M. Banton, 앞의 책, pp. 84-88.

다윈은 여러 인종의 기원에 대해서도 나름의 설명을 해야 했다. 1850년대까지도 단일인종설(혈통적·종족학적인 접근으로서 한 쌍으로 시작한 인류가 아마 환경에 의해 여러 인종으로 분화했을 것이라고 믿는다)과 다인종설(인종적 차이는 신이 만들었거나 자연의 대격변 속에서 인류의 처음부터 존재했다고 믿는다)은 팽팽하게 대립하고 있었다.

그는 생물학 일반 이론상, 존재하는 모든 인류는 한 조상에서 비롯되었다고 믿었으나 자연적 선택에 의한 진화라는 개념을 사용함으로써 여러 인종으로 분리되었음을 설명했다. 단일인종설이 환경에 따른 변화를 주장하는 데 비해 그는 진화에 의한 변이를 주장한 것이다. 이렇게 다윈은 두 이론을 하나의 체계로 통합함으로써 변화와 영속성을 동시에 설명할 수 있게 해주었고 따라서 두 이론의 대립을 종식시켰다.[41]

다윈의 이론은 과학적 이론이기는 하지만 완전히 가치중립적인 것은 아니다. 그는 인간의 진화 과정의 결과를 최종적으로 현대 서양 문명에 귀착시키는 것으로 오해하게 하는 말을 하기도 하고 뇌의 크기가 지성의 표시라는 당시 두개골학자들의 주장을 받아들임으로써[42] 인종주의적 견해도 수용했다. 따라서 다윈의 이론 자체가 사회적 다윈주의[43]라는 비판도 받고 있는 것이다.

---

41) 같은 책, p. 81.
42) 그는 《인간의 후예》에서 "미국의 놀라운 진보와 그 국민의 성격은 자연적 선택의 결과이다. 왜냐하면 더 정력적이고 쉬지 않고 일하는 용기 있는 사람들이 유럽으로부터 이민하여 그곳에서 가장 성공했기 때문이다"라고 했다. 또 그 몇 줄 위에서는 야만인들의 생식력이 떨어져 절멸할 것 같은 상황과 관련해 "그들의 작은 두뇌로는 문명된 인종과 접촉할 때 그들의 습관을 변화시킬 수 없다"고 했다. M. Banton, 앞의 책, p. 87 참조.
43) P. Dickens, *Social Darwinism*, Buckingham, 2000, p. 18.

스펜서의 사회적 다윈주의

다윈주의를 인간의 사회적 관계에 적용한 이론이 사회적 다윈주의이다. 그 가장 유명한 주창자인 스펜서(H. Spencer)의 이론은 생물학적 유기체의, 사회에 대한 유추 이론이다. 생물학의 원칙이 사회에도 적용될 수 있다는 것이다.

《종의 기원》이 나오기 이전에 이미 그는 진화의 기본적 요소들을 개념화하고 있었다. '적자생존'과 '생존투쟁'이라는 말은 다윈이 아니라 스펜서가 만들어 낸 말로 토머스 홉스의 '자연 상태'와 애덤 스미스의 '자유방임'에서 영감을 얻은 것이다.[44]

그는 다윈의 진화론을 받아들여 생물학 원리를 사회에 적용했을 뿐 아니라 천문학, 물리학, 지리학, 심리학의 법칙을 그가 '힘의 지속'이라고 부르는 것에 의해 지배되는 포괄적인 체계로 통합했다. 우주는 '힘의 지속'에 의해 항상 유동 상태에 있으며 동질성의 불안정성 때문에 끊임없이 변화가 나타나고 더 구조화된 복잡성, 즉 이질성의 상태로 나아간다는 것이다. 이 과정이 바로 진화이다.

그 가운데에서 유기체는 생존하기 위해 자신과 환경 사이에 균형을 만들려 노력하며 그 결과 좀 더 분화되고 구조화된 상태로 발전한다. 이런 과정 속에서 그가 'race'(이것은 인종이 아니라 아종이나 변종이다)라고 부르는 것의 가장 약한 구성원은 사멸하게 되고 가장 강한 것만이 살아남아 재생산할 수 있게 되고, 자신의 특질을 다음 세대로 이어준다는 것이다.[45]

그는 이런 원리를 사회에 그대로 적용했다. 변화는 유기체에서와

---

44) L. D. Barker, 앞의 책, p. 28.
45) P. Dickens, 앞의 책, p. 24.

같이 사회에도 이질성과 복잡성을 증대시키며 이에 따라 진보할 수 있는 기회를 제공한다. 이렇게 구조가 복잡해진 사회에서는 사회 계급이 분화하며 사회 안의 상호 의존성도 증대하여 사회는 진보적 방향으로 나아가게 된다.

반면 이 긴 과정에 적응하지 못하는 개인이나 가족, 인종은 진화 과정에서 사멸할 수밖에 없게 된다는 것이다. 그러니까 개인적인 생존 투쟁, 계급적인 생존 투쟁, 인종적 · 문명적 수준의 생존 투쟁을 모두 이것으로 합리화할 수 있었다.[46]

19세기 후반에서 20세기 초에 사회적 다윈주의가 인종주의 이론의 기반으로 유럽에서 광범한 영향력을 행사할 수 있었던 것은 우선 그것이 자연과학의 외피를 둘러쓰고 있었기 때문이다. 과학이 맹목적으로 존숭되고 있던 19세기 후반의 분위기에서 그것은 당연한 일이라고 할 수 있다.

또 그것은 이 시기 유럽 국가들의 제국주의 정책과도 관계가 있다. 특히 이 시기는 유럽 국가들이 전 세계를 식민지화하던 시기였으므로 사회적 다윈주의는 이것을 정당화하기에 아주 좋은 무기가 되었다. 이에 따르면 사회적 성취의 대부분은 유전에 의한 것이므로 유전적으로 우월한 유럽인이 열등한 식민지인을 지배하는 것은 자연 법칙에 합당한 것이었다. 이리하여 유럽의 식민 정책과 경제적 착취를 합리화할 수 있었던 것이다.

그러나 사회적 다윈주의가 가장 크게 환영을 받은 곳은 자유방임적 자본주의의 중심인 미국이며 섬너(W. Sumner)가 그 대표자이다. 그것은 그 이론이 당시 거의 제한 없는 자유를 누리며 급격하게 성장하던 미국 자본주의의 요구에 잘 들어맞았기 때문이다. 또 1860년대

---

46) 같은 책, pp. 22-24.

의 노예해방으로 해방된 노예들을 다시 사회적으로 예속시키는 것을 정당화할 필요가 있었기 때문으로도 보인다.

인종주의의 극악화

19세기 말, 20세기 초에 인종주의적 사고를 전파하는 데 가장 중요한 역할을 한 인물로는 체임벌린(H. S. Chamberlain)과 그랜트(M. Grant)가 있다. 영국 출신이나 독일로 귀화한 체임벌린은 1899년에 《19세기의 기초》라는 책을 썼는데 이는 곧 베스트셀러가 되었고 그는 20세기 초에 인종주의 이론과 관련해 국제적으로 가장 영향력 있는 인물이 되었다.

그는 '인종이 모든 것'이라는 가정 아래 인종의 순수성이 가장 고귀한 가치라고 믿었다. 그는 다윈을 인용하여 한 종의 전형(type) 사이의 지속적인 교배는 양자의 좋은 특성을 변형시키고 최종적으로는 파괴한다고 주장했다. 따라서 인종적인 혼혈을 피하고 우월한 인간의 전형을 만들어내는 것은 인류 문명을 위해 매우 중요한 과제였다. 이것을 위해 그는 어떤 수단을 써서라도 최고의 인종인 아리아족의 피의 순수성은 지켜져야 하고 그럼으로써 그 군인다운 정신과 창조적인 힘이 해방되어야 한다고 믿었다.[47]

그는 다른 인종들은 아리아족에 비해 단지 열등한 것에 불과하지만 아리아족의 가장 강력한 적인 유대인은 고대 중동의 우연적인 교혼에 따른 비자연적인 결과로, 또 2,000년에 걸친 교혼 과정을 통해 매우 사악한 인종적 힘이 되었다고 생각했다. 따라서 독일이 이 이국적 혈통을 관용하게 되면 독일의 정부, 법, 예술 등은 다소간 자발적

---

47) I. Hannaford, 앞의 책, p. 353.

으로 유대인의 노예가 될 수밖에 없는 것이었다.

순수 혈통에 대한 체임벌린의 이런 맹목적 집착은 매우 위험하기 짝이 없는 것으로서 국가나 민족 내의 다른 인종, 또 비정상적인 사람들에 대한 폭력 행위를 공공연히 부추기는 것이었다. 인종주의의 사악성이 노골적으로 드러나게 되는 것이다.

체임벌린의 이런 주장은 영국, 독일, 미국 등지의 신학자, 과학자들에게 많은 지지를 얻었고 1904~1905년의 유럽 우생학 운동은 그를 빼놓고는 적절히 이해하기 어렵다.[48] 또 그가 반유대주의 운동에 미친 영향은 이루 말할 수 없다. 특히 나치 운동의 지도자인 히틀러가 그의 순수혈통주의와, 반유대주의로부터 직접적인 영향을 받음으로써 그는 나치 인종주의의 정신적인 스승으로 자리 매김 되고 그리하여 나중에 가혹한 비판을 받게 되는 것이다.

미국인인 M. 그랜트는 1916년에 《위대한 인종의 사멸》이라는 책을 썼는데 이는 당시 미국으로 몰려들고 있던 남동 유럽인들(특히 가톨릭 교도와 유대인)의 이민을 막기 위한 통렬한 공격이다. 그는 유럽인을 세 인종으로 나누고 열등한 남동 유럽인이 많이 들어오면 미국민이 퇴화한다고 주장했다. 사회적 · 도덕적 질이 떨어진다는 것이다.

그는 아시아, 아프리카인에 대해서도 분리 거주, 교혼 금지, 불임 시술 등을 주장했을 정도이다. 1920년대 미국의 엄격한 이민 할당량이 북서 유럽계 이민은 우대하고 남동 유럽, 아시아계를 홀대한 것은 이런 가정 위에 서 있었던 것이다.[49]

그랜트나 또 그와 비슷한 논리를 펴던 스토더드(T. Stoddard)의 주장은 1차대전 당시 미국에서 지능검사가 도입되며 실증되는 것같이

48) 같은 책, p. 349.
49) M. N. Marger, 앞의 책, p. 29.

보였다. 북서 유럽 출신 미국인의 지능이 다른 어느 집단보다 높았기 때문이다. 또 북부 흑인의 지능이 남부 흑인의 지능보다 높게 나왔는데 이는 교육 기회 같은 환경적 요인이 아니라 남부에서 지능이 높은 흑인들이 선택적으로 이주한 이유로 설명되었다.[50] 1920년대 미국에서 보아스(F. Boas) 같은 문화인류학자들이 인종의 생물학적 이론에 비판을 가하기 시작했지만 대세를 꺾을 수는 없었다.

근대적 반유대주의의 발전

인종주의가 한창 위세를 부리던 1870~1880년대는 유럽에서 근대적 반유대주의가 발전한 시기이기도 하다. 19세기 중반의 자유주의 정책에 의해 유럽 각국에서 유대인들은 시민권을 얻어 시민사회에 편입될 수 있었다. 그러나 유대인들의 힘이 갑자기 커지는 것같이 보이자 유럽인들이 이를 두려워하고 시기함으로써 새로이 반유대주의가 불붙은 것이다.

이것은 1881년 러시아의 차르 알렉산드르 2세 암살 사건과 관련해 박해를 받은 러시아 지역의 유대인이 대거 서쪽으로 이주한 것과 시기적으로 일치한다.[51] 또 그것은 1873년 이후 유럽의 대불황기와도 관련이 있다. 많은 유대인이 이주하며 일자리를 위협했기 때문이다.

이런 과정에서 사회적 다원주의는 근대적 반유대주의가 인종주의

---

50) 이런 태도는 주기적으로 나타난다. 1960년대 말에도 A. Jensen이라는 교육심리학자는 흑인과 백인의 집단적인 IQ 차이는 유전에서 온다고 주장한 바 있다. 최근에는 C. Murray와 R. Herrnstein이 *The Bell Curve : Intelligence and Class Structure in American Life*, New York, 1994에서 비슷한 주장을 펴고 있다. 이 책은 미국 주요 언론들의 관심을 끌며 《뉴욕 타임스》 베스트셀러 순위 2위까지 올라갔는데 이는 미국의 백인들이 이 문제에 아직도 큰 관심을 갖고 있다는 사실을 보여주는 것이다.

51) C. J. Christie, *Race and Nation*, London, 1998, p. 141.

적 성격을 갖는 데 결정적인 영향을 미쳤다. 그리하여 유대인들은 1870년대까지는 셈 인종으로 분류되며 인종주의적인 공격의 대상이 되었다. 그것은 유대교를 믿는다는 의미에서 종교적인 성격, 또 다른 옷이나 관습, 문화를 가졌다는 의미의 문화적 성격을 넘어선 것이다. 기독교로 개종했거나 완전히 세속화한 사람들까지도 이에 포함되었기 때문이다.

유럽인의 피의 순수성을 믿는 사람들에게는 특히 뒤의 사람들이 더 위험하다고 생각되었다. 눈에 잘 드러나지 않기 때문이다. 결과적으로 1890년대까지는 인종주의적 반유대주의가 동·중부 유럽뿐 아니라 서유럽과 아메리카에서도 중요한 문화적·정치적 힘이 되었다. 많은 반유대주의적 정당, 결사, 선전 기구가 생기며 반유대주의를 제도화한 것이다.

1880년대 이래 유럽과 미국의 우익 세력들은 유대인을 '유대인의 음모'[52]라는 시각에서 보았고 마르크스주의 운동이나 1917년 러시아 혁명을 유럽의 질서를 무너뜨리려는 그 구체적인 실천으로 보았다.

자동차왕 포드(H. Ford), 히틀러, 미국의 대통령인 윌슨(W. Wilson), 후버(E. Hoover) 같은 인물들이 계속 이런 주장을 되풀이했고 미국의 《시카고 트리뷴》이나 영국의 《더 타임스》 같은 신문을 포함해 서양 각국의 유력한 언론 매체들이 이런 선전을 확대 재생산했다. 1920~1930년대 유럽에 광범하게 확산된 반유대주의적 발작은

---

52) '유태인의 음모'라는 시각을 문화 투쟁적인 관점에서 가장 잘 보여주는 인물이 러시아 작가 도스도예프스키이다. 그는 《작가일기》(1877)에서 유태인은 러시아 사회의 근본적인 위험이고 코스모폴리타니즘, 물질주의, 금융의 힘, 부패, 신문·출판에 대한 영향력, 외국에서의 반러시아 감정 선동 등으로 러시아를 전복시키려 한다고 주장했다. 이뿐 아니라 그는 유태인들이 기독교 문명을 내부에서 약화시키기 위해 정신적·사회적 격변을 일으키려 한다고까지 주장했다. 같은 책, p. 128 참조.

부분적으로는 이에 대한 반응이다.

또 1920년대 독일의 인플레이션, 1930년대의 대공황도 유대인 금융 자본가들이 전 세계의 금융을 장악하려는 음모로 해석되었다.[53] 이런 음모론 외에도 대공황은 각국의 경제에 치명타를 가하면서 대중들의 반유대주의를 부추기는 역할을 했다. 유대인들이 그들의 생업을 빼앗아감으로써 고통을 가중시킨다는 것이었다.

실제로 유럽에서 근대에 들어와 반유대주의가 특히 강했던 시기는 나라마다 강약의 차이는 있으나 1873~1881, 1890~1905, 1918~1923, 1930~1945년인데 이 시기는 유럽의 경제 사정이 좋지 않았다는 공통점이 있다. 19세기 한 세기 동안에 약 250만 명에서 1,050만 명까지 급증한 유럽의 유대인 인구가 동유럽에서 서·중부 유럽으로 이동하며 토착 주민들과 마찰을 일으켰기 때문이다.

히틀러와 홀로코스트

히틀러가 이끈 민족사회주의 운동의 반유대주의도 특히 질이 나쁘기는 하지만 이런 배경 속에서 이해해야 한다. 전간기(戰間期)의 반유대주의는 유럽 대중 정치의 일반적인 특징이었지 독일만의 특유한 일은 아니었던 것이다.

그렇다고 히틀러의 정치 전략에서 반유대주의가 편의주의적이고 부차적인 의미를 갖는 것은 아니었다. 그것은 그의 세계관의 핵심 요소였다. 히틀러는 세계사를 '적자생존'의 원칙에 의해 지배되는 인종들 사이의 끝없는 생물학적 투쟁으로 파악했다. 그리고 그 투쟁에서 아리아족의 유럽이 위험에 처해 있다는 것이었다.

---

53) M. Bernal, *Racism in History*, p. 88.

그에게 유럽의 주된 적은 국제적 유대인 집단이었다. 국제적 금융과 국제적 사회주의가 유럽을 불안정하게 하고 전복시키려는 유대인들의 두 핵심 무기라는 것이었다.[54] 따라서 유대인들이 조종한다고 생각되는 볼셰비즘을 아리아 유럽의 주된 위협으로 본 것은 당연했다. 그것이 계급투쟁이라는 무기를 사용하여 아리아족의 인종적 통일성을 약화시키려 한다고 믿었기 때문이다. 그가 '민족사회주의'를 국제적 사회주의에 대항하여 모든 계급을 하나의 민족적·인종적 목적 아래 묶을 수단으로 의지한 것은 그런 이유에서였다.

그는 인종, 민족, 민중(Volk), 아리아족 등의 개념을 불분명하게 뒤섞어 사용했다. 따라서 이념적 혼란성을 보이기는 한다. 그러나 그의 생각에서 절대적인 일관성을 가졌던 것은 볼셰비즘의 이념적 위협과, 이와 연결된 국제적 유대인들의 위협이었다.[55] 따라서 그가 나중에 독일 민족의 생활 영역을 확보하기 위해 소련을 침공하고 동유럽에서 유대인의 대량 학살인 홀로코스트를 감행한 것은 결코 우연이 아니다.

1935년 이후 독일의 유대인 정책이 과격해지기는 했으나 그때까지는 격리와 박해가 주된 목표였지 처음부터 학살이 계획된 것은 아니었다. 그러나 1939년의 폴란드 침공과 그에 따른 2차대전의 발발은 유대인의 존재를 독일의 민족적(또는 인종적) 생존에 위협이 되는 것으로 믿게 했다.

1941년에 독일군이 유대인-볼셰비즘 음모의 본거지인 소련으로 쳐들어가면서 유대인이 많이 살고 있던 폴란드 동부, 루마니아 북부, 소련 서부의 유대인 정주 지역을 점령하게 되었다. 급박한 전시 상황

54) A. Hitler, *Mein Kampf*, London, 1938, pp. 34-36.
55) C. J. Christie, 앞의 책, p. 144.

속에서 유대인에 대한 격리 정책은 절멸 정책으로 급선회하게 되고 결국 전 유럽에 걸쳐 약 600만에 이르는 유대인 학살이 벌어지게 된 것이다.[56]

이렇게 저질러진 홀로코스트는 중세 이래의 종교적·문화적 인종주의, 생물학적 인종주의, 반유대주의, 민족주의의 여러 성격들이 혼합된 결과이다. 아직도 유대적인 종교와 문화를 고집하는 전통적인 유대인은 말할 것도 없지만 개종하고 동화해 독일인과 구별할 수 없는 유대인마저도, 유대인은 민족의 일원이 될 수 없다는 당시의 인종주의적 민족주의 원리에 따라 학살 대상에 포함된 것이다. 유대인은 서양 문명의 영원한 적이라는 훨씬 더 인종주의적인 견해가 이에 강력하게 작용했음은 물론이다.

나치 정권이 저지른 홀로코스트는 이처럼 반유대주의의 인종주의적 성격을 극단적으로 보여주는 예이다. 그들은 지금까지 비유럽인에게는 광범하게 적용되었던 방식이지만 유럽인에게는 유보되었던 방식을 유대인에게도 적용했던 것이다. 이는 스페인인이나 영국인들이 아메리카에서 저지른 원주민 학살, 영국의 오스트레일리아 원주민 학살, 프랑스가 알제리에서 저지른 학살, 독일이 나미비아에서 저지른 학살, 벨기에가 콩고에서 저지른 학살과 그 기본적인 성격에서 동일한 것이다.

---

56) 유태인의 홀로코스트에 대해 계획적인 것이라는 '의도주의적' 해석과 나치 체제의 구조에 의한 것이라는 '구조주의적' 해석에 관해서는 강철구, 〈나치 독일과 홀로코스트〉, 《이화사학연구》, 제27집, 2000. 12. pp. 115-126 참조.

5...

신우익의 등장과 신인종주의

20세기 말 인종주의의 새로운 부활

유대인 학살의 비극을 경험한 유럽 여러 나라들은 2차대전 이후 나라마다 약간의 차이는 있으나 인종주의적 차별을 법으로 금지했다. 이는 주택이나 고용부터 언어에 의한 차별까지도 포함한다. 영국에서는 직접 차별을 의도하지는 않았으나 결과적으로 인종차별이 이루어지는 간접 차별의 경우도 포함하고 있다.[57]

이것은 또 한편으로 전후 유럽 경제가 복구되어 급성장을 구가하면서 겪게 된 노동력 부족과도 밀접한 관계를 갖고 있다. 노동력 부족을 막기 위해 터키, 유고슬라비아 등 지중해 지역이나 과거의 식민지로부터 이민이나 계약 노동자를 대량으로 받아들이며 그들을 노골적으로 차별할 수도 없었던 것이다.

---

57) A. G. Hargreaves & J. Leaman, *Racism : Ethnicity and Politics in Contemporary Europe*, Aldeshot, 1995, p. 5.

따라서 전후 유럽 각국에서 노골적인 인종 차별은 어렵게 되었고 인종주의도 잠복할 수밖에 없게 되었다. 그러나 사라진 것 같았던 인종주의는 유럽 경제가 1970년대에 두 차례의 오일 쇼크와, 아시아 경제의 급성장에 따른 경쟁력 약화로 침체하게 되자 1980년대 이후 다시 모습을 드러내며 점점 강화되는 추세에 있다. 또 동구권에서는 사회주의 체제가 붕괴하고 민족주의가 다시 발흥하며 반유대주의도 강화되는 모습을 보여준다.

1990년대 들어서서 서유럽에서는 아랍이나 터키계 이민이나 외국인 노동자에 대해 살인을 포함한 폭력 행위가 증가하고 있다. 1992년에만 영국에서는 7,500회, 독일에서는 1,800회의 인종주의적 공격이 보고되고 있을 정도이다. 이러한 분위기는 각 국민들의 여론에서도 분명히 감지될 수 있다. 프랑스인권위원회(CNCDH)의 1993년 조사에 따르면, 프랑스인 피조사자의 2/3가 자신이 '어느 정도는 인종주의적'이라고 답하고 있다.[58]

1988년의 EC 위원회가 EC 회원국 국민들을 대상으로 한 조사에 따르면, 벨기에, 프랑스, 독일, 영국, 덴마크와 같이 비백인 이민이 집중된 나라의 경우에는 반인종주의 운동에 찬성하는 비율이 낮았고 그리스, 스페인, 네덜란드, 이탈리아, 룩셈부르크 국민들의 경우는 그 비율이 상대적으로 높았다. 이는 인종주의적 감정이 그 나라 안의 다른 인종 비율과 상당한 상관관계가 있음을 시사해준다. 또 1993년의 한 조사에서는 인종적, 민족적, 종교적인 세 범주의 외집단을 놓고 일상생활에 가장 문젯거리인 집단을 묻는 질문에 EC 12개국 가운데 8개국에서 인종이 가장 문제가 되는 집단인 것으로 나타나고 있다.

---

58) 같은 책, p. 11.

이것은 각국에서 인종주의적 주장을 내세우는 극우 정당의 부상에서도 볼 수 있다. 르펜(J-M. Le Pen)이 이끄는 프랑스의 민족전선(le Front National)은 1984년 이후 각종 선거에서 대개 10~14%의 지지율을 보이며 제3당의 지위를 차지하고 있지만 오스트리아의 경우 하이더(J. Haider)의 자유당은 1990년 의회 선거에서 17%의 지지율을 보였으며 1999년에는 연립 정권에 참여하는 데까지 이를 정도로 성장했다. 다른 나라에서도 극우 정당들의 영향력은 점점 커지는 추세이다.

신인종주의는 '가장된' 인종주의

이렇게 인종적 적대감이 높아가고는 있으나 현 유럽의 상황에서 '인종주의적'인 측면이 순수하게 드러나지는 않는다. 1945년 이후 유네스코를 중심으로 국제적인 노력이 전개되었고 유럽 국가들에서도 대중 교육 체계를 통해 생물학적인 인종주의를 제거하려는 노력을 상당한 정도로 기울였으며 공공연한 인종주의적 선동도 불법화하고 있기 때문이다.

따라서 극우파들은 자신들이 생물학적 인종주의를 반대한다는 사실은 분명히 한다. 그리고 비유럽계 소수 종족에 대한 그들의 공격은 피부색 등 신체적 특징 때문이 아니라 자국의 민족 정체성을 위협하는 문화 때문이라고 주장한다. 이것은 특히 이슬람교도에 대한 태도에서 그렇다. 유럽에 사는 이슬람교를 믿는 소수파 종족들은 계속 자신들의 종교와 문화적 전통을 유지하고 사는데 이것이 문제라는 것이다.

이들은 이렇게 문화와 민족과 관련된 차이를 말하는 것은 차별이 아니라고 주장하고 있고 이는 여론의 많은 지지를 받고 있다. 심지어 모든 문화의 동등한 보편적 중요성을 이야기하는 프랑스의 유명한 인류학자 레비 스트로스 같은 사람도 이런 의견에 동조하고 있다.[59] 따라서 이 새로운, 소위 '문화적 인종주의'를 전통적 인종주의와 다르다는 의미에서 '신인종주의'라고 부르기도 한다.[60]

그러나 이들의 인종주의적 주장이 사실 문화와만 관련되는 것은 아니다. 그것은 기본적으로는 실업률의 증가에 따른 경제적 불만, 과거 식민지인에 대한 백인의 우월감, 이슬람교권에 대한 종교적 적대감 등과 뒤섞여 있다.

실제로 극우파들의 발언 가운데에는 과거의 생물학적인 인종주의를 연상시키는 주장도 심심치 않게 등장한다. 이들의 논의에서 비백인 인종은 사회질서 해체의 표지로 생각되기도 하고 시 중심부의 황폐화, 성적 방종 등 인종과 관계없어 보이는 사항까지도 연루되고 있다.[61]

따라서 이 소위 신인종주의를 그야말로 새로운 인종주의로 규정하는 것은 지나친 태도로 보인다. 과거의 인종주의가 표면상으로 약간의 분식만 한 것으로 생각되기 때문이다. 그리고 지식인은 몰라도 대중의 마음속에는 아직도 생물학적 인종주의적 관념이 상당히 많이 남아 있기 때문에 이 인종주의가 해가 안 되는 것인지 판단하기에는

59) E. Balibar, Is there a new racism?, in : E. Balibar & I. Wallerstein, *Race, Nation, Class*, London, 1991, p. 22.
60) 이 문제와 관련해 유럽에서는 지난 20여 년 간 신인종주의 (new racism, neo racism)가 형성되었느냐 아니냐 하는 논쟁이 전개되어왔다. 이 문제는 소위 신인종주의가 과거와 같이 노골적으로 우열을 주장하지 않고 차이를 주장한다는 데서 나온다. 인종주의적 요구를 간접적으로 은밀하게 내세움으로써 그 실체를 파악하기 어렵게 하기 때문이다. R. Miles 같은 사람은 신인종주의에는 인종적 계서제와 인종의 유형이 빠져 있으므로 인종주의에서 배제되어야 한다고 주장한다. 그러나 인종주의가 일반적으로 우월/열등의 형태라고 생각하는 것은 신화에 불과하다고 주장하는 사람도 있다. 겉으로는 우열을 주장하지 않는 그런 인종주의가 실제로는 많은 것을 은폐하고 있다는 것이다. M. Barker, 앞의 책, p. 4 참조.
61) A. E. Ansell, *New Right, New Racism*, New York, 1997, p. 8.

아직 이르다고 하는 것이 옳을 것이다.

　문제는 새로운 인종주의를 불러오는 문제들이 단기간에 해결될 가능성이 별로 없다는 것이다. 서유럽의 각 나라에서 많게는 수백만 명에 이르는 이민자와 외국인 노동자를 퇴거시키자는 극우파의 주장은 사실 실현 가능성이 별로 없거니와 제3세계 경제를 파탄시키는 신자유주의의 국제 정치·경제의 흐름은 제3세계에서 선진국으로의 이민과 유민을 계속 강요하고 있기 때문이다.

　따라서 인종주의 문제는 유럽 국가들이 전후에 쌓아온 사회적 콘센서스, 즉 시민권이나 사회적 정의, 시민으로서의 자유와 평등 등의 문제에 대한 중대한 도전의 성격도 갖고 있다 하겠다.

6...

서양 문명의 본질로서의 인종주의

모양은 달라도 큰 차이 없는 여러 인종주의

위에서 유럽에서 전개된 인종주의적 사고의 발전을 그 배경과 함께 살펴보았다. 이것으로 각 인종의 신체적 차이에 따른 인간의 우월을 논하는 생물학적 인종주의는 근대의 산물, 그것도 특히 18세기 후반 이래의 산물이라는 것이 분명해졌다. 근대에 와서 사이비 과학의 분석 틀을 확보함으로써 인종주의가 많은 사람에게 의심의 여지없는 진리 체계로서, 또 식민주의와 노예제를 정당화하는 이론으로서 받아들여졌던 것이다.

인종주의를 이렇게 생물학적인 인종주의에만 한정시킬 때 인종주의는 역사적 현상을 설명하는 일반적 개념으로서 많은 한계를 갖게 된다. 그것으로는 중세의 반유대주의나 근대 초 신대륙의 소위 야만인들에 대한 문화적 인종주의, 또 19세기 말 이후의 근대적 반유대주의, 현재 유럽의 문화적 인종주의를 제대로 설명하기 어렵기 때문이다. 그래서 논자에 따라서는 인종주의를 일반적 개념으로 쓰지 말고

특수적인 상황에 맞추어 개별적으로 사용하자는 주장도 나온다.[62]

그러나 구체적으로 나타나는 인종주의적 차별의 양태를 자세히 보면 여러 인종주의 사이의 구분선이 뚜렷하지 않다는 사실을 발견할 수 있다. 중세의 반유대주의가 종교적인 성격을 강하게 갖는 것은 사실이나 거기에 생물학적인 요소와 문화적 요소가 뒤섞여 있는 것도 사실이다. 그것은 모습은 약간 달라도 근대적 반유대주의에서도 비슷하게 나타난다.

현재 유럽의 '문화적 인종주의'도 위에서 말했지만 그렇게 단순한 것은 아니다. 이슬람 문화에 대한 차별과 멸시는 이슬람교에 대한 종교적 차별과 관련되고 또 전통적인 인종적 편견과도 겹쳐 있기 때문이다.

사실 여러 인종주의가 서로 독립적이지는 않다. 또 절대적인 의미에서 계속 새로 만들어지지는 않는다. 오히려 인종주의의 어떤 형태는 이전의 인종주의가 갖고 있던 본질의 어떤 부분과 새로운 요소의 합작품[63]이라고 할 수 있다.

서양 문명의 본질인 인종주의

이런 관점에서 본다면 유럽 문명 전체의 성격을 인종주의라는 하

---

62) S. Hall 같은 사람은 인종주의의 개별적인 예가 너무 다양하여 인종주의의 기본적인 특징을 판명하는 것이 무익하므로 그 특수한 역사적 · 사회적 문맥 안에서 배제적 · 차별적 양태가 나타나는 각 예를 분석하는 것이 더 중요하다고 주장한다. 또 M. Barker는 거의 모든 차별적 · 배제적 행태에까지 개념을 확대하려 한다. 그렇게 되면 인종주의, 민족주의, 성차별주의(sexism)의 구분이 모호해진다. R. Miles, 앞의 책, pp. 62–66 참조.
이렇게 되면 또 '인종 없는 인종주의'의 개념도 가능하다. 그러나 '인종'이 허구적인 개념이라 하더라도 그것이 근대 유럽 역사에서 행한 정치적 · 사회적 · 문화적 역할은 부인할 수 없으므로 일반 개념의 인종 개념을 탐구하는 태도는 필요하다고 생각된다.
63) R. Miles, 앞의 책, p. 84.

나의 범주로 설명하는 것도 가능하다. 아리스토텔레스를 포함해 많은 그리스인이 후대의 인종주의에 직접 책임을 질 필요는 없다고 하여도 그들이 어느 정도 그 빌미를 만든 점은 부정할 수 없다. 후대의 인종주의자들이 그들을 두고두고 우려먹었기 때문이다.

중세의 기독교도 책임을 면할 수 없다. 중세 유럽인들의 이교도에 대한 종교적 박해와 차별은 생물학적인 인종주의와도 연결되며, 현대에 와서는 그것이 특히 반유대주의와 관련하여 홀로코스트라는 전대미문의 사건을 일으켰기 때문이다.

근대의 생물학적 인종주의는 아메리카 인디언의 대량 학살을 정당화하고 식민 지배와 노예제를 옹호하며 유럽과 미국을 세계의 패자로 만들었지만 비백인들에게 장기간에 걸쳐 말할 수 없는 고통과 비극을 안겨주었다.

이런 점에서 인종주의는 서양 문명에 깊은 뿌리를 내리고 있고 근대 서양인들의 사고 구조의 본질적인 부분을 형성하고 있다고 할 수 있겠다. 그런데도 그들이 인간의 보편성을 내세우며 자유와 평등, 인권, 평화와 같은 고상하나 위선적인 주장을 되풀이하는 것은 참으로 가소로운 일이라 하겠다.

과거는 그렇다 치고 인종주의가 앞으로도 짧은 시간 안에 사라질 것 같지 않다는 것이 현재로서는 더 문제이다. 냉전 이후 WTO 체제와 신자유주의는 선진국과 후진국 사이의 빈부 차이를 점점 더 확대하며 어떤 변화도 막을 장벽을 구축하고 있기 때문이다. 후진국의 선진국에 대한 경제적 예속 강화는 정치·문화적 예속의 심화를 가져오게 마련이고 결국 어떤 형태이든 인종주의를 강화하게 마련이기 때문이다.

냉전이 끝나자마자 미국의 헌팅턴(S. Huntington)이 '문명충돌론'을 제기하며 유럽 문명과 이슬람 문명, 유교 문명의 충돌을 예언하고 있다.[64] 그의 주장은 외견상으로는 인종주의와 관계없는 것같이 보이지만 실제로는 문화적인 외피를 뒤집어쓴 인종주의와 다르지 않다. 즉 백인인 유럽인과 이슬람교권의 서남아인과 황인종인 아시아인의 충돌을 말하고 있는 것이다. 약삭빠른 냉전주의자인 헌팅턴이 백인 사이의 냉전이 끝나자마자 다시 인종주의라는 해묵은 의제를 끌어내며 아시아인들과의 신냉전을 주장하고 있는 셈이다.

정보통신과 매스 미디어의 발전으로 세계가 가까워지고 있는 것은 사실이나 그 속도만큼 다른 인종, 다른 대륙에 사는 사람들, 다른 나라에 사는 사람들에 대한 서양인들의 편견과 멸시가 사라지지는 않고 있다. 사실 지구상의 힘의 우열이 서양인들에게 우세하게 전개되는 한 그들이 이런 생각에서 벗어나는 것은 불가능할지도 모른다. 따라서 인종주의의 극복이라는 과제는 아직도 지난한 일이라 하겠다.

---

64) 그는 냉전이 끝나며 국제 정치는 서양의 주도적인 국면에서 벗어나 그 중심이 서양과 비서양 문명, 또 비서양 문명들 사이의 상호 작용이 될 것이라고 주장한다. S. Huntington, The Clash of Civilizations?, *Foreign Affairs*, summer, 1993, p. 23 참조.

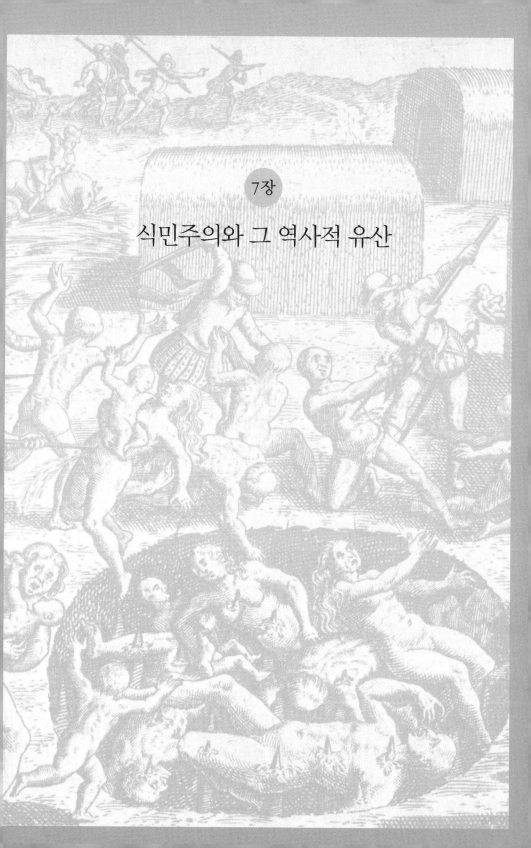

7장

식민주의와 그 역사적 유산

1...
식민주의란 무엇인가?

제국주의와 식민주의

15세기 말에 유럽인들은 인도로 가는 항로를 찾기 위해 대모험에 나섰고 그 결과 아프리카를 우회하여 아시아로 가는 새로운 항로를 개척했을 뿐 아니라 서쪽으로는 아메리카 대륙에도 도달할 수 있었다. 그 후 세계사의 약 500년은 유럽인들이 전 세계로 팽창해나간 시대이다. 아메리카뿐 아니라 아시아, 아프리카의 많은 지역을 정복하여 식민지로 만듦으로써 광대한 식민 제국을 건설할 수 있었기 때문이다. 이렇게 해외나 자기 나라의 인접 지역에 큰 영토를 확보하여 제국을 건설하려는 이념이나 실천이 바로 제국주의이다.

제국주의란 "한 국가나 지역을 다른 강대국의 정치적·경제적·문화적 체계에 동화시키려는 지속적인 노력이다. 그것에는 공식적 형태와 비공식적 형태가 있다. 전자는 이 목적을 주권의 이전이나 직접적인 행정적 통제를 통해 달성하는 것이다. 후자는 무역이나 투자, 외교 관계가 만든 연결에 의존한다. 제국주의는 이것을 자주 불평등

조약이나 주기적인 무력 간섭으로 보완한다." [1]

물론 고대부터 제국은 존재해왔다. 고대 서양의 페르시아나 알렉산드로스 제국, 로마는 모두 제국이었고 동양의 몽골이나 중국도 제국을 형성했었다. 그것은 큰 나라가 약하고 작은 나라를 복속시키고 착취하는 일반적인 행위 양식이라고도 할 수 있다.

그러나 근대의 제국주의는 그것을 주도한 국가나 주도 인물이 뚜렷한 목적의식을 갖고 있었고 그것이 전 지구적인 현상이었다는 데에 특이한 점이 있다. 특히 19세기 말에 오면 세계의 거의 모든 강대국이 제국을 건설하려고 광분하고 아시아, 아프리카의 거의 모든 지역이 이들에 의해 식민지화됨으로써 문제가 심각해진 것이다.

제국주의와 식민주의는 불가분의 관계에 있다. 식민주의란 제국주의의 산물이기 때문이다. 제국주의가 광대한 식민지를 다스리는 제국의 기본적인 태도와 이론, 실천을 의미한다면 식민주의는 식민지에 실제로 정착하는 것을 의미하기 때문이다.

엄밀하게 말하면 제국주의는 식민주의보다 훨씬 포괄적인 개념이다. 제국주의는 제국주의적 정부가 국가적 이익을 관철하기 위해 그의지와 힘을 국제 체제에 관철하는 것을 의미한다. 따라서 그것은 식민지 정책뿐 아니라 국제 정치도 포함한다.

이렇게 보면 식민주의는 제국주의의 한 특수적인 표현 양태일 뿐이다. 따라서 제국주의 정책은 수상부나 외무부, 국방부에서 다루는 반면 식민 정책은 특별한 식민 당국이나 식민지의 현지 관리들이 담당한다. [2]

---

1) J. Darwin, Imperialism and the Victorians : The Dynamics of Territorial Expansion, *English Historical Review*, V. 112, No. 447, Jun., 1997, p. 614.
2) J. Osterhammel, *Colonialism*, Princeton, 1997, pp. 21–22.
이 글에서는 제국주의와 식민주의의 개념을 기본적으로 구분해서 사용하나 때에 따라서는 거의 동의어로 사용할 것이다.

남아 있는 식민주의의 유산

제국주의나 식민주의는 치열한 반제국주의와 식민지 해방 투쟁의 결과 1960년대 이후 종막을 고했다. 그리고 아시아, 아프리카의 과거 식민지들은 거의 모두 독립했다. 그런데 식민 지배가 끝난 지 수십 년이 된 지금에 와서도 왜 식민주의는 계속 문제로 부각되고 있을까? 1980년대 이후 제3세계 지식인들에게 큰 영향을 미치고 있는 탈식민주의 이론은 어떤 연유에서 비롯된 것일까?

그것은 제국주의나 식민주의가 이미 겉으로는 사라졌지만 아직도 제3세계인들에게는 무거운 짐이라는 점을 보여준다. 식민지인들은 식민지에서 해방되기만 하면 모든 문제가 해결될 것이라고 믿었다. 제국주의 국가들이 빼앗아 간 정치적 자유와 함께 사회적 평등, 경제적 번영까지도 함께 확보할 수 있으리라고 믿었던 것이다.

그러나 이들의 기대는 빗나갔다. 대부분의 제3세계 국가들은 아직도 정치적 혼란, 사회적 불평등, 경제적 빈곤에서 벗어나지 못하고 있다. 그뿐 아니라 이들은 과거의 식민 종주국인 선진국들의 정치·경제적 예속에서 벗어나지 못하고 있고 문화적으로도 독립성을 확보하지 못하고 있다. 말하자면 과거의 직접적인 지배가 이제 더 교묘한 간접 지배로 모습을 바꾸었을 뿐이다. 그리고 몇몇 나라를 제외하고는 이들이 가까운 장래에 이런 상태에서 벗어날 가능성도 별로 없어 보인다.

사실 지난 수십 년 사이 소위 남·북 간의 경제적 격차는 더 늘어났고 그것이 완화될 조짐은 보이지 않는다. 아시아와 아프리카의 많은 국가는 지속적인 궁핍과 기아, 자연재해로부터 벗어날 수가 없다. 상황은 더욱 악화되고 있다고 보는 것이 옳을 것이다.

그렇다면 제3세계 국가들이 이렇게 된 원인은 어디에 있을까? 그들에게 기술이 없고 자연 자원이 부족하기 때문일까? 지능이 낮고 천성적으로 게을러서일까? 교육이 부족하고 인습적 생활방식에서 벗어나지 못하기 때문일까?

그러나 이런 문제에 대해 유럽이나 미국의 학자들은 큰 관심을 갖지 않는다. 제3세계의 빈곤이나 여러 문제는 기본적으로 그들의 관심사가 아닐 뿐 아니라, 괜히 과거의 식민지 문제를 다루어 죄의식을 가질 필요도 없기 때문이다. 그들의 관심사는 주로 식민 국가들의 제국주의 정책이다. 그 국가들이 어떤 관련으로 어떻게 제국주의 정책을 수행했는지에 대해서만 관심을 갖는다.[3] 제국주의의 한쪽 측면인 가해자의 입장에만 관심을 보이는 것이다.

그렇다고 서양인들이 제국주의 문제에조차 충분한 관심을 보이는 것은 아니다. 이는 가장 큰 식민 제국을 형성했던 영국에서 뚜렷하게 나타난다. 영국 역사가들은 19세기 이래 제국의 역사에 대해 큰 관심을 가지지 않았다. 그것은 영제국(British Empire)을 잉글랜드의 자유와 양립할 수 없는 것으로 인식했기 때문이다. 제국이 잉글랜드의 자유를 위협한다고 생각한 것이다. 그래서 제국이 영국 정치에 간헐적으로만 개입했다든가, 영국의 국가는 제국의 경험에 의해 거의 영향받지 않았다든가, 영국이 제국주의를 위한 단일한 계획을 갖고 있지 않았다든가, 또는 제국주의로 직접 덕을 본 사람은 일부에 불과했다든가 하는 주장을 내세웠다.

이렇게 제국이 영국에 미친 영향이 크지 않으니 식민지의 역사를 영국의 역사에 통합해 연구할 필요가 없다는 것이다.[4] 그러나 이런 태도는 영국은 물론이고 스페인, 프랑스, 네덜란드 등 유럽의 근대

---

3) 독일에서 O. Brunner, W. Conze, R. Koselleck가 편집한 방대한 역사 개념 사전인 *Geschichtliche Grundbegriffe*, 7 Bände, Klett-Cotta, Stuttgart, 1972~1992에는 '제국주의'에 60쪽의 꽤 많은 분량을 할애하고 있는 반면 '식민주의'라는 개념은 아예 빠져 있을 정도이다.

국가들이 상당 부분 식민 제국에 의해 형성되었다는 사실을 은폐하는 것이다.

서양인들의 이런 태도에 반해 제3세계 학자들이나 유럽중심주의에 반대하는 학자들은 주로 식민지 문제에 관심을 갖는다. 제국주의에 의해 침탈된 식민지의 상황이 주된 관심사인 것이다. 이들은 피해자의 입장에 서 있는 만큼 제3세계에 우호적이고 식민주의에 부정적인 태도를 보일 수밖에 없다.[5]

식민주의에 대한 상반된 접근

연구자의 출신에 따른 연구 대상의 이러한 분할은 이 주제가 매우 논쟁적인 성격을 가질 수밖에 없다는 사실을 암시한다. 그러니 때로는 논쟁이 불가능할 정도로 첨예한 대립이 나타난다. 제3세계의 많은 학자는 식민주의가 모든 바람직하지 않은 해악의 근원이라고 주장한다.[6] 식민주의가 오늘날 제3세계의 모든 부정적 상황의 근원이라는 것이다.

반면 식민주의를 연구하는 서양의 유럽중심주의적인 역사가들은 이에 동의하지 않는다. 식민 지배에는 부정적인 영향도 있고 긍정적

---

4) D. Armitage, *The Ideological Origins of the British Empire*, Cambridge, 2000, pp. 13-14. 식민주의의 경험이 영국의 사회·문화적 전통이나, 영국 경제의 성격이나 발전에 미친 영향에 대한 연구 경향이 뚜렷이 나타나는 것은 1980년대에 들어와서이다. A. Porter, The Balance Sheet of Empire, 1850-1914, *Historical Journal*, 31, 3, 1988, p. 685 참조.

5) 이들의 관심사는 서구와 비서구 세계에는 어떻게 지배-예속 관계가 만들어졌나, 서양의 제국주의가 식민지 사회에 미친 주된 영향은 어떤 것인가, 이런 지배-예속 관계의 체계는 변화하거나 폐기될 수 있는 것인가에 주로 집중되어 있다. Cf. Thomas Hodgkin, Some African and Third World Theories of Imperialism, in : R. Owen & B. Sutcliffe, *Studies in the Theory of Imperialism*, London, 1978, p. 95. 종속 이론이 중남미에서 발전한 것은 이런 맥락에서 당연한 결과이다.

6) 아프리카 기아나의 역사가인 W. Rodney, 우간다의 T. B. Kabwegyere, 가나의 A. A. Boahen, 마르티니크의 A. Césaire, 알제리 해방운동의 F. Fanon 등이 대표적이다.

인 영향도 있으나 긍정적인 점이 더 많았다고 주장한다.[7] 그들은 가능한 한 식민 지배를 합리화함으로써 자신들의 책임을 면하려 하는 것이다.

물론 이러한 문제의 해결은 그렇게 단순한 것은 아니고 복잡한 많은 문제를 포함하고 있다. 식민 지배는 식민지에 매우 다양하고 모순적인 영향을 미쳤기 때문이다. 그렇다고 하더라도 이제 제국주의 문제의 연구가 식민주의 문제로 중점을 옮겨야 할 이유는 많다. 그것이 지구상의 대부분을 차지하는 사람들에 관한 논의이며, 지금은 물론 미래에도 상당 기간 지속적으로 영향을 미칠 사안이기 때문이다.

또 과거 식민지에 속해 있던 나라의 연구자들이 식민주의 연구는 방치해놓고 별다른 고민 없이 서양 학자들을 따라 식민 국가의 제국주의 정책에 주로 관심을 갖는다면 그것은 학문적인 종속성을 보여주는 것 외의 다른 것이 아니다.

이 글에서는 이런 점을 고려하여 주로 식민주의가 식민지에 남긴 유산에 주목하려 한다. 식민주의가 식민지인들의 정치적 자주성을 어떻게 빼앗고 그들을 어떻게 굴복시켰는지, 경제적 침탈의 양상은 어떠했고 식민지 사회와 문화를 어떻게 변질시켰고 식민지인들의 정체성을 어떻게 파괴했는지 등을 살펴보려 한다. 또 그런 식민지적 상황과 현재의 제3세계의 상황과는 어떤 관계에 있는지도 중요한 관심사 중의 하나이다.

그러나 이런 논의는 결국 사실에 대한 평가 문제를 수반할 수밖에 없고, 따라서 서양 학자들과 제3세계 학자들 사이의 논쟁점들이 검토의 대상이 되지 않을 수 없다. 이런 면에서 특히 유럽중심주의적인

---

7) L. H. Gann, P. Duigan, M. Perham, P. C. Lloyd, J. A. Gallagher, R. E. Robinson, D. K. Fieldhouse, P. Bairoch, P. K. O'Brien 등이 그런 사람들이다.

서양학자들의 자기 변명적인 주장의 모순점과 허구성을 드러내는 것은 과거 식민 지배를 당한 경험이 있는 나라에 속하는 연구자들에게는 매우 중요한 작업이다. 이 글에서는 그 점에 유의하여 유럽중심주의적 식민주의 이론의 비판에 특히 많은 부분을 할애했다.[8]

---

8) 이 글에서 일본의 식민주의는 가능한 한 논의에서 제외시켰다. 주로 서양 국가들의 식민주의를 다루고 있기 때문이다.

$$2...$$

식민주의의 역사적 발전과
신제국주의

식민주의의 첫 단계

서양 식민주의의 역사는 근 500년에 달한다. 따라서 시기별로 몇 단계로 나눌 수 있다. 그러나 모든 지역이나 국가를 하나로 포괄하는 시대 구분은 불가능하다. 식민지가 만들어지는 과정이나 식민지의 형태가 각양각색이기 때문이다. 이 글에서는 식민주의의 시기를 세 단계로 구분한다. 1492~1776년, 1776~1870, 1870~1960년대의 시기가 그것이다.[9]

첫 단계는 신항로가 개척되고 이에 따라 유럽인들이 아메리카에 식민지를 확보하고 아시아 지역과 직접 교역 활동을 한 시기이다. 콜

---

9) J. Isbister, *Promises not kept*, West Hartford, 1998, p. 69. 연대 구분은 사람에 따라 다르나 이 글에서 그것이 큰 중요성을 갖지는 않는다. 이 구분은 영국의 경우에는 잘 맞으나 다른 나라의 경우에는 잘 들어맞지 않는다. 또한 대부분의 아시아, 아프리카인들이 정치적 주권의 박탈, 군사적·정치적 저항의 종식, 식민 행정 체계의 도입, 서양 문화의 본격적인 이식 등 식민지 상황의 근본적인 변화를 경험하게 되는 것은 1870년대 이후이다. 그러나 이 글에서는 잠정적으로 위의 3구분을 사용하려 한다.

럼버스가 서인도제도에 도착한 이후 스페인인과 포르투갈인들은 중남미 지역에 식민지를 건설하기 시작했다. 아스텍 문명이나 잉카 문명 같은 토착 문명을 파괴하고 광대한 지역을 식민화했던 것이다. 그들은 대농장을 건설하고 광산을 개발했으며 수많은 원주민의 노동력을 이에 투입했다. 16~17세기 스페인의 번영은 여기서 비롯된 것이다.

영국인과 프랑스인들은 북미 지역을 식민화했다. 특히 영국인들은 많은 원주민을 살육하고 그들의 생활 터전을 빼앗아 정착지를 건설했다. 중남미의 식민지 체제가 원주민의 노동력에 대한 지배 체제였다면 북미 지역의 식민 체제는 원주민들을 거의 절멸시키고 유럽 출신의 이민만으로 구성된 식민 체제였다는 데 차이점이 있다.

영국인들은 17세기 말까지는 북아메리카 동부 해안을 따라 약 100만 명이 정착해 나중에 13개 식민지를 이루게 된다. 프랑스인들은 5대호 북부 지역에 식민지를 건설해 오늘날의 캐나다를 이루게 된다.[10]

아프리카와 아시아에서도 18세기까지는 유럽인들의 교역 활동이 늘어났지만 일부 특수한 지역 외에는 식민지가 건설되지 않았다. 그것은 당시만 해도 아프리카 지역이 유럽인들에게 경제적으로 별로 매력이 없는 곳이었고, 아시아 지역에는 강력한 토착 세력들이 있었기 때문이다.

이 시기에 아프리카에 정착한 유일한 유럽인은 대륙의 남단에 정착한 네덜란드인인 보어인이었다. 유럽인들은 당시 아시아 지역에 대해서는 식민 활동보다는 무역에 더 큰 관심을 갖고 있었다. 그리고 당시 유럽의 아시아 무역을 독점했던 것은 유럽의 왕들로부터 특권을 부여받은 특허 회사들이었다.

이리하여 18세기 말까지는 유럽인의 상업적인 식민주의 체제가 세계의 상당 부분에 걸쳐 구축되었다. 그 결과 아시아에서는 도자기 · 향료 · 면직 · 견직 · 차가, 아프리카에서는 상아 · 금 · 야자유가, 북미 지역에서는 모피 · 생선 · 목재가, 중남미 지역에서는 면화 · 설탕 · 담배 등이 유럽으로 유입되었다. 막대한 양의 금 · 은이 남미에서 채굴되어 유럽으로 유입되었다가 무역 대금의 결제를 위해 다시 아시아 지역으로 유출되었다.

노동력이 부족한 곳에는 아프리카에서 사들인 흑인 노예를 투입했다. 이들은 북미나 중남미 지역의 농업이나 광산업 등에 싼 노동력을 제공했다. 처음 이러한 과정을 통해 제국을 건설했던 것은 스페인, 포르투갈, 네덜란드였으나 곧 영국과 프랑스가 대치했다. 이 두 나라가 나중에 세계적인 강국이 될 수 있었던 것은 그 때문이다.

---

10) 제국주의 국가들의 식민 지배는 보통 세 가지 형태를 취한다. 하나는 착취 식민지로서, 이는 식민지의 경제적 착취를 위한 것이다. 총독이 식민지 정부를 독자적으로 다스리며 이를 위해 관료 제도와 군대가 편성된다. 본국인의 이주는 소수로 제한되고 그 경우에도 정주하는 사람의 비율은 낮다. 인도, 이집트, 인도차이나 반도, 토고, 필리핀, 타이완, 조선 등이 이에 포함된다. 두 번째는 무역 거점이나 군사 거점으로 사용하기 위한 지역이다. 말라카, 바타비아, 홍콩, 싱가포르, 아덴 등이 그 예다. 세 번째는 정착 식민지이다. 이는 모국의 이주민들이 정착한 식민지이다. 이것은 다시 뉴잉글랜드 타입, 아프리카 타입, 카리브 타입으로 나뉜다. 뉴잉글랜드 타입은 경제적으로 별 의미가 없어 보이는 토착민들을 쫓아내거나 절멸시키고 토지를 차지하는 경우이다. 북아메리카의 뉴잉글랜드 식민지와 캐나다, 오스트레일리아, 뉴질랜드가 이에 속한다. 아프리카 타입은 토착 노동력을 경제적으로 이용하는 경우이다. 알제리, 남부 로데시아, 남아프리카가 이에 속한다. 카리브 타입은 노예를 수입해 토지를 경작시키는 경우이다. 바베이도스(영국), 자메이카(영국), 산도밍고(프랑스), 쿠바(스페인), 브라질(포르투갈) 등이 이에 속한다. 이 가운데 가장 질이 나쁜 것이 뉴잉글랜드 타입이다. 북미 지역에 도착한 영국인들은 토착 인구가 희소하고 그들의 경제적 가치가 적다고 생각되자 이 지역을 자신들의 정주지로 삼으려 했다. 따라서 토착민의 제거가 그들의 가장 중요한 목적이 되었다. 그들은 토착민들을 닥치는 대로 살육하고 남은 일부를 먼 오지 지역으로 내몰았다. J. Osterhammel, 앞의 책, pp 11-12. 그러나 아프리카의 경우도 크게 다르지는 않다. 알제리, 케냐, 로데시아, 남아프리카의 정착 식민지에서도 모두 대량 학살을 수반했다. 알제리는 프랑스의 식민지화 과정에서 1830~1852년 사이에 약 600만의 인구가 250만 명 정도로 줄어들었다. K. Good, Settler Colonialism : Economic Developement and Class Formation, *The Journal of Modern African Studies*, 14, 4, 1976, pp. 599-600.

두 번째 단계, 비공식적 제국주의?

두 번째 단계는 18세기 후반에 시작되어 약 1세기 동안 지속된다. 이 시기에 시작된 산업혁명으로 인해 영국은 유럽에서 독보적인 세력이 될 수 있었고 따라서 식민지 지배에서도 우월한 지위를 차지할 수 있게 되었다.

이 시기는 영국이 제국주의를 주도했으므로 영국의 정책 변화에 따라 제국주의 정책이 약화된 시기로 생각된다. 그러나 이 시기의 성격을 제국주의적 팽창기로 볼 것인지 수축기로 볼 것인지에 관해서는 의견이 엇갈린다.

과거에는 이 시기에 제국주의 정책이 위축되었다는 주장이 일반적이었다. 그 근거의 하나는, 영국인에게 매우 중요했던 북아메리카 식민지가 1776년에 독립해 많은 영국인이 제국을 유지하는 데 드는 비용에 회의를 느끼게 되었다는 사실에 있다.[11]

한편 이 시기에 애덤 스미스와 데이비드 리카도 같은 정치경제학자들은 무역과 상업 부문에서 정부의 통제나 간섭이 없을 경우 영국이 더 잘살 수 있게 된다며 '자유무역'을 주장했다. 또 특허 회사들도 정부의 도움 없이 번영을 구가할 수 있을 정도로 성장했다.

따라서 영국은 점차 그 보호무역 체계를 해체하고 식민지에 대한 통제를 완화했으며 직접 통제하던 일부 식민지에서도 철수했다는

---

11) 영국에서는 1770년대에 아메리카 식민지의 독립 과정에서 아메리카 식민지가 가져다준 이득만큼이나 많은 비용이 들었다는 주장이 제기되었다. 그래서 정착 식민지가 독립하면 손해라는 생각이 널리 퍼졌다. 영국이 아시아 쪽으로 식민 정책의 중점을 바꾼 것은 이 때문이다. 18세기 말부터 나폴레옹 시대까지 프랑스 외무장관을 여러 번 지낸 탈레랑도 1791년 산도밍고의 노예 반란을 보고 노동력 없는 곳에서 노예를 수입해 잔인한 노동을 시키는 것은 결국 폭동을 불러올 뿐이라고 생각했다. 그래서 그도 그 해답을 착취가 중심인 영국의 인도 식민지에서 찾았다. A. Pagden, *Lords of All the World*, New Haven and London, 1995, p. 7.

것이다.[12] 이렇게 19세기 중반에 영국이 제국주의에 무관심했다는 주장은 홉슨, 레닌은 물론이고 20세기 전반까지 널리 받아들여진 견해이다.

1950년대에 이에 대한 반론이 등장했다. 갤러거(J. A. Gallagher)와 로빈슨(R. E. Robinson)의 '자유무역 제국주의' 이론이 그것이다. 그들은 이 시기에 제국주의가 약화된 것이 아니라 오히려 강화되었다고 주장한다. 다만 자유무역을 위한 안전을 추구하는 것이 이 시기 제국주의의 목적이었으므로 병합 같은 '공식적'인 형태만이 아니라 여러 '비공식적'인 형태를 그 수단으로 사용했을 뿐이라는 것이다.[13]

자유롭게 무역할 수 있거나 접촉할 수 있는 권리의 확보, 유럽의 다른 강대국으로부터 일정 지역에 대한 독점적 영향력의 행사나 보호권을 인정받는 것, 민간인 회사에게 특허권을 주어 일정 지역의 통치와 재정적 지출을 책임지게 하는 것이 그것이다.[14]

따라서 이들은 빅토리아 중기의 영국 제국주의에서 공식적 제국의 형태는 빙산의 물 위로 보이는 부분에 불과하며, 그 중심은 훨씬 크기는 하나 물 밑에 있어 보이지는 않는 이런 비공식적 형태에 있다고 주장한다.

영국은 자신의 지배권을 가능하면 비용이 덜 드는 이런 비공식적 방법으로 달성하려 했고 비공식적 방법이 실패하는 경우에만 공식

12) J. Isbister, 앞의 책, p. 73.

13) J. A. Galleger and R. E. Robinson, The Imperialism of Free Trade, *Economic History Review*, 2nd ser., Vol. VI, No.1, 1953, pp. 1-15. 그들은 빅토리아 시대 중기인 1830~1860년대가 영국의 해외 팽창에서 오히려 결정적 단계라고 주장한다. 갤러거와 로빈슨의 주장과 관련된 1970년대까지의 논쟁을 묶은 책이 W. Roger Louis(ed), *Imperialism : The Robinson and Gallagher Controversy*, New York, 1976이다.

14) 이태숙, 〈제국주의의 주변부 중심론〉, 《역사학보》 128집, 1990, p. 75.

적 병합이라는 방법을 사용했다는 것이다.[15] 이렇게 힘의 사용을 제한함으로써 제국주의가 약화된 것같이 보일 뿐이라는 것이다.

갤러거와 로빈슨의 주장은 19세기 중반에도 제국주의적 침탈이 지속되고 확대되었다는 사실을 인정했다는 점에서 이전 사람들보다는 한 걸음 더 나아간 것이다. '비공식적' 제국의 개념을 사용함으로써 제국주의적 행위의 범위가 넓어졌기 때문이다.[16]

그러나 그들의 주장처럼 19세기 중반에 과연 자유무역 제국주의가 관철되었는지에 대해서는 의문의 여지가 많다. 그들은 대표적인 예로 남아메리카와 서아프리카 지역을 예로 든다.

그러나 그들의 주장과 달리 영국이 아르헨티나, 페루에 자유무역을 강제하는 것은 사실상 불가능했다. 브라질에서도 1844년에 관세를 도입하는 것을 막지 못했다. 그렇다고 영국 정부가 군사력으로 점령, 병합할 생각을 하지는 못했다.[17] 영국이 남아메리카의 국내 정세에 개입한 것은 단지 국제법이 지켜지지 않고 영국인의 생명과 재산이 위태롭게 될 때뿐이었다.[18]

서아프리카의 경우도 마찬가지이다. 서아프리카에서 영국 정부는 서아프리카의 소규모 영국 식민지 밖으로는 힘을 행사할 수 없었다. 영국의 힘이 제한되어서 영향력을 확대할 수 없었던 것이다.[19]

중국의 경우에도 영국이 아편전쟁을 통해 1842년에 조약항 체제

---

15) J. A. Gallagher and R. E. Robinson, The Imperialism of Free Trade, p. 13.
16) 따라서 이 개념은 '병합에 의한 직접적인 정치적 지배'를 의미하는 좁은 의미의 제국 개념이 적용될 수 없는 형태의 제국주의를 연구하는 데에는 상당히 유용하다. 그래서 오늘날 많은 제국주의 연구자가 그 개념을 차용하고 있다.
17) J. Darwin, 앞의 논문, p. 617–618.
18) D. C. M. Platt, British Diplomacy in Latin America since the Emancipation, *Inter-American Economic Affairs*, 21, 1967, pp. 21–41 ; *idem*, Further Objections to an Imperialism of Free Trade, 1830–1860, *The Economic History Review*, New Series, Vol. 26, No.1, 1973, pp. 77–91 참조. 남아메리카의 경우 현재까지 이런 주장은 대체로 유효한 것 같다. P. J. Cain and A. G. Hopkins, *British Imperialism : 1688–2000*, Second edition, Edinburgh, 2002, p. 244 참조.

를 강요했으나 그것은 장기적으로는 별 흔적을 남기지 못했다. 또 1860년 이후에는 러시아 등 다른 유럽 국가들의 눈치를 보아야 했으므로 중국에서도 유럽의 세력 균형 같은 정치적 타협 체제를 받아들이지 않을 수 없었다.[20] 영국이 중국에서 이렇게 비공식적 제국주의 정책을 취한 것은 그것을 채택하고 싶어서가 아니라 자신들의 제한된 힘을 실용주의적으로 받아들였기 때문이다.

이런 여러 예에 비추어 '비공식적' 제국주의란 갤러거 등이 주장하듯 가능할 경우에 추구한 정책이 아니라, 힘의 한계로 인해 그럴 수밖에 없어서 취한 정책이라고 하는 것이 옳을 것이다. 따라서 그들의 이론은 실제와 잘 들어맞지 않는다.

어쨌든 1830~1860년대에도 식민화는 간단없이 계속되었다. 중국과 일본, 조선, 태국, 오토만 튀르크, 이집트는 문호를 개방하지 않을 수 없었고 라틴 아메리카나 서아프리카도 세계 경제에 더 긴밀히 통합되었다. 인도네시아, 미얀마, 인도차이나 등 동남아 지역에 대한 유럽 국가들의 침탈도 강화되었다.

결국 18세기 말에서 1860년대까지 유럽의 제국주의가 약화된 것처럼 보이는 것은 이 시기에 전 세계 바다에 대한 영국의 지배권이 확고하여 스페인, 포르투갈, 프랑스 등 어느 나라도 그 경쟁 상대로서 도전할 수 없었기 때문이다. 제국주의가 전체적으로 약화된 것은 결코 아니다.

이 시기에도 영국은 필요한 경우에는 언제 어디서나 군사력을 사용하는 데 주저하지 않았다. 또 직접적 통치를 위한 영토 병합도 결코 포기하지 않았다. 황금해안 등 아프리카의 일부 지역, 인도의 편

---

19) M. Lynn, The Imperialism of Free Trade and the Case of West Africa, C. 1830–C. 1870, The Journal of Imperial and Commonwealth History, V. 15, No. 1, Oct., 1968.
20) J. Darwin, 앞의 논문, pp. 618–619.

잡 지역, 오스트레일리아, 뉴질랜드 등이 그 경우에 해당한다.

세 번째 단계, 신제국주의

1870년대부터 세 번째 단계가 시작된다. 이 시기에는 여러 유럽 국가나 미국, 일본 같은 강대국들이 너도나도 식민지 경쟁에 나서게 되고 그 결과 전 세계가 이들 국가들에 의해 분할된다. 그리하여 이 시기의 제국주의를 이전의 것과 구분하여 '신제국주의'라고도 부른다.

1880년대의 '아프리카 쟁탈전(Scramble for Africa)'은 이 시기의 성격을 잘 보여준다. 1884년에 포르투갈, 스페인, 이탈리아, 독일, 벨기에, 프랑스, 영국 등 14개국은 베를린회의를 통해 아프리카에서 상대방의 영향권을 서로 인정하도록 합의했다. 그 후 얼마 안 되는 사이에 아프리카는 여러 유럽 국가들에 의해 54개의 식민지로 분할되었다.[21] 또 아시아 지역 침투도 가속화되어 거의 모든 아시아 국가가 유럽 국가나 미국, 일본의 식민지로 전락했다.

이 시기의 변화는 여러 가지로 설명되어왔다. 홉슨과 레닌의 고전적인 설명은 주로 경제적인 측면에서 접근한다. 자본주의의 발전에 따라 유럽의 자본주의 국가들은 과잉 자본을 해외에 투자할 필요가 있었고 이에 따라 제국주의가 발전했다는 것이다. 레닌, 힐퍼딩 등 마르크스주의자들은 대부분 이런 설명을 따른다.[22]

브라운(M. B. Brown)이나 맥도프(H. Magdoff) 등은 그것을 잉여 자본의 수출이라는 관점에서가 아니라 국제 경쟁이 치열해짐에 따라 독점적 시장과 중요한 원료 공급원을 얻으려는 유럽 국가들의 시도

---

21) D. Birmingham, *The Decolonization of Africa*, Ohio Univ. Press, Athens, 1995, p. 3.
22) 이에 대해서는 A. Brewer, *Marxist Theories of Imperialism : A Critical Survey*, Routledge & Kegan Paul, London, Boston and Henley, 1980 참조.

로 본다. 또 랭거(W. L. Langer)나 필드하우스(D. K. Fieldhouse) 등은 1870년 이후의 세계 분할을 유럽 내의 외교적 경쟁 관계에 종속된 것으로 본다. 유럽 내에서의 경쟁이 전 세계로 확대된 결과라는 것이다.[23] 이들은 모두 제국주의 국가들의 의지와 열망에서 신제국주의의 원인을 찾는 점에서 공통점을 갖고 있다.

반면 갤러거와 로빈슨은 신제국주의가 부분적으로는 유럽 내부의 경제적·정치적 요소가 동기가 되었지만, 그보다 중요한 것은 제국의 이익을 위협하는 비유럽 지역의 정세 변화라고 주장한다. 유럽인들이 아니라 비유럽인들이 신제국주의의 원인을 제공했다는 것이다. 이것이 그들의 '주변부 이론'이다.[24]

그들은 예를 들어 1880년대 이후의 '아프리카 쟁탈전'은 유럽인들의 태도 변화에 의한 것이 아니라 아프리카에서 나타난 정치적 혼란으로 촉발되었다고 주장한다. 1880~1890년대 영국의 제국주의 정책에서 가장 중요한 것은 인도의 방위와, 영국에서 인도나 오스트레일리아로 가는 해상로를 지키는 것이었다. 따라서 그 중간에 있는 이집트나 남아프리카는 영국의 전략적 고려에서 매우 중요했다.

그런데 1881년에 이집트에서 아라비 파샤가 일으킨 민족주의적 성향의 반란이 이집트와 맺었던 자유무역을 근간으로 하는 전통적인 협력 관계를 붕괴시켰다. 그리하여 수에즈 운하와 투자 자본이 위협을 받게 됨에 따라 영국은 1882년에 불가피하게 이집트를 직접 점령하지 않을 수 없었다는 것이다.

---

23) R. Owen, Introduction, in : R. Owen, B. Sutcliffe (ed.) 앞의 책, pp. 1-3.
24) '주변부 이론'은 필드하우스가 붙인 이름이다. 그는 이를 유럽 제국주의의 탈중심적 접근이라고 불렀다. R. Robinson, Non-european Foundations of European Imperialism : Sketch for a Theory of Collaboration, in : R. Owen & B. Sutcliffe(ed.), *Studies in the Theory of Imperialism*, Colchester and London, p. 139 참조.

남아프리카의 경우도 마찬가지이다. 보어 전쟁으로 인한 혼란과 네덜란드계 주민들의 민족주의적 성향으로 협력 관계가 단절된 것이 영국의 직접 지배로 이어졌다는 것이다.

서아프리카나 동아프리카 지역에서 이루어진 병합은 이런 변화에 뒤따른 영국과 프랑스, 독일 등 여러 나라 사이의 경쟁 때문이다. 그러니까 아프리카 분할의 근본적인 원인은 아프리카 내부의 변화 때문이라는 것이다.[25]

이것은 아시아 지역에서도 마찬가지이다. 중국에서 1895~1902년 사이에 유럽 국가들의 제국주의적 분할 정책이 나타난 것은 그 이전의 '문호 개방' 협력 체제가 붕괴했기 때문이다. 1894년의 청일전쟁 이후 동아시아의 세력 관계가 급변하고, 민족주의적 반동이 나타남에 따라 할 수 없이 유럽 국가들이 직접적 개입에 나섰다는 것이다. 그러므로 중국 분할 정책의 근본적 원인은 유럽 국가들 사이의 경쟁이 아니라 동아시아의 정세 변화, 즉 주변부의 변화 때문이라는 것이다.

따라서 그들은 이 시기에 유럽 국가의 제국주의 정책이 급격한 변화를 보이는 것은 아니며 단지 비공식적 방법이 어려워짐에 따라 공식적인 병합으로 그 수단이 바뀌었을 뿐이라고 주장한다.

그러나 이런 주장에도 비판의 여지가 많다. 1870년대까지 이집트가 무역과 자본에서 영국에 크게 의존한 것은 사실이다. 그러나 1881

---

25) '자유무역 제국주의'에서 시작된 이런 주장을 확대하여 낸 책이 J. A. Gallagher & R. E. Robinson, *Africa and the Victorians*, London, 1961이다. 이 책은 아프리카의 점령과 관련해 주로 영국 정치가들의 태도를 다루고 있고 그들의 정책이 거의 전적으로 전략적 관점에서 결정되었다고 주장한다. 그러나 1962년에 나온 R. E. Robinson and J. A. Gallagher, Partition of Africa, in : W. Roger Louis(ed.), *The Robinson and Gallagher Controversy*, New York and London, 1976. pp. 73-127은 '주변부 이론'을 영국만이 아니라 프랑스 등 유럽 다른 나라의 식민지 정책으로까지 확대하고 아시아 지역까지 포함시킴으로써 하나의 일반 이론으로 만들려고 시도하고 있다. 따라서 더 중요한 글이다.

년의 반란은, 영국과 프랑스가 1876년에 재정 파탄에 빠진 이집트에 투자된 자본을 지키기 위해 지나치게 가혹한 조처를 취했기 때문이다. 또 반란이 일어날 무렵, 이집트가 혼란에 빠져 있던 것도 수에즈 운하가 위협받고 있던 것도 아니다.[26] 따라서 영국의 이집트 점령은 제국주의적 목적 외에 달리 설명하기가 어렵다.

남아프리카의 보어전쟁과 그 결과로 나타난 1910년의 트랜스발공화국과 오렌지자유국의 병합도 마찬가지이다. 그것은 영국인들이 해안의 케이프나 나탈 식민지를 넘어서는 내륙의 이해관계에 연루되어 있었고 트랜스발의 금광 등 이권에도 야심이 있었기 때문이다. 따라서 1890년대에 이르면 남아프리카에서 영국의 이해관계와 야심은 해군 기지의 요구를 훨씬 넘어서 있었다.[27] 네델란드계 주민의 반발은 그 결과이다.

중국의 예도 그들의 설명과 맞지 않는다. 청일전쟁 후 일본의 중국 독점을 우려한 유럽 국가들이 개입하며 이권과 영토의 분할이 시작되었고 그것이 의화단사건을 불러왔는데 이 민족주의적 반동을 불러온 것은 영국을 포함한 제국주의 세력이다. 그 반대는 아니다. 일본이 끼었다고 해서 그것을 동아시아, 즉 주변부 정세 변화의 결과로 보아서는 안 된다.

이것은 다른 나라의 제국주의 정책에 대한 설명에서도 마찬가지이다. 그들은 아프리카의 분할이 영국의 이집트 점령에 의해 촉발된 영국과 프랑스의 경쟁에 의해 시작되었다고 말한다. 그러나 프랑스의 아프리카 정책이 변화한 것은 영국의 이집트 병합 이전이다.[28] 프랑

26) P. J. Cain and A. G. Hopkins, *British Imperialism*, p. 316.
27) 같은 책, p. 326.
28) C. W. Newbury and A. S. Kanya-Forstner, French Policy and the Origins of the Scramble for West Africa, *Journal of African History*, 10, 1969, pp. 253-276.

스는 이미 1879년부터 사하라 철도 건설을 위한 시도나 콩고 지역을 확보하기 위한 시도를 시작했다. 또 1881년에는 튀니지를 점령했다. 사실 프랑스는 신제국주의 국면에서 영국보다 더 적극적이었다.

또 독일, 이탈리아 등 여러 나라는 이 시기에 처음으로 식민지 확보에 나섰다. 따라서 그들의 이론은 왜 이 시기에 이런 나라들이 한꺼번에 식민지 경쟁에 뛰어들었는지를 설명해주지 못한다. 또 이 시기에는 정치적으로 혼란스러운 지역만이 아니고 평화로운 지역도 병합되었는데 그것은 주변부 이론으로는 전혀 설명할 수 없다.[29]

이렇게 주변부 이론도 신제국주의를 설명하는 데 큰 설득력은 없다.[30] 그래서 케인(P. Cain)과 홉킨스(A. G. Hopkins) 같은 사람들은 영국 신제국주의의 원인을 다시 중심부로 돌린다. 그것은 20세기까지 지속되는 영국의 상업적·금융적 팽창의 수단이라는 것이다. 또 그 원인도 주변부의 위기 때문이 아니라 영국 기업과 신사 자본주의 (Gentlemanly Capitalism)의 욕구 때문이라고 주장한다.[31] 이것은 마르크스주의자들의 주장과 상통하나 상당한 정도로 실증적 연구에 기초한 것이다.

---

29) 따라서 영국이 아닌 다른 제국주의 국가들의 정책을 검토할 필요가 있다. 갤러거 등의 이론은 너무나 영국 중심적으로 한계가 많기 때문이다. 이는 이미 1960년대에 배러클러프가 지적하고 있는 것이다. 이 시기에 영국은 식민지 확보에 수세적이었으나 이는 당시 제국주의 국가들의 전형적인 태도는 아니며 신제국주의의 자극은 오히려 다른 나라들에서 왔다는 것이다. G. Barraclough, *An Introduction to Contemporary History*, Penguin, 1967, pp. 56~67 참조.

30) 갤러거와 로빈슨이 이런 주장을 통해 신제국주의의 원인을 중심부에서만 찾는 전통적인 견해를 넘어서서 주변부의 정세에까지 관심을 확대함으로써 제국주의 연구의 폭을 넓혀준 것은 사실이다. 그러나 이 주장은 주변부의 정세를 강조함으로써 역으로 중심부 국가의 제국주의적 욕구를 과소평가하는 경향이 있다. 주변부 이론이 이렇게 별 설득력이 없는데도 계속 유럽중심주의적 역사가들에 의해 받아들여지는 것은 그 주장의 이데올로기성 때문이다. A. S. Kanya-Forstner 같은 사람은 갤러거 등의 태도를 아프리카중심주의라고도 말하나 그것은 그렇지 않다. 갤러거 등이 유럽에서 주변부로 논의의 중심을 옮긴 것은 단지 지리적인 면에서만 그렇고 사회, 경제, 정치적인 면에서는 단호하게 유럽중심주의적인 관점을 갖고 있다. P. Wolfe, History and Imperialism, *American Historical Review*, 102, 2, April, 1997, p. 402.

이렇게 그 원인에 관해서는 여러 견해가 있지만 신제국주의는 대체로 19세기 후반에 유럽에서 본격화한 산업화와 관련이 있다. 자본주의가 발전하며 유럽 각 나라 사이에 보호무역을 포함하는 신중상주의적 경쟁이 불붙었기 때문이다. 이는 1870년대 말부터 러시아, 독일, 프랑스 등이 보호관세를 채택하며 본격화한다.

그리하여 1870년대 말부터 기존의 식민 국가 외에 독일, 이탈리아 등 여러 나라들이 끼어들며 유럽 국가들 사이에 식민지를 확보하려는 경쟁이 치열하게 전개된 것이다. 이 나라들은 식민지를 확보함으로써 독점적인 시장과 원자재를 확보하고 제국으로서의 국가의 위신을 높이고 과잉 인구의 배출을 통해 국내의 사회적 압력을 완화시키려는 의도를 갖고 있었다. 신제국주의는 이런 요소들의 복합적 결과이다.

1차대전은 유럽인들의 이러한 세계 분할 정책의 연장선 위에서 볼 수 있다. 그들 사이의 전 지구적인 경쟁이 결국 유럽의 대규모 전쟁으로 발전한 것이다. 1차대전 이후에도 사정이 크게 변하지는 않았다. 국제연맹이 패전국들의 식민지에 대한 신탁통치를 주장함으로써 이들 식민지나 지배 지역의 주인이 바뀌는 결과만을 가져왔기 때문이다.

독일의 식민지가 승전국들에게 분할된 것은 그럴 수 있다 하더라도 이제는 튀르크가 다스리던 중동의 넓은 지역까지도 유럽 국가들에게 분할되는 결과를 가져왔다. 프랑스가 시리아와 레바논을 차지

---

31) P. J. Cain and A. G. Hopkins, *British Imperialism : 1688-2000*, 2nd edition, Edinburgh, 2002 ; *idem*, Gentlemanly Capitalism and British Exopansion Overseas, II : New Imperialism, 1850-1945, *Economic History Review*, 40, 1987, pp.1-26. 케인과 홉킨스의 신사 자본주의 이론에 대한 비판은 A. N. Porter, Gentlemanry Capitalism and Empire : The British Experience since 1750, *Journal of Imperial and Commomwealth History*, XViii, 1990, pp. 265-295 참조.

했고 영국은 팔레스타인과 트랜스-요르단, 이라크를 차지했다. 중동 지역이 유럽 국가들의 손아귀에 들어간 이유이다. 오늘날 중동 문제가 시끄러워진 것은 이렇게 유럽 국가들이 이 지역에 진출하고 나중에 이스라엘 국가를 만들어주었기 때문이다.

1920년대는 식민지 지배가 가장 집약적으로 이루어진 시기이다. 식민 당국들은 행정을 더욱 체계화하고 과학화했다. 그것은 과학의 발전에 따라 통신·수송 수단이 발전하여 식민지에 대한 통제가 더 용이해졌을 뿐 아니라 초기 점령 시기의 혼란이 끝나자 이제 유럽인들은 식민지에서 열매를 따내야 한다고 믿었기 때문이다. 이 당시 유럽의 어떤 식민 국가도 식민 지배가 어느 때인가 종식되리라고는 믿지 않았다. 따라서 식민 지역에 철도나 도로, 공공 건물 등 영구적인 사회 기반 시설을 광범하게 건설했다.

식민주의의 종식은 특히 2차대전이 계기가 되었다. 각 지역에서 식민지 해방운동이 강화되며 더 이상 제국을 유지하는 것이 어렵게 된 것이다. 그럼에도 대부분의 유럽 국가는 결코 자진해서 식민지를 내놓으려 하지는 않았다. 그 결과 1950년대부터 인도네시아, 베트남, 알제리 등 많은 곳에서 치열한 식민지 해방전쟁이 벌어졌고 이에 식민 국가들이 패배함으로써 식민지 해방은 불가피한 대세가 된 것이다. 1960년대는 아프리카에서 새로 독립한 국가만도 49개가 될 정도로 식민지 해방이 고조된 시기이다.

3...
식민주의의 이데올로기와
식민 지배 체제

'정당한 전쟁'과 정복의 권리

식민주의는 다른 중요한 사상들과는 달리 위대한 이론가나 정교한 이론 체계를 갖고 있지는 않다. 식민주의에서는 이론보다 실천이 더 결정적인 요소로 작용했기 때문일 것이다. 따라서 명확하고 구체적인 이데올로기를 말하기는 어렵다.

그렇다고 오스트리아의 경제학자인 슘페터가 말하듯 제국주의를 '힘에 의해 무한한 팽창으로 나아가려는 국가의 무목적적인 경향'이라고 말할 수는 없다. 그것은 무목적적인 것이 아니다. 전쟁과 정복을 향한 분명한 목적을 갖고 있었고 또 이론화 노력도 있었다.[32] 식민 국가의 입장에서는 식민주의를 정당화할 필요가 있었고 그렇게 하여 만들어진 제국에 대한 비전도 발전시킬 필요도 있었던 것이다.

그러나 식민주의 이데올로기는 통일적인 것이 아니다. 나라마다 차이가 있고 시대에 따라 많은 차이를 보인다. 또 그것들이 반드시 구속력 있는 원리가 되거나 또 실제 행동으로 옮겨지지는 않았다. 영국의 '간접 지배' 나 프랑스의 '동화' [33]라는 원리도 그 창안자의 의도대로 실행되지는 않았다. 따라서 간단히 일률적으로 말할 수는 없다.[34]

스페인인은 식민지화의 정당성을 정복의 권리에서 찾았다. 그들이 점령한 땅에 이미 사람들이 살고 있었던 까닭에 아메리카의 재산권을 '주인 없는 재산(res nullius)'에 대한 권리로 주장할 수 없었기 때문이다. 그래서 그들은 아메리카를 정복해 그 토지와 주민들을 지배하고 기독교로 개종시키는 일을 이교도와 싸우는 '정당한 전쟁'의 결과로서 합리화했다. 이 논리는 스페인인에게는 익숙한 것이다. 그들은 수 세기에 걸쳐 이베리아 반도에서 이슬람 세력을 몰아낸 재정복(Reconquista) 사업의 전통을 갖고 있었기 때문이다.[35] 따라서 토

---

32) 19세기 영국의, 제국주의를 신봉하는 역사가인 실리(J. R. Seeley)는 1883년의 유명한 《잉글랜드의 팽창》에서 "우리는 정신이 없는 가운데 …… 세계의 절반을 정복하고 식민한 것 같다"고 말했다. 이런 주장은 20세기 말에도 마찬가지로 나타난다. 하임(R. Haym)은 "영국은 인도를 제외하고는 제국을 만들려는 의식적이고 체계적인 계획을 갖고 있지 않았다"고 주장한다. 하다 보니 그렇게 되었다는 것이다. 물론 그런 면이 없는 것은 아니다. 영국이 처음부터 대제국을 건설할 마스터플랜을 갖고 있지는 않았기 때문이다. 그렇지만 이것은 영국이 식민지를 확보하고 세계의 바다를 지배하기 위한 명확한 의도를 갖고 있었고 그것을 위해 수 세기 동안 얼마나 애를 써왔는가를 경시하는 주장들이다. E. H. H. Green, The political Economy of Empire, 1880-1914, in : A. Porter(ed.), The Nineteenth Century, The Oxford History of the British Empire, Oxford and New York, 1999, p. 346 참조.

33) 20세기 초에 나이지리아의 영국 총독(1907~1919)을 지낸 러가드(F. D. Lugard)는 아프리카 부족들을 셋으로 나누어 아주 원시적인 부족의 경우는 직접 지배해야 하나 그렇지 않으면 간접 지배가 더 효과적이고 강력하다고 주장했다. 토착민 지배 계급에게 유럽식 교육을 시켜 이용하자는 것이다. D. Spurr, 앞의 책, p. 68-69. 또 프랑스인들은 프랑스 문화의 보편성과 우월성을 굳게 믿고 있었으므로 언어나 문화 등에서 식민지인의 동화를 매우 중시했다. 현재도 프랑스는 아프리카의 구 프랑스 식민지 지역을 중심으로 프랑스어권을 계속 유지하려고 노력하는데 그 이유도 거기에 있다.

34) 따라서 최근에는 식민주의 이론을 더 폭넓은 자료들을 이용하여 재구성하는 작업이 나타나고 있다. 즉 선교사들의 보고서나 식민 정부의 행정 문서, 식민지 관리의 회고록, 여행기, 소설, 신문기사, 선전물, 또 지리학, 종족학, 언어학 등 당시의 학문적 연구 가운데에서 그것을 재구성하는 것이다. 이러한 작업으로는 D. Spurr, The Rhetoric of Empire : Colonial Discourse in Journalism, Travel Writing and Imperial Administration, Durham & London, 1993 참조.

착민이 정치적 · 영토적 권리를 갖는 인간이라는 사실을 부정했으며, 이들이 저항하는 경우 학살, 노예화, 토지의 몰수를 포함한 모든 악행을 저지르는 데 아무런 거리낌이 없었다.

물론 그들이 명분을 아주 무시한 것은 아니다. 스페인인들은 아메리카 정복의 근거를 교황의 칙서에서 찾았다. 아직 아메리카가 유럽인에게 제대로 알려지기도 전인 1493년에 교황 알렉산데르 6세가 스페인의 공동왕인 페르디난드와 이사벨라에게 '너희들이 발견했고, 발견할 예정인 섬과 땅들'이라고 모호하게 정의된 지역에 대한 재산권(dominium)를 수여했기 때문이다.

이 행위는 1648년까지는 교회가 제국이 필요로 하는 신성(神性)을 제공하는 유일한 기관이었으므로 당대 사람들에게는 중요한 의미를 갖고 있었다. 또 그들은 아스텍의 통치자인 몬테주마가 그의 지배권(imperium)을 카를로스 5세에게 넘겨주었다는 허구도 만들어냈다.[36] 이런 식으로 스페인 왕을, 정통성을 갖는 아메리카 황제로 만든 것이다.

그러나 나중에 아메리카로 진출한 영국인이나 프랑스인들의 경우에는 다르다. 그들은 아메리카를 포함한 모든 세계에 대해 교황이 갖고 있다고 주장하는 정신적 · 세속적 권리를 인정할 수 없었다. 그래서 교황 칙서에 의존한 스페인의 아메리카에 대한 재산권도 받아들일 수 없었다. 또 그들은 토착민과 계약이나 조약에 의해 아메리카에 정착했으므로 정복에 의한 점유권도 주장할 수 없었다.

그들은 다른 한편에서, 정복은 결코 점유의 정당성을 주지 않으며

---

35) 아메리카 해안에 처음 도착한 스페인 사람들이 11세기 재정복 사업의 영웅인 엘시드에게 미사를 봉헌하는 것이 관례가 된 것은 아메리카 정복과 이 전통과의 연결을 잘 보여준다. A. Pagden, 앞의 책, p. 74.

36) A. Pagden, 앞의 책, p. 32.

자연법에 위배되는 것이므로 도덕적으로도 바람직하지 않다고 생각했다. 대신 정착의 근거를 토착민과의 매매나 증여에 의존시켰다. 영국인들이, 자신들이 토착민들과 평화롭게 공존하는 가운데 정착했다고 주장한 것은 이런 맥락에서이다. 프랑스인들도 자기네들은 코르테스나 피사로 같은 정복자나 식민지 창설자들을 갖고 있지 않다고 주장했다.

두 나라 사람들은 이런 논리를 스페인에 대한 선전전(宣傳戰)에 이용했다. 스페인인들이 원시적이기는 하나 '합법적인 통치자들에 의해 점유된 땅'을 침범한 대신 영국과 프랑스인들은 '빈 땅'에 토착민들의 동의와 열렬한 협조를 받으며 정착했다는 것이다.[37]

자연법과 토지의 침탈

그러나 이런 주장이 자신들의 행위를 논리적으로 설명하기 위해서는 중요했을지 몰라도 아메리카 토착민들에게는 사실 별 의미가 없었다. 영국인들이 곧 자연법을 내세우며, 땅은 울타리를 치고 그 안에서 경작을 하여 거기서 생활을 위한 최대의 편익을 이끌어내는 사람들의 소유라는 논리를 만들어냈기 때문이다.[38]

17세기에 퍼처스(S. Purchas) 등 여러 사람이 이런 주장을 했지만 이런 논리가 가장 설득력 있게 제시된 것은 존 로크의 《시민정부 제2론》에서이다. 로크는 토지 등 자연의 어떤 사물에 대해 어느 누가 재

---

37) A. Pagden, 앞의 책, p. 87.
38) 프랑스인들은 이런 논리 발전에 끼어들지 않았는데 그것은 당시의 프랑스 식민자들이 오늘날의 캐나다에 속하는 세인트 로렌스 강 어귀에서 주로 사냥이나 모피 교역에 종사했기 때문이다. 그들은 17세기에는 농업에 별로 관심이 없었을 뿐 아니라 그 숫자도 1763년경에 약 1만 명 정도에 불과할 정도로 소수였다. P. D. Curtin, *The World and the West*, Cambridge, 2000, p. 8 참조.

산권을 주장하게 해주는 것은 그의 노동이라고 생각했다. 자신의 것이 분명한 신체를 이용하여 자연에 노동를 부가함으로써 그것을 자신의 것으로 만들기 때문이다.

그런 의미에서 그는 '하나님은 우리들에게 모든 것을 풍성하게 주셨도다'라는 성경의 말씀은, 하나님이 세계의 땅을 모든 인간에게 공유지로 하사했지만 그것이 개간되지 않은 상태의 공유로 남아 있으라는 뜻은 아니라고 생각했다. 노동을 통해 땅을 개간함으로써 그것을 개인의 소유로 만드는 것은 인간의 생활을 더 풍요하게 만드는 행위이며 그것이 인류 공동의 재산을 감소시키기는커녕 증가시킨다는 것이다.

그러나 아메리카 인디언은 땅을 풍족하게 부여받았음에도 불구하고 노동력을 투하하여 그것을 개량하는 일을 하지 않는다. 땅을 자연 그대로 놀려두며 사냥을 할 뿐이다. 따라서 그들은 토지에 대한 재산권을 주장할 수 없다. 결과적으로 토지의 재산권은 울타리를 치고 경작을 하는 사람들에게 돌아가야 한다는 것이다.[39]

이런 논리에 의해 영국인들은 경직 대신 수렵 생활을 하는 인디언의 토지를 빼앗음으로써 그들의 생존권을 박탈했다. 그리고 자신들이 제멋대로 세운 울타리를 침범하는 인디언에게는 자연법을 침해한다는 이유로 살해 등 가혹한 보복을 가했다. 따라서 자연법에 의존한 이런 논리도 결과적으로 보면 스페인 사람들의 정복 논리나 별 차이가 없다. 오히려 도덕적인 양 가장하고 있는 점에서 더 가증스러운

---

39) 존 로크(이극찬 역), 《시민정부론》, 연세대출판부, 1980, pp. 43-78. 이것은 아메리카에는 인구에 비해 땅이 매우 풍족하므로, 어느 누가 경작을 통해 땅의 소유권을 주장한다고 하더라도 그것이 다른 사람들에게 피해를 주지는 않는다는 가정 위에 서 있다. 이런 주장이 1620년대에서 1680년대까지는 영국에서 공유지를 침탈하는 논리로, 그 후에는 19세기 말에 이르기까지 북아메리카, 오스트레일리아, 아프리카에서 토착민의 땅을 빼앗는 영국 식민주의자들의 표준적인 논리가 되었다. D. Armitage, 앞의 책, p. 97참조.

태도라 하겠다.[40]

또 영국인들은 자연법으로서의 '자유로운 바다(mare liberum)'를 주장했다. 이것은 서인도의 바다에 대한 스페인의 지배권에 대항하기 위해서였다. 이 항행의 자유에 대한 요구는 나중에 영국 제국주의 이데올로기의 중요한 요소가 되었다.[41] 그것이 세계의 바다에 대한 영국의 지배권을 보장해줄 수 있기 때문이었다.

대서양을 넘어선 식민 체제가 자리잡고 대서양 무역이 활성화됨에 따라 17세기 말이면 상업은 유럽 국가들의 경제활동에서 '필요악'일 정도로 불가피한 부문이 되었다. 그리하여 이 시기에 스페인인이나 영국인들은 전 세계를 여행하고 환대받으며 상업 행위를 할 수 있는 권리를 주장하고 그것도 자연법에 귀속시켰다. 상업 행위가 그것을 하는 당사자들에게 이익을 가져다주기 때문이라는 것이었다.

그리하여 자연법의 일부인, 여행과 상업의 자유를 거부하는 행위도 '정당한 전쟁'의 사유가 되었다.[42] 유럽 국가들이 근대에 들어와 비유럽 세계의 어느 곳에서나 자신들의 필요에 따라 통상을 강요한

---

40) 이런 논리는 형식적으로는 인디언을 토지에서 분리시키는 것이 아니다. 인디언들도 정주를 하여 농사를 지으면 자연법에 의해 토지에 대한 권리를 주장할 수 있기 때문이다. 그러나 일부 지역에 사는 소수의 사람을 제외하고는 경작의 관습을 갖고 있지 않은 인디언에게 그것은 실질적으로 토지에 대한 권리를 박탈하는 논리이다. 따라서 이런 논리를 영국인이 인디언에게 공평하게 대했다는 주장의 근거로 삼을 수는 없다. B. Arnail. *John Locke and America : The Defense of English Colonialism*, Clarendon, Oxford, 1996, p. 166 참조.

41) D. Armitage, 앞의 책, p. 107. 그러나 이들은 영국 주변의 해역에 대해서는 폐쇄된 바다(mare clausum)를 주장했다. 자연법이라는 것이 지역에 따라 자의적으로 적용된 것이다. 사실 바다의 자유를 먼저 주장한 것은 네덜란드인들이나 그 주장을 한 맥락은 영국의 경우와 같다. 네덜란드의 그로티우스(H. Grotius)가 1609년에 《자유로운 바다(Mare Liberum)》라는 책에서 이를 주장한 것은 네덜란드의 동인도회사가, 포르투갈이 지배하고 있는 인도양 해역으로 진출하는 것을 합리화하기 위해서였다. 그는 포르투갈인들이 바다에 대한 독점권을 주장하고 '바다의 자유'라는 원리를 거부하는 것은 소유할 수 없는 대상인 바다에 대해 재산권을 주장하려는 것으로, 자연법에 어긋난다고 말했다. S. Buckle, *Natural Law and the Theory of Property : Grotius to Hume*, Clarendon Press, London, 1991, pp. 7–14 참조.

42) D. Armitage, 앞의 책, p. 104.

것은 이런 논리에 의해서이다. 통상의 거부는 무력에 의한 강제 개방을 의미했다. 그야말로 제국주의적인 폭력적 이론이라고 하지 않을 수 없다.

식민화와 유럽인의 도덕적 책임

그렇다고 해서 유럽인들이 식민 행위를 도덕적으로 미화하는 일을 소홀히 한 것은 아니다. 도덕적인 면이 있어야 자신들의 행위가 정당성을 가질 수 있기 때문이었다. 물론 그런 작업에는 유럽인들이 비유럽인들과는 본질적으로 다르며 우월하다는 생각이 기본적인 전제로서 깔려 있다. 우월한 정신적·육체적 능력을 갖고 있는 근대 유럽인들만이 식민지인들을 돕는 일을 할 수 있다고 믿었기 때문이다.

그리하여 유럽인과 비유럽인 사이의 본질적인 차이가 여러 가지 형태로 정교하게 구축되었다. 신학적으로 볼 때, 이교도들은 기독교적 신을 결여하고 있으므로 이 세계의 진정한 의미를 이해할 수 없다. 기술이라는 측면에서 보면 비유럽인들은 자연을 통제할 수 있는 능력을 갖고 있지 못하다. 환경적인 면에서 열대 지방 주민들은 기후 때문에 천성적으로 게으를 수밖에 없다. 생물학적으로 비유럽인들은 여러 인종적인 특징으로 유럽인에 비해 열등할 수밖에 없다는 것이다. 따라서 식민지의 토착민들은 게으르고, 변화를 모르며, 잔인하고, 놀기만 좋아하고, 순진하고, 결단력이 없고, 표리부동하고, 추상적인 사고를 할 수 없고, 충동적인 존재로 이해되었다. 이것은 진지한 학문 세계에서도 다를 바가 없다.

오리엔탈리즘적 사고에서 동양은 모든 면에서 유럽과는 반대의 지점에 서 있다. 즉 정적이고, 역사를 결여하고 있고 자기반성 능력이 없다는 것이다. 이것은 서양인에게서는 완전히 발전한 주관성이 오리엔트 세계에서는 총체적으로 결여되어 있기 때문이며, 따라서 인도는 그 정신이 꿈의 나라라는 무정형 속에만 존재하는 '주술에 빠진 세계이고 …… 환상의 영역'이다.[43]

또 유럽인들은 아시아인들은 경제 관념이 있는 경제인이 아니므로 자본주의를 발전시킬 수 없었다고 주장하기도 했다.[44] 이런 생각으로부터 유럽 외부에 있는 의존적이며 자연적으로 미성숙한 종족이나 민족은 유럽인의 보호를 받아야 한다는 믿음이 생겨났다.

그리하여 19~20세기에 오면 유럽의 식민주의자들은 식민 지배의 정당성을 반드시 도덕성에만 근거를 둔 것은 아닐지라도[45] 토착민들을 전제와 정신적인 암흑에서 구원할 해방자로서 보편적인 역사적 사명 속에서 찾으려는 경향이 강하게 나타났다. 식민주의자들은 두 개의 도덕적 의무를 주장했다. 하나는 서구 문명의 복음을 식민지에 전하는 것이었다. 다른 하나는 방치되어 있는 식민지의 자원들을 세계 경제를 위해 이용할 수 있게 만드는 것이었다.[46]

이에 따르면, 발전된 민족이나 더 높은 수준의 인종이 이들을 보호

---

43) D. S purr, 앞의 책, p. 142-143. 헤겔의 이런 주장은 오리엔탈리즘적 사고를 아주 잘 보여주는 예이다.

44) N. Birnbaum, Conflicting Interpretations of the Rise of Capitalism : Marx and Weber, in : B. Jessop(ed.), *Karl Marx's Social and Political Thought*, V. 2, London, 1990, pp. 492-510.

45) 독일은 1883년 이후에야 겨우 식민지를 확보했지만 19세기 내내 식민지에 대해 깊은 관심을 보였다. 특히 1848년 혁명 당시에 이와 관련해 많은 논의가 이루어졌다. 독일인들은 특히 경제적 측면에 관심을 보였다. 식민지가 과잉 인구를 해소시키고 광물 자원이나 농산물을 확보하기 위해 필요하다는 것이었다. 식민지를 독일 경제의 상업적·산업적 부속물로 만들려는 것이었다. 1차대전 당시에 독일이 중유럽 국가의 영토를 병합해 대독일을 건설하려 계획한 것은 경제학자인 리스트(F. List) 같은 사람이 주장한 이런 논리의 연장선상에 있다. W. D. Smith, The Ideology of German Colonialism, 1840-1906, *The Journal of Modern History*, Vol. 46, No. 4, Dec., 1974, pp. 641-643 참조. 19세기 후반 이후 많은 유럽 국가의 제국주의 단체들도 국가의 위신이나 경제적인 이득 등 여러 목적을 내세우며 이런 주장을 노골적으로 펼쳤다.

46) 이것은 주 33)에서 언급한 러가드의 주장이다. 그의 주장은 Lugardism이라는 말이 생겨날 정도로 영국뿐 아니라 다른 나라들의 아프리카 식민 지배의 원칙에 큰 영향을 미쳤다. D. K. Fieldhouse, *Colonialism*, 1870-1945, London, 1983, P. 113.

하는 것은 모든 영역에서 본질적이다. 정치적으로, 아프리카인들은 자치 능력이 없고 아시아인들은 전제적인 폭압에서 벗어나야 하기 때문이다. 경제적으로는 이들에게 노동 윤리와 기본적인 경제적 기술을 주입해야 하고, 문화적 면에서 아프리카와 아시아인들은 일상의 나쁜 관습이나 미신, 오도된 도덕적 행동을 자신들의 힘이나 지각에 의해 해방시킬 수 없으므로 그렇다는 것이다.

이런 견해는 유럽 식민 지배자와 식민지인 사이에 착취적이라기보다는 상보적인 관계를 전제로 한다. 이런 맥락에서 식민 통치는 선물로서, 문명의 은혜로운 행위로 찬양되었고 인류애적인 개입이라고 주장되었다.

그러나 이 과업의 부담은 너무나 크기 때문에 빠른 시일 내에 성취하는 것은 불가능했다. 보수적인 사람들뿐 아니라 자유주의자들이나 사회주의자들이라 할지라도 이런 생각에는 거의 예외가 없었다.[47] 이런 생각과 정치적 성향과는 별 관계가 없었던 것이다.

가혹한 식민 지배 체제

그러나 실제의 식민지 지배는 이런 인류애적인 주장과는 거의 관계가 없다. 식민 체제란 식민주의자들이 식민지인들을 정치적으로 지배하여 예속시키는 가혹한 체제를 의미하기 때문이다. 그것은 이제 식민지인들이 정치적 주권을 상실하여 자유를 잃고 자신의 운명을 스스로 결정할 수 없게 된다는 것을 의미한다.

---

47) 이는 19세기의 명망 있는 자유주의자인 밀(J. S. Mill)은 물론이고 19세기 말의 베른슈타인 (E. Bernstein) 같은 사회주의자들까지도 마찬가지였다. 밀은 노골적인 인종주의를 주장하지는 않았으나 유럽인의 문화적 우월성은 주장했다. 그는 아프리카 흑인들은 그들의 의지에 반해 강제됨으로써 개선되는 것이 아니라 유럽 문명의 이점에 참여하도록 함으로써 개선된다고 주장했다. D. Spurr, 앞의 책, p. 66~67.

물론 식민 국가의 성격이나 식민지가 있는 지역에 따라 식민 체제의 성격은 조금씩 달랐다. 영국의 식민지들은 그래도 상대적으로 나은 편이나 프랑스, 스페인, 포르투갈, 벨기에의 식민지는 매우 가혹한 대접을 받았다.[48] 그러나 어디에서도 주권의 상실은 공통적이며 이는 정치, 외교, 군사권의 박탈을 의미한다. 또한 식민지는 지배자의 요구와 이익에 봉사하는 방향으로 개편된다.

그렇다고 유럽인들이 자신들이 만들어낸 질서가 견고하다고 믿은 것은 결코 아니다. 식민 정부의 고위 관리나 정착민들은 자신들이 조금이라도 약한 구석을 보일 경우 언제나 토착민들이 반란을 일으킬 것이라고 생각했다. 따라서 정치와는 구분되는 엄정한 행정이야말로 식민 당국자들의 가장 큰 관심사가 아닐 수 없었다. 그들에게 식민 통치란 정치를 탈정치화하고 모든 인간사를 적절한 행정의 문제로 환원하는 것이었으며 따라서 식민 정부는 제국의 의지에 의해서만 움직이는 기계로 언급되었다. 이런 이유로 식민 정부들은 유럽적인 정치 질서의 도입에 대해 주저하고 신경질적인 반응을 보였다.

결국 식민 지배는 토착민들이 자신들에게 알맞은 정치 제도를 발전시키고 그것을 통해 새로운 시대의 변화에 적응하여 발전시킬 수 있는 기회를 원천적으로 박탈했다. 즉 자신의 행위를 스스로 판단해 결정하는 주체적인 태도를 부인당하게 된 것이다. 그런 점에서 식민 지배 체제는 식민지인들에게는 근본적으로 부정적인 것이고 악일 수밖에 없다.

그러나 이 점에 대해 과거의 제국주의자들은 물론 현재의 유럽중심주의적 연구자들은 식민 지배가 식민지에 부정적인 영향을 미치

---

48) 그 가운데에서도 벨기에의 레오폴트 왕이 개인적으로 소유한 식민지인 벨기에령 콩고는 그 무자비한 착취와 약탈로 특히 이름이 높다. J. Strengers, King Leopold's Imperialism, in : R. Owen & B. Sutcliffe(ed.), 앞의 책, 1978, pp. 248-276.

지 않은 것은 아니나 전체적으로는 도움이 되었다고 주장한다. 식민 지배가 없었으면 식민 지역이 더 강력하고 독립적이 되었을 것이라는 주장은 믿을 만한 근거가 별로 없다는 것이다. 아마도 외국 지배가 없었으면 서양 문물을 받아들일 수 없었을 것이고 그랬으면 계속 저발전 상태에 머물러 있었을 것이라는 것이다.[49]

이런 주장에 대해 제3세계 이론가들은 당연히 정반대의 입장을 갖고 있다. 식민화된 지역이 야만 상태에 있었던 것이 아니라 유럽인들의 침입과 정복이야말로 야만적이라는 것이다. 정복뿐 아니라 식민 정부의 조직, 경제 체제, 이데올로기도 토착민들을 비인간화한 야만적인 행위에 포함된다.

또 식민주의가 식민지 지역을 근대 세계에 통합하는 전제는 아니며 유럽이 기술적인 면에서 앞섰다고 하더라도 그것과 문화의 질 사이에는 아무런 상관도 없다는 것을 강조한다. 특히 아프리카 이론가들은 아프리카에서도 18~19세기에 기술적 진보와 사회 변화가 나타나고 있었는데 유럽인들이 그 싹을 잘랐다고 주장한다.[50]

또 유럽인들은 아프리카와 관련해 제국주의 국가들이 식민지에, 특히 1차대전 이후에, 평화와 안정을 가져왔다고 주장한다. 무정부 상태와 무질서를 없애준 것이 제국주의 국가들의 공헌이라는 것이다. 이에 대한 아프리카인의 입장도 전혀 다르다. 제국주의자들이 들어오기 전에 아프리카가 무질서와 혼란 상태에 있었던 것은 아니라는 것이다.

오히려 제국주의자들이 들어온 1880년대 이후 근 30년 동안에 걸

---

49) D. K. Fieldhouse, *Colonialism, 1870-1945*, London, 1983, p. 45.
50) T. Hodgkin, 앞의 글, pp. 103-106. 이런 주장이 아무 근거도 없는 것이라고 무시해서는 안될 것이다. 아프리카 지역은 식민지가 된 후 지금에 이르기까지 한 번도 자생적인 발전의 기회를 가져보지 못했기 때문이다.

처 폭력, 무질서, 혼란이 크게 증가했다. 그리고 수많은 아프리카인들이 제국주의와 싸우는 과정에서 목숨을 잃었다. 벨기에령 콩고의 경우 인구의 50%가 줄었고 독일령 헤레로의 경우는 80%가 줄어들었다. 1차대전 이후의 안정과 평화라는 것은 제국주의자들이 식민지인들을 폭력적으로 억누른 결과로서 나타난 일시적 현상에 불과하다는 것이다.[51]

또 제국주의자들은 아프리카 대륙에 임의로 경계선을 그었고 그것이 오늘날 아프리카 국가들의 국경선이 되었다. 그러나 이 경계선들은 종족이나 문화적 · 지리적 · 생태학적인 고려 없이 제멋대로 그어진 인위적인 것이다. 그리고 식민지 해방을 통해 독립한 아프리카 국가들의 국경은 거의 식민지 국경선에 따라 정해졌다. 1946년 당시의 식민지 경계선과 1995년의 국경선 사이에는 거의 모양의 차이가 없다. 이런 인위성은 오늘날 많은 문제를 야기하고 있다.

먼저 대부분의 아프리카 국가들이 역사적 전통이나 문화, 언어가 다른 여러 종족들을 국경 내에 포함시키거나 이 국경선들이 기존의 국가나 민족, 종족들을 갈라놓기도 함으로써 많은 국제적 분쟁의 원인이 되고 있다. 예를 들면 바콩고 족은 콩고, 자이레, 앙골라, 가봉에 분산되어 있고 소말리족은 에티오피아, 케냐, 소말리아에 분산 거주하고 있다. 아프리카의 수많은 종족이 이와 비슷한 상황 속에 있다.[52]

그러나 그것을 극복하는 것은 거의 불가능하다. 여러 지역에 거주하는 소말리인들을 한데 모아 대 소말리아 국가를 세우려던 기도를 포함하여 민족주의에 의해 그것을 넘어서려는 어떤 노력도 실패로

---

51) A. Adu Boahen, *African Perspectives on Colonialism*, Baltimore, 1987, p. 95.
52) 같은 책, p. 96.

끝났다.[53] 식민지가 만든 국경이 매우 강인한 힘을 갖고 있기 때문이다. 또 아프리카에서 새로 독립한 국가들 사이에는 자연 자원이나 경제적 잠재력 면에서 너무나 많은 차이가 존재한다. 이 역시 식민주의자들의 임의적인 국경 획정과 밀접한 관계가 있다.

수단, 자이레, 알제리 등은 230만 제곱킬로미터 이상의 영토를 갖는 대국인 반면, 잠비아는 1만 제곱킬로미터, 레소토는 2만 8천 제곱킬로미터에 불과한 소국이다. 또 어떤 나라는 풍부한 지하자원을 갖고 있는 반면 어떤 나라는 사막밖에 갖고 있지 못하다.

식민 지배는 식민지에 근대적인 관료제와 군사 제도를 발전시켰다. 그러나 현지인들을 편입시켜 만든 이 제도들은 식민 지배를 용이하게 하기 위한 것이지 토착민들의 편의를 위한 것은 아니다. 실제로 이들 기구는 토착민을 억압하고 착취하는 데 중요한 역할을 했다. 식민주의자들은 이들 토착민 출신 관리나 군인들의 협력을 얻어 식민 통치를 더 쉽게 할 수 있었던 것이다.

동족인 식민지인들에 대한 이들의 권위주의적인 태도, 권력 지향적인 태도는 오늘날에도 대부분의 과거 식민지 국가에 그대로 살아남음으로써 이들 세력은 민주화에 큰 걸림돌이 되고 있다. 특히 아시아, 아프리카 지역에서 식민 통치 시기에 만들어진 군대 조직은 오늘날에도 독자적인 힘을 갖고 정치에 빈번히 간섭함으로써 제3세계 정치 불안의 큰 요인이 되고 있다. 군사 쿠데타가 일상화되고 있는 것이다.[54]

---

53) D. Birmingham, 앞의 책, p. 6.
54) A. Adu Boahen, 앞의 책, pp. 98~99. 또 영국이나 프랑스 등 아프리카의 이전 식민지 지역에서 아직도 영향력을 행사하고 있는 국가들은 그들이 선택한 지도자가 폭동 등에 의해 정치적 위기에 빠질 때에는 공개적이건 비밀리에건 군사적 지원을 하고 있다. D. Birmingham, 앞의 책, p. 8 참조. 프랑스의 외인부대 같은 것은 정규군 파견이 어려운 경우 동원되는 대표적인 용병부대이다.

식민주의의 경제적 착취

경제적 주권의 상실

아메리카에 식민지를 처음 건설한 스페인 왕실이 계속 관심을 가졌던 것이 귀금속의 착취[55]였던 데에서 알 수 있듯이 식민지의 가장 중요한 목적은 처음부터 경제적 착취이다. 정착 식민지의 경우 식민주의자들은 토착민들을 살육하고 토지를 강탈함으로써 경제활동에서 아예 배제시켰으므로 이야기할 것조차 없다.

착취 식민지는 이와는 달리 식민지에 대한 인적·물적인 착취가 목적이므로 경제적 착취는 바로 식민지의 존재 이유가 된다. 그러므로 경제적 착취는 그 형태는 조금씩 다르더라도 식민지의 어디에서나 나타난 일반적인 현상이다. 그러나 당장의 직접적인 착취만이 문제가 되는 것은 아니다. 더 근본적인 것은 그것이 장기적으로 식민지의 경제 구조를 왜곡시켜 기형화함으로써 자립을 불가능하게 만들

---

55) A. Pagden, 앞의 책, p. 67.

었다는 것이다.

식민지 경제의 확립이란 식민지인들이 조세, 외국 무역, 통화에서 주권을 상실하고 식민 모국의 경제에 밀접하게 통합되는 것을 의미한다. 특히 착취 식민지의 경우 식민 국가들은 그 재정적인 기반을 재산세나 인두세, 주택세 같은 직접세에 두었다. 소비세 같은 간접세가 나중에 추가되었고 무역량이 커지면서 관세의 중요성도 커지게 된다.

이들 조세의 부담이 식민지 이전 시대보다 커진 것은 아니라고 하더라도 그것은 매우 엄격하게 또 효율적으로 부과되었다. 따라서 식민지인들은 가혹한 조세 체제에서 벗어나는 것이 실질적으로 어렵게 되었다. 조세 제도는 화폐경제와 시장의 팽창을 가져오는 데 기여했다. 또 그것은 폭력에 의존하지 않고도 식민지인들을 노동시장으로 내모는 효과적인 수단이기도 했다. 세금을 물기 위해 현금이 필요했으므로 생존 경제의 폐쇄성에서 벗어나야 했기 때문이다.[56] 그리하여 그것은 전통적인 촌락 공동체를 와해시키는 데 기여했다.

식민지의 무역은 대체로 모국과의 관계에서 설정되고 모국에게 유리하게 규정되었다. 따라서 식민지는 과거에 주변 지역과 맺고 있던 경제적 관련성의 많은 부분을 상실하고 모국에 예속되는 결과를 가져온다. 그리고 무역은 본국의 특허 회사나 특수 식민지 기관, 또는 다국적 기업 등 외국인들의 손에 장악되게 마련이다.

또 식민지는 모국에서 오는 수입품에 대해 보호관세를 물리지 못하게 됨으로써 모국의 공산품 시장으로 전락하게 되었다. 이는 식민지의 기존 산업을 쇠퇴하게 만들었을 뿐 아니라 장기적으로는 탈산업화하는 결과를 가져왔다. 자생적인 산업 발전의 모든 가능성을 빼

---

56) J. Osterhammel, 앞의 책, p. 72.

앗은 것이다.

식민 국가들은 식민지의 수출 잠재력을 깨닫게 되자 그것을 현실화하기 위해 경제적 하부구조의 건설에도 나섰다. 가장 중요했던 것이 생산물을 항구로 실어 나르기 위한 철도 건설이었다. 그 결과 1차 세계대전이 일어날 무렵까지는 많은 식민지에 광범한 철도망이 건설되었다. 특히 인도의 경우가 대표적이다. 그 외에 농지 개간이나 수로 정비 사업 같은 것도 중요했다.

영국은 인도의 북부와 서부 지역에 많은 운하를 건설했다. 프랑스는 베트남에 광범한 관개 시설을 만들었다. 메콩 강 유역이 오늘날 세계적인 곡창 지역이 된 이유 가운데 하나가 그것이다. 그 외에 도로, 전기, 전신 시설 등도 중요하다.

이렇게 시기에 따라 식민지의 경제 정책이나 제도가 여러 형태로 변하기는 했지만 어떤 것이건 식민 모국을 위한 것이지 토착민들의 경제적 이익이나 자립을 위한 것은 아니었다. 따라서 식민주의자들이 가져다준 일부 이점을 과장해서는 안 된다.

강제노동과 토지의 약탈

많은 지역에서 식민주의자들은 자신들을 위해 식민지인들이 노동을 하게 만들려 했다. 드물게 노예 제도를 채용한 곳도 있기는 했으나 그렇지 않은 경우에도 대부분의 지역에서 강제노동이 행해졌다. 16세기에 중남미 지역에서 노동력이 필요했던 스페인인들은 토착민들을 엔코미엔다(Encomienda)에 의해 개인들에게 예속시켰다.

이것은 엔코미엔다권을 가진 스페인인 지주가 일정한 노동 할당량을 마을의 촌장들에게 요구할 수 있는 일종의 강제노동 제도였다. 이 제도는 노동력이 특히 많이 요구되었던 광산 지역에서는 미타(Mita)

제도로 발전했는데 이것은 토착민들을 먼 거리에 떨어져 있는 광산에서 장기간 노동을 하도록 강제하는 제도였다. 이것은 원주민들이 장기간 마을을 떠나 있게 함으로써 가족생활을 파괴했을 뿐 아니라 원주민들을 아무런 감시나 견제 없이 가혹한 노동에 종사시킬 수 있는 소지를 많이 갖고 있었다. 따라서 실제로는 노예제나 마찬가지였다.

엔코미엔다가 남용되어 인구가 줄고 식민지인들의 불만이 커지자 스페인 정부는 이를 없애려는 시도를 수차례 했으나 정착민들의 반발로 실패했다. 단지 극단적인 폐해만 제거하는 정도로 유지될 수밖에 없었다.[57]

아프리카 지역에서도 대가를 지불하건 안 하건 부역은 일반적인 노동 착취 형태였다. 두 차례의 세계대전에 원주민들이 동원된 것도 이런 맥락에서였다. 1차대전 때에 영국은 인도인 130만 명을 군인이나 노동자로 동원했고, 프랑스는 인도차이나에서 15만, 알제리에서 30만, 불령 서아프리카에서 20만 명이라는 엄청난 숫자를 동원했다. 영국 식민지인 케냐에서는 2차대전 시기에 토착민이 짐꾼으로 강제 동원되면서 일부 지역의 인구는 75%나 줄어들었다.

아시아 지역도 같다. 네덜란드인들도 자바 지역에서 커피를 생산하는 가운데 중남미에서와 비슷한 형태의 강제노동 제도를 이용했다. 일본도 2차대전 때 수많은 조선인을 군대나 공장에 징용함으로써 노동력을 착취했다.

강제노동보다 더 문제가 심각한 것은 토지의 약탈이었다. '뉴잉글랜드' 형태의 정착 식민지에서는 토착민들이 토지를 차지하는 것은

57) E. E. Rich, Colonial Settlement and Its Labour Problems, in : *The Cambridge Economic History of Europe*, V. 6, London, 1975, pp. 314-318.

거의 불가능했다. 그들은 토지에서 거의 완전히 분리되어 죽든가 오지로 추방되었다.

알제리에서는 약 100만 명의 프랑스 정착민들이 토지의 절반을 차지했다. 또 토지의 독점도 심해서 1954년의 경우 1,000명도 안 되는 프랑스인 대지주가 가경지의 1/7이나 차지하고 있었다. 반면 알제리인 50만 가족은 땅을 완전히 잃고 백인들에게 노동력을 제공해야 했다.

로데시아에서는 약 25만 명의 백인이 가장 좋은 경작지의 절반을 차지했고 흑인 500만 명이 나머지를 나눠 가져야 했다.[58] 남아프리카에서도 대규모의 강탈이 이루어졌고 케냐, 뉴질랜드에서도 마찬가지 현상이 벌어졌다.

이리하여 비옥한 토지는 거의 정착 식민자들의 손으로 넘어갔다. 멕시코에서는 대농장인 아시엔다스(Hasiendas)가 대규모로 확대되며 촌락 공동체나 소농들의 땅을 빼앗았고 소농들은 반소작인, 머슴, 순력 노동자로 전락했다. 멕시코의 인디오들이 자신들의 전통적인 생활양식을 잃게 된 것은 강제노동 때문이 아니라 반자본주의적인 아시엔다스에 의한 토지 착취 때문이었다.

이와 함께 식민지 경제가 세계 경제에 본격적으로 편입되며 농업의 상업화는 농민들의 생활을 전체적으로 바꾸어놓았다. 이는 아시아 지역에서는 1860~1870년대부터, 사하라 이남의 아프리카에서는 1900년대부터 시작되었다. 이리하여 농업 부문 내부에서도 수출 작물 쪽으로 자원의 재분배가 이루어졌다. 수출 작물을 생산하는 대규모 농장인 플랜테이션이 이렇게 만들어졌다. 이리하여 많은 농민은 자신의 식량도 생산할 수 없게 된 반면, 식민 세력의 비호를 받는 지

---

58) K. Good, 앞의 논문, p. 603.

주 세력은 부를 축적할 수 있게 되었고 농촌 사회의 분화도 가속화
했다.

식민 당국은 식민지의 산업화에는 별 관심을 기울이지 않았다. 일
본의 경우는 예외적이다. 일본은 조선과 만주, 대만 등지에 대규모로
산업을 건설했다. 그러나 이것도 일본의 영토나 자원의 협애성을 극
복하기 위한 조처였다. 식민지 산업에서도 인종 차별은 일반적이었
고 노동력도 '자유 임금'에 의한 것이 아니었다. 많은 경우 비경제적
인 압력이 가해졌고 따라서 임금의 일부는 현물로 지불되는 경우가
일반적이었다.

착취와 식민지의 탈산업화

이런 점에서 제3세계의 학자들은 식민 착취가 식민지인들에게 경
제적 궁핍을 가져다준 가장 중요한 요인이라고 주장한다. 식민 국가
의 경제에 기형적으로 예속됨으로써 자생적인 발전이 불가능하게
되었고 이런 예속성이 독립 이후에도 제3세계가 선진국과 교역할 때
부등가 교환을 하게 되는 근본적인 원인이라는 것이다.[59] 식민 지배
가 식민지의 탈산업화를 가져왔기 때문이다.

그러나 유럽중심주의적인 서양 학자들은 이런 주장에 동의하지 않
는다. 그들은 식민 지역이 자생적으로 경제 발전을 이루었을 가능성
을 부정한다. 그래서 필드하우스 같은 사람은 상당한 정도로 통합된
지역적 단위, 효율적이고 복잡한 행정 체계, 높은 문자 해득률, 상대

---

59) A. Emmanuel, S. Amin, A. G. Frank 등이 이런 입장을 갖고 있다. 특히 부등가 교환의 이론
에 대해서는 A. Emmanuel, *Unequal Exchange : A Study of the Imperialism of Trade*, London,
1972 ; A. Brewer, *Marxist Theories of Imperialism*, London, Boston and Henley, 1980, pp.
208-232 참조.

적으로 발전한 경제 구조를 가진 제3세계의 일부 국가들의 경우는 그대로 놓아두어도 경제 발전이 되었겠지만 대부분의 경우는 그렇지 못했을 것이라고 주장한다. 기술적·정치적 장벽이 높기 때문이라는 것이다. 실제로 에티오피아는 1896년에 식민화를 피하고 1935년에 이탈리아에게 점령되었지만 그 40년 동안 아무런 경제 발전도 이루지 못했다는 것이다.[60]

그러나 이런 주장이 설득력이 있는 것은 아니다. 19세기만 하더라도 비유럽 국가들은 유럽의 산업화된 국가들과의 교역에서 매우 불리한 조건에 있었기 때문이다. 유럽 공산품에 밀려 수공업 체제까지 붕괴되게 된 상황에서 에티오피아가 어떻게 산업을 발전시킬 수 있었겠는가?

필드하우스는 인도에 대해서도 비슷한 논지를 편다. 따라서 영국이 보호관세를 설치하지 못하게 함으로써 인도의 산업 기반을 무너뜨렸고, 행정 비용이나 군사비, 차관에 대한 이자로 인도에서 막대한 부를 유출시킴으로써 인도를 탈산업화시켰다는 인도인이나 제3세계 학자들의 주장에 반대한다. 공산품을 수입에 크게 의존했고 그 대부분이 영국에서 왔다는 점에서 1920년대까지 인도 경제가 식민주의적이기는 하지만[61] 다른 식민 지역과 비교하면 인도의 수입 규모는 절대적으로나 상대적으로 작다는 것이다.

1913년 인도의 국내생산액에 대한 수입액 비율은 10.2%이나 이는 1959년 케냐의 37%, 탕카니카의 32%, 우간다의 28% 등에 비해 상당히 낮다. 1인당으로 나눈 수입액도 0.5파운드에 불과해 1913년의 오

---

60) D. K. Fieldhouse, *Colonialism, 1870–1945*, p. 46.
61) D. K. Fieldhouse, *The West and the Third World*, Oxford, 1999, p. 191. 1913~1914 회계 연도에 인도가 수입한 물품의 79.2%가 공산품이었고, 1910~1911년에는 수입품의 62.2%가 영국에서 들어왔으며, 전체 수입액의 31.2%가 면직물이나 면직 제품이었다.

스트레일리아 16.8파운드, 캐나다 18.8파운드, 또 식민지는 아니나 영국에서 많은 상품을 수입한 아르헨티나의 10.3파운드와 비교해 매우 작다는 것이다.[62]

또 보호관세 없이도 발전한 면직 산업과 황마 산업의 예에서 보듯이 보호관세가 꼭 인도의 산업 발전에 도움이 되지는 않았을 것이라고 주장한다. 식민화되기 이전 인도의 기술 수준은 당시 유럽에 비하면 매우 단순한 것이었기 때문이다. 그래서 영국이 인도를 탈산업화했다는 논리는 성립하지 않는다는 것이다.[63]

그 밖에 행정 비용이나 군사 비용, 영국 투자 자본에 대한 이자의 지급은 독립국일 경우에도 마땅히 소요될 수밖에 없었을 것이니 이야기할 필요가 없지만 그 유출액도 인도의 GNP에 비하면 매우 작은 것이었다고 주장한다.[64] 결국 식민주의는 인도같이 큰 대륙 국가에게는 단지 제한된 영향밖에 주지 않았다는 것이다.[65]

그러나 이런 주장은 별로 믿을 만한 것은 못 된다. 인도는 19세기에 기본적으로 농업 사회였고 그런 사회에서 해외 부문이 차지하는 비율은 영국 같은 상업 국가와는 달리 비교적 작다. 더구나 인도는

---

62) D. K. Fieldhouse, 같은 책, p. 191. 그러나 필드하우스는 각 나라의 전체 무역 규모에 대한 통계는 제시하지 않고 있다. 따라서 절대 액수는 알 수 없다.

63) 이런 주장을 하면서도 그는 한편에서는 "영국 자본이 인도 제조업에 대한 투자를 적극적으로 방해했다는 증거는 없으나 1920년대까지는 시장의 개방이 주된 방해 요인이었다"고 말한다. 도대체 무슨 소리인지 횡설수설하고 있다. D. K. Fieldhouse, 같은 책, p. 193 참조.

64) D. K. Fieldhouse, 같은 책, p. 194.
인도가 1931~1932 회계연도에 공공 차관에 대한 이자로 영국에 물어야 했던 액수는 식민 정부 예산의 12%였다. 따라서 작은 비율은 아니다. 그러나 필드하우스는 독립 이전에 인도에 투자된 공공 투자나 사적 투자의 합계는 5억 파운드 미만이며 이를 1930년대의 인도 인구 3.18억으로 나누면 1인당 1.5파운드라는 적은 액수에 불과하다고 주장한다. 1913년에 오스트레일리아와 뉴질랜드의 투자액은 1인당 73파운드, 남아프리카는 55.2파운드이고 칠레는 19.4파운드, 아르헨티나가 47.7파운드이므로 이와 비교하면 인도의 1인당 투자액은 매우 적고 따라서 이자를 유출시켰다고 해도 큰 부담은 안 되었을 것이라는 것이다.

65) D. K. Fieldhouse, 같은 책, p. 194.

인구가 엄청나므로 그 수입액을 인구로 나누면 1인당 액수가 적을 것은 당연하다. 따라서 그것을 오스트레일리아, 뉴질랜드, 남아프리카같이 인구가 인도의 수십분의 일밖에 안 되는 백인 정착 식민지들이나, 전략적인 수출 부문이 있고 해외에서 많은 상품을 수입하며 인구가 적은 아르헨티나 같은 나라와 평면적으로 비교할 수는 없다. 그것은 통계 수치를 이용한 교묘한 속임수에 불과하다.

또 인도에서는 매년 막대한 액수의 자금이 영국으로 유출되었다. 그것은 인도 정부나 회사에 고용된 영국인들의 송금, 영국이 인도 식민 정부에서 매년 징수하는 본국 과징금(home charges), 그리고 인도에 투자된 영국 자본이 벌어들이는 이윤 때문이었다. 이 유출액을 계산하는 작업은 매우 어렵고 아직까지 믿을 만한 결과가 나오지는 않았다.

머커지(T. Mukerjee)는 그 가운데 본국 과징금만을 계산했는데 그 결과를 보면 1840년에서 1900년 사이에 영국 정부에 지불한 액수는 총 3억 5,500만 파운드로 추산된다.[66]

1840~1858년의 동인도회사 지배 아래서는 연평균 280만 파운드였고, 그 후 영국 정부의 직접 지배 아래서는 연평균 670만 파운드가 되었다. 이는 시기에 따라 다르기는 하지만 영국 국가 예산의 10~5%에 해당하는 액수로 결코 작지 않다.

그 가운데에는 인도만이 아니라 영제국의 방위라는 전략적인 목적을 위한 상당한 액수의 군사비와 함께 영국인 관리에 대한 지나치게 높은 봉급, 차관에 대한 정액으로 보장된 이자 등이 포함되어 있었는

---

66) 이에 대해서는 이태숙, 〈제국주의의 수익성〉, 이민호교수 정년기념위원회편,《유럽사의 구조와 전환》, 느티나무, pp. 147-151 참조. 20세기 초의 경우 그 세목은 철도 등의 시설을 위한 차관의 이자와 연부금 37%, 군사비 17%, 인도 정부가 영국에 진 부채에 대한 이자 17%, 런던에 있는 인도청의 비용 14%, 인도 정부가 구입한 물품 대금 11% 등으로 구성되어 있다.

데[67] 이는 인도로서는 불필요한 부담이었다.

차관의 사용처도 식민 통치의 목적을 위해 조율된 것이므로 인도가 독립 국가였다면 그 부담이 상당히 줄어들 수밖에 없다. 그러므로 필드하우스의 주장은 그대로 받아들일 수 없다.

이 문제에 대한 베로크(P. Bairoch)의 태도도 이해하기 어려운 것은 마찬가지이다. 그는 필드하우스와는 달리 식민주의를 통해 제3세계의 탈산업화가 이루어졌다는 사실은 인정한다. 인도나 중국, 라틴 아메리카 지역의 탈산업화를 식민주의와 연관시키고 있는 것이다.

그래서 "경제적 저발전의 많은 부정적인 구조적 특징들이 유럽의 식민화에 뿌리를 갖고 있으며," [68] 그 결과 오늘날 선진국과 제3세계의 GNP 수준에 현격한 차이가 나타난다는 사실을 받아들인다. 그러면서도 한편에서는 식민지의 착취가 유럽의 산업 발전에 도움은 되지 않았다고 주장한다. 유럽의 산업 발전은 산업혁명의 결과이지 식민화의 결과는 아니라는 것이다.

그리고 이 두 논리를 합쳐 "서양이 식민주의에서 많은 것을 얻지 않았다고 해서 제3세계가 많은 것을 잃지 않았다는 것을 의미하는 것은 아니다" [69]라고 말한다. 경제는 제로 섬 게임이 아니므로 그것이 가능하다는 것이다. 앞뒤가 잘 맞지 않는 이야기이다.

더 나아가 그는 서양의 발전이 제3세계의 착취에 의존하지 않았다는 사실은, 제3세계도 다른 나라의 착취 없이 발전할 수 있는 가능성을 갖고 있다는 이야기이므로 "제3세계에게 좋은 뉴스" [70]라고까지

---

67) 1931~1932 회계연도에 인도의 방위비는 식민 정부 예산의 28%로 매우 많다. 인도는 이 예산으로 인도뿐 아니라 영제국 다른 지역에 주둔한 인도 연대들의 비용도 부담했다.
68) P. Bairoch, *Economics & World History : Myths and Paradoxes*, Chicago, 1993. p. 88.
69) 같은 곳
70) 같은 책, p. 97.

주장한다.

탈산업화를 인정하지 않을 수는 없으나 그렇다고 착취를 통해 유럽이 잘살게 되었다는 이야기를 할 수는 없으니까 이런 괴상한 논리를 전개하는 것이다. 유럽중심주의적 서양 학자들의 지적 파산 행태를 보여주는 좋은 예라 하겠다.

자본의 본원적 축적과 산업화

제3세계의 역사가들은 또 식민주의 국가들은 이런 착취를 통해 산업화의 첫 단계에 필요한 자본을 축적할 수 있었다고 주장한다. 말하자면 유럽이 식민 착취를 통해 자본의 '본원적 축적'을 이뤘다는 것이다. 그러니까 식민지의 착취가 없었더라면 현재의 산업화된 서양은 존재하지 않을 것이라는 이야기이다. 그러나 유럽 중심적인 역사가들은 이런 주장도 받아들이지 않는다. 시장과 자원이라는 점에서 식민지가 유럽 국가들에게 별 도움이 되지 않았으며 산업화의 진전에도 별 영향을 미치지 않았다는 것이다.[71]

오브라이언(P. K. O'Brien)은 유럽 경제를 자본주의로 나아가게 해 다른 지역 경제와 차이를 만드는 데 중요한 역할을 한 1450~1750년 사이에, 중심부와 주변부 사이의 무역은 적은 규모였고 기업적인 측면에서도 크게 이익이 나는 장이 아니었다고 주장한다. 18세기 말

---

71) 이들은 유럽 국가들 사이의 무역이 더 중요하다고 주장한다. 특히 베로크는 식민지의 원자재가 유럽에 큰 도움이 안 되었다고 주장한다. 면화를 보면 1909~1913년 사이에 유럽으로 들어온 전체량은 360만 톤인데 대부분이 미국에서 들어왔다는 것이다. P. Bairoch, 같은 책, p. 67.
그러나 유럽의 산업화와 식민지와의 관계를 이해하기 위해 가장 중요한 시기는 20세기 초가 아니라 영국에서 산업화가 시작된 18세기 후반에서 19세기 초이다. 영국 면직 산업이 기초를 마련한 18세기 후반에 영국은 면화를 주로 인도에 의존했다. 이때는 영국이 인도의 주된 면화 생산지인 뱅갈 지역을 1757년에 식민지로 만든 이후이다. 따라서 면직 산업이 영국의 산업혁명에서 차지하는 막중한 비율을 고려한다면 산업화가 식민지와 관련되었음은 부정하기 어렵다.

에 유럽과 주변부 사이의 교역량은 전체 교역량 가운데 수출 20%, 수입 25%로서 크다고 할 수 없으며, 경쟁이 치열해지며 설탕, 후추, 커피, 담배 등 주요 수입 작물의 가격이 계속 떨어져 비정상적으로 많은 이익을 낼 수는 없었다는 것이다.[72]

또 영국의 경우에 주변부와 무역 거래가 없었더라도 연간 총투자액은 약 7% 이상 줄어들지는 않았을 것이라고 주장한다. 주변부와 거래한 무역에서 큰 이익을 내지 못했기 때문이며, 따라서 식민지가 서유럽 경제 성장의 결정적 요인이 될 수 없었다는 말이다.

베로크도 비슷한 이야기를 하고 있다. 18세기 전반에 영국의 식민지 무역액은 유럽과 거래한 무역액의 5~10%에 불과했으며[73], 1720~1790년 사이에 해외 시장은 수요의 4~8%를 차지했는데 그 가운데 비유럽 국가와 거래한 교역은 33~39% 정도로, 전체 수요의 2~3%에 불과하여 거의 무시할 만한 수준이라는 것이다.

또 이 시기의 방직 산업과 철강 산업에서 해외 시장은 중요하나 그 비율은 각각 11%와 10~15% 정도로서 결정적인 것은 아닌데다가 그 가운데 약 40% 정도만이 비유럽 지역인 주변부와 거래한 무역이라는 것이다. 그러므로 면직물과 철강 부문에서 주변부와 거래한 무역량은 전체 수요의 약 4~6%에 불과하다는 계산이 나온다.[74] 또 그는 오브라이언과 같이 주변부와 거래한 무역에서는 이익이 적었고 초과 이윤도 없었다고 주장한다.

따라서 그는 유럽 경제의 발전은 주변부와 거래한 무역 때문이 아니라, 앞에서 말했지만, 산업혁명의 결과라고 주장한다. 이에는 여러

---

72) P. O'Brien, European Economic Developement : The Contribution of the Periphery, *Economic History Review*, XXXV, No. 1, 1982, pp. 3-7.
73) P. Bairoch, 앞의 책, p. 82.
74) 같은 책, pp. 82-84.

기술 혁신이나 발명이 중요한 역할을 했고, 18세기 말에 영국은 이미 세계의 공장이었다는 것이다. 산업혁명으로 인한 기술 혁신은 군사력도 강화시켰으며, 결과적으로 유럽의 산업화는 식민화의 결과가 아니고 산업화로 인해 비유럽이 식민화되었다는 것이다.[75]

그러나 이들도 해외 무역이 비중은 작아도 유럽의 본원적 자본 축적에 중요한 역할을 했다는 사실을 완전히 부정할 수는 없었다. 그래서 산업화의 원인을 자본 외의 다른 요인에 더 귀착시켰다. 근대적 산업의 성장은 자본 형성보다는 기술의 진보나 조직적 효율성에 더 의존하며 따라서 자본 형성이 '경제 발전의 원동력'으로 규정되어서는 안 된다는 것이다.[76]

이 문제를 더 잘 이해하기 위해서는 영국 산업혁명에서 국내적 요인과 해외적 요인의 역할에 대한 논의를 살펴볼 필요가 있다. 산업혁명에서 해외적 요인이 중요하다는 것은 18세기 말 이래 대부분의 유럽 경제학자들이 인정해온 것이다.

그러나 이런 태도에 특히 변화가 오는 것은 1950~1960년대부터이다. 이 시기에 많은 식민지가 독립하고 이들이 비동맹국가로 결집되어 식민 착취에 대한 비난이 쏟아져 나오자 서양 학자들이 국내적 요인을 강조하는 쪽으로 태도를 바꾼 것이다. 도덕적 비난을 피하기

---

75) 같은 책, p. 85. 이 책은 1993년에 나왔으나 이 안에 실린 글들은 1950~1960년대의 연구에 많은 부분을 의존하고 있다. 가까운 시기의 것이라 해도 1970년대 정도이다. 식민주의에 대한 그의 연구도 주로 1970년대에 이루어졌다. 그러니 이 책이 최근에 나오기는 했으나 얼마나 낡은 견해를 보여주고 있는지 짐작할 수 있을 것이다. 오브라이언은 베로크의 주장도 상당 부분 참고하고 있다. 그러니 그렇고 그런 이야기를 계속할 수밖에 없다.
J. R. 워드도 베로크와는 다르기는 하나 기본적으로는 비슷한 주장을 하고 있다. 그는 기계화에 따른 산업혁명은 18세기 말 영국의 팽창과 관계가 없으나 여하튼 18세기 말의 폭넓은 산업적 진보가 영국이 해외로 진출하는 새로운 계기를 만들었다고 주장한다. J. R. Ward, The Industrial Revolution and British Imperialism, 1750-1850, *The Economic History Review*, New Series, Vol. 47, No. 1, Feb., 1994, pp. 44-65 참조.
76) P. O'Brien, European Economic Developement, pp. 4-7.

위해서였다.

그래서 유럽 농업의 생산성 증가, 인구의 증가, 높은 수준의 국내 저축, 정부의 정책, 과학과 기술의 발전, 효율적인 교육 제도 등 온갖 내부적 요인을 강조했다. 그러나 연구가 진행되며 그런 주장들이 별로 설득력이 없다는 것이 밝혀짐에 따라 1980년대 후반 이후에는 다시 외부적 요인이 강조되는 쪽으로 연구 경향이 바뀌고 있다.[77]

그리하여 영국의 산업혁명과 나아가 유럽의 경제 성장에서 식민지와 대서양 무역이 차지하는 중요성이 다시 부각되고 있다. 따라서 해외 부문의 중요성은 이들의 주장과 달리 인식될 필요가 있다.[78]

이들의 주장은 그 외에도 여러 면에서 비판의 여지가 있다. 우선, 이들이 산정해낸 해외 부문의 규모에 대한 평가이다. 사료 부족으로 통계치의 신뢰성이 크지 않다는 사실은 논외로 하고, 또 오브라이언이 주장하는 '20%밖에 안 되는' 유럽의 주변부 수출 시장을 인정한다고 해도 그것은 그가 생각하는 것만큼 사소한 것은 아니다. 경제 성장 초기의 시장이 좁은 상황에서 20여%의 지속적인 해외 부문이 갖고 있는 효과는 유럽 내부 시장보다 작았다는 말로 간단히 넘어갈

---

77) 영국 산업혁명의 각종 국내적 요인에 대한 전통적 견해에 대해서는 J. Mokyr, Editor's Introduction, in : The British Industrial Revolution, Oxford, 1999. pp. 1-127 참조. 새로운 견해가 1980년대 후반에서 1990년대 초의 여러 학술회의를 통해 점차 자리잡음으로써 전통적인 견해는 지금은 수세에 있다. J. E. Inikori, R. A. Austen, W. D. Smith, R. Bailey, W. Darity, J. Cuenca 같은 이들이 새로운 연구를 주도하는 인물들이다. R. Findlay 같이 전통적인 견해를 지지하던 권위 있는 인물도 1990년의 책에서는 "18세기 영국의 성장이 수출에 의해 이끌렸다는 것에 의문의 여지가 없다"고 분명히 이야기하고 있는데, 이는 연구 추세의 변화를 보여주는 좋은 예이다. R. Findlay, The "Triangular Trade" and the Atlantic Economy of the Eighteenth Century : A Simple General Equilibrium Model, Princeton, 1990, p. 22 참조.

78) 유럽 중심적인 견해를 갖고 있는 오브라이언도 앞의 1982년 논문에서는 주변부와 거래한 무역의 역할을 중시하지 않았으나 1991년에 쓴 논문에서는 1697에서 1802년 사이, 영국의 수출 증가량의 85%가 식민지와 신식민지 시장에서 흡수되었다며 식민지의 중요성을 인정하고 있다. P. O'Brien and S. Engerman, Exports and the Growth of the British Economy from the Glorious Revolution to the Peace of Amiens, in : B. Solow(ed.), Slavery and the Rise of the Atlantic System, Cambridge, 1991, pp. 193-208 참조.

수는 없기 때문이다. 그것이 경제 성장의 결정적인 견인차 노릇을 했을 가능성도 충분히 있다.

또 주변부 시장의 성격에 대해서도 검토해볼 필요가 있다. 영국의 무역 통계를 보면 18세기 후반의 산업화 초기에 신기술이 적용된 날염(捺染)된 면직물이나 단조(鍛造)된 철제품 등은 주로 아프리카, 카리브 지역, 북아메리카 플랜테이션 지역 등 대서양 지역으로 수출되었다. 이 제품들에 대한 영국 내의 수요가 구매력이 작은 지방 시장에 한정되었던 데 비해, 대서양 지역의 수입업자들은 한꺼번에 많은 양과 표준 제품을 요구했기 때문이다. 그리하여 이는 영국 산업의 기술 수준을 높이는 데에도 크게 기여했다.

영국의 공산품 수출에서 대서양 지역이 차지하는 비중은 1784~1786년 사이에는 43%, 1794~1796년에는 59%, 1804~1806년에는 57%, 1814~1816년에는 42%, 1824~1826년에는 44%이고 같은 기간에 유럽에 대한 수출은 각각 36%, 22%, 33%, 44%, 38%이다.[79]

이것을 보면 대서양 지역에 대한 수출 비중이 유럽에 비해 더 높은 것을 알 수 있다. 이는 유럽이 아니라 주변부가 영국의 산업화에 결정적인 역할을 했을 가능성을 시사한다. 이것은 영국에 한한 이야기이기는 하지만 이런 점들을 고려한다면 오브라이언과 베로크의 주장이 별로 믿을 만하지 않음을 알 수 있을 것이다.

---

[79] R. Blackburn, *The Making of New World Slavery*, Verso, London & New York, 1998. pp. 520-525 참조. 이와 관련해 최근에는 대서양 무역의 중요성을 강조하는 연구가 많이 나오고 있다. P. D. Curtin, *The Rise and Fall of the Plantation Complex : Essays in Atlantic History*, Second Edition, Cambridge, 1998 ; H. S. Klein, *The Atlantic Slave Trade*, Cambridge, 1999 ; J. Thornton, *Africa and Africans in the Making of the Atlantic World, 1400-1800*, 2nd Edn., Cambridge, 1998 참조.

식민주의의 대차대조표

여기에서 더 나아가 유럽중심주의적 역사가들은 유럽 국가들이 식민지를 보유함으로써 얻게 된 이익과 비용을 따져보면 식민지 보유가 제국에게 경제적으로 부담이 되었지 별 도움이 안 되었다고까지 주장한다. 식민지를 방위하기 위한 비용이나 식민지에 투자한 비용을 빼면 식민지를 가짐으로써 별 이득을 보지는 못했다는 것이다.

이런 주장은 영국의 경우 처음 나온 이야기는 아니다. 18세기부터 애덤 스미스 같은 자유방임주의자들이나 19세기의 홉슨 같은 급진주의자들이 하던 이야기이다. 그것에 약간 변형을 가한 것이다. 1960년대 이후 여러 사람이 이런 주장을 하고 있으나 여기에서는 이런 경향의 기존 연구들을 취합하여 1846~1914년 사이 영국 제국주의의 비용과 이득을 계산한 오브라이언의 논문을 한번 살펴보자.[80]

그는 제국이 산업화에 기여한 것이 사실이라는 점은 인정하고 있다. 영국이 19세기에 들어와 점점 더 국제 무역에 의존하는 나라가 되어 식량이나 원자재를 해외에 의존했기 때문이다. 석탄을 제외하

---

80) P. K. O'Brien, The Costs and Benefits of British Imperialism 1846-1914, *Past and Present*, No. 120, Aug.,1988, pp. 163-200. 이 글은 1846~1914년 사이만을 다룸으로써 원초적으로 시간적인 한계를 갖고 있다. 그는 L. E. Davis and R. A. Huttenback, *Mammon and the Pursuit of Empire : The Political Economy of British Imperialism*, 1860-1912, Cambridge, 1986에 자극을 받고 이 글을 썼고 비슷한 논지를 전개하고 있다. 이 주제와 관련된 연구들로는 R. P. Thomas, A Quantitative Approach to the Study of the Effects of British Imperial Policy upon Colonial Welfare : Some Preliminary Findings, *Journal of Economic History*, 25, 1965 ; L. E. Davis and R. A. Huttenback, Public Expenditure and Private Profit : Budgetary Decision in the British Empire, 1860-1912, *American Economic Review*, 67, 1977 ; *idem*, The Political Economy of British Imperialism : Measures of Benefits and Support, *Journal of Economic History*, 42, 1982 ; M. Edelstein, Foreign Investment and Empire, 1860-1914, in : R. Floud & D. McClosky(ed.), *The Economic History of Britain since 1700*, Vol. ii, Cambridge, 1981, pp. 88-97을 참조 바람. 이 문제와 관련한 국내 논문으로는 이태숙, 〈제국주의의 수익성〉, 이민호교수 정년기념위원회 편,《유럽사의 구조와 전환》, 느티나무, 1993, pp. 143-164가 유용하다.

고 원자재의 90%를 해외에서 수입했고 그리하여 19세기 중반부터 계속 공산품을 원자재와 교환했다. 그럼에도 그는 식량이나 원자재의 공급지, 또 상품이나 용역의 시장으로서 영국 식민지나 자치령의 중요성은 과장되면 안 된다고 주장한다.

1860년에 수입의 1/5이, 1914년에는 1/4이 식민지에서 들어왔고, 식민지로 나가는 수출은 1/4~1/3 사이라는 것이다. 나머지는 유럽이나 미국 같은 나라와 거래한 무역액이다. 서비스 산업(해운, 금융, 보험, 소매업)의 경우는 평가가 힘들어 논의에서 제외했다. 따라서 영국의 무역에서 식민지의 중요성은 최소화하면 안 되나 압도적인 것은 아니라는 것이다.[81]

그는 19세기 중반에 영국이 식민지와 연결이 끊어져 식민지나 자치령이 보호관세를 도입했다고 가정할 때, 영국이 다른 유럽 국가들의 상품에 대해 매긴 평균 수입관세율을 적용하여 그것이 영국 경제에 어느 정도의 영향을 미쳤는지 계산했다. 그 경우 영국이 식민지를 갖고 있었을 때와 비교해 상품 무역에서 입는 손실은 1870년에 GNP의 1.1%, 1913년에는 3.3%에 불과하다고 추정한다. 별로 크지 않다는 것이다.[82]

또 제국이 청산되어 과거의 식민지들과 교역을 하지 않아도 그 대체품들은 얼마든지 다른 곳에서 구할 수 있었을 것이고 또 식량 수입 대신 국내 농업을 진흥시킬 수 있었을 것이므로[83] 그것이 영국 경제에 큰 영향을 주지는 않았을 것이라는 것이다.

자본 투자의 출구로서도 그는 식민지가 별로 의미가 없다고 주장한다. 1865~1914년 사이에 영국 자본 가운데 영국 내에 투자된 것이

---

81) P. K. O'Brien, The Costs and Benefits., p. 167.
82) 같은 논문, p. 168.
83) 같은 논문, p. 168-169.

33%, 외국에 투자된 것이 42%, 제국에 투자된 것이 25%로 그 비율이 상대적으로 낮다는 것이다. 그것은 식민지의 투자 수익률이 높지 않은 것과도 관련이 있다. 1870~1913년 사이에 식민지를 포함해 해외 투자 수익률은 국내 투자보다 연 1.58% 정도밖에 많지 않았다는 것이다. 그리고 이런 결과는 마르크스주의자들이 주장하듯 국내의 자본 이익률이 떨어져 해외에 투자했다는 주장을 지지해주지는 않는다는 것이다.[84]

또 이민의 출구로서도 식민지는 큰 역할을 못했는데, 1853~1910년 사이에 이민의 2/3가 식민지가 아닌 미국 같은 다른 지역으로 갔기 때문이고, 1911~1913년에야 이민의 절반을 제국이 받아들였으나 그것도 대부분은 자치령으로 갔다는 것이다.

그는 제국의 방위나 바다의 지배를 위해 공공 자금이 매우 잘못 분배되었다고도 주장한다. 영국은 1846~1914년 사이에 제국의 거대한 통치 기구와 방위 기구를 유지하기 위해 엄청난 공공 지출을 했으나 이는 경제 성장을 위해 충분치도 않았고 필요한 것도 아니었다는 것이다.[85]

그리고 그 부담은 국내 납세자들 사이뿐 아니라 영국인과 식민지인 사이에 불공평하게 분배되었으며 영국인들이 과도한 부담을 졌다는 것이다. 따라서 식민지는 영국의 시장, 식량이나 원자재의 공급처, 투자처로서 꼭 필요하지는 않았고 오히려 영국민들에게 부담만 주었다는 이야기이다.[86]

이런 논리를 그대로 받아들인다면 영국인들은 이익도 나지 않는 식민지를 확보하기 위해 수백 년 동안 온갖 노력을 기울여온 것이 된

---

84) 같은 논문, p. 176~177. 그는 1.58%의 차이가 큰 것은 아니나 상당한 것이라 말하면서도 해외 투자가 별 이점이 없었다는 투로 이야기를 하고 있다.
85) 같은 논문 p. 200.

다. 이런 주장은 언뜻 그럴듯해 보이나 많은 논리적 허점을 갖고 있다. 앞에서와 마찬가지로 통계 자료가 불충분하다는 데서 오는 난점은 말할 필요도 없으며, 연구 방법론상의 문제나, 계산해서 나온 수치들을 어떻게 평가하고 거기에 어떤 의미를 부여하느냐 하는 것도 간단한 일은 아니다.

식민지와 거래한 무역이 중요하다는 것은 앞에서 이야기했다. 그러면 식민지가 보호관세를 도입했을 때 상품 무역에서 영국이 입는 손실 추정치인 국민소득 대비 1.1~3.3%는 어떤 의미를 갖고 있을까?

그것은 식민지를 가짐으로써 영국이 무역에서만 매년 그 정도의 흑자를 보았다는 말인데, 매년 그 정도 흑자를 본다는 사실은 간단히 평가 절하할 수 있는 일이 아니다. 그것은 지속적인 경제 성장을 가능하게 할 수 있는 정도의 수준이다. 결코 작은 액수가 아니다.[87]

이민의 출구 문제도 그렇다. 1853~1914년 사이에 이민자 가운데 1/3밖에 식민지로 가지 않았다 해도 그것이 결코 작은 수치는 아니다. 1900~1914년 사이에만 영국을 떠난 사람이 인구의 5%인 240만 명일 정도이다. 그러니까 이 시기에만 해도 식민지와 과거의 식민지인 자치령을 합해 120만 명을 받아들인 것이다. 오늘날 대부분의 제3

---

86) 이에 대해 홉스봄 같은 사람도 다른 맥락에서이기는 하나 동조한다. 1차대전 이전 수십 년 동안 영국 산업이 식민지 시장에 안주함으로써 필요한 구조조정을 하지 못하게 되어 미국과 독일의 도전에 뒤처졌다는 것이다. 따라서 그렇게 하지 않았더라면 영국 경제가 20세기의 도전에 더 잘 대응하여 빨리 생산성을 증가시킬 수 있었을 것이라는 주장이다. E. Hobsbawm, *Industry and Empire*, New York, 1968, pp. 116-126.

87) 예를 들어 2003년 한국의 GDP를 6,000억 달러로 가정하고 이에 오브라이언이 1870년과 1913년 사이에 식민지 지역이 보호관세를 도입할 경우 영국이 입었을 것으로 추정한 손실률 1.1%와 3.3%를 적용하면 66억 달러에서 198억 달러가 된다. 198억 달러 정도면 한국의 한 해 경상흑자로서도 거의 최대치에 해당하는 액수이다. 식민지를 가짐으로써 매년 이 범위 안에서 경상흑자가 고정적으로 난다면 그것은 한국 경제에 큰 활력을 줄 수밖에 없다. 그러니 GDP의 1.1%~3.3%라 해도 결코 작은 수치가 아니다.

세계 국가들이 과잉 인구를 줄이기 위한 아무런 출구도 갖고 있지 못한 것과 비교해보라.

해외 자본 투자의 경우도 사람마다 계산치가 다르다. 그러나 제국에 투자한 비율 25%를 받아들인다 해도 그것은 작은 비율이라고 할 수 없다. 또 오브라이언이 언급한 해외 투자 수익률은 에델스테인(M. Edelstein)의 연구를 인용한 것이나 데이비스(L. E. Davis)와 휴텐백(R. A. Huttenback)의 연구에 따르면 1860~1884년 사이의 제국 투자 수익률은 9.7%로, 국내와 해외 투자의 5.8%에 비해 월등히 높다. 반면 1885~1912년 기간에는 제국이 3.3%로, 국내와 해외의 5.5%보다 낮다. 따라서 시기별로도 변동 폭이 크므로 일률적으로 말하기는 힘들다. [88]

그러나 그 연구는 실제의 해외 투자 수익률이 에델스테인의 수치보다 훨씬 높아질 가능성도 있음을 시사하는 것이다. 또 에델스테인의 수치를 받아들인다 해도 해외 투자 수익률이 국내 투자 수익률보다 1.58% 높다는 것이 당시의 투자가들에게 식민지에 투자할 유인을 주지 않았을 것이라고 단정할 만한 근거는 없다. 막연히 생각하기보다 크지 않기 때문에 식민지가 자본 투자의 출구로 의미가 없는 것으로 판단해서는 안 된다. 더 깊이 있는 연구가 필요하다.

제국 유지 비용에서 가장 중요한 것은 군사비이다. 오브라이언은 유럽 여러 강대국 국민들과 비교하여 영국민의 군사비 부담이 과도했다고 주장한다. 1869~1914년 사이에 영국민의 1인당 부담이 연평균 1.14파운드인 데 비해 대부분의 서유럽 국가, 러시아, 미국, 1910

---

88) 이것은 남아 있는 사료가 매우 제한되어 있는데다가 사용되는 사료의 성격, 연구 방법의 차이 때문이다. 데이비스와 휴텐백의 연구에 대해 오브라이언 자신이 '이들이 이용한 우연한 자료의 결과'로 본다. 그러니 이들의 연구를 신뢰하기가 어려운 것이다. O'Brien, The Costs and Benefits., p. 180. 이는 에델스테인의 연구에도 마찬가지로 적용될 수 있는 이야기이다.

년 이후의 일본을 모두 합친 외국들의 경우는 평균 0.42파운드이다.

또 국채에 대한 이자는 영국이 1인당 0.7파운드, 외국이 0.26파운드로 영국민이 상대적으로 많이 부담했다는 것이다. 이에 따라 세금도 영국이 1인당 2.41파운드, 외국이 평균 0.96파운드를 낸 것으로 계산되었다.[89] 그리하여 군사비와, 주로 제국 유지용으로 사용된 국채의 이자를 합하면 영국민은 주된 유럽 국가나 미국보다 2~3배 많은 군사 비용을 지출한 것이 된다.[90]

그런데 자치령이나 식민지 가운데 방위비를 자담한 것은 인도뿐이므로 다른 지역은 모두 영국민의 혜택을 보았다는 것이다. 또 일반 국민들의 부담으로 혜택을 본 것은 금융업자, 은행가, 상인, 해운업자, 식민지와의 통상을 중개하는 다른 중개업자들로 구성된 신사 자본가들뿐이다. 이들이 군사비나 제국 보조금을 통해 이득을 보았다는 것이다.[91]

그러나 이런 주장도 많은 문제를 갖고 있다. 우선 19세기 후반 영국의 군사비에서 자국 방위에 필요한 비용과 식민지 방위를 위한 비용을 구분하는 것이 가능한가 하는 의문이다.[92] 1914년 이전에 유럽의 군비 경쟁이 유럽 납세자들의 부담을 증가시키기는 했으나 그것이 엄격하게 제국주의 비용은 아니다. 따라서 이것을 기초로 간단히 계산할 수는 없다.

또 영국민의 군사비 부담이 다른 유럽 강대국들에 비해 지나치게

89) P. K. O'Brien, The Costs and Benefits., p. 187.
90) 같은 논문, p. 194.
91) 같은 논문, p. 195. 그리하여 데이비스와 휴텐백은 식민지가 스스로 방위 부담을 지게 했다면 영국 납세자의 부담은 40%가 줄어들었을 것이라고 주장한다. 또 1인당 군사비를 프랑스, 독일만큼만 썼어도 1/4 정도는 줄어들었을 것이라고도 주장한다. 같은 논문, p. 189.
92) P. Kennedy, The Costs and Benefits of British Imperialism, 1846–1914, Past and Present, 125, 1989, p. 185.

높다는 주장은 각 나라의 중앙 정부에서 거둔 세금의 액수만 고려하고 세금의 종류나 비율은 고려하지 않은 주장이다. 그것은 나라마다 사정이 다르므로 간단히 말할 수 없다. 독일의 경우 중앙 정부에서 거둔 세금은 간접세뿐으로 그 양은 많지 않다.[93]

또한 절대액에서 영국의 1인당 군사비 지출이 더 많기는 하나 영국의 생활수준이 높기 때문에 상대적인 면에서는 다르다. 1850~1913년 사이에 각국의 GNP에서 군사비에 소요된 비율은 영국이 3.4%인 데 비해 이탈리아 3.5%, 독일 4.6%, 프랑스 4.8%, 러시아 6.3%였다. 더구나 1880~1890년대에는 영국 GNP의 2.3%만이 군사비로 지출되었다. 따라서 이것을 엄청난 부담이라고 할 수는 없다.[94]

그래서 테일러(A. J. P. Taylor)는 오브라이언 같은 사람들과는 달리 "영국은 부담을 덜 지고 가장 쉽게 강대국이 될 수 있었던 나라"[95] 라고 말하고 있을 정도이다. 테일러의 주장이 맞다면 그것은 가장 큰 식민 제국을 건설했기 때문에 얻은 이점이라고 할 수 있다.

사실 식민주의의 손익을 계산하는 작업은 이제야 시작된 셈이다. 오브라이언도 그 점을 잘 알고 있고 그래서 자신이 만든 대차대조표가 예비적인 것이라고 말한다. 따라서 그것을 최종적인 결론으로 받아들여서는 안 된다. 그럼에도 그의 연구를 이 문제에 대한 최종적인 결론처럼 받아들인다면 그것은 잘못된 것이다.[96]

또 하나 잊지 말아야 할 것은 식민지를 가짐으로써 오는 손익 문제는 주로 서양인들의 관심사에 불과하다는 것이다. 그리고 그러한 논의의 밑에는 식민 지배에 대한 도덕적 책임을 면하려는 불순한 동기

---

93) 또 국채의 경우 영국은 보어전쟁 시기를 제외하면 평화시에는 계속 감소했다. 반면 다른 나라들은 증가했다. 그것은 다른 나라들이 군사비를 세금과 함께 국채에 의존했기 때문이다.
94) P. Kennedy, 앞의 논문, p. 191.
95) P. Kennedy, 앞의 논문, p. 191에서 재인용.

가 깔려 있다.

또한 과거 식민지인들이 입은 피해는 물질적인 것만이 아니다. 정신적, 문화적으로도 깊은 상흔을 남기고 있으며 그것은 숫자로 계량화할 수 있는 범주가 아니다. 따라서 비서양 세계에 속하는 학자들이 서양 학자들의 이런 잘못된 주장을 마치 대단한 발견이라도 한 양 반갑게 받아들이는 태도는 반드시 피해야 할 일이다.

---

96) 이 문제에 대한 박지향 교수의 태도는 좀 성급해 보인다. 그는 "제국의 경제적 측면에 대한 분석은 유럽의 산업화와 식민지와의 관계에 대한 세계체제론이나 저발전학파의 주장이 과장된 것임을 밝혀주었으며 그런 주장이 막강한 영향력을 미칠 수 있었던 것은 제국주의의 부정적 효과에 대한 도덕적 비판이라는 측면을 포함하고 있기 때문이다"라고 단정적으로 말하고 있는데 이 논의는 아직 그렇게 말할 수 있을 정도로 연구가 진전된 것이 아니다. 박 교수도 "영국 제국주의의 비용-수익성에 대한 논의는 이제 막 시작되었을 뿐"이라는 사실을 인정하고 있으므로 더 신중한 태도로 유보적인 결론을 내는 것이 좋았을 것이다. 박지향, 《제국주의》, 서울대출판부, 2000, PP. 100-112 참조.

전통 사회의 파괴와
식민 사회의 형성

라틴 아메리카의 인종적 계서제

식민 세력이 지배하게 되면서 식민 사회에는 전통적인 사회 구조가 무너지고 새로운 사회 구조가 만들어졌다. 그것은 유럽인, 토착 원주민, 아프리카인들이 뒤섞이며 인종적으로나 문화적으로 매우 복잡한 사회가 만들어졌기 때문이다. 물론 유럽의 지배 민족과 토착민 사이에 주된 구분이 나타나지만 중남미의 경우에는 피부색에 따라 순수 혈통의 스페인인부터 토착민 대중에 이르기까지 정밀한 계층 질서가 만들어졌다.[97]

---

97) 스페인이 지배한 라틴 아메리카에서는 부모의 인종적 출신에 따라 총 23개의 조합이 이루어져 이에 의해 복잡한 사회적 계서제가 만들어졌다. 예를 들어 부가 백인이고 모가 흑인인 경우에 그 자식은 물라토, 부가 백인이고 모가 인디오일 경우에는 메스티조, 부가 인디오이고 모가 흑인일 경우에는 치노, 부가 백인이고 모가 물라토일 경우에는 콰르테론, 부가 백인이고 모가 메스티조일 경우 크레올레 등으로 각각 모두 나름의 이름과 사회적 위치를 갖고 있었다. R. Young, Egypt in America, in : A. Rattansi and S. Westwood(ed.), *Racism, Modernity & Identity*, Polity Press, Cambridge, 1994, p. 166 참조.

문제가 더 복잡해진 것은 '인종'과 '계급' 관계가 시간이 흐르며 일치하지 않게 되었다는 것이다. 가난한 백인들이 생겨난 한편으로 메스티조 중산층이나 흑인 해방노예들의 신분이 상승함으로써 계급 질서가 혼란스럽게 된 것이다. 또 피부색보다는 스페인어의 사용 여부, 복장, 행위 관습 등 문화적 접근이 자주 더 중요하게 생각되었다.

　18세기 말에 가면 부유하고 교육받은 물라토(백인과 흑인 사이의 혼혈 1세대)가 법적으로 '백인'으로 인정받을 수도 있었다.[98] 1791년에 산도밍고에서 일어난 노예반란은 초점이 부유한 물라토 농장주에게 맞추어져 있었다. 이들은 법적으로도 특혜를 받고 있었던 것이다.

　노예를 이용하는 플랜테이션이 자리잡은 중심 지역인 브라질과 카리브 지역에서는 사회 계급이 백인 주인과 흑인 노예로 크게 양분되지만 제3의 계급도 존재했다. 백인들은 처음부터 노예 가운데 일부를 해방시켰으므로 이들이 '해방 유색계급'이라는 제3의 집단을 이루게 되는 것이다. 이 해방 과정은 매우 인종주의적이었던 프랑스, 영국, 네덜란드 식민지에서는 뚜렷하게 나타나지 않는다.

　카리브 지역 전체에 걸쳐 피부색에 의한 구분은 노예제 시대는 물론 식민 시대가 끝난 지금도 지속되고 있다. 반면 아시아, 아프리카 지역에서는 식민주의가 새롭게 사회를 재구성하지는 않았다. 물론 많건 적건 이 지역의 기존 전통 사회들이 변형된 것은 사실이다. 그러나 이 지역에서는 유럽인과 토착민이 혼합된 복합 문화적 사회는 불가능했다.

　정복자들이 관리, 군인들의 소집단을 형성하거나 또는 정착민들이 상당히 큰 공동체를 형성하고 있던 아프리카에서도 그들은 토착민들과는 일정한 거리를 유지했다. 물론 토착민 여인들에 대한 성적 착

---

98) J. Osterhammel, 앞의 책, pp. 83-84.

취는 일상적인 것이었으나 인종 간의 성적 접촉은 점차 비합법적인 일로 간주되었다. 식민주의자들은 토착민과 성적인 거리를 유지하지 못하면 통치자로서 백인들의 '인종적인 지위'가 손상을 받는다고 믿었던 것이다. 따라서 이 지역에서는 혼혈인이 전체 인구에서 차지하는 비중이 미미했을 뿐 아니라 이들의 사회적 지위도 열악했다.

분리된 식민 사회

따라서 아시아, 아프리카 지역에서는 비교적 동질적인 엘리트 집단과 폭넓은 문화 기반을 갖는 하나로 통합된 식민지 사회가 발전하지는 못했다. 대신 식민 국가의 지배 아래 두 개로 나뉜 별개의 사회 구조가 만들어졌다. 하나는 토착민들의 사회이고 하나는 식민 통치자들과 정착민들의 소수파 사회였다.[99]

정착민들은 본국에 대한 교두보 역할만을 했을 뿐 라틴 아메리카의 크레올레(Creole)와 같은 정체성은 갖고 있지 않았다. 물론 두 사회 사이에는 서로를 연결하는 집단들이 존재했다. 선교사, 통역자, 중개인, 정치적 협력자가 그들이다.

이렇게 식민 사회와 토착인 사회 사이에 사회적·인종적 분리가 이루어져 있었으므로 착취 식민지의 경우에는 식민 사회가 붕괴한 이후에도 사회적인 해체는 필요하지 않았다. 식민 세력이 물러간 후에 현상적으로는 건물, 거리 풍경 같은 식민 통치의 흔적만 남았을 뿐이다.

---

99) 이는 좀 더 직설적으로 말하면 지배자인 백인과 예속민들인 아시아인, 아랍인, 아프리카인으로 양극화한 사회이다. 이 사회는 물리적으로도 '뱃속에 온갖 좋은 것들이 가득 차 있는' 잘 먹는 백인들의 마을과 더러운 흑인들의 '배고픈' 마을로 구분된다. 그리고 그 구분은 폭력에 의해 고정된다. F. Fanon, *The Wretched of the Earth*, New York, 1967, pp. 29-33 참조.

정착 식민지의 경우에는 정착민들이 토지 자산에 집착하는 경향을 보여준다. 따라서 알제리와 같이 식민 사회와 토착 사회가 더 긴밀히 연결되어 있는 경우, 그 해방 과정은 더 폭력적이고 고통이 따르지 않을 수 없었다. 일부 식민지에서는 식민 세력의 토착화가 일어나는 모습도 나타났다.

트렉 보어인들은 부분적으로 아프리카화했고 중남미의 오지에 살아서 모국어인 스페인어를 잃어버린 사람들은 제2세대에 와서는 토착화했다. 그들은 크레올어를 발전시키고 일부 토착민들의 습속을 받아들이기도 했다. 물론 이것이 유럽인들의 문화적 정체성을 위협하지는 않았다. 유럽인들이 기독교 외의 다른 종교로 개종한 경우는 거의 없다.

시간이 흐름에 따라 아시아, 아프리카의 대부분의 지역에서 두 사회의 소외는 심화되었다. 이렇게 두 사회가 단절된 것은 여러 이유 때문이다. 처음에 포르투갈과 네덜란드 식민지에서는 공식적으로 유럽 남자와 아시아 여자의 결혼을 권장했다. 그러나 나중에 유럽 여자들이 유입됨으로써 성적인 자족성을 이루게 되었다.

또 무역에서 통치로, 또 예속 노동자를 이용하는 직접적 생산으로 전환됨에 따라 두 사회의 동반자 시대는 지배와 예속의 시대로 바뀌었다. 토착민들의 강력한 저항도 식민자들의 결속을 강화시키는 원인이 되었다.

유럽인들의 우월적 심리 상태도 비유럽인들과 평등한 관계를 비합리적인 것으로 보이게 하는 데 기여했다. 노예 무역과 노예제가 점차 사라지기는 했으나 인종적인 편견은 인종주의가 발전하며 더 과학적인 형태를 띠게 되었다. 그 후 인종주의는 이미 분리되어 있는 상황을 정당화하는 논리로 일반적으로 사용되었다.

아시아 지역에서는 한때 멕시코의 예와 같이 인종적 결합이 나타난 경우도 있으나 19세기 초 영국인이 진출한 이후 분리는 분명해졌다. 이런 인종적 분리는 법적인 것이라기보다는 사회적인 것이었다.

아프리카의 경우에는 유럽인들이 자신들을 아프리카 문화와는 완전히 단절된 외국인 지배자로 생각했으므로 사회적 분리를 강제할 필요도 없었다. 이런 태도는 이슬람교에도 마찬가지로 적용되었다. 유럽인들은 이슬람교를 야만적인 종교로 생각하지는 않았으나 역사적으로는 이미 낡은 형태로 간주했다.

정치적 협력자

식민 제국과 식민 사회의 관계에서 중요한 논쟁점 가운데 하나가 정치적 협력자들과 관련되는 문제이다. 정치적 협력자들은 식민 세력을 토착 사회에 매개함으로써 식민주의의 동반자가 되고, 그런 위치를 이용해 유럽 국가들과 관계해서 생기는 이익을 챙기거나 자신들의 전통적인 기득권을 지키는 사람들이다. 반면 식민 세력은 이들을 이용해 적은 비용으로 자신들의 목표를 달성할 수 있으므로 양자의 이해관계가 합치했다.

협력 문제를 식민주의 연구의 중요한 주제로 편입시킨 것 역시 갤러거와 로빈슨이다.[100] 그들은 식민주의의 전 과정을 비유럽인의 '협력'과 관련해 설명한다. 식민주의의 침투와 함께 토착 사회에는

---

100) 정치적 협력자 문제도 갤러거와 로빈슨의 중요한 주제이다. 그들은 1880년대 신제국주의가 전개된 것은 주변부에서 전개된 협력 체제의 성격 변화 때문이었다고 주장한다. 식민주의란 토착민 정치적 협력자들의 협조에 의해 유지되는 것인데 그 협력 체제가 잘 작동하지 않게 됨으로써 유럽 국가들이 직접적 개입에 나서게 되었다는 것이다. R. Robinson, Non-european Foundations of European Imperialism, pp. 117-142. 이 글은 로빈슨이 1972년에 혼자 쓴 글이다. 이 글은 두 사람이 1953, 1961년에 함께 쓴 논문과 책의 협력 이론과 관련된 논지를 더 확대한 것이다.

정치적 · 경제적 협력자들이 만들어지며 이들의 협력이 없이는 식민지의 유지가 불가능했다고 믿기 때문이다.

자유무역 제국주의의 비공식적 제국이 유지될 수 있었던 것은 그들에게 협력함으로써 이득을 얻는 협력 집단이 존재했기 때문이다. 신제국주의의 등장은 이 협력 체제가 붕괴해 더 이상 비유럽인의 협력을 얻을 수 없었기 때문이다. 병합에 의해 공식적 제국을 건설함으로써 붕괴된 협력 체제를 다시 복구시키려는 것이었다.

또 2차대전 이후의 탈식민화는 이런 제국주의적 협력 체제가 약화되고 그와 경쟁적인 비협력 체제가 강화되었기 때문이다. 반제국주의적인 민족주의자들이 신(新)전통적 정치 세력과 힘을 합침으로써 식민 세력이 협력 집단을 완전히 상실했기 때문이라는 것이다.[101]

따라서 그들에게 '협력'은 식민주의 전체의 역사를 설명하는 키워드이며 협력 이론은 그들의 이론 체계 가운데 가장 핵심적 부분이다. 자유무역 제국주의 이론이나 주변부 이론이 모두 협력 이론 위에 서 있기 때문이다.

협력 이론이 기여한 바가 없는 것은 아니다. 그들의 주장과 같이 식민 통치가 식민 세력의 일방적인 억압이나 강제에 의한 것만이 아닌 것은 사실이기 때문이다. 따라서 그것은 분할 통치 등 협력 체제를 만드는 식민 제국의 통치 방식뿐 아니라, 식민 정책에 대한 식민지인들의 대응을 포함해 식민주의의 실제 작동 방식에 대한 연구를 심화시키는 데 도움을 주었다.

그러나 여러 문제점도 있다. 첫째로, 사실과의 합치 문제이다. 인도의 경우에는 대체로 수긍할 만하다. 인도의 식민지화 과정은 영국의 동인도회사와, 무굴제국이 붕괴된 후 수십 개로 분열된 인도 정치

---

101) R. Robinson, 같은 논문, p. 138.

세력들 사이의 적절한 동맹·제휴 관계에 의존했고 나중의 식민지 통치 방식도 토착 세력의 지배권을 상당한 정도로 인정한 간접 지배 방식을 이용했기 때문이다.

그러나 인도 외의 다른 아시아 지역의 경우에는 일본을 제외하고는 19세기에 협력 세력을 만드는 데 실패했다는 사실을 그들 자신도 인정하니 말할 필요도 없다.[102]

라틴 아메리카의 경우에도 19세기 중반에 협력 개념은 적용되기 힘들다. 아르헨티나의 경우 영국과 외교 관계가 불균형 관계도 아니었고 그 엘리트 계급과 영국 사이에 상호 이익에 따른 협조(cooperation)는 있었으나 그것을 사악하고 제국주의적인 협력(collaboration)이라고 말할 수는 없다.[103]

또 남아프리카의 경우에도 잘 안 맞는다. 실제로 해안의 케이프나 나탈 식민지의 네덜란드계 주민들은 19세기 첫 3분기 동안 영국에 협력했으나 내륙의 트랜스발공화국과 오렌지자유국의 주민들은 비협력적이었다.[104]

따라서 19세기 중반에 협력 체제가 있었고 그것이 붕괴되어 신제국주의가 등장했다는 그들의 주장은 별로 근거가 없다. 전 세계의 식민지에 적용될 수 있는 일반 이론으로서는 결함이 너무 많은 것이다. 신제국주의에 의해 식민지가 된 다음에 형성된 협력자들은 강제력

---

102) 로빈슨은 아시아에서는 인도와 일본 외에는 협력 세력을 만드는 데 모두 실패했다고 말하나, 일본의 경우 천황제를 복구하려 한 도막파(倒幕派) 사무라이들을 백인 정착 식민지에서와 같은 수준의 협력자로 보는 것은 일본의 사정을 잘 모르고 하는 이야기로 보인다. R. Robinson, 같은 논문, p. 127 참조.

103) A. Thompson, Informal Empire? An Exploration in the History of Anglo-Argentine Relations, 1810-1914, Journal of Latin American Studies, Vol. 24, No. 2, May, 1992, pp. 422-424.

104) A. Porter, Britain, the Cape Colony, and Natal, 1870-1914 : Capital, Shipping, and the Imperial Connexion, The Economic History Review, New Series, Vol. 34, No. 4, Nov., 1981, pp. 574-577.

에 의한 것이니 더 이야기할 필요가 없을 것이다.

두 번째는, 19세기까지의 식민 지배 형태, 신제국주의, 2차대전 후 식민지의 해체에 작용한 주된 힘이 무엇이었는가 하는 점이다. 갤러거 등은 협력이 그 주된 요인이라고 말하나 실제의 주된 요인은 식민 국가와 식민 지역 사이의 세력 관계였다.

또 그것은 국제 정세와 밀접한 관계를 갖고 있다. 결국 협력의 여부나 정도는 양자 사이의 힘의 관계를 반영하고 그것에 부수하는 것이지 그 이상은 아니다. 따라서 협력을 본질적인 것으로 보는 것은 본말을 전도하는 생각이다.

세 번째로, 협력 이론의 중요한 문제점은 그것이 식민주의의 책임을 유럽 국가보다는 식민지에 돌린다는 것이다. 식민 지배가 토착민의 협력에 의해서만 가능했다고 주장하기 때문이다. 그들의 의도는 "제국주의의 작동은 어느 단계에서나 유럽적 요소를 아프로-아시아적 요소와 연결하는 토착 협력 체제에 의해 결정된다" [105] 고 말하는 데에서 분명히 나타난다.

그러나 식민지화 과정이란 기본적으로 제국주의 국가와 식민 지역 사이의 현저한 힘의 차이에 의존하는 것이다. 따라서 그런 주장은 식민 지배의 본질이 협력이나 타협이 아니라 강제력에 있다는 사실을 감추는 것으로 매우 유럽중심주의적인 논리라 하겠다.

마지막 문제는, 그들이 협력 집단의 개념을 지나치게 확장시키고 있다는 것이다. 그래서 유럽의 사상과 제도를 본받아 근대화하려는 생각을 갖고 있던 비유럽의 세력들을 모두 협력자의 범위에 넣고 이

---

105) R. Robinson, 앞의 논문, p. 138. 같은 글에서 로빈슨은 비슷한 주장을 되풀이하고 있다. "새로운 이론은 제국주의를 유럽의 팽창인 것과 마찬가지로 그 희생자의 협력이나 비협력의 기능이라는 것을 인식해야 한다"(p.118), "처음부터 끝까지 제국주의는 유럽 정치와 유럽 외부 정치의 상호 작용의 산물이다"(p.119), "내부의 협력이 없이는(자발적이건 강제적이건) 경제적 자원의 이전이나 전략적 이익의 보호, 외국인 혐오의 극복이 불가능하다"(p.120) 등등.

들이 자국의 근대화를 위해 자발적으로 식민 세력에게 협력했다고 주장한다. 그 결과, 협력 집단은 자연스럽게 진보적인 근대화 집단으로 상정된다.

19세기에 많은 비유럽 지역의 사람들이 서양을 본받아 근대화를 추구한 것은 사실이나 그들의 근본적인 목적은 자국을 근대화함으로써 서양의 제국주의적 침탈에 대항하려는 것이었지 제국주의에 협력하려는 것이 아니었다. 그 가운데 일부 협력이 나타날 수는 있으나 그것이 본질적인 성격은 아니다.

또 이런 식으로 협력 집단을 제멋대로 규정하게 되면 저질의 부역자들까지도 미화될 수 있는 여지가 커진다. 부역자들이 근대화를 추구했는지 자신의 사익을 추구했는지 구별하는 것이 사실상 어렵기 때문이다. 그들까지도 한 묶음에 근대화 집단으로 규정될 가능성이 있다. 그러므로 이 논리는 받아들이는 데 매우 조심하지 않으면 안 된다.[106]

이렇게 갤러거와 로빈슨은 협력 개념을 무분별하게 확장시킴으로써 그것을 사실과 부합하지 않게 만든 것은 물론이고, 그 개념의 일부 유용성마저 크게 제한시켰다. 따라서 협력 이론은 학문적인 엄밀성 면에서도, 윤리적인 측면에서도 긍정적으로 보기가 힘들다.

---

106) 갤러거 등은 19세기 비유럽 근대화론자들의 유럽 제국주의에 대한 미묘한 태도를 간과하고 이들이 유럽 국가에게 협력한 것으로 매우 단순하게 상상한다. 그러나 이런 식으로는 역사에 바로 접근할 수 없다. 실제로 국내에서도 이런 논리를 기초로 일제 통치에서 조선인의 정치적 협력의 중요성을 강조하는 주장들이 나타나고 있다. 그러나 식민화 이전에 근대화를 위해 노력한 세력이라 해도 식민화 이후에 식민 세력과 협력했다면 이를 근대화 집단이라고 할 수는 없다. 이미 주체적인 근대화 의지를 상실했기 때문이다. 만약 근대화를 위해 식민 통치를 받아들여야 한다고 주장하는 사람들이 있다면 그는 정상적인 사람이 아닐 것이다. 그들은 부역자로서 식민 세력의 기생 집단에 불과하지 결코 근대화 세력은 아니다. 따라서 비유럽 사회의 근대화 세력을 무조건 유럽 국가들의 협력자로 규정하는 것은 매우 위험한 일이다.

6...
전통문화의 해체와
서양 문화의 이식

야만인의 교화와 '백인의 짐'

근대 식민주의가 보여주는 가장 뚜렷한 특징 중의 하나는 문화적인 면에서 나타난다. 식민주의자들은 예속 사회에 대해 문화적인 면에서 어떠한 양보도 하지 않으려 했다. 오히려 식민 사회를 문화적으로 동화시키려 했고 따라서 광범한 문화 이식 현상을 가져오게 했다. 이리하여 식민지 시대는 광범한 서양화 현상을 보여준다.

이러한 문화적 침략을 주도한 것은 식민지 정부이다. 이들 정부는 그 강도는 다르지만 토착 문화에 개입했다. 필리핀의 스페인인들은 이미 16세기부터 서양화 정책을 시작했다. 물론 이것이 식민지 이전의 우주론이나 생활양식을 완전히 붕괴시킨 것은 아니지만 그것을 조각조각 해체시키거나 기존의 문화적 가치를 위협했다.[107]

이런 현상이 본질적이 된 것은 식민화 과정이 문화적인 면에서 특히 이데올로기적으로 규정되었기 때문이다. 16세기 이래 스페인이나 영국의 식민 이론가들은 식민화를, 이교도를 구원할 신성한 계획에 공헌하는 보편적인 사명의 달성으로 규정지었다.

세속적인 면에서 이야기한다면 이는 '야만인들의 교화'를 의미하는 것이고 키플링의 시처럼 '백인의 짐'을 의미하는 것이었다. 따라서 유럽 문화의 우월성을 전제한 이런 논리에 따라 식민지인들에 대한 문화적 동화 전략은 전혀 문제가 없었던 것이다.

유럽 중심적인 부르주아 이론가들뿐 아니라 마르크시스트들도 기본적으로 이 점에서는 마찬가지였다. 그들도 '낮은' 사회 조직 단계로부터 '더 높은' 단계로 일직선적인 진보라는 생각을 하고 있었으므로 문화적 상대주의를 부인했던 것이다.[108]

언어의 식민화

문화적인 면에서 가장 부정적인 영향을 미친 것은 언어이다. 제3세계 대부분의 지역에서 공용어는 자신들의 언어가 아니라 제국주의자들의 유럽 언어이다. 물론 일부 예외는 있다. 중국이나 중동 지역은 그렇다. 중국은 영토의 전부가 정복되지 않았고 아라비아어는 너무 넓은 지역에서 사용되고 있어서 유럽어로 대치될 수 없었다.

그러나 대부분의 제3세계 사람들은 유럽 언어를 공용어로 사용한다. 인도, 파키스탄, 방글라데시에서는 영어가 공용어로 사용된다. 물론 힌디어도 인도의 공용어로 인정받고 있지만 영어만큼의 보편성을 갖지는 않는다. 대부분의 아프리카 사람들은 자신들의 토착어 외에 불어, 영어, 포르투갈어 등 유럽 언어를 사용하며 이들 유럽 언어

---

107) J. Osterhammel, 앞의 책, p. 95. 물론 유럽 문화가 그대로 도입된 것은 아니다. 일부 창조적인 변용을 거친 것은 사실이다.

108) T. Hodgkin, Some African and Third World Theories of Imperialism, R. Owen & B. Sutcliffe(ed.), 앞의 책, p. 110.

가 공용어로 사용되고 있다. 이것은 아메리카에서도 마찬가지이다.

물론 유럽 언어를 사용하다가 독립 후에 그것을 거부한 지역도 있다. 인도네시아나 베트남이 그렇다. 인도네시아는 네델란드어를, 베트남은 불어 사용을 거부했다.

토착어가 아직 남아 있는 곳에서도 그것이 공용어로 사용되기가 어려운 곳이 많다. 부족ㆍ종족적 방언은 국가 전체의 의사소통에 불충분하기 때문이다.[109] 따라서 많은 나라의 정부는 부족적ㆍ종족적 분열을 넘어서고 국가적 통합을 이루기 위한 수단으로 오히려 유럽어 사용을 고취하고 있다.

이렇게 토착어를 유럽어로 대치하는 것은 기본적으로 제국주의적인 침탈의 전형적 예이다. 제국주의자들이 토착어를 배우기를 거부하고 자신들의 언어를 토착민들에게 강요한 결과이기 때문이다.

인도의 예를 보자. 인도는 영국인들이 공용어로 영어 사용을 강제했다. 1947년의 독립 이후 공용어를 토착어로 되돌리려는 시도가 있었으나 영어가 과거 1세기 동안 만들어낸 사회적 기득권이 그것을 불가능하게 했다. 새로운 헌법에 의해 힌디어가 국어로, 영어가 공용어로, 다른 12개의 언어가 주된 지방어로 인정받았으나 힌디어의 국어화는 15년간 유예된 후 아직도 실현되지 못하고 있다. 그것은 힌디어 비사용 지역의 주민들이 국어이자 유일한 공용어인 힌디어의 지위를 인정하려 하지 않기 때문이기도 하지만 인도의 서양화한 지배집단이 영어를 이용한 교육으로부터 얻게 되는 사회ㆍ정치ㆍ경제적 특권을 잃으려 하지 않기 때문이기도 하다.[110]

---

109) J. Isbister, 앞의 책, p. 83.
110) T. V. Sathyamurthy, Victorians, Socialisation and Imperialism : Consequences for Post-colonial India, in : J. A. Mangan(ed.), *Making Imperial Mentalities*, Manchester, 1990, p. 118 이하.

특히 아직 문화 수준이 낮았던 아프리카에서 그 영향은 치명적이다. 제국주의자들이 들어오기 전에 아프리카에서는 나름의 언어 문화가 발전하고 있었다. 동부와 중부아프리카에서는 스와힐리(swahili)어가, 서아프리카에서는 하우사(Hausa)어가, 북아프리카에서는 아라비아어가 광역 언어 문화권을 형성하고 있었던 것이다.[111] 그러나 제국주의자들이 들어옴으로써 이런 모든 자생적인 발전은 끝을 맺지 않으면 안 되었다.

언어는 단순히 언어 활동만으로 끝나는 것이 아니라 인간의 사고 작용의 수단이다. 따라서 타 언어를 사용한다는 것은 자신의 언어로 이루어지던 사고를 중지하고 타 언어를 매개로 하는 사고 양태를 받아들인다는 것을 의미한다. 그것은 유럽의 언어와 문자를 사용함으로써 제3세계인이 정신적으로 유럽인에게 예속된다는 것을 의미한다.

그들은 언어와 문자를 통해 자연스럽게 유럽 문화를 받아들이게 되고 그에 동화된다. 이에 따라 유럽적인 가치관을 가지게 되며 유럽 문화를 우월한 문화, 토착 문화를 열등한 문화로 보는 관점이 자연히 자리잡게 된다. 정신적인 면에서 식민화가 자연스럽게 이루어지는 것이다.

식민지 교육

교육은 식민지인들을 이데올로기적으로 설득하는 훌륭한 수단이었다. 식민지인들은 제국주의자들이 세운 학교에서 주로 유럽의 언어와 학문, 문화를 배우게 된다. 그런 과정에서 자연히 유럽 문화에 내재한 유럽 중심적인 생각에 물들게 마련이다. 이들은 식민지 학교

111) A. Adu Boahen, 앞의 책, p. 102.

에서 셰익스피어를 배우고 프랑스혁명을 배우며, 유럽 문화의 우월성을 학습하고 그 이데올로기에서 벗어나기 어렵게 되는 것이다.

초기에 식민주의자들은 식민지인들에 대한 폭압적인 지배를 왕권신수설로 정당화했다. 또 19세기 말에는 당시 유럽에서 유행하던 사회적 진화론이 유럽인들의 식민 지배를 정당화하는 중요한 이론이 되었다. 약육강식을 이 세계의 자연적인 질서로 주장하는 이런 이론에 대해 당시의 식민지인들은 지적인 면에서 전혀 효과적인 대응을 할 수 없었다. 따라서 지적인 면에서도 식민 통치가 정당화할 수 있었던 것이다.

교육은 선교사들과 식민 정부가 분담했다. 프랑스는 공교육 제도를 우선한 반면 영국, 벨기에, 독일은 선교사들이 학교를 운영하도록 하고 보조금을 지급했다. 학교의 형태는 마을의 서당에서 고등학교까지 다양했으나 가장 발전한 것은 중등교육이다. 그 주된 수혜자는 토착민 중산층의 자제였다. 그들은 식민 정부의 하급 관리나 유럽인 회사의 고용인이 되도록 훈련받았다.

또 식민 정부의 고위직 관리가 되기 위해서는 본국 교육 기관의 졸업장이 필요했으므로 [112] 이는 자연스럽게 인종적 방벽을 만들게 되었다. 본국의 대학에 진학하는 것은 식민지 상류층의 일부에게만 제한되었고 나머지 대부분의 자리는 모국인들이 차지했기 때문이다. 이들은 모국의 대학에서는 비교적 좋은 대우를 받았으나 식민지로

---

112) 영국의 경우 케임브리지 대학의 '케임브리지 지역 시험 이사회'에서 주관하여 전 식민지에서 원하는 사람들에게 실시한 졸업인증시험인 UCLES시험은 식민지인들을 영국화하는 데 큰 역할을 하였다. 수준에 따라 여러 등급으로 나누어 영국의 역사, 언어, 정치 등에 관한 지식을 평가하는 이 시험은 식민지 정부의 관리가 되거나 전문직, 또는 상업 활동에서도 통행증의 역할을 했다. 그러므로 이 시험은 영국 식민지 교육의 내용과 방식을 결정했을 뿐 아니라 영국과 서양 문화를 이식하는 데 매우 중요한 통로가 되었다. A. J. Stockwell, Examinations and Empire, in : J. A. Mangan(ed.), 앞의 책, pp. 203-220 참조.

돌아오면 또다시 식민지인으로 취급됨으로써 신분 강등을 당했다. 식민지의 농촌 지역에는 대개 보편적인 초등교육 기관이 없었다. 고등교육 기관은 전무하다시피 했고 초등교육마저도 일부 계층에게만 허용되었다.

교육하는 언어도 문제였다. 식민 모국의 언어를 사용하게 하면 식민지인들과 의사소통은 쉽게 할 수 있으나 잘못하면 혁명적인 사고를 주입시키거나 아니면 그들이 모국인과 동등하다는 생각을 불어넣어줄 수도 있었다. 따라서 인도네시아에서는 인종적인 계급 제도를 상징적으로 보여주는 의미에서 때때로 토착민들이 네덜란드 말을 사용하지 못하도록 금지했다.

언어 문제 뒤에는 토착적 전통의 교육 가치에 대한 문제가 숨어 있었다. 프랑스는 처음에는 문화적 쇼비니즘의 입장에서 동화를 고집했으나 나중에는 때때로 어느 정도의 교육적 다양성을 인정하기도 했다.

베트남인들이 일부 재학하는 하노이나 사이공의 중등학교에서는 중국 고전을 가르치기도 했다. 인도의 경우 고등교육이나 공공의 의사소통에서 영어가 주로 사용된 것은 유럽 문화의 지배권 때문이나 인도인들 사이에서도 점차 유럽 교육에 대한 수요가 커져갔다. 따라서 대도시의 사립학교에서도 영어가 사용되었다.

확립된 식민지 교육은 토착 문화에 대해 변함없이 경멸적인 태도를 취했다. 그것은 선교사들이나 다른 일반 교사들의 태도에서 일반적으로 나타나는 현상이었다. 식민지 교육은 기본적으로 제국주의적 교육이기 때문이었다. 그것은 학생들에게 있는 그대로의 세계를 가르치는 것이 아니라 서양의 엘리트 문화에 의해 보이는 대로 세계를 가르쳤다. 즉 그것은 서양이 지배하는 세계를 당연시하는 것으로서 서양과 다른 지역 사이의 '다름의 이데올로기'에 의해 정당화되

었다.[113]

그러므로 교과 과정은 대체로 식민지의 실상과는 관계없이 모국의 것을 그대로 모방하는 경우가 많았다. 즉 식민지 교육은 식민지 문화를 모국 문화에 편입시키는 방식으로 진행된 것이다. 그 결과 프랑스 식민지인 알제리와 베트남에서 현지 어린이들이 '우리의 조상인 갈리아인'에 대해 배우는 어처구니없는 일이 벌어졌다.

물론 식민지인들이 이에 저항하지 않은 것은 아니다. 자신들의 역사나 문학을 공교육의 교과과정 속에 끼워 넣을 수 없었던 아시아나 아프리카인들은 사교육이나 대중매체를 통해 젊은 층에게 민족적 정체성을 심어주려 노력했다. 그러는 가운데 민족적 신화가 만들어지고 역사가 미화되는 경우도 발생했다.

그럼에도 식민지의 현실에서 공교육을 통한 제국주의 교육의 막강한 힘을 극복하는 것은 불가능했다. 또 식민주의자들은 식민지인들의 생활수준을 실제적으로 올릴 수 있는 실용적인 교육을 하는 데에는 거의 관심이 없었다. 인문 계통의 교육만을 함으로써 식민 지배를 도울 협력자를 만드는 데에만 급급했던 것이다.[114]

기독교 선교와 토착 종교의 억압

기독교 선교는 식민화의 중요한 유인 가운데 하나였다. 앞에서 보았듯이 아메리카의 스페인 제국은 교황의 명백한 권위와 함께 시작되었으므로 식민 사업은 교회-국가의 공동 사업으로 생각되었다. 그래서 단기간만 제외하고 16~17세기 동안 아메리카 식민지에서 국

---

113) T. J. Stanley, White supremacy and the Rethoric of Educational Indoctrination : A Canadian Case Study, in : J. A. Mangan(ed.), 앞의 책, p. 147.
114) A. Adu Boahen, 앞의 책, p. 106-107.

가와 교회는 매우 긴밀한 관계를 유지했다.

이때 스페인인들은 교황이 선교 활동과 관련해 토착민의 동의를 받았다는 억지 논리를 만들어냈다. 자기 자신들은 그것을 잘 모른다 해도 기독교를 받아들이는 것이 그들에게 이익이 되므로 그것은 선교의 동의를 받은 것이나 마찬가지라는 것이었다.[115] 참으로 해괴한 논리라 할 것이다.

식민 제국을 선교와 연결시킨 것은 스페인만은 아니었다. 영국인들은 프로테스탄티즘을 신봉했으나 역시 이교도들을 신앙으로 이끄는 일로 식민화를 정당화했다. 1609년의 버지니아 회사의 특허장은 그것을 잘 보여준다. 그 목적이 "아직까지 어둠 속에서, 진정한 지식과 신의 숭배를 모르는 비참함 속에 사는 사람들에게 기독교를 전파하는 것"[116]에 있었던 것이다. 프랑스도 교황의 재가가 없었음에도 불구하고 프랑수아 1세 때부터 식민 계획의 틀을 스페인과 거의 같게 짰다. 이렇게 모든 기독교 국가들은 교황의 재가가 있건 없건 복음화의 의무가 있다고 생각했다. 그러므로 식민화 과정에서 기독교 선교의 역할은 본질적인 것이었다.

많은 기독교 선교사가 식민주의자들을 앞서거니 뒤서거니 하며 아시아, 아프리카, 중남미 지역으로 파고들어 간 것은 그 때문이다. 그들은 물론 목숨을 잃으면서도 기독교를 전파하려는 강한 사명감과 열정을 갖고 있었다. 그러나 기독교 선교는 긍정적인 요소보다도 부정적인 요소가 훨씬 컸다. 토착 사회의 문화를 파괴했기 때문이다.

기독교가 특히 문제가 되는 것은 그것이 기존 종교와의 병존을 받아들이려 하지 않고 토착민을 기독교로 개종시키려 하는 독선적인

---

115) A. Pagden, 앞의 책, p. 78.
116) 같은 책, p. 35.

태도에 있었다. 그들이 기독교를 고등 종교로, 토착민들의 종교를 하등 종교, 미신으로 규정했기 때문이다.

예를 들어, 기독교는 선민과 이교도, 구제되는 사람과 저주받은 사람, 성인과 죄인 등 이분법적인 개념에 익숙한 종교이므로 어떤 면에서 제국주의적 이데올로기에 특히 적합한 종교라고 할 수 있다. 또 기독교인들은 나아가서 다른 사람들에게 복음을 전해야 할 의무를 갖고 있다고 믿었으므로 이런 신념 체계가 다른 사람들을 종속시키는 자신들의 역할을 정당화시키기도 했다.[117]

또 기독교 선교사들은 세속인들과 마찬가지로 유럽인들의 문화적 우월감을 함께 갖고 있었다. 기독교와 문명은 동의어이며 기독교적인 가르침은 반드시 식민지의 시민적·사회적 생활을 개선시킬 것이라는 확고한 믿음을 갖고 있었던 것이다.[118]

따라서 기독교 선교사들이, 직접적이건 간접적이건 간에 식민 지배 체제를 정당화한 것은 당연했다. 그들은 식민지 팽창을 지원했을 뿐 아니라 식민 지배 체제를 기본적으로 받아들였다. 그런 의미에서 기독교 선교 활동과 억압적인 식민 정책 사이에는 경우에 따라 약간의 차이는 있으나 뗄 수 없는 관계가 있다. 그래서 선교사들을 "서양 제국주의의 사냥개"[119]라고 부르기도 하는 것이다.

---

117) P. Rooke, Slavery, Social Death and Imperialism : The Formation of a Christian Black Elite in the West Indies, in : J. A. Mangan(ed.), 앞의 책, p. 23.
118) 같은 곳. 이는 일제 시기에 조선에서 활동하던 서양 선교사들의 태도에서도 분명히 나타난다. 요즈음 한국 개신교는 해외 선교 활동과 관련해 세계에서 두 번째로 중요한 나라이다. 그러나 복음만 전하면 된다는 생각에 앞서 선교 활동이 현지인들에게 어떤 의미를 갖고 또 어떤 영향을 미칠 것인지에 대해 좀 더 깊이 있게 성찰해볼 필요가 있다.
119) L. Dena, Christian Missions and Colonialism, New Delhi, 1988, p. 1.
1840~1850년대에 남아프리카의 베추아날랜드에는 단 한 사람의 선교사만 있었다. 그는 선교 활동 외에 기술자나 외교관 역할까지 도맡아 했다. 그러나 1870년대에 가면 자신의 영향력을 확대하기 위해 인근의 케이프 식민지에서 무력을 동원했고 결국 이 지역은 1885년 영국의 보호령으로 편입되었다.

그뿐 아니라 캘리포니아 지역에서 스페인 선교사들은 토착민들의 정신을 구원한다는 주장을 내세우며 그들을 실제로 노예화하기도 했다. 남미 지역에서와 같이 토착민에 대한 학살마저도 기독교 선교를 위한 목적이라는 이유에서 정당화하는 경우도 있었다. 중국에서는 선교사들이 영국인들이 들여온 아편을 피우도록 신자들을 부추겼다.

식민 체제가 토착 종교를 억압하고 기독교를 믿도록 강제하는 경우도 있었다. 멕시코가 대표적이다. 스페인인들은 아스텍의 토착 종교를 우상 숭배라고 금지시키고 사원을 파괴했을 뿐 아니라 그 성직자들을 박해했다. 전국이 꽉 짜인 교회 조직에 편입되며 식민지인들은 가톨릭 신부들의 무서운 독재 아래로 들어갔다. 물론 인디오들의 종교가 완전히 사라진 것은 아니다. 그것은 실천이나 이미지, 상징이라는 점에서 기독교 속으로 파고들어 갔다.

이렇게 식민주의의 문화적 침략은 식민지인들의 전통적인 가치 체계를 뒤흔들어놓고 파괴했을 뿐 아니라 유럽 문화에 종속시키는 데 중요한 역할을 하였다. 과거 식민 지역의 많은 곳에서 기독교와 토착 종교 사이의 갈등과 혼란이 가중되고 있는 것은 그 결과라 할 수 있다.

그런데도 일부 서양 학자들은 문화적 서양화를 식민지가 근대적인 세계로 나아가는 계기를 만들어준 공헌으로 주장한다. 이는 이들이 아직도 문화 제국주의의 서양적 야만주의에서 깨어나지 못했기 때문이다.[120]

---

120) 물론 기독교 선교사들이 교육이나 복지, 의료 사업을 통해 토착민들을 일부 도운 것은 사실이다. 또 미신이나 악습 등을 제거하는 데도 어느 정도 기여했다고 할 수 있다. 그러나 그것이 가져다준 혜택이라 할지라도 기독교 선교의 전체적인 목적, 또 식민주의 전체와 관련지어 판단할 필요가 있다. 일부분의 성격만으로 그것을 너무 긍정적으로 판단할 수는 없다.

식민지인들의 정체성 상실과 자기 소외

식민 지배로 인해 비유럽 사회의 고유문화가 침탈됨에 따라 이는 자연히 식민지인들의 정체성을 약화시키는 결과를 가져왔다. 가치 체계의 혼란을 가져왔기 때문이다. 그리하여 토착민들은 비유럽인이면서도 유럽인처럼 말하고 생각하는 가운데 의식의 분열을 경험하게 된다. 사실 식민주의가 식민지에 끼친 가장 부정적인 영향 가운데 하나가 이런 정신적·심리적 측면이다.

식민 지배가 장기화하며 식민지인들에게는 특유한 심리 상태가 생기고 그것이 구조화한다. 그것은 먼저 교육받은 사람들 사이에서 생기나 서서히 대중들에게도 전파되며 식민지 전체에 걸쳐 하나의 심리적인 분위기를 형성한다.

그 심리 상태의 가장 본질적인 요소는 자기 소외이다. 즉 자기가 자신의 주인이 아니라는 의식이다. 그것은 식민지에서 자신의 의사를 뜻대로 관철시킬 수 없다는 기본적인 무력감과 좌절감에서 비롯되는 것이다. 그것은 스스로의 자기부정을 가져온다.[121]

결과적으로 식민지인들은 자신의 인간적인 존엄성을 지킬 수 없게 되고 타인의 인격도 존중해줄 수 없게 된다. 인격을 가진 인간으로서 존재할 수 없게 되는 것이다. 그리고 이러한 심리 상태를 거부하고 스스로의 주인이 된다는 것은 바로 죽음이나 형벌을 의미하게 된다.

식민지인들의 심리 상태의 또 하나 중요한 요소는 깊은 열등감이다. 식민지인들은 식민 통치자들로부터 장기간 멸시와 박해를 받으며 깊은 열등감을 갖게 되고 그것이 심리적으로 내면화한다. 그들은

---

121) 식민주의는 다른 사람에 대한 체계적인 부정이고 다른 사람의 모든 인간적 속성을 거부하려는 확고한 결의이므로 식민주의 아래서 사람들은 항상 스스로 '정말 나는 누구인가' 하고 자문하게 된다. F. Fanon, *The Wretched of the Earth*, p. 203.

식민자들을 우월한 인간으로, 자신들을 열등한 인간으로 구분짓고 그 심리적인 틀 안에서 생각한다. 이에는 위에서 말한 식민주의자들의 문화적인 공격도 중요한 역할을 한다.

식민자들은 식민지의 모든 전통적인 문화적 요소를 부정하고 그것을 낡은 것, 미개한 것, 문화적으로 저급한 것으로 몰아붙인다. 그런 사실은 식민주의자들의 힘에 의해 증명된 것처럼 보인다. 따라서 식민지인들은 자신의 문화에 대한 자신감을 모두 잃어버리고 식민 지배자의 문화에 굴종할 수밖에 없게 되는 것이다. 그것은 모든 자기 것에 대한 비하로 나타나며 그것에서 벗어나는 것은 사실상 불가능하게 된다.

이런 과정에서 결국 식민지인들은 그야말로 전도된 가치 체계를 지니지 않을 수 없게 된다. 그래서 많은 인도인은 자신들이 천성적으로 허약하다는 영국인의 편견을 받아들이지 않을 수 없었고 이를 논박하기 위해 스포츠나 남성적인 행위에 과도한 열정을 보이게 된다.

또 알제리의 처녀들은 알제리 청년과 결혼하기를 바라는 것이 아니라 프랑스 청년과 결혼해 아름다운 서양식 주택에서 살려는, 현실과는 동떨어진 꿈을 꾸는 것이다. 이렇듯 모든 식민지인들의 기본적인 심리 속에는 자신이 주인이 아니라는 의식, 무언가 충족되지 않고 있다는 감정이 숨어 있게 마련이다. 그리고 이런 정신 상태는 오랜 치유 과정 없이는 극복되기 어렵다.

7...

아직도 끝나지 않은 식민주의

지속되고 있는 식민 상황

아시아, 아프리카, 카리브 지역에서 탈식민화는 1960년대에 대부분 끝났다. 전 세계적으로 식민지 해방운동이 광범하게 전개되는 가운데 영국, 프랑스 등 과거의 식민 제국들은 이제 제국을 유지하는데에 정치·경제적으로 비용이 너무 많이 들 뿐 아니라 그것이 사실상 불가능하다는 것을 깨달았기 때문이다.

영국이 아시아의 식민지에서 평화적으로 물러난 것은 영국 정부나 투자자들의 이타주의 때문이 아니라 영국이 2차대전 이후에는 더 이상 해외의 이익을 방어하거나 보유할 수 없다는 현실을 인정했기 때문이다.[122] 그런 사실을 인정하기를 거부한 프랑스는 식민지를 그대로 유지하려고 안간힘을 쓰다가 베트남에서 큰 군사적 패배를 당했을

---

122) M. Salopek, The End of Imperialism : Interpretive Essay, in : F. W. Thackery and J. E. Findling(ed.), *Events that changed the world in the Twentieth Century*, Westport, 1995, p. 156.

뿐 아니라 알제리 사태로 국론이 분열되는 심각한 상황을 맞았다.

그러니까 식민지 해방은 식민지인들의 끈질긴 저항과 식민 제국들의 국력 쇠진, 2차대전과 냉전 체제로 바뀌는 국제 정치 흐름의 큰 변화가 맞물린 결과라 하겠다.[123] 이렇게 새로 정치적 자주성을 회복한 국가들은 정치 · 경제적 자립을 위해 큰 노력을 기울여왔다. 냉전 체제는 이러한 기도에 어느 정도 도움이 되었다. 미 · 소 양 대국이 이들을 자기 편으로 끌어들이려고 노력했기 때문이다.

그럼에도 이미 1950년대에 남미에서 종속 이론이 만들어진 것에서 알 수 있는 것처럼 이들의 경제적 자립은 결코 쉬운 일이 아니다. 과거 식민지 시절에 만들어진 식민 모국과의 경제적 · 문화적 관계와 틀에서 벗어나기가 어렵기 때문이다.

1980년대에 제3세계를 엄습한 국제 외채 위기는 이런 상황을 더 심화시켰다. 미국 등 과거 식민 제국이었던 선진 자본주의 국가들은 제3세계의 외채 위기를 이들 국가들에 대한 통제력을 더욱 강화할 수 있는 절호의 기회로 삼았다. 물론 그들은 이제 과거와 같은 직접 지배의 형식을 취하지는 않는다. 세계은행이나 국제통화기금 같은 기구를 앞세우고도 얼마든지 이들 국가의 주권을 제한하고 경제적 예속을 강요할 수 있기 때문이다.

냉전 체제의 해체와 세계무역기구 체제의 출범은 제3세계 국가들의 전도를 더욱 암담하게 만들었다. 소련마저 해체되어 제3세계에 속하게 된 마당에 제3세계를 도울 어떤 세력도 존재하지 않기 때문

---

123) 2차대전 후 미국은 공개적으로 반식민주의적 태도를 보이며 인도의 국민회의당이나 모로코의 술탄을 지지했다. 또 대서양 헌장에서 구체화한 민족자결권을 식민 지역에도 확대하려 했다. 그러나 미국의 반식민주의적 태도가 너무 과장되어서는 안 된다. 식민 체제의 해체에 가장 결정적인 역할을 한 것은 전쟁 그 자체이다. R. von Albertini, The Impact of Two World Wars on the Decline of Colonialism, *Journal of Contemporary History*, Vol. 4, No. 1, Colonialism and Decolonialism, Jan., 1969, p. 28.

이다. 첨단 기술과 엄청난 자본력을 앞세운 선진 자본주의 국가의 공세 앞에서 제3세계 국가의 처지는 무력하기 짝이 없다.

또 1990년대 이후 기승을 부리기 시작한 서양 국가들의 문화 제국주의적 공격은 이제 제3세계인들의 문화적 정체성마저 위협하는 수준에 이르고 있다. 선진국들의 거대 문화 산업이 만들어낸 메시지들이 정보통신의 발전과 함께 위성 TV나 인터넷을 통해 이전에는 서구 문화와 단절된 것같이 보였던 가난한 제3세계인들의 안방까지도 점령하고 있는 것이다.

과거 서양인들이 이 세계를 나누었던 문명과 야만의 이분법적 개념은 이제 발전과 저발전이라는 대비되는 개념으로 대치[124] 되었을 뿐 그 함의의 본질적인 차이는 없다. 과거에는 식민지들을 문명으로 나아가게 해야 한다고 강박했지만 이제는 발전을 명분으로 제3세계에 개입하고 있는 것이다. 따라서 대부분의 제3세계 국가들의 경우, 실질적인 식민 상태는 아직 계속되고 있다고 해도 과언이 아니다.

식민주의 이론에 대한 비판적 대응

따라서 제3세계인들에게 식민주의에 대한 지적 대응은 아직도 매우 중요한 과제이다. 식민주의를 어떻게 평가하고 판단하느냐에 현실과 미래에 대한 대처 방식이 달라지기 때문이다. 그러나 그 대응이 말처럼 쉽지 않은 것이 문제이다. 제3세계인들이 아직도 인종, 계급, 종족, 문화, 언어 등과 관련하여 유럽인들이 과거에 만들어놓은 식민 담론에서 벗어나지 못하고 있기 때문이다.

---

124) A. Charles, Colonial Discourse since Christopher Columbus, *Journal of Black Studies*, Vol. 26, No. 2, Nov., 1995, p. 151.

뿐만 아니라 탈식민화 후에도 끊임없이 재생산되고 있는 유럽중심주의적인 식민 담론들은 객관적 학문의 탈을 쓰고 끊임없이 제3세계인들의 정체성과 역사 인식의 틀을 공격하여 파괴하려 부심한다. 갤러거와 로빈슨, 필드하우스, 베로크, 오브라이언 같은 사람들의 작업은 그 일부에 불과하다. 그러므로 이런 주장을 멋모르고 받아들이는 것이 어떤 결과를 가져올 것인지는 말할 필요도 없을 것이다.

최근에 한국에서도 협력 이론을 무슨 새로운 이론인 양 일제 시대 연구에 적용하려는 시도가 나타나고 있는데 그것도 같은 맥락이다. 협력 이론이 갖고 있는 속성이나 의미를 제대로 파악하려 애쓰지 않고 따라서 잘 알지 못하기 때문이다. 그러나 그런 식으로 하면 친일파가 합리화되며 일제 시대 역사마저 아주 이상한 방향으로 해석될 여지가 크다.

이런 의미에서 식민주의는 결코 지나간 과거의 일이 아니다. 그것은 현재에도 지속되고 있을 뿐 아니라 앞으로도 오랜 기간 계속 제3세계인들을 괴롭힐 악몽이다. 우리가 식민주의라는 주제에 계속 관심을 가지고 비판적인 대응을 강화해야 할 이유가 여기에 있다.

참고 문헌

1장

Abdel-Malek, A., 'Orientalism in Crisis', *Diogenes*, No. 44, Winter, 1963.

Abu-Lughod, J., *Before European Hegemony : The World System A. D.1250-1350*, New York, 1989.

Alatas, S. F., Eurocentrism and the Role of the Human Sciences in the Dialogue among Civilizations, *The European Legacy*, 2002, V. 7, No 6.

Amin, S., *Eurocentrism*, New York, 1989.

Appleby, J., Hunt, L. & Jacob, M., *Telling the Truth about History*, New York and London, 1995.

Ashton and Philpin(ed.), *The Brenner Debate : Agrarian Class Structure and Economic Developement in Pre-industrial Europe*, Cambridge, 1985.

Atwell, W., Volcanism and Short-Term Climate Change in East Asian and World History, C.1200-1699, *Journal of World History*, 12,

Baber, Z., Orientalism, Occidentalism, Nativism : The Cultural Quest for Indigenous Science and Knowledge, *The European Legacy*, 2002, V. 7, No. 6.

Baechler, J., Hall, J. A., Mann M.,(ed.), *Europe and the Rise of Capitalism*, Cambridge, 1989.

Bairoch, P., *Economics & World History*, Chicago, 1993.

Bates, R. H. & Mudimbe & V. Y. O'Barr, J.(ed.), *Africa and the Disciplines : The Contributions of Research in Africa to the Social Sciences and Humanities*, Chicago and London, 1993.

Bernal, M., *Black Athena : The Afroasiatic Roots of Classical Civilization*, Vol. 1 : *The Fabrication of Ancient Greece 1785-1985*, New Brunswick, 1987 ; Vol. 2 : *The Archaeological and Documentary Evidence*, New Brunswick, 1991.

Bielefeldt, H., "Western" versus "Islamic" Human Rights Conceptions? A Critique of Cultural Essentialism in the Discussion on Human Rights, *Political Theory*, Vol. 28, No.1, Feb., 2000.

Blaut, J. M., *1492 : The Debate on Colonialism, Eurocentrism and History*, Trenton, 1992.

_____ , *Colonizer's Model of the World : Geographical Diffusionism and Eurocentric History*, New York and London, 1993.

_____ , *Eight Eurocentric Historians*, New York and London, 2000.

Braudel F.,(tr. by Reynolds, S.), *Civilization & Capitalism*, 3 Vols. Berkerly and Los Angeles, 1981-1984.

Braudel, F., *A History of Civilizations*, New York, 1993.

Brenner, R., Agrarian Class Structure and Economic Developement in Pre-industrial Europe, *Past and Present*, 70, Feb., 1976.

_____ , The Agrarian Roots of European Capitalism, *Past and Present*, 92, 1982.

Burke III, E.(ed.), Islamic History as World History : Marshall Hodgson, 'The Venture of Islam', *Int. J. Middle East Studies*, 10, 1979.

Butterfield, H., *The Origins of Modern Science*, New York, 1957.

Cassirer, E., *Die Philosophie der Aufklärung*, Tübingen, 1932.

Chakrabarty, D., *Provincializing Europe*, Princeton, 2000.

Chatterjee, P., *Nation and Its Fragments*, Cambridge, 1993.

_____ , *Nationalist Thought and the Colonial World*, Minneapolis, 1986.

Crosby, A., *Columbian Exchange*, Westport, 1972.

_____ , *Ecological Imperialism*, Cambridge, 1986.

Dawson, R., *The Chinese Chameleon : An Analysis of European Conceptions of Chinese Civilization*, London, 1967.

Delanty, G., *Inventing Europe : Idea, Identity, Reality*, Hampshire and London, 1995.

Denemark, R. A. & Friedman, J. & Gills, B. K. & Modelski, G.(ed.), *World System History*, Routledge, London, 2000.

Dunn, J., *Democracy : The Unfinished Journey, B.C. 508 to A.D. 1993*, Oxford, 1993.

Dussel, E., Eurocentrism and Modernity, *Boundary 2*, 20:3, 1993.

Fagan, B., *Floods, Famine, and Emperors : El nino and the Fate of Civilizations*, New York, 2000.

Feierman, S., Africa in History, in : Prakash, G.(ed.), *After Colonialism*, Princeton, 1995.

Fieldhouse, D. K., *Black Africa 1945-1980*, London, 1986.

_____ , *The West and the Third World*, Oxford, 1999.

Frank, A. G. & Gills, B. K.(ed.) *The World System*, London and New York, 1993.

_____ , *ReORIENT : Global Economy in the Asian Age*, Berkeley and Los Angeles, London, 1998.

Furet, F., *Penser la Revolution francaise*, 1978.(영역은 Forster, E., *Interpreting the French Revolution*, Cambridge, 1981. 국역은 정경희(역), 《프랑스혁명의 해부》, 법문사, 1987)

Gallagher J. A., & Robinson, R. E., *Africa and the Victorians*, London, 1961.

_____ , The Imperialism of Free Trade, *Economic History Review*, 2nd ser. VI, 1953.

Gay, P., *The Enlightenment*, Vol. I : *The Rise of Modern Paganism*, New York, 1967 ; Vol. II : *The Science of Freedom*, New York, 1969.

Gellner, E., *Nation and Nationalism*, New York, 1983.

Goldstone, J. A., The Rise of the West–or Not? A Revision to Socio–economic History, *Sociological Theory*, 18:2, July, 2000.

Hall, J. A., Confessions of a Eurocentric, *International Sociology*, Sep., 2001.

_____ , *Powers and Liberties : The Causes and Consequences of the Rise of the West*, Berkerly, 1985.

Harbermas, J., *Der philosophische Diskurs der Moderne*, Frankfurt, Suhrkamp, 1988.

Hegel G. W. F.(ed. by F. Nicolin, O. Pöggler), *Encyklopädie der Philosophischen Wissenschaften: im Grundrisse*, Hamburg, 1969.

_____ , *Vorlesungen über die Philosophie der Geschichte*, in : Werke in zwanzig Bänden, Suhrkamp Verlag, Frankfurt am Main, 1970.

Hobsbawm, E. J., *Nation and Nationalism after 1780*. Cambridge, 1990.

Hodgson, M. G. S.(ed. by Burke III, E.), *Rethinking world History : Essays on Europe, Islam, and World History*, Cambridge, 1993.

Hodgson, M. G. S., *The Venture of Islam : Conscience and History in a World Civilization*, 3 vols, Chicago, 1974.

Hutchinson, J. & Smith, A. D.(ed.), *Nationalism*, Vol. V, London and New York, 2000.

Jones, E. L., *The European Miracle : Environments, Economics and Geopolitics in the History of Europe and Asia*, Second edition, Cambridge, 1987.

Kates, G.(ed.), *The French Revolution*, London & New York, 1998.

Ku, A. S., Revisiting the Notion of "Public" in Habermas's Theory–Toward a Theory of Politics of Public Credibility, *Sociological Theory*, Vol. 18, No. 2, Jul., 2000.

Kuhn, T. S., *The Structure of Scientific Revolutions*, Chicago, 1962.

Landes, D. S., *The Wealth and Poverty of Nations*, New York and London, 1999.

_____ , *Unbounded Prometheus : Technological Change and Industrial Revolution in Western Europe from 1750 to the Present*, Cambridge, 1972.

Lefevre, G., *La Révolution française et les paysans*, Paris, 1932.

Lieberman, V., Transcending East-West Dichotomies : State and Culture Formation in Six Ostensibly Disparate Areas, *Modern Asian Studies*, 31, 0, 1997.

MacNeill, W., The Changing Shape of World History, *History and Theory*, 1995, Vol. 34.

Mann, M., *The Sources of Human Power*, Vol. 1, Cambridge, 1986.

Manning, P., *Navigating World History : Historians Create a Global Past*, New York, 2003.

Mathiez, A., *La vie chère et le movement social sous la terreur*, Paris, 1927.

McNeill, J. R., *Environmental History in the Pacific*, Aldershot, 2001.

Miller, D., *On Nationality*, Oxford, 1995.

Ouroussoff, A., Illusions of Rationality : False Premises of the Liberal tradition, *Man*(N.s.) 28, 1993.

Owen, L. & Sutcliffe, B.(ed.), *Studies in the Theory of Imperialism*, London, 1972.

Pomeranz, K., Political Economy and Ecology on the Eve of Industrialization : Europe, China, and the Global Conjuncture, *American Historical Review*, April, 2002.

_____ , *The Great Divergence*, Princeton, 2000.

Ranke, L., *Geschichten der romanischen and germanischen Völker von 1494 bis 1514*, Sämtliche Werke 33/34, Leipzig, 1884.

Rigby, S. H., *Marxism and History*, Manchester, 1987.

Ross, D., Grand Narrative in American Historical Writing : From Romance to Uncertainty, *The American Historical Review*, Vol. 100, No. 3, Jun., 1995.

Said, E., *Orientalism*, New York, 1979.

Schor, N., The Crisis of French Universalism, *Yale French Studies*, No. 100, 2001.

Smith, A. D., *Nation and Nationalism in Global Age*, Cambridge, 1995.

_____ , *Nationalism and Modernism*, London, 1998.

Soboul, A., *Les sans-culottes parisiennes de l'an II*, Paris, 1958.

Turner, B. S., From Orientalism to Global Sociology, *Orientalism : A Reader*, New York, 2000.

Weber, M., *Protestant Ethic and Spirit of Capitalism*, London, 1930.

_____ , *Religion of China*, New York, 1951.

White Jr., L., *Medieval Technology & Social Change*, Oxford, 1962.

Wittfogel, K., *Oriental Despotism*, New Haven, 1957.

Wong, R. B., *China Transformed : Historical Change and the Limits of European Experience*, New York, 1997.

김기봉 외, 《포스트모더니즘과 역사학》, 푸른역사, 2002.

김기봉, 《'역사란 무엇인가' 를 넘어서》, 푸른역사, 2000.

김봉철, 《이소크라테스-전환기 그리스 지식인》, 신서원, 2004.

스미스, 애덤(김수행 역), 《국부론》, 상권, 비봉출판사, 2003.

2장

Alcock, S. E., The Pseudo-history of Messenia Unplugged, *Transactions of the American Philological Association,* 129, 1999.

Algaze, G., *The Uruk World System : The Dynamics of Expansion of Early Mesopotamian Civilization*, Chicago, 1993.

Beazley, J., *Attic Black-figure Vase Painters*, Oxford, 1956.

_____ , *Attic Red-Figure Vase Painters*, Oxford, 1963.

Biers, W. R., *The Archaeology of Greece*, Revised Edn., Ithaca, 1987.

Browning R.(ed.), *The Greek World*, London, 2000.

Childs, S., Indigenous African Metallurgy : Nature and Culture, *Annual Review of Anthropology*, 22, 1993.

Cohen B.,(ed.) *Not the Classical Ideal*, Leiden, 2000.

Connah, G., *African Civilizations : An Archaeological Perspective*, Second Edition, Cambridge, 2001.

Diaz-Andreu, M., Champion T.,(ed.), *Nationalism and Archaeology in Europe*, Boulder, 1996.

Diop, C. A., *The African Origin of Civilization : Myth or Reality*, Chicago, 1974.

Dyson, S. L., From New to New Age Archaeology : Archaeological Theory and Classical Archaeology−A 1990s Perspective, *American Journal of Archaeology*, 97, 1993.

Fotiadis, M., Modernity and the Past-Still-Present : Politics of Time in the Birth of Regional Archaeological Projects in Greece, *American Journal of Archaeology*, 99, 1995.

Garlake, P. S., Archetypes and Attributes : Rock Paintings in Zimbabwe, *World Archaeology*, 1994, V. 25.

Glock, A., Archaeology as Cultural Survival : The Future of the Palestinian Past, *Journal of Palestine Studies* XXIII, No. 3, Spring, 1994.

Golden, M. & Toohey, P.(ed.), *Inventing Ancient Culture*. New York, 1997.

Härke, H.(ed.), *Archaeology, Ideology, and Society : the German Experience*, Frankfurt am Main 외, 2000.

Kagan, D., *Problems in Ancient History*, V. 1 : *The Ancient Near East and Greece*, New York, 1975.

Kohl, P., Faweett C.(ed.), *Nationalism, Politics, and the Practice of Archaeology*. Cambridge. 1995.

Laughlin, J. C. H., *Archaeology and the Bible*, London, 2000.

Lefkowitz, M. R., & Other(ed.), *Black Athena Revisited*, Chapel Hill, 1996.

McAdams, R., Anthropological Reflections on Ancient Trade, *Current Anthropology*, 15, 1974.

McBrearty S., and Brooks, A. S., The Revolution that Wasn't : A New Interpretation of the Origin of Modern Human Behavior, *Journal of Human Evolution*, 39, 2000.

Meskel, L.(ed.), *Archaeology under Fire*, London, 1998.

Miller, J. C., *The African Past Speaks*, Folkestone and Hamden, 1980.

Morris, I.(ed.), *Classical Greece : Ancient Histories and Modern Archaeologies*, Cambridge, 1994.

Phillipson, D. W., *African Archaeology*, second edition, Cambridge, 1993.

Sasson J. A.(ed.), *Civilizations of the Ancient Near East*, V. 1, New York, 1995.

Shepherd, N., The Politics of Archaeology in Africa, *Annual Review of Anthropology*, Vol. 31, 2002.

Vasina, J., *Oral Tradition as History*, Madison, 1985.

Wallace, J., Digging for Homer : Literary Authenticity and Romantic Archaeology, *Romanticism*, 2001.

고스든, 크리스(성춘택 역), 《인류학과 고고학》, 사군자, 2000.

추연식, 《고고학 이론과 방법론: 최근 연구방법론과 이론 사조》, 학연문화사, 1997.

트리거, 브루스(성춘택 역), 《고고학사 : 사상과 이론》, 학연문화사, 1997.

페이건, 브라이언(이희준 역), 《고고학 세계로의 초대》, 사회평론, 2002.

3장

Africa, T. W., The Owl at Dusk : Two Centuries of Classical Scholarship, *Journal of the History of Ideas*, Vol. 54, No.1, Jan., 1993.

Aristoteles, *Politik*, Hamburg, 1981.

Belozerskaya, M., *Rethinking the Renaissance : Burgundian Arts across Europe*, Cambridge, 2002.

Berlinerblau, J., Black Athena redux, *Nation*, 1996, V. 263.

_____ , *Heresy in the University*, Piscataway, 1999.

Bernal, M., *Black Athena : The Afroasiatic Roots of Classical Civilization*, V. 1 : *The Fabrication of Ancient Greece 1785–1985*, New Brunswick, 1987 ; V. 2 : *The Archaeological and Documentary Evidence*, Brunswick, 1991.

_____ , (ed, by Moore, D. C.), *Black Athena Writes Back : Martin Bernal Responds to his Critics*, Durham & London, 2001.

Bofante, L., Nudity as a Costume in Classical Art, *American Journal of Archaeology*, Vol. 93, No. 4, Oct., 1989.

Briggs, W. W.(ed.by Calder III, W.M.), *Classical Scholarship : A Biological Encyclopedia*, New York, 1990.

Bullfinch, T., *The Age of Fable*, New York, 1855.

Burkert, W., *The Orientalizing Revolution : Near Eastern Influence on Greek Culture in the Early Archaic Age*, Cambridge, Harvard Univ. Press, 1992.

Bury, J. B., *A History of Greece*, New York, 1900.

Castriota, D., Justice, Kingship, and Imperialism, in : Cohen, B.(ed.), *Not of Classical Ideal*, Leiden, 2002.

Cohen, B.(ed.), *Not of Classical Ideal*, Leiden, 2002.

Cohen, D., *Law, Violence and Community in Classical Athens*, Cambridge, 1995.

Davidson, J. N., *Courtesans and Fishcakes : The Consuming Passions of Classical Athens*, London, 1997.

de Romily, J., Isocrates and Europe, *Greece & Rome*, Vol. xxxix, No. 1, April, 1992.

Diop, C. A., *The Cultural Unity of Black Africa*, New York, 1978.

_____ , (trans. by Cook, M.), *The African Origin of Civilization*, Chicago, 1974.

Dussel, E., Europe, Modernity, and Eurocentrism, *Nepantia*, 1. 3, 2000.

Finley, M. I., *Ancient History : Evidence and Models*, London, Penguin Books, 1987.

Fischer, N. R. E., *Slavery in Classical Greece*, London, 1993.

Freeman, C., *The Greek Achievement*, New York, 1999.

Georges, P., *Babarian Asia and the Greek Experience*, Baltimore, 1994.

Hansen, M. H., The Tradition of the Athenian Democracy, *Greece & Rome*, Vol. xxxix, No.1, April, 1992.

Hegel, G. W. F., *Vorlesungen uber die Philosophie der Geschichte*, Suhrkamp Verlag, Frankfurt am Main, 1982.

Herodotus, *The Histories*, Revised Edt., Penguin Books, New York, 1996.

James, G. G. M., *Stolen Legacy*, New York, 1954.

Jusdanis, G., Acropolis Now?, in : *boundary 2*, 23:1, 1996.

Keita, M., Deconstructing the Classical Age : Africa and the Unity of the Mediteranean World, *The Journal of Negro History*, 1994.

Kuhrt, A., Ancient Mesopotamia in Classical Greek and Hellenistic Thought, *Civilizations of the Ancient Near East*, Vol. 1, New York , 1995.

Lefkowitz, M. R., *Not Out of Africa*, New York. 1996.

Lefkowitz, M. R. & Rofgers G. M.(ed.), *Black Athena Revisited*, Chapel Hill & London, 1996.

Leoussi, A. S., Nationalism and Racial Hellenism in Nineteenth-Century England and France, *Ethnic and Racial Studies*, V. 20, No. 1, January, 1997.

Levine, M. L., The Use and Abuse of Black Athena,(Review Article), *American Historical Review*, April, 1992.

Lindberg, D. C., *The Beginnings of Western Science*, Chicago and London, 1992.

Miller, F., *The Roman Republic in Political Thought*, Hannover, 2002.

Momigliano, A., J. G. Droysen between Greeks and Jews, *History and Theory*, Vol. 9, No2, 1970.

Morris, I.(ed.), *Classical Greece : Ancient Histories and Modern Archaeologies*, Cambridge, 1994.

Morris, S. P., *Daidalos and the Origins of Greek Art*, Princeton, 1992.

Patterson, O., *Freedom*, V. 1 : *Freedom in the Making of Western Culture*, New

York, 1991.

Pounder, R., Black Athena II : History without Rules, *American Historical Review*, 97, 1992.

Rahe, P. A., *Republics, Ancient & Modern*, Vol. 2, Chapel Hill, 1992.

Rapple, B. A., Ideology and History : William Mitford's History of Greece(1784 – 1810), *Papers on Language & Literature*, Fall, 2001, V. 37.

Samuel, A. E., *The Promise of West*, London, 1988.

Scully, S., Whose Greece, *International Journal of the Classical Tradition*, Fall, 1997.

Smith P. & Wilde, C., *A Companion to Art History*, Oxford, 2002.

Stewart, A., *Art, Desire and the Body in Ancient Greece*, Cambridge, New York, Melbourne, 1997.

Stray, C. A., Culture and Discipline : Classics and Society in Victorian England, *International Journal of the Classical Tradition*, Summer, 1996, V. 3.

Tanner, J., Nature, Culture and the Body in Classical Greek Religious Art, *World Archaeology* Vol. 33(2), 2001.

Toynbee, A., *The Greeks and Their Heritages*, Cambridge, 1981.

Trigger, B. G., Brown Athena : A Postprocessual Goddess?, *Current Anthropology*, V. 33, No. 1, Feb., 1992.

Tsoukalas, C., European Modernity and Greek National Identity, *Journal of Southern Europe and the Balkans*, Vol. 1, No. 1, 1999.

Turner, F. M., *The Greek Heritage in Victorian Britain*, New Haven, 1981.

Tyrrell W. B. & Brown, F .S., *Athenian Myths & Institutions*, New York, 1991.

Winckelmann, J., *Geschichte der Kunst des Altertums*, Dresden, 1764.

Wolf, E. R., *Europe and the People without History*, Berkeley, 1997.

곰브리치, E. H.(최민 역), 《서양미술사》, 상, 열화당, 1995.

김봉철, 〈고대 그리스 문명과 인종의식〉 : (서양사학회 편), 《서양문명과 인종주의》, 지식산업사, 2002.

민석홍, 《서양사개론》, 삼영사, 1997.

오흥식, 〈아르고스 왕 다나오스와 그 후손들〉, 《서양고대사연구》, 제12집, 2003. 6.

이광주, 《베네치아의 카페 플로리안으로 가자》, 다른 세상, 2001.

플라톤(박종현, 김영균 역주), 《티마이오스》, 서광사, 2000.

4장

Abu-Lughod, J. L., *Before European Hegemony : The World System A. D. 1250 – 1350*, Oxford, 1989.

Braudel, F., *A History of Civilizations*, New York, 1995.

_____ , *The Structures of Everyday Life : Civilization and Capitalism 15th-18th Century*, Vol. 1, New York, 1981.

Connah, G., *African Civilizations : An Archaeological Perspective*, Second Edition, Cambridge, 2001.

Ennen, E.(trans. by Fryde, N.), *The Medieval Town*, Amsterdam, 1979.

Frank, A. G., *ReORIENT*, Berkeley & Los Angeles, London, 1998.

Friedrichs, C. R., *The Early Modern City : 1450-1750*, New York, 1995.

Gies, J. & F., *Life in a Medieval City*, New York, 1981.

Grunebaum, G. von, The Structure of the Muslim Town, *Islam*, 1961.

Harding, A., Political Liberty in the Middle Ages, *Speculum*, 55, 3, 1980.

Hilton, R. H., *English and French Towns in Feudal Society*, Cambridge, 1995.

Holt, R. & Rosser, G.(ed), *The Medieval Town : 1200-1540*, New York, 1995.

Landes, D. S., *The Wealth and Poverty of Nations*, New York, 1999.

Langton, J. & Hoppe, G., *Town and Country in the Developement of Early Modern Western Europe*, Norwich, 1983.

Mann, S., Urbanization and Historical Change in China, *Modern China*, Vol. 10, No. 1, Jan., 1984.

Murphey, R., The City as a Center of Change : Western Europe and China, *Annals of the Association of American Gepgraphers*, Vol. 44, No. 4, 1954.

Pirenne, H.(Trans. by Halsey, F. D.), *Medieval Cities : Their Origins and the Revival of Trade*, Princeton, 1925.

Postan, M. M., *The Medieval Economy and Society*, Berkeley, 1975.

Raymond, A., Islamic City, Arab City : Orientalist Myths and Recent Views, *British Journal of Middle Eastern Studies*, Vol. 21, No. 1, 1994.

Reynolds, S., *An Introduction to the History of English Medieval Towns*, Oxford, 1977.

Roebuk, J., *The Shaping of Urban Society*, New York, 1974.

Roth, G. & Wittich, C.(ed.), *Economy and Society*, Berkeley, 1978.

Rowe, W. T., Hankow, Vol. 1 : *Commerce and Society in a Chinese City, 1796-1889*, Stanford, 1984 ; Vol. 2 : *Conflict and Community in a Chinese City, 1796-1895*, Stanford, 1989.

Spruyt, H., *The Sovereign State and Its Competitors*, Princeton, 1994.

Tilly, C. & Blockmans, W. P.(ed.) *Cities & The Rise of States in Europe*, Boulder, 1994.

Weber, M.(Trans. and edit. by Martindale, D. & Neuwirth, G.), *The City*, New York, 1958.

Woude, Ad van der(ed.), *Urbanization in History*, Oxford, 1990.

강일휴, 〈중세 프랑스 도시의 자치 및 농촌과의 관계〉, 《서양중세사연구》, 제7집, 2000.

피렌느, 앙리(강일휴 역), 《중세 유럽의 도시》, 신서원, 1997.

5장

Baron, H., *The Crisis of Early Italian Renaissance*, Princeton, 1955.

Belozerskaya, R., *Rethinking the Renaissance : Burgundian Arts across Europe*, Cambridge, 2002.

Bock, G. & Skinner, Q. & Viroli, M.(ed.) *Machiavelli and Republicanism*, Cambridge, 1993.

Bouwsma, W. J., Eclipse of Renaissance, *American Historical Review*, Feb., 1998.

_____ , *The Waning of the Renaissance 1550–1640*, New Haven & London, 2000.

Brady Jr., T. A. & Oberman, H. A.(ed.), *Handbook of European History 1400 – 1600*, Vol. 1 : *Late Middle Ages, Renaissance, and Reformation*, 1994 ; Vol. 2 : *Late Middle Ages, Renaissance and Reformation*, Grand Rapids, 1995.

Braudel, F., *A History of Civilizations*, New York, Penguin Books, 1993.

Brown, A., Jacob Burckhardt's Renaissance, *History Today*, 1988.

Burckhardt, J., Middlemore, S. G. C.(trans.), *The Civilization of the Renaissance in Italy*, New York, Modern Library Edition 1995.

Burckhardt, J.(ed., by Murray, O.), *The Greeks and Greek Civilization*, New York, 1999.

Burckhardt, O., Jacob Burckhardt : Historian of Civilization, *Contemporary Review*, Nov., 1997, Vol. 271.

Burke, P., *The Italian Renaissance : Culture and Society in Italy*, (Revised edn.) Princeton, 1999.

Copenhaver, B. P., Scholastic Philosophy and Renaissance Magic in the De Vita of Marsilio Ficino, *Renaissance Quarterly*, Vol. 37, No. 4, Winter, 1984.

Geanakoplos, D. J., *Constantinople and the West*, Madison, 1989.

Gossman, L., Jacob Burckhardt as Art Historian, *Oxford Art Journal,* 1. 1988.

_____ , Jacob Burckhardt : Cold War Liberal?, *The Journal of Modern History*, 74, Sep., 2002.

Haskins, C. H., *The Renaissance of the Twelth Century*, Cambridge, 1927.

Hankins, J., The "Baron Thesis" after Forty Years and Some Recent Studies of Leonardo Bruni, *Journal of the History of Ideas*, Apr., 1995.

Hay, D., *The Italian Renaissance*, Cambridge, 1976.

_____ , *The Italian Renaissance : in Its historical Background*, Cambridge, 1977.

Huizinga, J., *Autumn of the Middle Ages*, Leiden, 1919.

Jacob, M. C., *The Meaning of the Scientific Revolution*, New York, 1988.

Kenkewich, L.(ed.), *The Impact of Humanism*, Oxford, 2000.

Kraye, J.(ed.), *Renaissance Humanism*, Cambridge, 1996.

Kristeller, P. O., *Renaissance Thought and Its Sources*, New York, 1979.

Martin, J., Inventing Sincerity, Reshaping Prudence : The Discovery of the Individual in Renaissance Europe, *American Historical Review*, Dec., 1997.

Muir, E., The Italian Renaissance in America, *American Historical Review*, Oct., 1995.

Nauert Jr., C. G., *Humanism and the Culture of Renaissance Europe*, Cambridge, 1995.

Tonsor, S. T., Jacob Burckhardt : Tradition and the Crisis of Western Culture, *Modern Age*, Winter, 1997, V. 39.

Trinkaus, C., Humanism, Religion, Society : Concepts and Motivations of Some Recent Studies, *Renaissance Quarterly*, 29, 1976.

Witt, R., The Crisis after Forty Years, *American Historical Review*, Feb., 1996.

Wohl, H., *The Aesthetics of Italian Renaissance Art*, Cambridge, 1999.

Wölfflin, H., *Kunstgeschichtliche Grundbegriffe*, München, 1915.

곰브리치, E. H.(최민 역), 《서양미술사》, 상, 열화당, 1995.

곽차섭, 《마키아벨리즘과 근대국가의 이념》, 현상과 인식, 1996.

김영한, 《르네상스 휴머니즘과 유토피아니즘》, 탐구당, 1989.

민석홍, 《서양사개론》, 삼영사, 1997.

박상섭, 《국가와 폭력 : 마키아벨리의 정치사상 연구》, 서울대출판부, 2002.

블런트, A.(조향순 역), 《이탈리아 르네상스 미술론》, 미진사, 1990.

임영방, 《이탈리아 르네상스의 인문주의와 미술》, 문학과 지성사, 2003.

진원숙, 《마키아벨리와 국가이성》, 신서원, 1996.

차하순, 《르네상스의 사회와 사상》, 탐구당, 1991.

6장

Ansell, A. E., *New Right, New Racism*, New York, 1997.

Aristoteles(trans. by Rolfes, E.), *Politik*, Hamburg, 1981.

Arneil, B., *John Locke and America*, Oxford, 1996.

Augustinus, *City of God*, New York 1990.

Balibar, E. & Wallerstein, I., *Race, Nation, Class,* London, 1991.

Banton, M., *Racial Theories*, 2nd edition, Cambridge, 1998.

Barker, L. D., *From Savage to Negro*, Berkerly, 1998.

Benedict, R., *Race and Racism*, 1943.

Berghe, Pierre van den, *Race and Racism, A Comparative Perspective*, New York, 1967.

Bernal, M., *Black Athena*, V. 1, New Jersey, 1987.

Christie, C. J., *Race and Nation*, London, 1998.

D'Souza, D., *The End of Racism*, New York, 1995.

Dickens, P., *Social Darwinism*, Buckingham, 2000.

Eze E. C.(ed.), *Race and the Enlightenment*, Malden, 1997.

Fredrickson, G. M., *The Comparative Imagination*, Berkeley, 2000.

Friedman, J. B., *The Monstrous Races in Medieval Art and Thought*, Boston, 1981.

Goldberg, D. T., *Racist Culture*, Cambridge, 1993.

Gosset, T., *Race : The History of an Idea in America*, Oxford, 1997.

Hannaford, I., *Race : The History of an Idea in the West*, Washington, 1996.

Hargreaves, A. G., & Leaman, J., *Racism : Ethnicity and Politics in Contemporary Europe*, Aldeshot, 1995.

Hitler, A., *Mein Kampf*, London, 1938.

Huntington, S., The Clash of Civilizations?, *Foreign Affairs*, summer, 1993.

Jahoda, G., *Images of Savages : Ancient Roots of Modern Prejudice in Western Culture*, London, 1999.

Jordan, W. D., *The White Man's Burden : Historical Origins of Racism in the United States*, Oxford, 1974.

Leiman, M. M., *The Political Economy of Racism*, London, 1993.

Lovejoy, A., *The Great Chain of Being*, London, 1966.

Marger, M. N., *Race and Ethnic Relations : American and Global perspective*, 3rd edition, Belmont, 1994.

Miles, R., *Racism*, London, 1989.

Murray, C., Herrnstein, R., *The Bell Curve : Intelligence and Class Structure in American Life*, New York, 1994.

Pagden, A., *European Encounters with the New World*, New Haven, 1993.

Rattansi, A. & Westwood, S.(ed.), *Racism, Modernity, Identity*, Cambridge, 1994.

Todorov, T.(trans. by Porter, C.), *On Human Diversity*, Boston, 1993.

Tonkin, E. & Mcdonald, M. & Chapman, M., *History and Ethnicity*, New York, 1989.

Van Horne, W. A.(ed.), *Global Convulsions*, New York, 1997.

Williams, E., *Capitalism and Slavery*, Chapel Hill, 1965.

강철구, 〈나치 독일과 홀로코스트〉, 《이화사학연구》, 제27집, 2000. 12.

서양사학회 편, 《서양문명과 인종주의》, 지식산업사, 2002.

안병직, 〈계몽사상과 유럽의 이념〉, 서양사연구회, 《서양사연구》, 제27집, 2001.

7장

Albertini, R. von, The Impact of Two World Wars on the Decline of Colonialism, *Journal of Contemporary History*, Vol. 4, No. 1, Colonialism and Decolonialism, Jan., 1969.

Cambridge University Press (ed.), *The Cambridge Economic History of Europe*, V. 6, London, 1975.

Armitage, D., *The Ideological Origins of the British Empire*, Cambridge, 2000.

Arnail, B., *John Locke and America : The Defense of English Colonialism*, Clarendon Oxford, 1996.

Bairoch, P., *Economics & World History : Myths and Paradoxes*, Chicago, 1993.

Barraclough, G., *An Introduction to Contemporary History*, Penguin, 1967.

Birmingham, D., *The Decolonization of Africa*, Ohio Univ. Press, Athens, 1995.

Blackburn, R., *The Making of New World Slavery*, Verso, London & New York, 1998.

Boahen, A. A., *African Perspectives on Colonialism*, Baltimore, 1987.

Brewer, A., *Marxist Theories of Imperialism : A Critical Survey*, Routledge & Kegan Paul, London, Boston and Henley, 1980.

Buckle, S., *Natural Law and the Theory of Property : Grotius to Hume*, Clarendon Press, London, 1991.

Cain, P. J. & Hopkins, A. G., *British Imperialism : 1688–2000*, 2nd edition, Edinburgh, 2002.

_____, Gentlemanly Capitalism and British Exopansion Overseas, II : New Imperialism, 1850–1945, *Economic History Review*, 40, 1987.

Charles, A., Colonial Discourse since Christopher Columbus, *Journal of Black Studies*, Vol. 26, No. 2, Nov., 1995.

Curtin, P. D., *The Rise and Fall of the Plantation Complex : Essays in Atlantic History*, Second Edition, Cambridge, 1998.

_____, *The World and the West*, Cambridge, 2000.

Darwin, J., Imperialism and the Victorians : The Dynamics of Territorial Expansion, *English Historical Review*, V. 112, No. 447, Jun., 1997.

Davis, L. E. & Huttenback, R. A., *Mammon and the Pursuit of Empire : The Political Economy of British Imperialism, 1860–1912*, Cambridge, 1986.

_____, Public Expenditure and Private Profit : Budgetary Decision in the British Empire, 1860–1912, *American Economic Review*, 67, 1977.

_____, The Political Economy of British Imperialism : Measures of Benefits and Support, *Journal of Economic History*, 42, 1982.

Dena, L., *Christian Missions and Colonialism*, New Delhi, 1988.

Emmanuel, A., *Unequal Exchange : A Study of the Imperialism of Trade*, London, 1972.

Fanon, F., *The Wretched of the Earth*, New York, 1967.

Fieldhouse, D. K., *Colonialism, 1870–1945*, London, 1983.

_____, *The West and the Third World*, Oxford, 1999.

Findlay, R., *The "Triangular Trade" and the Atlantic Economy of the Eighteenth Century : A Simple General Equilibrium Model*, Princeton, 1990.

Floud, R. & McClosky, D.(ed.), *The Economic History of Britain since 1700*, Vol. ii, Cambridge, 1981.

Gallagher, J. A. & Robinson, R. E., *Africa and the Victorians*, London, 1961.

_____ , The Imperialism of Free Trade, *Economic History Review*, 2nd ser. Vol. VI, No. 1, 1953.

Good, K., Settler Colonialism : Economic Developement and Class Formation, *The Journal of Modern African Studies*, 14, 4, 1976.

Hobsbawm, E., *Industry and Empire*, New York, 1968.

Isbister, J., *Promises not kept*, West Hartford, 1998.

Jessop, B.(ed.), *Karl Marx's Social and Political Thought*, V. 2, London, 1990.

Kennedy, P., The Costs and Benefits of British Imperialism, 1846–1914, *Past and Present*, 125, 1989.

Klein, H. S., *The Atlantic Slave Trade*, Cambridge, 1999.

Louis W. R.(ed.), *Imperialism : The Robinson and Gallagher Controversy*, New York, 1976.

Lynn, M., The Imperialism of Free Trade and the Case of West Africa, C. 1830 – C. 1870, *The Journal of Imperial and Commonwealth History*, V. 15, No. 1, Oct., 1968.

Mangan, J. A.(ed.), *Making Imperial Mentalities*, Manchester, 1990.

Mokyr, J., *The British Industrial Revolution*, Oxford, 1999.

Newbury, C. W. & Kanya–Forstner, A. S., French Policy and the Origins of the Scramble for West Africa, *Journal of African History*, 10, 1969.

O'Brien, P. K., European Economic Developement : The Contribution of the Periphery, *Economic History Review*, XXXV, No. 1, 1982.

_____ , The Costs and Benefits of British Imperialism 1846–1914. *Past and Present*, No. 120, Aug., 1988.

Osterhammel, J., *Colonialism*, Princeton, 1997.

Owen, R. & Sutcliffe, B., *Studies in the Theory of Imperialism*, London, 1978.

Pagden, A., *Lords of All the World*, New Haven and London, 1995

Platt, D. C. M., British Diplomacy in Latin America since the Emancipation, *Inter–American Economic Affairs*, 21, 1967.

_____ , Further Objections to an Imperialism of Free Trade, 1830–60, *The Economic History Review*, New Series, Vol. 26, No. 1, 1973.

Porter, A., Britain, the Cape Colony, and Natal, 1870–1914 : Capital, Shipping, and the Imperial Connexion, *The Economic History Review*, New Series, Vol. 34, No. 4, Nov., 1981.

_____ , Gentlemanry Capitalism and Empire : The British Experience since 1750, *Journal of Imperial and Commomwealth History*, XViii, 1990.

_____ , The Balance Sheet of Empire, 1850–1914, *Historical Journal*, 31, 3, 1988.

_____ (ed.), *The Nineteenth Century, The Oxford History of the British Empire*, Oxford and New York, 1999.

Rattansi, A. & Westwood, S.(ed.), *Racism, Modernity & Identity*, Polity Press, Cambridge, 1994.

Rich, E. E., Colonial Settlement and Its Labour Problems, in : *The Cambridge Economic History of Europe*, V. 6, London, 1975.

Robinson, R., Non-european Foundations of European Imperialism, in : Owen, R. & Sutcliffe, B., *Studies in the Theory of Imperialism*, London, 1978.

Smith, W. D., The Ideology of German Colonialism, 1840–1906, *The Journal of Modern History*, Vol. 46, No. 4, Dec., 1974.

Solow, B. L.(ed.), *Slavery and the Rise of the Atlantic System*, Cambridge, 1991.

Spurr, D., *The Rhetoric of Empire : Colonial Discourse in Journalism, Travel Writing and Imperial Administration*, Durham & London, 1993.

Strengers, J., *Studies in the Theory of Imperialism*, 1978.

Thackery, F. W. & Findling, J. E.(ed.), *Events that changed the world in the Twentieth Century*.

Thomas, R. P., A Quantitative Approach to the Study of the Effects of British Imperial Policy upon Colonial Welfare : Some Preliminary Findings, *Journal of Economic History*, 25, 1965.

Thompson, A., Informal Empire? An Exploration in the History of Anglo-Argentine Relations, 1810–1914, *Journal of Latin American Studies*, Vol. 24, No. 2, May, 1992.

Thornton, J., *Africa and Africans in the Making of the Atlantic World, 1400–1800*, 2nd Edn., Cambridge, 1998.

Ward, J. R., The Industrial Revolution and British Imperialism, 1750–1850, *The Economic History Review*, New Series, Vol. 47, No. 1, Feb., 1994.

Wolfe, P., History and Imperialism, *American Historical Review*, April, 1997.

로크, 존(이극찬 역),《시민정부론》, 연세대출판부, 1980.

박지향,《제국주의》, 서울대출판부, 2000.

이태숙, 〈제국주의의 수익성〉, 이민호 교수 정년기념위원회편,《유럽사의 구조와 전환》, 느티나무, 1993.

_____ , 〈제국주의의 주변부 중심론〉,《역사학보》, 128집, 1990.

찾아보기

하버마스(Harbermas, J.) 59, 76

하이더(Haider, J.) 334

하이데거(Heidegger, M.) 148

하임(Haym, R.) 365

한자동맹 223

한자회의(Hansetag) 224

해스킨스(Haskins, C. H.) 247

헌스타인(Herrnstein, R.) 327

헌팅턴(Huntington, S.) 339, 340

헤겔(Hegel, G. W. F.) 22, 24, 38, 43, 45, 46, 51, 143, 251, 253, 291, 316, 371

헤라클레스(Heracles) 180

헤로도토스(Herodotos) 21, 30, 40, 110, 140, 161, 162, 163, 164, 169, 173, 174, 176, 177, 181

헤르더(Herder, J. G. von) 37, 153, 291

헤시오도스(Hesiodos) 30

헤이(Hay, D.) 252

헤이스팅스(Hastings)전투 167

헬레네스(Hellenes) 146, 159, 166, 168, 183

헬레니즘(Hellenism) 104, 109, 118, 139~190

협력 이론 53, 404, 405

호메로스(Homeros) 30, 102, 104, 150

호미니드(Hominids) 화석 129

호엔슈타우펜(Hohenstaufen) 왕조 221

호이징가(Huizinga, J.) 246

호지슨(Hodgson, M. G. S.) 68

혼합정체론 168

홀(Hall, J. A.) 55

홀(Hall, S.) 338

홀로코스트 27, 329, 330, 331, 339

홉스(Hobbes, T.) 323

홉스봄(Hobsbawm, E.) 53, 54, 395

홉슨(Hobson, J. A.) 354, 357, 392

홉킨스(Hopkins, A. G.) 361, 362

화이트(White, L.) 55

확산주의 89

후버(Hoover, E.) 328

후세인(Hussein, S.) 135, 186

훔볼트(Humboldt, K. W. F. von) 153

휴텐백(Huttenback, R. A.) 396, 397

흄(Hume, D.) 316

히틀러(Hitler, A.) 247, 291, 326, 328, 329

힐퍼딩(Hilferding, R.) 357

역사와 이데올로기

서양 역사학의 유럽중심주의에 대한 비판적 검토

1판 1쇄 인쇄 2004년 12월 24일
1판 3쇄 발행 2012년 1월 5일

지은이 강철구
펴낸이 강영선
펴낸곳 용의숲
주소 서울시 마포구 서교동 361-9 3F
전화번호 02-338-5113
팩시밀리 031-914-5113
휴대폰 011-9177-8210
E-mail Dragonpc@hanmail.net
출판등록 2004년 3월 29일 제 313-2004-00078호

ISBN 978-89-93703-24-5 94900
ISBN 978-89-93703-22-1(세트)

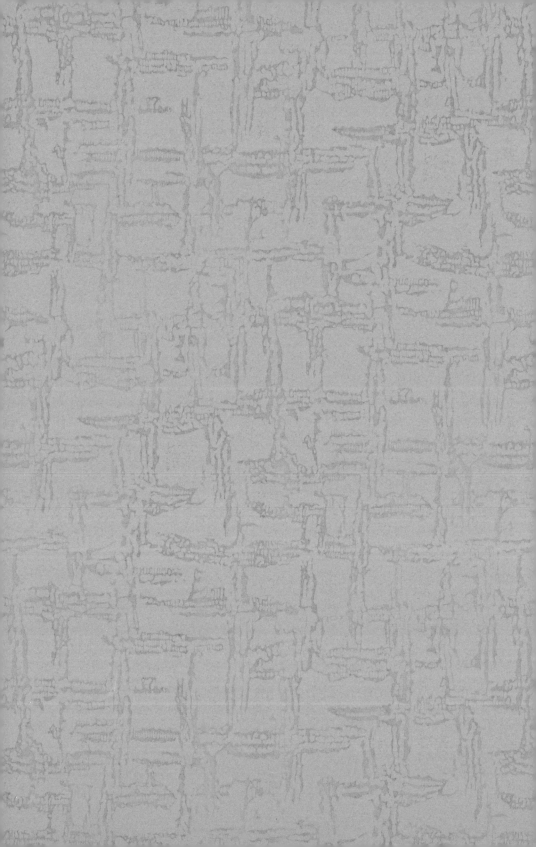

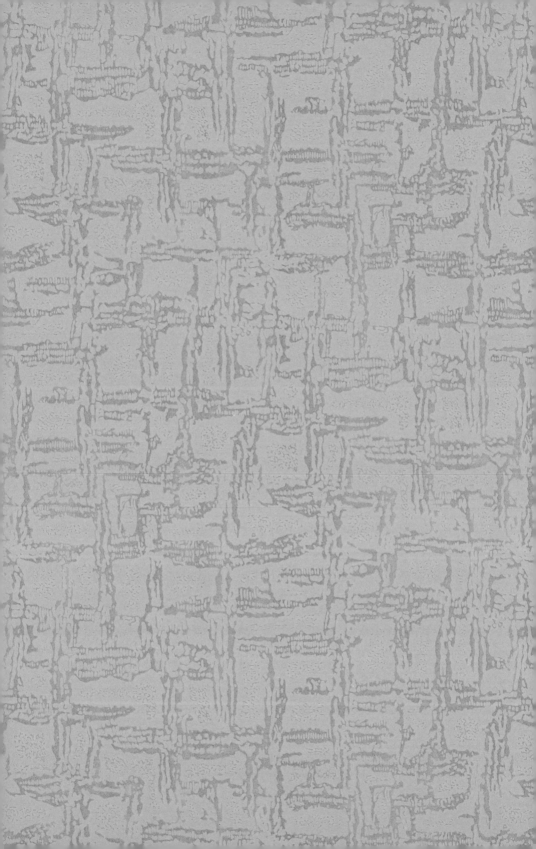

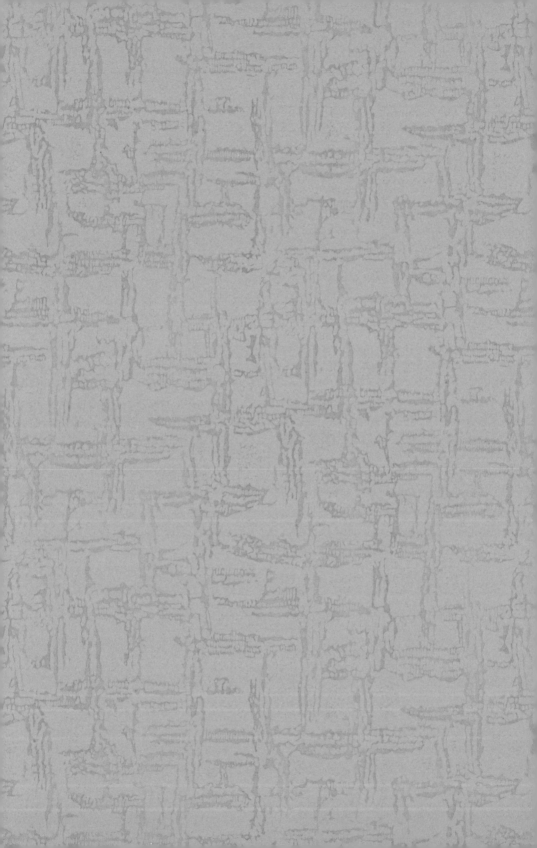